Mantak Chia

Il Tao Yoga dell'Amore

L'appagamento totale di corpo, mente e anima

Traduzione di Stefania Bonarelli

EDIZIONI MEDITERRANEE - ROMA

Ristampa 2002

Finito di stampare
nel mese di Ottobre 2002
presso la Tipografia S.T.A.R.
Via Luigi Arati, 12 - 00151 Roma

ISBN 88 - 272 - 0083 - 5

Indice

Ringraziamenti

Mi ci son voluti 10 anni per portare a termine questo libro. Desidero ringraziare anzitutto i maestri di tao che hanno avuto la bontà di dividere con me il loro sapere. Non avrebbero mai immaginato che esso un giorno sarebbe stato trasmesso anche agli occidentali.

Sento il dovere di ringraziare in particolare H. Reid Shaw per l'incoraggiamento datomi al mio arrivo in America e per aver lavorato con me alla prima stesura del manoscritto.

Ringrazio altresì i numerosi collaboratori che hanno dato a questa opera la sua forma definitiva: l'artista Susan MacKay, Gunther Weil, Rylin Malone, tutti i miei allievi per il loro sostegno; i maestri T.K. Shih, Kim Wang e Juan Li per i loro eccellenti contributi artistici; Jeffrey Antin e Marcia Kerwit per le integrazioni apportate al testo; la mia assistente Jo Ann Cutreri, che ha immesso il testo nel computer; Daniel Bobek, che ha lavorato al computer per ore ed ore; e Barbara Somerfield per la pazienza con cui ha seguito la realizzazione editoriale dell'opera.

Un grazie di cuore in particolare a Michael Winn per la sua altruistica fatica e per aver espresso in inglese in modo egregio concetti che il mio inglese non mi consente di esprimere con altrettanta precisione.

A mia moglie Maneewan, senza la quale questo libro sarebbe rimasto un'opera accademica, vadano i sensi di tutto il mio amore e della più grande riconoscenza.

MANTAK CHIA

Avvertimento

Le persone affette da malattie dell'apparato genitale prima di mettere in pratica i metodi suggeriti in questo libro debbono consultare il medico e un bravo insegnante di tao yoga esoterico.

Sull'autore: Mantak Chia

Mantak Chia è nato in Thailandia il 4 aprile 1944. All'età di 6-7 anni, durante una vacanza estiva, sebbene fosse un bambino tutt'altro che calmo e passivo, apprese dai monaci buddhisti la tecnica della « immobilità e della calma spirituale ». A Hong Kong, quando frequentava le scuole medie, si fece notare per le sue doti atletiche. In quel periodo imparò il pugilato thailandese e incontrò maestro Lu, che lo addestrò nel tai chi chuan. Qualche tempo dopo da maestro Lu apprese l'aikido, lo yoga e il tai chi avanzato. Con le pratiche esoteriche entrò in contatto solo all'età di 18 anni, dopo il suo ritorno in Thailandia. Qui Cheng Sue Sue, un compagno di scuola più grande di lui, che seguiva i corsi di yi-eng, lo iniziò alle pratiche esoteriche del tao fino allo stadio dell'unione dell'uomo col cielo.

Dai 20 ai 30 anni maestro Chia studiò a Singapore sotto la guida di maestro Maugi: da lui apprese il kundalini yoga e la tecnica del pugilato buddhista e grazie a quest'ultima riuscì ad eliminare ben presto dai propri organi interni i blocchi di energia e ad allontanare nei pazienti del suo maestro l'energia fredda, umida o insana, per cui guarivano; contemporaneamente constatò che il kundalini yoga può generare un calore eccessivo che può essere pericoloso. Perciò in seguito migliorò questo yoga associandolo a tecniche di raffreddamento tratte dalla pratica taoista.

Intorno ai 30 anni incontrò maestro Pan Yu, che aveva messo a punto una sintesi di dottrine taoiste, buddhiste e chan, e maestro Cheng Yao-Lung, che aveva fuso il pugilato thailandese col kung fu creando un sistema nuovo. Da maestro Cheng Yao-Lung apprese inoltre il metodo segreto shaolin per utilizzare la forza interna come pure la tecnica della « camicia di ferro », detta di « purificazione del midollo e di rinnovamento dei tendini ». Maestro Pan Yu gli insegnò una variante della pratica kundalini e la tecnica della « temperatura del corpo » o del « corpo d'acciaio », che preserva l'organismo dalla decadenza e dall'invecchiamento. Maestro Pan Yu esercita tuttora a Hong Kong e trasmette ai suoi pazienti la propria energia vitale. Per capire meglio i meccanismi d'azione dell'energia risanatrice, Chia ha studiato per 2 anni anche medicina occidentale e anatomia.

Nonostante tutte queste occupazioni maestro Chia lavorava, in qualità di manager, presso la filiale thailandese della ditta Gestetner; era direttore delle vendite delle macchine offset e conosceva a menadito il funzionamento delle copiatrici e delle stampatrici prodotte dalla ditta. È l'unico maestro di tao al mondo che ha in casa un computer. Sua moglie lavora come tecnica presso un laboratorio di analisi cliniche. In breve: Chia è la prova vivente del fatto che le pratiche che insegna hanno effetti palpabili, concreti, possono arricchire la vita di ogni giorno e non richiedono che colui che le adotta si ritiri dal mondo come un eremita.

A Chia preme soprattutto spogliare le dottrine di ogni misticismo, della credenza cieca nell'influsso delle forze che possiedono solo i guru, o nella dipendenza dall'aldilà. Aspira invece a rappresentare un modello di lavoro calcolabile e attendibile, che possa essere definito trattamento scientifico dei sistemi energetici. Spera che col tempo esso metta in moto sviluppi tecnologici capaci di agevolare o accelerare il progresso in questo campo. Già oggi una serie di medici, avvocati ed esperti in computer ha potuto sperimentare in prima persona i vantaggi dei metodi suggeriti da maestro Chia. È compito di questi, come di altri collaboratori del mondo scientifico, aiutare maestro Chia a colmare l'abisso che separa l'intelletto dall'anima, lo spirito dal corpo, la scienza dalla religione. Questo è l'assunto che Chia si è imposto.

La « duplice elevazione » taoista e la ricerca dell'amore sessuale

di Michael Winn

> « Che pena! La sorgente della più alta ispirazione e della somma sofferenza è rappresentata da secoli dalla cima di un monte non più grande di un pollice quadrato ».
> *Anonimo poeta cinese sul potere esercitato sull'uomo dalla sessualità della donna*

Per aiutare uomini e donne a risolvere i problemi che si presentano nell'interminabile ricerca dell'appagamento sessuale sono state ormai scritte migliaia di libri. Cos'altro di nuovo si potrebbe scrivere?

Questo libro non è un'altra fiorita dissertazione sull'estasi prodotta dalle tecniche erotiche orientali, ma un manuale pratico che fonde in un tutto organico gli insegnamenti segreti di quattro maestri di tao viventi, i maestri che Chia ha conosciuto nei 15 anni dei suoi viaggi e durante i suoi studi in Estremo Oriente. Come egli stesso dice: « Ho letto una tonnellata di libri sull'arte esoterica d'amare, che ne esaltano tutti la grandezza però senza spiegare in che cosa essa consiste esattamente. Per questo ho deciso di trattare quest'argomento personalmente ».

Nella maggior parte dei libri sulle pratiche sessuali taoiste mancano indicazioni sul modo in cui l'energia seminale, dopo essere stata ritenuta, viene trasformata e immagazzinata in determinate parti del corpo e sul modo in cui essa può venir scambiata in misura ottimale con l'energia ovarica della donna. Anche la ritenzione del liquido spermatico è trattata solo marginalmente. Chia ha corredato le antiche pratiche taoiste con metodi semplici ma efficaci, facili da apprendere anche per gli occidentali. Questo libro si rivolge principalmente ai maschi per un motivo molto semplice: sul piano sessuale la maggior parte degli uomini è più debole delle donne e attraverso la pratica sessuale l'uomo perde una quantità di energia superiore a quella che perde la donna. In un libro che uscirà prossimamente descriveremo le pratiche sessuali del tao yoga esoterico per le donne, delle quali fa parte anche il volontario blocco del flusso mestruale.

La disuguaglianza fra uomo e donna sul piano sessuale è palese: mentre la donna può accogliere in sé il suo uomo quanto desidera, per tutto il tempo che vuole (per cui i taoisti dicono anche che la sua essenza yin è pressoché inesauribile), la capacità sessuale fisica dell'uomo è limitata, è legata alla quantità di energia a disposizione dell'erezione. Quindi la sua essenza yang si esaurisce più facilmente. Sessualmente la donna è più forte dell'uomo perché è necessario che lo sia, già per motivi biologici: i suoi organi deputati alla riproduzione debbono essere in grado di portare a termine un compito gravoso, costituito dalla generazione fisica, dalla gravidanza, dal parto e dall'allattamento.

Questa disparità biologica esercita sull'uomo effetti notevolissimi: scatena in esso tutta una serie di reazioni che possono coinvolgere il suo intelletto, il matrimonio, i rapporti di lavoro e i ruoli che esso ricopre, come pure i modelli spirituali cui si informano la sua autoevoluzione e la sua crescita interiore.

Nel profondo del suo cuore l'uomo affronta la inesauribile capacità sessuale della donna con lo stesso timore con cui ne subisce il fascino. Generalmente questo lo rende sessualmente insicuro e lo induce a compensare questa insicurezza con altre forze. Forse la ragione principale per la quale gli uomini hanno sempre cercato di reprimere le donne sui piani fisico, politico, finanziario, intellettuale e religioso è proprio la insicurezza sessuale. La correzione di questa disparità può aiutare a creare una società armoniosa; tuttavia gli insegnamenti dei maestri di tao miravano e mirano soprattutto a migliorare la salute e l'appagamento spirituale dell'individuo.

La ricerca dell'amore sessualmente appagante ha assunto una dimensione addirittura religiosa fra coloro che hanno una mentalità troppo spregiudicata o scientifica per credere a un dio come quello delle varie tradizioni. La forza che alimenta questa credenza nell'amore romantico, nell'eterna dedizione a una sola persona, è quella dell'esperienza sessuale. È l'esperienza sessuale quella che offre qualcosa di concreto da poter dividere con un'altra persona, un sacramento che è personale e presente.

Probabilmente il declino delle religioni in Occidente è iniziato quando l'esperienza sessuale è diventata più forte e più importante dell'esperienza spirituale che una religione poteva offrire ai suoi accoliti attraverso la preghiera o la fratellanza. L'attuale rinascita delle religioni nelle culture occidentali potrebbe essere attribuita, paradossalmente, a sazietà, alla stanchezza sessuale seguita alla rivoluzione sessuale. Il sesso è diventato una droga, l'oppio degli insoddisfatti. Ma nemmeno la totale libertà sessuale è riuscita a dare all'uomo quella stabilità interiore della quale ha soprattutto bisogno. Oggi gli uomini per trovare e sperimentare l'« assoluto » si rivolgono di nuovo al matrimonio e alla religione.

I taoisti non propongono né una religione né il matrimonio quali mezzi atti a conseguire l'equilibrio, ma il collegamento interno delle energie sottili, cioè di yin e yang. Si limitano a incoraggiare l'individuo a sviluppare la propria forza vitale naturale, il *chi*. I sofisticati metodi atti a rafforzare la vitalità sessuale in celibi e ammogliati sono stati sviluppati partendo da questo concetto. Di questi metodi si può far uso in diversi modi, però questo libro attirerà l'interesse in particolare di due gruppi di lettori:

Il gruppo di coloro che cercano la felicità nel soddisfacimento fisico, emozionale e infine spirituale. Ne fanno parte tutte le persone che desiderano rendere più intensi i loro rapporti erotici, mitigare le frustrazioni sessuali, vincere la noia sessuale, combattere l'impotenza, impedire le polluzioni notturne e l'eiaculazione precoce, vivere più a lungo e godere di una salute stabile: obiettivi che possono essere raggiunti praticando disciplinatamente gli esercizi di questo libro.

Il gruppo delle persone con tendenze prevalentemente spirituali che aspirano a far concordare i loro desideri sessuali con le loro pratiche meditative o coi loro principi fideistici. Gli allievi di maestro Chia discendono da una vastissima gamma di discipline spirituali, uno spettro che contiene quasi ogni forma di yoga: il kundalini, lo hatha, il kriya, il tantra e il siddha-yoga, le arti marziali, la meditazione trascendentale, lo zen, il buddhismo, il sufismo, l'induismo e il cristianesimo. Evidentemente molti sentono il bisogno di integrare meglio la loro sessualità nel loro sviluppo spirituale anche se sono soddisfatti dei principi nei quali credono.

La pratica taoista di sviluppo e raffinazione del *chi* mira ad integrare le energie divine, o sottili, nel corpo umano onde ottenere un equilibrio dinamico delle energie opposte yin e yang. Il tao è la ineffabile somma e la fonte prima in assoluto di queste energie, che si manifestano sotto forme eternamente mutevoli. I taoisti dall'impostazione pratica partono dal principio che per utilizzare questo « trampolino di lancio » l'individuo deve sfruttare l'energia cui esso accede più facilmente, quella dell'attrazione sessuale.

Il tao yoga esoterico non è una religione né una via che porta alla redenzione. La sua visione è molto ampia e insegna che illuminazione e immortalità fisica rappresentano soltanto fasi di un processo di perfezionamento che però resta « attaccato alla terra » e che è orientato praticamente.

La sostanza fondamentale per questo sviluppo è rinvenibile nella vita quotidiana di ognuno di noi.

La dottrina taoista dell'immortalità fisica non sostiene che l'uomo non morirà più, ma che prima di morire esso ha la possibilità di sviluppare un corpo spirituale sostanziale, conosciuto come « corpo immortale », « corpo solare », « corpo cristallino », o con altri nomi. Per la concezione occidentale il più vicino all'immortale taoista è forse l'angelo. A differenza delle scuole che insegnano che per diventare santi occorre far affluire l'ego individuale nella beata unità cosmica, i taoisti sostengono che ogni adepto deve conservare la propria natura individuale in un corpo, sia esso fisico o spirituale. Solo così la sua anima può evolversi fino ad unirsi definitivamente col « wu chi », il Nulla, dal quale scaturisce l'unità del tao. Il fatto di « restare nel proprio corpo » preserva l'adepto dal totale assoggettamento a un guru, a un'entità divina o a un'altra autorità religiosa. A nessuno è lecito esentare l'uomo dal suo assunto spirituale.

Chia si considera un maestro che aiuta i suoi allievi a rendersi autonomi grazie allo sviluppo del proprio *chi*. Egli trasmette *chi* (*sakti*) ai suoi allievi solo per far loro capire meglio cosa vale la pena sviluppare; e rifugge dalle dipendenze emozionali. Si definisce capoconvoglio di una colonna di autotreni: « Io posso mettere in mano a ogni allievo una carta topografica, la cassetta dei ferri e le istruzioni che gli consentono di riparare il suo veicolo. Partiamo insieme e lungo il percorso ci aiutiamo amorevolmente il più possibile. Però in ultima istanza ognuno deve procedere da solo. Alcuni si fermeranno, altri sbaglieranno strada o sceglieranno un percorso diverso. Alcuni forse imboccheranno una strada migliore di quella loro indicata. Io, come insegnante, non posso offrire ai miei allievi altro che una carta topografica e gli strumenti con le istruzioni per un viaggio sicuro ».

I taoisti presuppongono che solo poche persone sono in grado di sviluppare a pieno la forza sessuale latente nel loro corpo. Per l'uomo medio ricavare dal sesso un piacere capace di compenetrare il nucleo stesso del suo essere, è provare sensazioni molto superiori all'orgasmo genitale, rappresenta un'idea rivoluzionaria. L'« orgasmo totale di corpo e anima » contemplato dai taoisti è ritenuto un dono riservato alle donne particolarmente appassionate e sensibili. La donna quale oggetto passionale dell'amore romantico, quale essere capace di trasformare l'amore in vera e profonda tenerezza, è addirittura il « mito » più alto della cultura occidentale. Ebbene, secondo la concezione taoista il maschio può partecipare all'amore nello stesso modo grazie al perfetto equiparamento delle sue energie sessuali a quelle femminili, grazie a una sensazione di equilibramento che viene avvertita fisicamente e che è molto più appagante del semplice orgasmo genitale.

Come è possibile per un uomo vivere la sua esperienza sessuale e insieme trasformare radicalmente la sua esperienza di vita? Paradossalmente questo « orgasmo superiore » può essere sperimentato solo quando l'orgasmo « normale » o genitale, del quale i sessuologi occidentali si occupano con tanto interesse, perde d'importanza. Per la coppia i tre stadi fondamentali della « duplice elevazione » taoista dell'energia sessuale sono i seguenti:

1) L'uomo impara a mantenere eretto il pene evitando di espellere il liquido spermatico.

2) Uomo e donna attraverso determinati canali fisici dirigono la loro energia sessuale verso i centri superiori del cuore, del cervello e delle ghiandole.

3) L'uomo scambia la propria energia ad alta carica con l'energia complementare della donna.

Per l'uomo la chiave sta nell'aprire i suoi sentimenti e i canali dell'energia sottile all'essenza della donna e nell'accoglierla durante l'atto sessuale.

Agli uomini privi di partner i taoisti suggeriscono una variante di questa pratica, conosciuta come « elevazione semplice », che insegna al celibe a trasformare la propria energia sessuale in modo creativo o in buona salute e gioia di vivere, senza comunicare frustrazione alcuna. I maestri taoisti non si propongono di creare un nuovo mito del superorgasmo-Macho cui l'individuo deve aspirare con tutte le sue forze, ma vogliono suggerire a uomini e donne metodi pratici per conquistare, con l'aiuto delle loro energie naturali, il più grande dono della vita, la libertà in amore.

Ma cosa ha a che fare con l'amore, romantico o religioso che sia, lo sviluppo e il perfezionamento dell'energia sessuale? Secondo la dottrina taoista all'uomo e alla donna incombe il dovere di equilibrare e armonizzare dentro di loro le forze del Cielo e della Terra contribuendo così a creare armonia in altri settori della vita.

Sul piano esoterico tutti gli atti dell'amore umano sono una trasformazione spontanea dell'essenza gonadica. La nostra essenza gonadica, essenza della nostra anima, viene immagazzinata fisicamente nel corpo sotto forma di energia spermatica o ovarica. Mediante il nostro amore noi non solo aiutiamo la persona amata, ma trasformiamo e perfezioniamo la nostra essenza trasferendola in un piano più alto.

Perciò i taoisti considerano la sessualità la fonte prima della forza che dà luogo all'amore sul piano umano. Chi segue la « via del cuore », dell'amore spontaneo e costante per tutto ciò che vive, si accorgerà che essa consente di acquisire una forza molto maggiore se impara a servirsi dell'energia gonadica.

Nello stesso tempo l'armonia del tao, maggiore, invisibile, cosmica, onnipresente, consente di sperimentare l'amore personale.

Il concetto taoista di « armonia » corrisponde perfettamente al concetto occidentale di « amore » o « concordia », o simpatia nel senso etimologico del termine, sia sul piano personale che su quello universale. Il taoista non mira a soddisfare il proprio ego con i suoi desideri insaziabili, ma di placare l'ego e l'intelletto, affinché le energie sottili possano essere prima fisicamente avvertite e poi sviluppate su un piano di coscienza superiore. Così la mente si rende conto del suo vero ruolo in un ordine di cose superiore e può cooperare a mantenere in equilibrio le forze. In questo processo i rapporti d'amore personali rappresentano una fase importante, un microcosmo in seno ai vasti campi di energia sottile dell'universo.

I sessuologi occidentali respingeranno senza dubbio questi metodi definendoli non verificabili perché privi di una base statistica e poco attendibili in quanto poggianti su un concetto poco preciso come quello di « energia ». Anche le religioni occidentali respingeranno sicuramente queste teorie e queste pratiche perché — alla stessa stregua delle scuole orientali di ascesi, le quali credono che l'illuminazione spirituale può essere raggiunta solo attraverso la rinuncia, la continenza sessuale — negano validità al piacere sessuale. Ma i primi studiosi taoisti, fondando le loro pratiche sulla precisa osservazione della biologia e della psicologia umana, non erano in verità né edonisti né asceti — cercavano semplicemente una via di mezzo per il raggiungimento della massima armonia possibile fra uomo e donna, in accordo con le leggi naturali dell'universo. Danno testimonianza di questa concezione elevatissima i versi dal profondo contenuto filosofico dell'*I Ching* (1), del *Tao Te Ching* di Lao-Tze (2) e del *Mistero del Fiore d'oro* (3).

(1) E. Judica Cordiglia, *I: Ching*, Edizioni Mediterranee, Roma.
(2) Lao-Tze, *Tao-te-ching*, Edizioni Mediterranee, Roma.
(3) Lu-Tzu, *Il mistero del Fiore d'oro*, Edizioni Mediterranee, Roma.

Prova incontestabilmente la loro efficacia il fatto che le pratiche sessuali taoiste sono sopravvissute, segretamente trasmesse per via orale, per migliaia di anni. Oggi dozzine di coppie occidentali possono confermare che questi metodi sono tuttora efficaci e adatti a quanti vivono nelle grandi città, a giovani, vecchi, bianchi, neri, cinesi, sposati e non sposati. Apprendono con particolare facilità la tecnica della ritenzione dello sperma gli allievi già esperti di yoga e di arti marziali. Molti di essi, pur essendo al corrente dell'importanza dell'energia sessuale e del fatto che essa influenza la nostra vita spirituale, non sapevano come utilizzarla nell'atto d'amore.

I metodi taoisti assomigliano sotto qualche aspetto alle tecniche sessuali tantriche, anch'esse ormai popolari in Occidente. Il principio dell'equilibramento delle energie maschile e femminile e l'uso del corpo quale « crogiuolo » della trasformazione sono sostanzialmente gli stessi. Come suppongono Nik Douglas e Penny Slinger in *Sexual Secrets*, il tantra indiano potrebbe essere derivato dall'antico taoismo cinese e poi essere ritornato in Cina dopo centinaia d'anni per ridar vita alle pratiche sessuali taoiste.

La differenza fra i due sistemi sta nel fatto che il taoismo esoterico, al contrario del tantra indiano, che risulta estraneo e inadatto alla nostra cultura, non si è avvolto in un velo di rituali segreti e di « appelli » alle divinità. In Cina, con un'apertura molto maggiore, la sessualità è considerata una forma di terapia e il modo naturale per raggiungere un equilibrio mentale-spirituale alieno da sovrastrutture religiose. Come opera integrante il presente libro ai lettori che conoscono l'inglese suggerisco *Sexual Secrets*, che contiene nuove traduzioni di dissertazioni taoiste classiche sulla sessualità e ottime descrizioni delle posizioni taoiste della coppia, non trattate nel nostro libro.

A questo punto occorre far presente che maestro Chia non insegna i metodi di trasformazione dell'energia sessuale separatamente dalla sua pratica meditativa e dalle altri arti taoiste, quali il tai chi chuan (4) e il chi kung (5) « camicia di ferro ». L'equilibramento sessuale è una base importantissima per una vita fisica e sentimentale sana, però l'obiettivo taoista va molto più in là. Le energie primarie che stimolano i nostri desideri, i nostri sentimenti e i nostri pensieri vengono immagazzinate e raffinate per essere ricondotte alla loro originaria condizione di spiritualità pura.

Gli antichi maestri cinesi non erano degli sprovveduti; sapevano che l'amore fra uomo e donna è un mistero che non si può insegnare. Anche se la sessualità è il veicolo di un amore più elevato, quella che ci comunica spesso la sensazione dell'imperfezione del rapporto fra partner e di tutta la nostra vita è proprio la limitatezza sessuale. Le tecniche suggerite in questo libro non sono un surrogato meccanicistico dell'amore. Le segrete pratiche

(4) G. Muradoff, *Tai chi chuan*, Edizioni Mediterranee, Roma.
(5) R.R. Yogamurti, M. Deotto Salimei, *Ci Kung*, Edizioni Mediterranee, Roma.

taoiste vanno prima apprese e poi — quando la trasformazione dell'energia sessuale in forza creativa naturale viene attuata facilmente, cioè diventa una pratica naturale come camminare, parlare o pensare — vanno « dimenticate ». A questo punto il piacere sessuale può diventare più estatico dell'orgasmo, l'amore può raggiungere una tenerezza inimmaginabile.

MICHAEL WINN

Giugno 1984

Michael Winn, curatore generale dell'*Enciclopedia del* « Tao Yoga Esoterico » e docente presso il Healing Tao Center di New York, è nato a San Francisco nel 1951 e ha frequentato il Dartmouth College. Come giornalista, fotografo, capo-spedizione e osservatore culturale ha viaggiato per 15 anni visitando oltre 60 paesi. Oggi coltiva varie forme di meditazione, il kundalini yoga e il tai chi. Ha sperimentato di persona i metodi di questo libro per lungo tempo, prima da celibe, poi da ammogliato. E si è dichiarato disposto a collaborare solo dopo essersi convinto della loro efficacia in entrambe le situazioni. Le idee fondamentali di quest'opera corrispondono ai concetti che sono stati trasmessi a Mantak Chia dai suoi maestri di tao.

Il kung fu sessuale cinese. Suo apprendimento pratico

di Gunther Weil

L'America degli anni '80 è affascinata e insieme confusa dalla sessualità. Noi abbiamo necessità del piacere del sesso, però non sappiamo come evitare le sofferenze e le implicazioni sentimentali che esso talora comporta. Tutti, prima o poi, abbiamo constatato come la nostra attività sessuale può determinare conflitti e sensi di colpa. Perché la sessualità ha su di noi un potere così forte?

Dietro c'è senza dubbio un'esigenza biologica, l'istinto di autoconservazione e di conservazione della specie. Meno chiaro, ma non meno decisivo, è il modo in cui le emozioni sessuali entrano nel complesso tessuto della nostra cultura. Le abitudini sessuali determinate dalla cultura diventano fattori che un po' alla volta, senza che ce ne rendiamo conto, ci influenzano in forte misura.

La maggior parte di noi tollera la zavorra delle abitudini sessuali da tanto di quel tempo che ha finito per non accorgersi più di quanto gravoso ne sia il peso.

Gli esperimenti fatti negli anni '60 sono scaturiti dall'eredità culturale e storico-culturale dell'etica giudaico-cristiana. Una delle principali cause della rivoluzione sessuale è stato lo stile di vita nevrotico e infruttuoso delle generazioni passate condizionato da quest'etica. Scandalizzato dall'ipocrisia sessuale e allarmato dagli effetti palesemente distruttivi della repressione sessuale, un numero sempre crescente di persone si è messo alla ricerca di nuove possibilità, più autentiche, per dare espressione alle sue necessità. Negli ultimi 20 anni abbiamo assistito all'intero ciclo evolutivo della rivoluzione sessuale. Ciò che prima era ritenuto illecito o illegale, è diventato corrente, banale. Alcuni cercano di risolvere il dilemma rivolgendosi alla morale antica, altri vedono la propria salvezza nel celibato, altri ancora continuano a cercare.

Oggi, poiché conflitti e infelicità fra uomo e donna sono diffusi esattamente come in passato, gli effetti della rivoluzione sessuale e dei movimenti di liberazione che l'hanno accompagnata vengono considerati con spirito maggiormente critico. La ricerca di una « nuova frontiera » della sessualità, che comincia a delinearsi nei mass-media, rappresenta in linea di principio una reazione a questi esperimenti morali falliti. La gente credeva di sapere cosa voleva. Ma dopo averlo ottenuto ha dovuto riconoscere che le mancava ancora qualcosa. Per cui come individui e come cultura noi ci stiamo di nuovo interrogando sul significato della nostra sessualità e sul significato profondo dei nostri rapporti d'amore.

Il Movimento New Age ha espresso nuove idee, per esempio il concetto di « alta monogamia », che rileva il valore dei rapporti consapevoli, che vanno al di là del tempo e dell'egoismo romantico. Un altro esempio è dato dall'interesse, destatosi di recente, per il tantra sessuale indiano e tibetano. Altre correnti sottolineano i vantaggi del celibato. Il paradigma sessuale si sta modificando di nuovo. I moralisti, con nostro stupore, vogliono restaurare le antiche repressioni e gli antichi modelli, causa di nevrosi, che ci hanno spinto a desiderare la libertà.

Molti si chiedono a cosa sia dovuto in realtà il conflitto fra la morale sessuale antica e quella moderna. Vorrebbero poter scansare i trabocchetti sia della morale sessuale repressiva che di quella liberale, avere una guida che li aiuti a trovare risposte proprie, autenticamente individuali.

Purtroppo le nostre idee sulla sessualità portano il marchio delle mode e delle concezioni espresse dalla scienza e dall'opinione pubblica corrente. Queste tendenze, che a partire da Spock arrivano alla paura dell'herpes e dell'AIDS, ci influenzano nella stessa misura in cui lo fanno i fenomeni biochimici che avvengono nel nostro corpo e nel nostro spirito. Finiamo per autoconoscerci più attraverso le letture e la TV che in virtù dell'esperienza profondamente vissuta di noi stessi. Non siamo capaci di renderci conto con chiarezza e imparzialità nemmeno del nostro condizionamento sociale. L'autoconoscenza prende origine dalle idee espresse dagli « esperti », dai libri, dai film, dalla TV e dalle riviste invece che dalla paziente comprensione delle nostre sensazioni fisiche più profonde o dal nostro intuito.

La potenza di questi influssi culturali risulta chiara se prendiamo in esame le teorie scientifiche e psicologiche sulla sessualità, spesso contraddittorie, avanzate ciclicamente dai mass-media. È facile dedurne che direttive valide, durevoli e pratiche per il raggiungimento del benessere fisico, psichico e spirituale dell'uomo in realtà non esistono. Questo vale per la maggior parte dei nostri problemi sociali e personali, ma in special modo per la sessualità. Dalle fonti scientifiche e divulgative dei media apprendiamo molto poco sul modo in cui agisce la sessualità; esse non ci dicono nulla di ciò che trascende la procreazione e il principio del piacere, che hanno improntato e improntano il pensiero occidentale da Freud ai sociobiologi di oggi.

Purtroppo la nostra vita è danneggiata da questa perdita di autoconoscenza della sessualità personale. Abbiamo deciso, tutti insieme, come società, di ignorare ciò che le grandi tradizioni sapevano sull'energia sessuale e sul suo ruolo nella trasformazione e nello sviluppo spirituale dell'individuo. Hanno disperso e falsato le conoscenze del passato le religioni giudaico-cristiane istituzionalizzate. Lo hanno fatto per costringere la società e l'individuo a servire le divinità, gli idoli. In Occidente la tradizione religiosa istituzionalizzata, onde tenere in pugno la società e il singolo sul piano sociale e su quello politico, ha represso e deturpato l'istinto sessuale determinando l'insorgenza di numerose patologie, personali e sociali. Il risultato finale di questo processo è il distacco totale della sessualità dalle proprie basi spirituali.

La psicoanalisi occidentale ha riconosciuto l'importanza della sessualità repressa nella genesi delle nevrosi individuali. È merito di Freud se si è delineata un'immagine psicoanalitica dell'uomo. E Wilhelm Reich e C.G. Yung, oltre a riconoscere la enorme forza dell'energia sessuale liberata, hanno capito anche che essa è in rapporto con lo spirito universale. Jung, giustamente, ha respinto il concetto freudiano della malattia come modello della salute e ha giustamente criticato la ristretta concezione freudiana dell'inconscio e degli effetti da esso prodotti. Ha sottolineato invece, giustamente, l'effetto creativo e trascendente dell'energia sessuale per l'individuo spiritualmente aperto.

Ciononostante tutti questi psicologi e i loro successori in un modo o nell'altro hanno mancato il bersaglio. È vero che l'istinto sessuale può liberare l'uomo, però è altrettanto vero che esso può schiavizzarlo. L'istinto sessuale infatti, per poter agire in senso veramente liberatorio, deve essere canalizzato in tutt'altra direzione. Solo se viene trasformata, la sessualità può acquisire un carattere realmente liberatorio.

Questo, Freud, essendo completamente all'oscuro delle grandi tradizioni spirituali, non poteva saperlo. È stato Wilhelm Reich, il cui operato ha fortemente influenzato le terapie fisicocentriche dell'Uman Potential Movement, a portare le conoscenze di Freud a una conclusione logica e intelligente. Ha capito che la repressione porta l'individuo al malessere personale e la società al fascismo politico.

A Freud, preoccupato come era di sottolineare gli effetti distruttivi della repressione sessuale, sfuggì la possibilità di trasformare l'energia sessuale in energia spirituale. E C.G. Jung a sua volta si trovò di fronte al problema opposto. Pose l'accento sull'aspetto spirituale e trascendente dell'istinto sessuale e trascurò completamente la funzione centrale del corpo in questo sviluppo. Nella psicologia occidentale è inutile cercare discipline e principi pratici capaci di risolvere i problemi della sfera sessuale. Eppure si tratta di un dilemma semplice. La situazione si complica solo quando si pretende di far concordare gli istinti con gli obiettivi spirituali. La sessualità si rivela essere un elemento negativo, un fattore di disturbo che provoca scissione. Non per nulla tanti laici delle tendenze spirituali vedono un'alternativa alla sessualità nel celibato.

E nemmeno la condotta dei guru, degli swami e di altri maestri del New Age Movement ci orienta in proposito. I maestri spirituali che adottano il celibato, essendo cresciuti tra le culture puritane delle tradizioni orientali, quando vengono a contatto della « nuova moralità americana di oggi », offrono uno spettacolo triste e comico ad un tempo. Qualche guru cede alla tentazione di allacciare rapporti sessuali coi propri adepti. Fra gli Ashram e i Doyo gli scandali sono all'ordine del giorno perché l'istinto sessuale, indipendentemente da quanto il dogma spirituale ufficiale prescrive o condanna, assume, per forza di cose, forme concrete facilmente prevedibili. È sempre stato così, sia in seno alle Chiese giudaico-cristiane istituzionalizzate, sia in seno al New Age Movement, che orienta il proprio stile di vita nel senso del buddhismo e dell'induismo. Quindi per quanto concerne la sessualità le religioni istituzionalizzate, nuove o vecchie che siano, hanno poco da offrire.

L'esempio del tantra sessuale evidenzia con tutta chiarezza l'abisso che separa il sapere teorico da quello pratico. I prodigiosi vantaggi dei rapporti tantrici sul piano dell'estasi vengono reclamizzati con particolare vigore. Ma qual è il vero obiettivo della sessualità esoterica e cosa bisogna fare in concreto per trasformare l'energia sessuale in energia spirituale? Nessuna delle loro pubblicazioni ce lo insegna. Come si può dare a questi rituali una forma che sia utilizzabile e realistica anche per la vita corrente? E cosa sappiamo veramente delle dottrine esoteriche, se le consideriamo staccate dal contesto religioso e rituale della tradizione induistica e buddhista?

Per sessualità esoterica intendiamo lo studio e il dominio della energia sessuale nel proprio corpo esente da rituali esterni di qualsiasi specie e cultura. Per poterla praticare abbiamo bisogno di indicazioni precise e accessibili alle menti occidentali.

Questi metodi sono reperibili nelle tradizioni culturali e spirituali che contemplano gli aspetti positivi della sessualità. Per orientarci nel campo della sessualità e non seguire modelli di pensiero e di vita che hanno fatto il loro tempo, dobbiamo estrapolare dal contesto le indicazioni che ci servono.

La tradizione taoista, che rappresenta il perno della cultura cinese, ci indica un modo di accedere pratico. Gli antichi maestri cinesi avevano constatato che la sessualità è strettamente collegata con la salute fisica e spirituale (mentale) dell'uomo e nel medesimo tempo costituisce la base dello sviluppo di facoltà spirituali superiori. L'uomo, in quanto tale, ha il diritto e insieme il dovere di conservare e immagazzinare la propria forza vitale e di trasformarla gradatamente in una sorta di sostanza spirituale.

Nell'ambito della tradizione monastica del taoismo religioso la conservazione e la trasformazione dell'energia sessuale riguardava i celibi. Però nella sua saggezza la tradizione taoista prese in considerazione anche un'altra concreta possibilità: il metodo del kung fu sessuale, definito anche « kung fu seminale e ovarico », che dava al monaco ammogliato e al laico (sia maschio che femmina) la possibilità di realizzare il tao (la « via ») anche nella vita secolare. Poiché affrontava tutti i problemi della salute e della vita in modo estremamente pratico, la tradizione taoista trattava in modo realistico e diretto anche i rapporti sessuali interpersonali.

A prescindere da alcuni stravolgimenti determinatisi nella storia, per i quali questa pratica, che si fonda propriamente sulla uguaglianza, venne declassata da imperatori e nobili e ridotta a metodo di sfruttamento della donna da parte dell'uomo, l'obiettivo fondamentale del kung fu sessuale è rappresentato dall'evoluzione spirituale e dall'equilibramento delle energie sessuali maschile e femminile.

Poiché siamo abituati a guardare alla sessualità attraverso gli occhiali delle limitazioni religiose, scientifiche e culturali, ci è difficile capire il vero significato del kung fu sessuale. Intravediamo, sì, un vago rapporto con le arti marziali asiatiche, però l'idea di un kung fu sessuale ci sembra strana, se non addirittura buffa.

Letteralmente, « kung fu » significa « metodo, pratica » o « disciplina ». Quindi il kung fu sessuale è un metodo (o disciplina pratica) che consente di vivere la sessualità senza eiaculare. Nello stesso tempo la tradizione taoista riconosce l'esistenza di un conflitto tra i sessi che generalmente viene rappresentato come opposizione naturale e gioco dinamico fra yin e yang — un'opposizione naturale che si esprime nell'arena dei rapporti sessuali. Trattasi di un conflitto nel quale l'uomo è più debole della donna. Il kung fu del blocco dell'eiaculazione è stato messo a punto per correggere questa disparità tra le forze sessuali dei due avversari.

Anche in Occidente è conosciuto il concetto di conflitto dei sessi. Però credere che esso abbia lo stesso significato che ha il concetto taoista è un grosso errore. La concezione occidentale, poiché rispecchia la morbosità e la frustrazione delle tante tragedie sessuali che influenzano in forte misura le nostre idee dei rapporti fra partner, ha molto poco a che fare con gli accorgimenti e la dinamica manipolazione della sessualità della tradizione taoista.

Solo se pensiamo in termini di « energia sessuale » riusciamo a capire la sessualità nel modo giusto, a interpretarla così come va interpretata e a utilizzarla per armonizzare le sensazioni e i sentimenti di coppia. Secondo la concezione taoista la capacità sessuale dell'uomo è inferiore a quella della donna. L'uomo è sessualmente meno dotato per costituzione. Esaurisce le sue forze molto facilmente e con l'avanzare dell'età le sue energie diminuiscono considerevolmente. Questo fatto è uno dei principali motivi dell'incomprensione che si stabilisce fra uomo e donna e indica la maggior parte delle terapie sessuali.

A noi oggi l'idea del kung fu sessuale può apparire strana e un tantino rivoluzionaria. Ma il crescente scambio fra cultura e medicina orientali e cultura e medicina occidentali, che investe anche la sessuologia, renderà più facile accettare i principi e i metodi del kung fu seminale e ovarico.

In occidente la sessuologia è una disciplina ancora giovane e un po' disorientata. Può essere paragonata a un adolescente che comincia a vivere la sua sessualità e a indagare in essa. Mentre la tradizione taoista conta oltre otto millenni di vita e può offrire, sia sul piano teorico che su quello pratico, un sistema perfettamente maturo. Entrambe le tradizioni si occupano del dominio dello stesso poderoso impulso primordiale. Il kung fu sessuale avrà o non avrà accesso nella società occidentale a seconda dell'atteggiamento che assumeranno il pensiero scientifico e la psicologia occidentali. Ma la sua accettazione dipenderà anche dalla disponibilità degli occidentali a far propria la sapienza dei maestri taoisti.

Gli antichi maestri taoisti definirebbero questo gioco di forze opposte: inevitabile manifestazione del tao. Ha osato compiere l'ardita impresa di rivelare all'Occidente questo sistema segreto un giovane maestro taoista. Sta al lettore verificare il contenuto di verità del sistema.

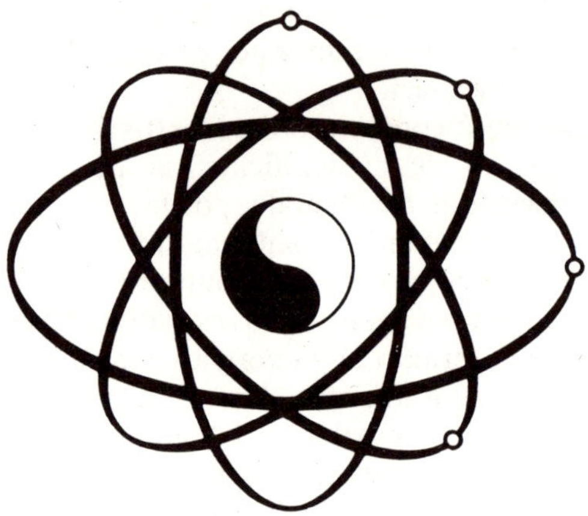

Panorama delle principali dottrine taoiste per l'elevazione dell'energia sessuale

1. L'universo è costituito da varie specie di energia dinamica o « chi ». Il tao, la « via », di ognuno di noi consiste nel trasformare la propria energia in modo creativo nel corso della vita, riportandola al primitivo stato di equilibrio armonico. L'essenza sessuale, detta « ching », è una poderosa energia che il corpo umano produce incessantemente. L'istinto sessuale attiva l'evoluzione dell'uomo sul piano biologico provvedendo alla conservazione della linea genetica ereditaria. Sul piano emozionale esso armonizza l'amore fra uomo e donna, mentre sotto il profilo spirituale rappresenta il tramite (l'anello di congiunzione concreto) tra le facoltà creative « ordinarie » dell'uomo e l'eterno processo di creazione del cosmo. Raffinando — insieme alla propria partner o da solo — la coscienza della sua energia sessuale, l'uomo ritorna alla Coscienza Pura e all'esperienza dei ritmi vitali più nascosti (Capitoli 1 e 2).

2. Serbatoio dell'energia sessuale maschile è il seme. Ad ogni eiaculazione l'uomo elimina 200-500 milioni di spermatozoi, ognuno dei quali rappresenta un essere umano in potenza. Con un solo orgasmo espelle un numero di spermatozoi sufficiente a popolare tutti gli Stati Uniti d'America. La produzione di un seme così carico di energia richiede il dispendio di un terzo dell'energia che l'uomo consuma quotidianamente. Il processo affatica soprattutto il sistema ghiandolare e quello immunitario (Capitoli 3 e 4).

3. La conservazione dell'energia sessuale è il primo principio della dottrina sessuale taoista. La eliminazione del seme maschile per scopi estranei alla procreazione rappresenta una cospicua perdita di energia pregiata, che a lungo andare compromette lo stato di salute del soggetto, può scatenare un inconscio risentimento del maschio nei confronti della femmina e priva l'Io spirituale superiore dell'uomo della possibilità di rinnovarsi. Questo è il motivo per il quale in tutto il mondo gli Ordini religiosi impongono il celibato. I taoisti considerano l'amore sessuale una funzione sana e naturale, però sanno che il breve, transitorio piacere dell'orgasmo genitale che accompagna l'eiaculazione è molto inferiore all'estasi intensa e profonda che si può raggiungere evitando di espellere il seme. Ogni uomo ha il diritto di imparare a dominare perfettamente le proprie funzioni fisiche e di evitare l'espulsione del seme. I segreti metodi taoisti di chiusura ermetica del membro virile ai fini della conservazione del « ching » sono descritti nei Capitoli 5-8.

4. Il secondo principio fondamentale delle pratiche erotiche taoiste è rappresentato dalla trasformazione dell'energia sessuale. Durante la eccitazione sessuale l'essenza gonadica accumulata e compressa nei testicoli, il « ching », si espande rapidamente e una parte di essa affluisce ai centri superiori del cuore, del cervello e delle ghiandole. Questa corrente ascendente viene interrotta dalla eiaculazione, per cui la maggior parte degli uomini non riesce a sperimentare fino in fondo e per intero la potenza della propria sessualità. Il metodo taoista promuove e perfeziona questa trasformazione e questo viaggio dell'energia verso l'alto aprendo canali che dagli organi genitali arrivano al capo lungo la colonna vertebrale e poi scendono fino all'ombelico lungo la parte anteriore del corpo. L'energia sessuale in espansione viene incanalata nel cosiddetto « Piccolo Circolo Energetico », attraversa tutti gli organi vitali e armonizza i centri di energia eterica del corpo, che i taoisti chiamano « tan tien » e gli induisti « chakra » (Capitoli 7 e 8).

5. Il terzo principio fondamentale della elevazione taoista dell'energia sessuale è l'armonizzazione della polarità delle forze femminile e maschile (Yin-yang). L'uomo privo di partner, dopo aver ritenuto e diretto verso l'alto l'energia sessuale può equilibrare i poli maschile e femminile, che esistono in ogni corpo maschile, con l'aiuto della meditazione. Nella pratica della « duplice elevazione » la coppia equilibra il campo energetico scambiandosi le rispettive energie sottili e facendole circolare. In questo modo il rapporto sessuale diventa il punto di partenza della trasformazione dell'attrazione sessuale in amore personale e infine in coscienza e servizio spirituali. Quindi il conflitto fra i sessi poco a poco scompare e le concezioni diverse (sul lavoro, la famiglia, l'amore) si equiparano e si armonizzano profondamente. L'equilibramento di questa polarità della coppia è la vera psicologia del profondo perché rafforza uomo e donna nel modo più totale. Nel capitolo 9 è descritto il metodo dell'« orgasmo della valle », nel quale durante l'atto sessuale i partners si scambiano rispettivamente le energie yin e yang. Su un piano superiore l'energia viene scambiata senza contatto sessuale. L'orgasmo ha luogo nel proprio interno; questa però è una tecnica che va appresa da un maestro (Capitolo 18).

6. Non date eccessiva importanza alla sessualità nella pratica quotidiana. Può succedere che vi abbandoniate al piacere senza sperimentare le sottili energie superiori. Ma il raffinamento della forza sessuale è solo una parte del ricco tao onnicomprensivo. Se il vostro *chi* (energia vitale generale), il vostro ching (energia sessuale) e il vostro shien (spirito) non sono in equilibrio avrete difficoltà a raggiungere l'« unità », a sentirvi integrati e perfettamente appagati. L'elevazione dell'energia sessuale rafforza lo spirito, però non è raggiungibile senza l'adozione di una dieta adeguata, senza la pratica di esercizi fisici, senza l'uso della meditazione e senza una condotta moralmente ineccepibile. Ma è necessario soprattutto che proviate amore, autentico amore per la vostra partner. Però non dovete nemmeno ignorare la sessualità per concentrarvi eccessivamente sui centri spirituali superiori; perché se la base è debole il tetto crolla. Il tao è l'unione di Cielo e Terra. E la vera armonia dell'uomo è rappresentata dall'armonico equilibramento delle energie sottili del Cielo e della Terra.

7. Evitate la sessualità non illuminata dall'amore. Essa genera squilibrio tra le forze fisiche, mentali e spirituali e ostacola il vero sviluppo. Le tecniche taoiste vanno applicate, ma non meccanicamente. La donna cerca tenerezza nel suo amante e si sente respinta dall'uomo che si limita ad usarla per appagare il proprio desiderio fisico o che si dedica esclusivamente all'esecuzione puramente meccanica delle pratiche erotiche esoteriche. La « duplice elevazione » fallisce se la donna non partecipa interamente al processo, perché essa deve trasformare in energia spirituale la essenza yin immagazzinata nelle sue ovaie. Considerate la donna più che una produttrice di energia yin, una creatura degna di tutto il vostro amore e di tutta la vostra attenzione.

8. Non è necessario avere una partner (moglie o amante che sia) per trasformare la propria energia sessuale. Anzi all'inizio è più facile esercitarsi da soli. È più facile evitare l'eiaculazione in assenza dell'eccitazione e del calore della donna. È importantissimo spiegare sempre alla partner cosa si sta facendo e assicurarsi che essa sia d'accordo. Per la donna valgono gli stessi principi fondamentali. Essa trae la sua essenza sessuale (ching) dalle ovaie e la dirige verso l'alto per trasformarla in coscienza superiore e in tenerezza. Molte donne sanno queste cose già per intuito. La loro sensibilità consente loro di apprendere molto in fretta il tao dell'amore, specie se l'uomo è già padrone di questa tecnica.

9. Può apprendere alla perfezione i metodi taoisti di elevazione della energia sessuale suggeriti in questo libro ogni uomo che goda di buona salute. Se siete impotenti o afflitti da eiaculazione precoce, prima di tentare la tecnica della Grande Elevazione descritta nel Capitolo 7, dovete apprendere e praticare gli esercizi di ringiovanimento descritti nel Capitolo 7. I principi fondamentali dell'elevazione dell'energia sessuale sono semplici, però richiedono un'attenzione continua. Avviene come per il giardinaggio. Se zappate e sarchiate il vostro giardino ogni giorno un po', al resto provvede la natura: un giorno raccoglierete fiori e frutti. L'impazienza è nemica del progresso. Non vi sentite in colpa se qualche volta vi capita di espellere il seme. In alcuni casi occorrono anni per apprendere a menadito il tao dell'amore. La chiave del successo sta nel rilassamento, nella gioia e nell'esercizio costante.

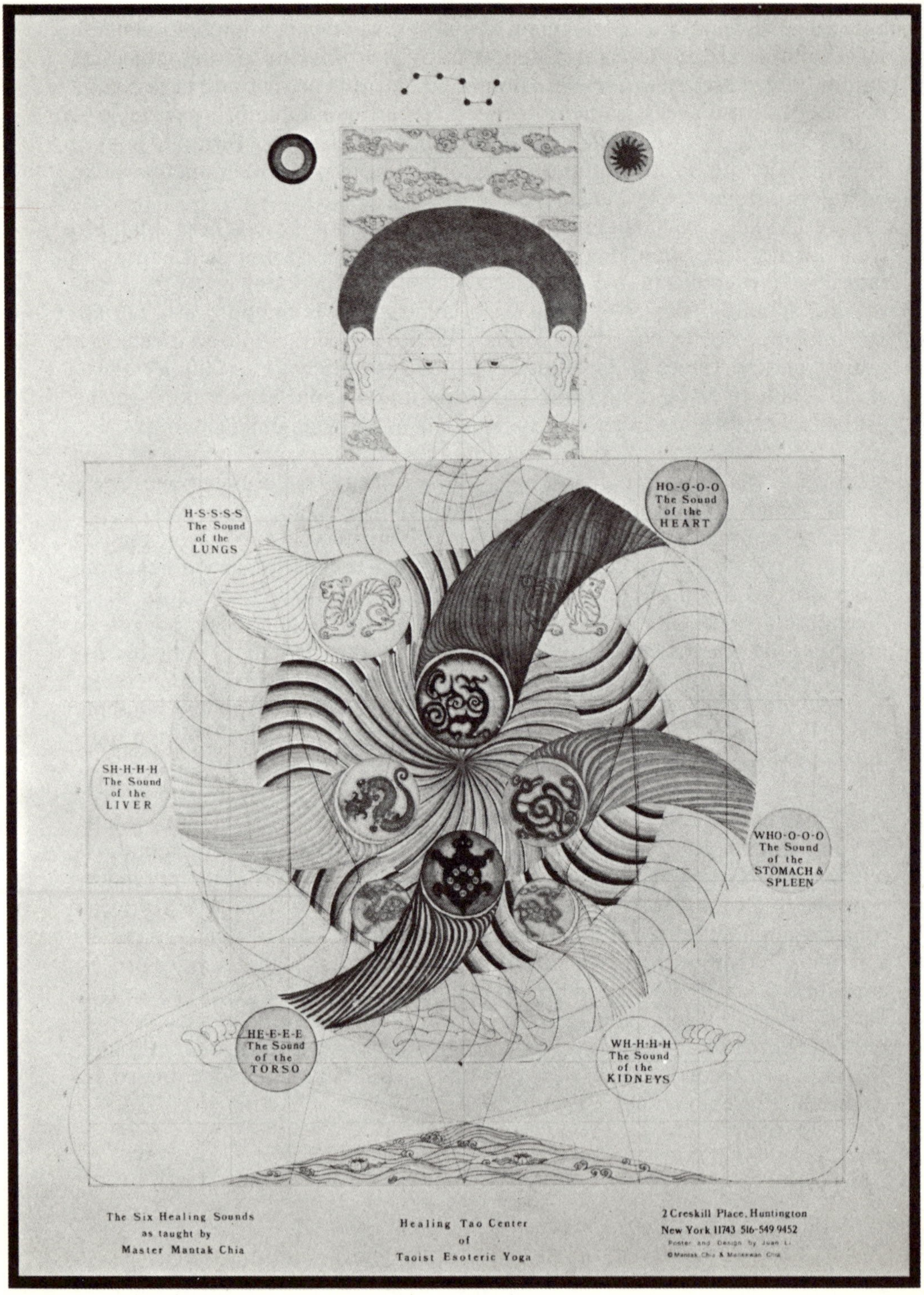

HO-O-O-O The Sound of the HEART
H-S-S-S-S The Sound of the LUNGS
SH-H-H-H The Sound of the LIVER
WHO-O-O-O The Sound of the STOMACH & SPLEEN
HE-E-E-E The Sound of the TORSO
WH-H-H-H The Sound of the KIDNEYS
The Six Healing Sounds as taught by Master Mantak Chia
Healing Tao Center of Taoist Esoteric Yoga
2 Creskill Place, Huntington
New York 11743 516-549 9452
Poster and Design by Juan Li

Prima Parte

Il presupposto fondamentale: L'energia sessuale può essere trasformata in energia spirituale

Capitolo 1

L'energia sessuale dell'uomo è immagazzinata nel seme

« Non esiste medicina, alimento o redenzione spirituale in grado di prolungare la vita di un uomo se esso non riesce a realizzare l'armonia dell'energia sessuale ».
P'eng Tsu, archiatra dell'Imperatore

La pratica cinese del « kung fu sessuale », cioè della ritenzione dello sperma durante l'atto sessuale, è rimasta un segreto gelosamente custodito per oltre ottomila anni. Solo l'imperatore e il suo più stretto entourage praticavano questo metodo, che veniva loro insegnato dai sapienti di corte. Secondo questi ultimi, tale pratica un tempo era nota a tutti; tutti la applicavano spontaneamente; ed era necessario che l'imperatore la adottasse per prevenire l'insorgenza della impotenza sessuale o delle malattie. Solo i monarchi sprovveduti permettavano alle loro mogli o concubine di esaurire anzitempo la loro potenza sessuale. Nelle famiglie nobili queste conoscenze venivano trasmesse solo da padre a figlio; mogli, figlie e gli altri membri femminili della famiglia ne rimanevano esclusi.

Il kung fu sessuale è una pratica che consente all'uomo di ritenere il proprio seme, fonte di preziose energie che vanno opportunamente conservate, immagazzinate e ricondotte ai centri vitali superiori. Si evita la perdita di questa energia biochimica evitando di eiaculare. Però non bisogna credere che il blocco dell'eiaculazione si identifichi col blocco dell'orgasmo. Anzi, il metodo del kung fu sessuale offre una forma di orgasmo del tutto particolare e superiore, che durante il coito compare ripetutamente e persiste a lungo. Il segreto è semplice: durante l'orgasmo non viene espulso il liquido spermatico.

È possibile ritenere il seme contraendo determinati muscoli, tendini e fasce aponeurotiche del bacino e consentendo all'energia presente e compressa nei genitali di diffondersi all'intero corpo. Contemporaneamente gli amanti avvertono una sensazione di estrema beatitudine, un piacere molto più intenso e prolungato del comune piacere fisico. L'intensità di questa esperienza è tale che può dar luogo a una illuminazione particolare.

L'uomo capace di applicare questo metodo avverte sensazioni molto superiori a quelle che comunica l'orgasmo puramente genitale e la sua vita si modifica radicalmente. La coppia diventa una « dinamo » che genera enormi quantità di energia elettromagnetica. Questo metodo rende possibile praticare il coito molto più frequentemente e nello stesso tempo favorisce il buono stato di salute. Invece di esaurire i secreti ormonali, il kung fu sessuale ne stimola la produzione. Le funzioni si rafforzano e si vivificano tutte perché l'energia vitale non abbandona il corpo attraverso i genitali. Il vero appagamento sessuale non consiste nel lasciar sfuggire la vita dal corpo, ma nel percepire con maggiore intensità il flusso vitale che attraversa i lombi. Inoltre, grazie al processo di « smorzamento » che dirotta l'energia trasferendola dai genitali ai centri superiori (del cuore e del vertice del capo), il corpo si carica di energia sottile.

Infine questo processo di vitalizzazione si completa e si perfeziona attraverso lo scambio fra i partners, in stato di assoluto rilassamento e di meditazione, dell'energia sessuale così potenziata.

Questa potente liberazione e la reciproca elargizione di forza vitale uniscono i partners in misura straordinaria. Ma questa energia dinamica, una volta messa in moto, ha anche il potere di promuovere l'evoluzione biologica e spirituale dell'uomo (nota come « kundalini montante »).

La impareggiabile potenza dell'elisir sessuale

I sapienti d'Oriente si impegnarono nella ricerca di metodi atti ad impedire la perdita del seme già in tempi remotissimi. Erano perfettamente consapevoli del fatto che l'atto sessuale, se viene disciplinato e praticato con amore, può risvegliare forze ancora sopite nel corpo e nello spirito, presenti in particolare nel sistema nervoso e in quello endocrino. Il valore terapeutico del coito era noto da tempo, però i maestri taoisti volevano di più, miravano più in alto, aspiravano a scoprire in esso le basi dell'immortalità. Per cui nacquero numerose scuole, che suggerivano metodi diversi per ottenere il segreto elisir della sessualità.

Tutti sanno in cosa consiste la comune eiaculazione, sanno che essa impoverisce drasticamente ogni ghiandola e ogni organo del corpo, priva l'organismo dell'impulso vitale stesso, per cui gli uomini che ne abusano si sfiniscono letteralmente.

Gli antichi saggi sapevano che ogni goccia di liquido spermatico contiene la stessa forza vitale che è presente in cento gocce di sangue. I santi dell'induismo fanno continuo riferimento all'« amrita », l'elisir di vita, la sostanza ringiovanente che si produce nel coito protratto senza eiaculazione. La produzione di questo elisir, che gli occidentali definirebbero ipersecrezione ormonale, è resa possibile da una tecnica che insegna a bloccare l'eiaculazione affinché il corpo possa accumulare sempre maggiore energia.

Se il seme viene ritenuto e la sua forza viene inviata al cervello possono svilupparsi poteri straordinari, quali la capacità di guarire le malattie e il dono della chiaroveggenza. Un tempo si pensava che fosse questa « sostanza » a preservare dalla putrefazione le salme dei taumaturghi. Per compiere « miracoli » i santi — cristiani, buddhisti, islamici o taoisti che siano — ricorrono alla forza vitale che deriva dal seme.

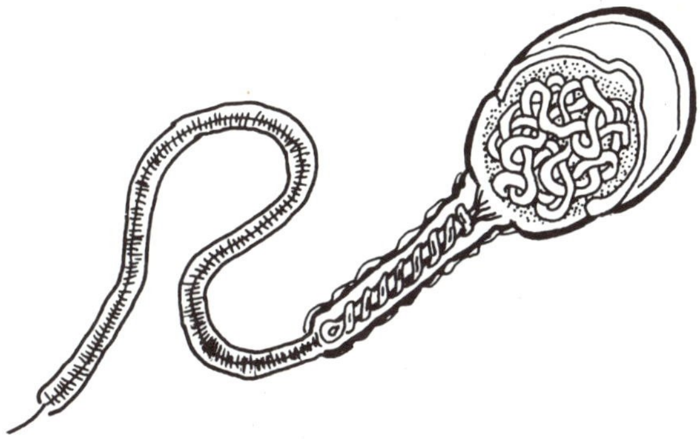

Fig. 1 - Il segreto dei segreti

In passato alcune sette esoteriche suggerivano ai loro adepti di ingerire il proprio liquido spermatico per recuperare la potenza sessuale e la forza fisica. È una pratica giustificata almeno quanto l'assunzione di vitamine. Analisi scientifiche hanno dimostrato infatti che il seme maschile è ricchissimo di vitamine, minerali, elementi traccia, ormoni, proteine, ioni, enzimi e altre sostanze nutritizie di vitale importanza.

Però un'altra qualità del seme, più importante di qualunque vitamina, si sottrae alle analisi della scienza.

È la cosiddetta « forza vitale », che è impossibile misurare con strumenti scientifici, ma che distingue il corpo vivo dal corpo morto. Anche la radice di gingseng, se sottoposta ad analisi chimiche, non evidenzia qualità particolari, eppure la sua capacità di rinnovare la vita è innegabile e universalmente riconosciuta. L'atto d'amore è un tonico poderoso e salutare perché in esso i partners si scambiano le rispettive energie sessuali, e questo scambio è più corroborante di qualunque erba o medicina.

In Cina i nobili e i membri delle sette esoteriche che aspiravano a raggiungere il massimo grado di soddisfacimento conoscevano da tempo la tecnica per ricondurre l'energia sessuale al cervello. Invece in Occidente non si conosce nemmeno oggi una tecnica atta a reintegrare nel corpo questa poderosa forza vitale. La maggior parte degli occidentali sembra attratta irresistibilmente dalle lusinghe della sessualità ed è disposta a perdere con gioia il proprio seme, senza sapere che tale perdita può avere conseguenze deleterie per la salute e non sospetta nemmeno che esiste un'alternativa.

A lungo andare l'eiaculazione frequente dà luogo a perdita della vitalità, della capacità visiva, favorisce la caduta dei capelli e porta all'invecchiamento precoce. Quando gli ormoni secreti dalle ghiandole sessuali, invece di essere ritenuti, vengono « bruciati », il corpo viene aggredito alla radice. La perdita della creatività e la diminuzione della potenza sessuale possono manifestarsi dopo mesi o dopo anni di abusi ripetuti, a seconda della costituzione del soggetto. Ma si riduce considerevolmente anche la capacità di resistenza alle malattie e ai processi di invecchiamento.

Per riacquistare le forze perdute l'uomo che espelle abitualmente il proprio seme cercherà allora disperatamente di recuperare la salute mediante iniezioni di ormoni o l'assunzione di eccitanti o tranquillanti, vitamine, allucinogeni o afrodisiaci. E un corpo imbottito di queste sostanze per qualche tempo può anche illudersi di stare meglio. Qualcuno tenta di mascherare il declino della propria potenza sessuale sostituendola col potere che procurano il danaro o l'influenza politica. Tuttavia finché non cesserà di disperdere il proprio seme l'uomo assisterà inevitabilmente al declino delle sue forze. A lungo andare l'apparato digerente di chi eiacula ad ogni atto sessuale non riesce più ad assimilare la quantità di sostanze necessaria a reintegrare le energie perdute attraverso la eiaculazione.

Il metodo taoista promuove la produzione degli ormoni. Poiché insegna a concentrare l'energia nelle ghiandole endocrine durante il coito, queste vengono stimolate a secernere altri ormoni. Ma, cosa più importante ancora, la qualità degli stessi è migliore. Nelle fasi più avanzate di questa pratica gli ormoni poi sviluppano proprietà del tutto straordinarie.

Il metodo del kung fu sessuale consente di produrre e conservare più energia (nervosa e ormonale) di quanta ne occorre perché l'organo possa funzionare regolarmente. Questo surplus di forza vitale viene utilizzato per irrobustire il corpo e per migliorare le capacità mentali e spirituali del soggetto. Durante l'amplesso le energie sottili yin e yang salgono a spirale fino al capo e rimangono costì durante tutto il coito.

Perché il segreto della forza spirituale della sessualità veniva custodito gelosamente?

L'umanità ha finalmente capito che se non vuol andare incontro alla completa rovina deve usare con parsimonia le riserve della natura. Acqua, suolo, boschi, carbone e petrolio debbono essere usati con criterio. È necessario produrre gli alimenti in modo più economico, costruire le case e trasportare la merce senza distruggere ciò che già esiste e a prezzi più bassi. Finora abbiamo attinto senza risparmio alle ricchezze del nostro pianeta direttamente accessibili.

Oggi quindi le risorse naturali vengono trattate con maggiore accortezza, però sono ancora pochi gli uomini che non abusano della fonte di energia più preziosa di tutte: della propria energia sessuale.

Un programma di risparmio energetico veramente intelligente dovrebbe comprendere in primo luogo l'accorta tesaurizzazione dell'energia contenuta nel seme maschile! Invece questo aspetto della protezione ambientale viene completamente trascurato. Ciò avviene, fra l'altro, perché si ignorano gli antichi metodi, tenuti gelosamente segreti, che si applicavano in passato. I maestri taoisti hanno scoperto queste verità dopo aver cercato per millenni il modo per vivificare la materia. I metodi qui illustrati sono il frutto delle ispirate ricerche di generazioni e generazioni di sapienti integrate dalle osservazioni da me fatte nel mondo di oggi. Questo libro rappresenta il risultato di quanto da me personalmente sperimentato nell'applicazione di questi insegnamenti.

I maestri taoisti erano soliti rivelare i loro segreti soltanto ai discepoli che con la loro abnegazione di anni e i servizi resi avevano dato prova di totale devozione agli ideali del maestro. Perché ritenevano giusto, o meglio necessario, tener nascosto al grosso pubblico il loro immenso sapere?

Per gli occidentali non è una cosa facile da capire. I mass media hanno indotto un modo di pensare, una mentalità per la quale tutto va bene per tutti, è adatto a tutti: i dettagli più intimi della vita sessuale privata vengono divorati con grande avidità. I pubblicitari assicurano ai loro clienti che « si riesce a vendere solo ciò che attrae sul piano sessuale ». Questa mentalità ha ridotto il sesso a una merce qualunque. Ecco perché ci è difficile vivere la nostra sessualità come un piacere intimo che può essere reso sempre più perfetto e sempre più intenso. Spesso la partner viene semplicemente usata e quando diventa vecchia o molesta viene messa da parte senza troppi complimenti. Perfino alle concubine degli imperatori e dei nobili era riservato un trattamento migliore: a titolo di riconoscenza per le prestazioni fornite esse venivano mantenute vita natural durante. La società cortese prediligeva il maschio, è vero, però apprezzava e onorava l'energia sessuale della donna per le sue qualità terapeutiche e perché è necessaria per lo sviluppo spirituale dell'uomo.

Un classico racconto taoista narra di una donna che conosceva il segreto della trasformazione dell'energia sessuale e scambiava la propria energia yin con l'energia yang del suo partner, per cui divenne immortale. Così diventò consigliera degli imperatori per tutte le cose concernenti l'amore. In proposito esiste un fatto storicamente provato: nel 690 d.C., dopo la morte dell'imperatore, fu incoronata imperatrice una sua favorita, già sua cameriera; e l'imperatrice Wu, altamente stimata per la sua perfetta conoscenza dell'arte di amare, governò il paese per molti decenni, fino alla sua morte.

Gli antichi maestri taoisti non erano semplici empirici. Erano « scienziati naturali » che hanno creato le premesse degli stupefacenti progressi tecnici che la medicina, la chimica, la biologia, l'arte nautica e molte altre discipline occidentali hanno raggiunto solo 2 millenni dopo. E non consideravano il proprio sapere loro proprietà. Lo tenevano segreto per motivi a quei tempi giustificatissimi. Erano i depositari di conoscenze trasmesse dai loro maestri e temevano che della poderosa forza celata in queste dottrine si potesse fare cattivo uso. Forse volevano anche preservare l'umanità dalla tendenza a distorcere e a falsare le dottrine più pure ed elevate per asservirle ai suoi istinti più bassi. Nella Cina contadina, che allora era molto meno popolata di oggi, chi fosse stato in possesso di conoscenze esoteriche siffatte avrebbe potuto facilmente diventare un capo temibile, un rivoluzionario, e grazie a questa forza qualunque guerriero avrebbe potuto annientare i suoi avversari.

I maestri taoisti ritenevano pericoloso diffondere troppo queste dottrine, per cui le confidavano solo ai loro allievi più fidati e più meritevoli, quasi sempre sul letto di morte. Per essere ben sicuri che di questi segreti non si facesse uso per scopi esclusivamente egoistici, spesso rivelavano a ciascuno degli allievi solo una parte del loro sapere. E la verità veniva scoperta solo quando gli allievi formavano un gruppo e si scambiavano le informazioni. Però se qualcuno di essi teneva per sé quel che sapeva, l'intera verità non veniva mai scoperta. L'intero edificio è stato ricostruito nel corso di molte generazioni mettendo insieme mattone (frammento) su mattone (frammento). A me preme rappresentare tutti questi frammenti in un insieme organico, che mi auguro corrispondente alla dottrina originale.

Perché questo segreto oggi viene rivelato?

Perché noi oggi, invece di seguire l'esempio degli antichi Cinesi, confidiamo a tutti questi principi? La risposta è semplice: perché è arrivato il momento di farlo. La situazione dell'umanità è troppo catastrofica perché si possa ancora indugiare; oggi è necessario utilizzare l'energia vitale. Se all'umanità non viene fornita subito nuova energia che la aiuti a vivere in un modo più armonioso di come è vissuta negli ultimi 2 millenni, incombe su noi tutti, maestri e non maestri, il pericolo di una vita insopportabilmente difficile, se non addirittura quello dell'annientamento totale.

Gli esperti di computer, di mercati azionari, di chimica, di sport sono tanti, mentre i maestri di vita, dell'arte di vivere, sono pochissimi. L'uomo trascorre il breve corso della sua vita occupandosi di statistiche, di maleodoranti sostanze chimiche, di vuote parole. La maggior parte degli Americani trascorre ogni giorno 6 ore in una sorta di trance ipnotica davanti al televisore, a una cassa di vetro nella quale si muovono ombre colorate. Questi apparecchi sono sfuggiti al nostro controllo, sono diventati strumenti del nostro annientamento. Una mente condizionata, uno spirito programmato dalla TV non sono vera mente né vero spirito. Troppe persone non dedicano un solo secondo alla autointrospezione, non si immergono mai nelle profondità del grande fiume di energia che attraversa le loro membra e i loro organi. Eppure tutta l'energia tecnologica che rincorriamo non è che la pallida imitazione delle elettrizzanti, estatiche sensazioni che attraversano il nostro corpo e il nostro spirito.

Tuttavia esiste qualche segno positivo. Secondo il pensiero taoista ogni eccesso finisce per portare al proprio opposto. Nonostante la mediocrità della nostra cultura massificata, forze poderose spingono l'umanità a sviluppare una coscienza più vasta. È evidente che la causa delle caotiche condizioni del nostro pianeta sta nella rivoluzionaria evoluzione della coscienza dell'uomo. In altri termini: la bomba H incombe minacciosa su di noi perché noi abbiamo voluto che così fosse. Il germe dell'amore nasce dall'odio. Noi abbiamo voluto questa crisi per arrivare a una soluzione, per ripristinare l'armonico equilibrio fra noi e la natura.

Uno degli effetti più importanti di questo sviluppo della coscienza è rappresentato dal fatto che viene reso partecipe dei segreti della vita e del pensiero, un tempo riservati a pochi eletti, l'uomo della strada. Lo scienziato francese Schwaller dice in proposito: « Questa rivoluzione del pensiero... non è certo il risultato di un capriccio, ma è dovuta a influssi cosmici che agiscono sulla Terra e su tutto ciò che essa contiene. La fase di gestazione del pianeta Terra è giunta al termine... Adesso inizia un periodo nuovo, annunciato dai sommovimenti sismici, da mutamenti climatici ma soprattutto da modificazioni dello spirito, che dà la vita all'uomo ». Se le difficoltà costringono la coscienza ad evolvere, a sua volta la coscienza modificata fa saltare le catene dell'ordine esistente.

Spero che le pratiche taoiste di elevazione dell'energia dell'uomo a contatto di concezioni opposte, in seguito a controlli scientifici e a esperienze personali, raggiungano una perfezione ancora maggiore. Nella Cina di oggi è vietato per legge tenere segrete le pratiche utili e salutari. È obbligatorio rendere di dominio pubblico tutte le informazioni che giovano al bene comune. In futuro sia le ricette a base di erbe medicinali, di radici, di acque minerali, di cortecce, di fiori, di pietre preziose e di veleni che le pratiche yoga e meditative verranno ulteriormente perfezionate e rese note a tutti.

Perciò la rivelazione dei segreti taoisti rappresenta un contributo alla cultura dell'umanità. La sua effettiva influenza si paleserà naturalmente col tempo. Comunque, mentre prima operavano solo pochi spiriti eccelsi, oggi per salvare il mondo dai pericoli delle sue aberrazioni, l'umanità incoraggia e promuove la genialità di tutti.

Capitolo 2

Che cos'è il « chi »?

« Essenza, *chi* e spirito sono i tre gioielli della vita ».
Libro delle Trasformazioni e della Verità Immodificabile
Maestro Ni Hua Ching

È possibile capire come va trattata l'energia sessuale secondo i maestri taoisti solo se si sa cosa intendono i Cinesi per « chi ». Il *chi* — detto anche « prana », « corrente calda », « kundalini » o forza vitale elettromagnetica — è difficile da descrivere perché è invisibile. Tuttavia è possibile avvertirlo. « Chi » è il termine cinese per « respiro ». Sul piano fisico è l'aria che inspiriamo ed espiriamo, che ci vitalizza e ci tiene in vita. Ogni secondo della nostra esistenza è appeso a un « filo di respiro », e questo è costituito da aria apparentemente « vuota ».

Noi trasformiamo quest'aria arricchendola con sostanze nutritizie e facendola diventare un altro tipo di energia, che assume forma solida, che diventa sangue, carne e ossa e tuttavia non perde il suo ritmo interno, quel ritmo che fa pulsare in noi ogni singola cellula. Gli organi vitali, cuore, fegato, reni e ghiandole, a loro volta raffinano l'energia e la inviano ai centri superiori del cervello, dove nascono i nostri pensieri, i nostri sogni e le nostre emozioni. Ma in esso nascono anche la volontà dell'uomo di vivere e di morire, la sua forza di amare e di pensare su questo pianeta respirante sospeso nel vuoto del Tutto. Poiché il *chi* compie un circuito sempre uguale il suo ritmo è così naturale che non lo percepiamo neppure. Provate a chiedervi quando vi siete accorti della sua presenza per l'ultima volta e scoprirete con vostro stupore che praticamente non vi accorgete mai che respirate e che il vostro cuore batte.

Gli antichi maestri taoisti dedicavano molto tempo all'osservazione del fluire del *chi*, che definivano respiro dell'universo. Il *chi* è il tramite, la « colla » che tiene uniti corpo, spirito e anima, l'anello di congiunzione fra la percezione del nostro mondo interiore e il mondo esterno. Vivendo a stretto contatto con la natura i taoisti riuscirono a ricostruire in tutti i dettagli il comportamento del *chi* sia nel corpo umano sia nell'universo. In epoche successive distinsero poi vari tipi di *chi* e i rispettivi modi di agire, per cui oggi in Cina gli eredi di queste conoscenze, cioè gli agopuntori e gli erboristi, conoscono fino a trentadue diverse funzioni del *chi* nel corpo umano.

Fig. 2

I Cinesi non hanno mai cercato di analizzare bene il *chi*, di stabilire se si tratta di materia o di energia o di un processo di trasformazione dell'una nell'altra. Per essi è importante solo l'effetto che esso produce. Quando vogliamo illuminare una stanza premiamo il pulsante di un interruttore, l'elettricità entra nel circuito e la luce si accende. Non analizziamo il processo, ci limitiamo a premere il pulsante dell'interruttore. Ebbene, l'agopuntore, infilando l'ago in un punto del meridiano del fegato, si comporta allo stesso modo: consente al *chi* del fegato di fluire più liberamente, lo attiva.

Oggi la scienza comincia a descrivere il mondo in modo analogo, cioè attribuisce i vari fenomeni alla interazione fra il *chi* a carica positiva (yang) e il chi a carica negativa (yin). Recentemente la rivista scientifica Time-Life ha descritto l'elettricità come segue:

> « L'elettricità è certamente il fenomeno più difficile da spiegare: vive nelle pareti delle nostre case e regola la vita delle nostre cellule. Scende dal cielo in terra sotto forma di fulmine e scaturisce dalle nostre dita quando tocchiamo la maniglia metallica di una porta. Struttura la materia, rende plasmabile la plastica, fluido l'olio e appiccicosa la colla. Fa muovere i treni e attiva il cervello dell'uomo... La luce è radiazione elettromagnetica — e sono luce sia la luce visibile, sia i raggi Röntgen, sia le microonde, sia le onde radio. Il magnetismo di una calamita è determinato dal movimento a spirale di innumerevoli elettroni. Ma anche il magnetismo terrestre è determinato molto probabilmente dal movimento a spirale delle correnti elettriche presenti nel nucleo metallico, liquido, del nostro pianeta.
> Il corpo umano è una gigantesca macchina elettrica: la chimica del corpo, come tutta la chimica, poggia su collegamenti elettrici. Il corpo funziona in virtù dell'elettricità. L'energia che vi serve per leggere queste righe voi la ricavate dall'uovo che avete mangiato a colazione; e l'uovo a sua volta l'ha ricavata dal becchime che è stato somministrato alla gallina; e il becchime l'ha attinta direttamente dalla luce elettromagnetica del sole.
> Quindi l'universo è carico di energia elettrica, di ioni positivi e negativi. Tuttavia poiché di norma le forze negative e positive si equivalgono, noi di solito non ne avvertiamo la presenza. In linea di principio lo spazio che ci circonda è uno spazio vuoto carico di elettricità ».
>
> K.C. COLE
> *Discover Magazine*, Febbraio 1984

Con nostro stupore oggi in Cina considerano l'universo il risultato di queste due forze anche persone molto semplici. Se le interpelliamo in merito ci rispondono, per esempio, che l'aglio possiede un'energia molto calda, per cui l'essenza del *chi* dell'aglio è calda o yang. Nei secoli scorsi, « *chi* » in cinese si scriveva rappresentando nella parte superiore del pictogramma il fuoco e lasciando vuota la sua parte inferiore, per indicare che nessun « fuoco », nessuna energia attiva è sufficiente a definire il « *chi* ». Secondo i Cinesi il *chi* esisteva già prima che nascesse il mondo fisico, come *chi* primordiale, come energia allo stato puro. Ed evitavano di dissertare sulla qualità metafisica del *chi* primordiale (cioè non si chiedevano, ad esempio, se Dio è buono o cattivo) per occuparsi esclusivamente dei modi in cui esso si manifesta nel mondo: sotto forma di yang-*chi* (caldo, presente ad es. nell'aglio fresco), o di yin-*chi* (freddo, presente ad es. in un fegato ammalato). Questo ha fatto sì che la loro filosofia ha un'impronta squisitamente pragmatica, è basata sull'osservazione del mondo naturale.

L'evoluzione taoista raggiunge le più sottili sfere spirituali superiori, però inizia dal basso ed è resa possibile da pratiche prettamente fisiche.

Fig. 3 - L'ideogramma cinese del *chi*

Deriva dalle radici « fuoco » (nella parte superiore) e « vuoto » (nella parte inferiore), che ne designano la purezza originaria.

Come agisce nell'uomo il « ching » o « essenza sessuale »?

I taoisti chiamano l'energia sessuale « ching » o essenza; essa comunque potrebbe essere definita anche « elettricità umana » perché il ching è, come il *chi*, un'energia invisibile che compenetra il corpo. Nella sua forma fisica originaria viene immagazzinata nell'uomo nei testicoli, nella donna nelle ovaie. È un tipo di *chi* che attraverso processi fisici si è trasformato in un tipo di energia più forte. Il ching è un'essenza carica di energia (distillata da una sostanza greggia) che ha la capacità di rinnovare l'intero organismo dalle fondamenta. Nell'uomo l'essenza dell'energia maschile (yang) risiede nel seme.

Quando l'uomo è sessualmente eccitato la sua essenza si espande con enorme velocità. Si carica di nuova energia tutto il suo essere. Il suo corpo viene scosso dalla passione e il suo cuore si colma di desiderio. Come la pressione sul pulsante dell'interruttore elettrico fa della notte il giorno, così i suoi sentimenti si trasformano istantaneamente. L'uomo si sente sessualmente attratto da una donna perché in lui milioni di spermatozoi prendono a vibrare generando un vasto campo di energia elettromagnetica. In primavera questo fenomeno ha luogo spontaneamente: quando le piante si gonfiano di linfa, il ching dell'uomo, adeguandosi al ciclo della natura, si espande anch'esso. Ora, quale rapporto intercorre tra il « ching » (essenza sessuale) e gli altri tipi di forza vitale?

I principali tipi di *chi*

Più sotto sono descritti, in forma semplificata, i principali tipi di *chi* nell'uomo e i rapporti fra essi e il ching o lo shien (spirito), che rappresenta il massimo grado di purificazione. *Chi*, ching e shien sono detti anche i « tre gioielli » perché la loro piena evoluzione porta all'illuminazione.

1) *Energia prenatale.* Unisce il *chi* ereditato da madre e padre al ching, si esprime nel codice genetico e può essere definita vitalità congenita del soggetto.

2) *Energia respiratoria.* Il corpo incamera energia cosmica inspirando ed espirando l'aria. Le persone che respirano in modo corretto, cioè praticando una profonda respirazione addominale, incamerano maggiore energia.

3) *Energia alimentare.* La purezza del *chi* assorbito attraverso l'alimentazione dipende dalla qualità dei cibi e dalla capacità del corpo di digerire e assimilare le sostanze nutritizie.

4) *Energia dei meridiani.* Viene prodotta in vari modi dalle cellule del corpo e scorre libera grazie all'agopuntura collegando fra loro tutti gli organi e tutte le ghiandole.

5) *Energia pulsante.* È prodotta dalle funzioni cicliche del corpo. Si avverte in particolare nel pulsare delle arterie e nell'alternanza dei bioritmi che armonizzano il corpo emozionale con quello mentale e quello fisico.

6) *Energia seminale (ovarica).* Il ching, o essenza sessuale, è presente nel corpo fin dalla nascita, però acquista forza grazie all'apporto di altri tipi di energia (*chi* alimentare, respiratorio ecc.). L'essenza sessuale è la fonte di tutta l'energia di cui dispongono i processi mentali e creativi.

7) *Energia spirituale.* Shien è la luce che illumina la personalità, il discernimento e l'autocoscienza dell'uomo. Nel suo stato più puro è in nostro Sé.

8) *Wu chi* è il vuoto, o il nulla, dal quale scaturisce il *chi* e al quale il *chi* (*chi* primordiale) ritorna.

I taoisti si propongono di purificare al massimo la loro energia vitale. Il massimo grado di purezza dell'energia vitale conferisce buona salute e profondo appagamento dell'aspirazione dell'uomo alla totalità. Gli antichi sapienti conoscevano il processo naturale per il quale il *chi* greggio degli elementi universali — sole e terra, alimenti e aria — si trasforma in ching (o energia sessuale), che viene immagazzinata nel seme maschile. Gli organi vitali mescolano poi l'energia seminale col proprio rispettivo *chi* e così facendo la nobilitano, trasformandola in shien. L'energia sessuale è l'anello di congiunzione fra l'identità biologica e l'identità metafisica dell'uomo, fra la sua natura bestiale e la sua natura divina. La capacità sessuale conferisce all'uomo la forza di rinnovare se stesso, ma al contempo lo lega al corpo fisico, a quello proprio e a quello della partner (1).

(1) In cinese esiste tutta una serie di opere su questo tema, ma secondo me le migliori sono: *Tao, The Subtle Universal Law* e *The Taoist Inner View of the Universe and the Immortal Realm*

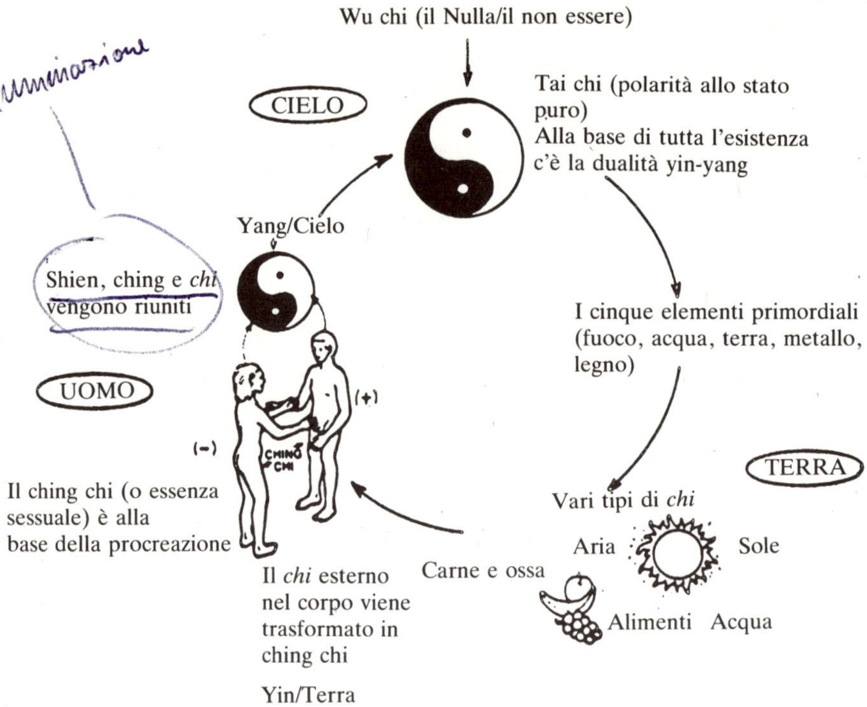

Fig. 4 - Circolazione dell'energia sottile

Secondo i taoisti per promuovere lo sviluppo dello spirito e quindi superare la limitatezza del corpo animale è possibile utilizzare qualsiasi forza dell'universo. Tutto contiene energia; e la coscienza dell'uomo, se lo desidera, può assorbire questa energia. Tuttavia il corpo può utilizzare più facilmente alcune sostanze che altre: per esempio, può utilizzare più facilmente l'energia di un buon pasto che quella del sole che può assorbire stando sdraiato sulla spiaggia. L'energia solare è troppo greggia e troppo forte per venir assimilata senza difficoltà. Un eccesso di luce solare, per giunta, può provocare ustioni, anche gravi. Mentre un pasto, anche abbondante, può essere assorbito senza danno e dalle calorie e dalle sostanze nutritizie assimilate il corpo può trarre forza per lungo tempo.

del maestro Ni Hua Chin (College of Tao, 117 Stonehaven Way, Los Angeles, CA 90049), sia perché sono stati tradotti meglio, sia perché contengono i migliori commenti.

La traduzione di Ni dell'I Ging è migliore di quella degli studiosi occidentali perché essi hanno afferrato solo in parte gli aspetti esotici di questi testi classici. La sua traduzione è intitolata *Il Libro delle trasformazioni e della immutabile verità*.

Differenza tra il desiderio di cibo e l'appetito sessuale

Che differenza passa sotto il profilo energetico tra l'alimentazione e il sesso, del quale il nostro corpo sente tanto bisogno? Molti credono, erroneamente, che desiderio di cibo e desiderio sessuale siano necessità biologiche dello stesso valore, perché entrambe indispensabili per la conservazione dell'individuo e della specie.

Invece le cose non stanno proprio così. Un rapporto naturalmente esiste, spesso le persone sessualmente frustrate per incamerare energia mangiano a dismisura. Una delle principali cause dell'obesità è infatti l'alterato equilibrio sessuale.

Il ching, infatti, è più facilmente utilizzabile del *chi* alimentare, perché gli alimenti per poter fornire energia debbono prima essere raffinati (cioè digeriti, vale a dire scomposti negli elementi di cui sono costituiti) e assimilati (cioè legati al corpo), mentre il ching (essenza sessuale) è già presente nel corpo in forma raffinata e può legarsi al sistema ghiandolare e a quello nervoso in un millesimo di secondo. È capace di attivare immediatamente il nostro cervello e di modificare il nostro stato psichico e le nostre sensazioni fisiche già il solo pensiero del sesso.

L'energia sessuale è un prezioso « alimento » in potenza che fa maturare emozioni e sviluppa lo spirito dell'uomo. Per questo nella antica Cina la cura della sessualità era affidata ai medici. Poteva succedere infatti che in determinate situazioni, per guarire una malattia, un medico taoista prescrivesse a un suo paziente di praticare l'attività sessuale. L'amore espresso nella sessualità era ritenuto un rimedio efficacissimo, una sorta di « erba medicinale » capace di guarire la maggior parte delle malattie in quanto capace di attivare la corrente del *chi* e quindi di stimolare i vari organi e tutto il sistema di difesa.

L'equilibrio dell'uomo dipende in forte misura dalla sua vita sessuale perché lo scambio di energie sessuali (maschile e femminile) rappresenta la fonte energetica più importante dopo quella alimentare. Questo rende complessi i rapporti fra i due partners, perché mentre la partner è una creatura in carne ed ossa, l'energia sessuale che nell'atto d'amore si trasforma in energia spirituale è invisibile. Può essere solo percepita o intuita.

Il rapporto a due fallisce quando lo spirito non viene fortificato, alimentato, ma la coppia si limita a « consumare » energia sessuale, a usare energie negative, senza trasformarle in energie positive, risanatrici. Quando lo squilibrio energetico diventa troppo forte, se la coppia trova il modo per eliminarlo, i due si separano, si arriva alla rottura. Un altro esempio di sviluppo negativo del ching è dato dalla produzione di ching indotta dalla masturbazione, perché questa pratica fa aumentare esclusivamente l'essenza maschile (yang) del seme senza farla neutralizzare dall'essenza femminile (yin) fornita da una donna in carne ed ossa.

A differenza dell'energia alimentare e dell'energia solare, il ching o essenza sessuale viene prodotto e immagazzinato nel corpo. Questa preziosa sostanza, presente nel seme — che è dotato dello straordinario potere di unirsi all'ovocita per generare una nuova vita — viene prodotta e immagazzinata nei testicoli. Perciò è possibile attingere alla propria scorta di energia sessuale in ogni momento.

Fig. 5

Il moderno pictogramma per rappresentare il « fuoco » visualizza il fuoco, quale elemento fisico primordiale o calore psichico, che arde sotto il crogiolo taoista.

Quando la riserva di seme si esaurisce, il nostro corpo ne produce automaticamente dell'altro. Questo fa sì che il maschio sia sempre disponibile e pronto a compiere l'atto sessuale. Anche il corpo del maschio celibe e che non vuol generare produce il seme e lo trasforma in energia creativa (sessuale). Il ching è un'energia interna che si autoalimenta incessantemente. Il processo di trasformazione in energia spirituale, in creatività, avviene sia inconsciamente, sia, in parte, consciamente. Noi possiamo favorire o ostacolare la trasformazione dell'energia sessuale in capacità creativa conformemente al nostro grado di conoscenza dei processi che si svolgono dentro di noi. Tuttavia, come nella respirazione, attingiamo a questa fonte energetica senza rendercene conto.

Sigmund Freud scoprì questa verità migliaia di anni dopo i Cinesi, quando i maestri taoisti conoscevano già bene il ruolo del sesso nella vita dell'uomo. Però non si rese conto del fatto che le nevrosi che diagnosticava potevano essere guarite mediante il corretto uso dell'energia sessuale e delle altre energie fisiche. Se queste energie vengono riequilibrate con l'aiuto di un'attività sessuale correttamente praticata e con quello della meditazione, la psiche può venir liberata da vecchi traumi o da deleterie abitudini. La sublimazione taoista della propria energia sessuale è uno strumento efficacissimo dell'autoterapia; ad esso però possono ricorrere solo gli individui che hanno già raggiunto un certo grado di integrazione fra corpo, mente e anima. Le persone notevolmente squilibrate e fortemente labili possono liberare una quantità eccessiva di energia, perciò prima di dedicarsi alla pratica taoista debbono consultare uno psichiatra.

Però il fatto di poter usare l'energia sessuale a proprio piacimento ha un suo prezzo. Per poter produrre energia seminale l'uomo consuma il 25-40% del *chi* che assorbe attraverso gli alimenti, l'aria e la luce solare. Ora, come mai l'organismo consuma una parte così cospicua delle sue preziose risorse per produrre miliardi di cellule seminali e per regolarne le funzioni mediante un sistema ormonale? Solo per generare un paio di figli nel corso di una intera vita? No di certo. La natura non è così « sprecona ». In realtà il nostro organismo investe tante risorse nella produzione dell'energia seminale per accelerare tutta la propria evoluzione. Più un individuo è capace di trasformare in energia superiore, creativa e spirituale, la forza immagazzinata dentro di lui, più rapidamente evolve. Il metodo taoista di sublimazione del *chi* prova che le capacità di cui la natura ha dotato ogni essere umano possono venir efficacemente usate perché l'uomo possa evolvere al massimo nel corso di una sola vita.

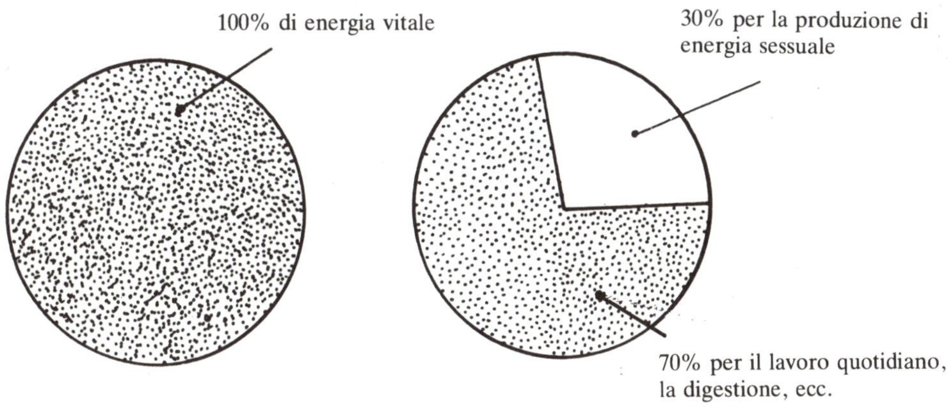

Fig. 6

L'uomo impiega un terzo della sua vita per produrre il seme. L'energia seminale può essere ulteriormente sviluppata per migliorare la salute fisica e quella spirituale.

Capitolo 3

Biologia della sessualità esoterica

Di norma l'eiaculazione conclude l'atto sessuale. Appena eliminato il liquido spermatico, il corpo si adopera per sostituirlo. Più rapidamente il seme viene consumato, più rapidamente il corpo è costretto a produrne dell'altro. La produzione di questa sostanza vitalizzante ed energetica anche per la psiche, comporta un notevole dispendio di materie prime. Le ghiandole sessuali traggono queste preziose materie prime dal sangue circolante, che a sua volta le preleva dal fegato, dai reni, dalla milza e dal cervello.

Ognuno degli organi paga un alto tributo alle ghiandole sessuali. Poiché ogni goccia di seme contiene enormi energie vitali, l'organismo, se perde liquido spermatico frequentemente, viene privato delle sue sostanze nutritizie più preziose con la conseguente accelerazione del declino fisico e dell'invecchiamento. La ritenzione del seme rappresenta il primo passo nell'inversione di questa tendenza, che porterebbe l'uomo a pagare un prezzo troppo alto per il proprio appagamento sessuale.

Perdita del seme nel corso della vita

Si è calcolato che oggi l'Americano medio nel corso della sua vita eiacula circa 5000 volte ed espelle complessivamente 15 litri di liquido spermatico. Secondo il Rapporto Kinsey l'Americano medio eiacula con la seguente frequenza:

Età	*Media settimanale delle eiaculazioni*
Pubertà - 15	3,17
16 - 20	3,3
21 - 25	4,14
26 - 30	3,51
31 - 35	2,9
36 - 40	2,42
41 - 45	1,95
46 - 50	1,8
51 - 55	1,54
56 - 60	1,09

Studi più recenti hanno rivelato però che oggi il seme viene eliminato con maggiore frequenza che all'epoca del Rapporto Kinsey, in quanto oggi il grado di stimolazione e conseguente attività sessuale sarebbe maggiore. Hanno incrementato l'attività sessuale — specie nei non ammogliati — le conseguenze della rivoluzione sessuale, il più facile accesso agli anticoncezionali e il mutato atteggiamento nei confronti della sessualità del cinema, della stampa e della TV.

Se rimaniamo alle circa 5000 eiaculazioni nel corso di una vita media constatate negli anni '50, la perdita di seme ammonterebbe a 15 litri (5000 eiaculazioni × 3cc (di liquido spermatico) = 1500 cc). Ad ogni eiaculazione vengono espulsi 2-5 cc di liquido spermatico, cioè 200-500 milioni di spermatozoi.

Il corpo umano dispone di una energia « atomica » propria.

Sono cifre sbalorditive: con una sola eiaculazione l'uomo espelle 200-500 milioni di cellule seminali. Se esse fecondassero, ad esempio, 250 milioni di ovociti, con una sola eiaculazione l'uomo potrebbe popolare gli interi Stati Uniti. Se si moltiplica questa cifra per le 5000 eiaculazioni di una vita media si ottiene un numero addirittura astronomico, che evidenzia la forza del seme maschile.

Nei lombi di un solo uomo è contenuto il potenziale per moltiplicare per 250 volte l'attuale popolazione del mondo! Ogni uomo può creare dentro di sé una riserva di energia sessuale più potente della bomba atomica. Se essa venisse utilizzata per generare energia psichica e armonia, le possibilità di un'esistenza piena e pacifica sarebbero illimitate.

Questa considerazione farà sorridere qualche scienziato occidentale. Però nessuno può negare che la forza del seme produce e conserva la vita.

La conservazione dell'energia all'interno del corpo avrà effetti diversi nei diversi individui. Nessun individuo e nessuna razza produce lo stesso tipo di energia. In ogni individuo si produce l'energia che corrisponde alla sua natura. Così una data categoria di individui produrrà prevalentemente forza fisica, un'altra soprattutto capacità di difesa contro le malattie, un'altra ancora una sorprendente longevità. Tutti gli individui comunque hanno la possibilità di prolungare e rendere più proficua la vita attiva attraverso un creativo adeguamento all'ambiente.

Alcuni scienziati hanno cercato di sviluppare ulteriormente le tesi di Darwin esaminando gli impulsi genetici specifici, che influenzano il comportamento dell'individuo e fanno sì che il suo patrimonio genetico migliori la sua capacità di sopravvivenza. Cioè hanno riconosciuto la capacità evoluzionaria del nostro istinto sessuale, però hanno trascurato del tutto la possibilità che ha l'uomo di trasformare l'energia sessuale in energia mentale e psichica. L'individuo altamente evoluto governa il proprio corpo fisico e i propri istinti con la mente e con l'anima; però la scienza sostiene il contrario. Naturalmente non ha torto del tutto, perché, se vogliamo, l'evoluzione dell'uomo, il suo ritorno al proprio Sé, è ancora incompleto.

L'uomo è ancora succube dei propri impulsi biologici. Quando avrà raggiunto la « totalità », avrà integrato il suo corpo col suo spirito e la sua anima, il suo Essere spirituale riuscirà a dominare il corpo meglio di come lo dominano gli impulsi biologici. Questo non contrasta con le leggi della natura, ci dice soltanto che siamo creature dotate di possibilità immense, che abbiamo la capacità di sviluppare le nostre forze fino a rendere il corpo succube della mente e dello spirito. La mente però non deve dominare il corpo fisico totalmente; ciò creerebbe un nuovo conflitto. Deve agire invece dentro la materia, in seno ad essa. La mente ci ha permesso di costruire la bomba atomica e di conquistare la Luna. Perché non dovremmo usarla per governare il nostro corpo, che le è più vicino di ogni altra cosa?

Le persone che hanno una mentalità scientifica non approveranno queste idee. Questa verità, infatti, può essere constatata solo grazie all'esperienza. Noi percepiamo il *chi* che opera dentro noi in ogni momento della nostra giornata. Molti scienziati sostengono che senza eiaculazione non può aver luogo un orgasmo; mentre io e con me centinaia di miei allievi sappiamo che esso è possibile, che è solo una questione di esercizio, di allenamento dello spirito e di controllo sul *chi*.

La scienza può analizzare la composizione dello sperma, però non può spiegare in cosa consista il principio che crea la vita, il « genio » che dimora in esso. La vita sfugge ad ogni analisi.

Nessuno scienziato sa spiegare la capacità del seme di generare miliardi di individui intelligenti e creativi. Oggi la fisica teorica riconosce la impossibilità di analizzare il fenomeno della creazione. I fisici quantistici si limitano ad ammettere la probabilità che il cosmo abbia tratto origine non da particelle fisiche, ma da energie. Esistono solo multi-universi di spazio e tempo collegati fra loro da campi di energia — definiti forza di gravità, reciproca attrazione (più o meno intensa) o forza elettromagnetica. Secondo i taoisti ogni tentativo di descrivere la natura nella sua totalità non può che fallire. Di conseguenza ritengono più proficuo cercare di armonizzare profondamente con essa.

L'energia sessuale è un campo elettromagnetico che si produce all'interno del corpo e che è collegato coi campi energetici del cosmo. Di che tipo sia questo collegamento, come esso avvenga, oggi non è dato sapere. Tuttavia non c'è ragione di aspettare 500 anni per avere una spiegazione della sessualità grazie a queste scoperte. Ognuno di noi può sperimentare adesso e qui il campo di energia sessuale che ha dentro di sé e trarre le relative conseguenze.

I maestri taoisti erano scienziati naturali dotati di una particolare capacità di osservare se stessi e che si proponevano di promuovere l'evoluzione dell'umanità. Le varie generazioni di taoisti hanno adottato le pratiche insegnate dai vari maestri e hanno cercato di perfezionarle ulteriormente. I metodi che consentono di perfezionare (purificare, raffinare) il *chi* sono stati sviluppati in migliaia di anni, ma il presupposto di base è uno solo: il ching, la *vis generandi*, una forza enorme che possiede e può utilizzare ogni individuo. Essa è la base dell'amore e dell'evoluzione dell'umanità.

Importanza biologica degli ormoni sessuali per la salute fisica

Grazie alla scienza moderna oggi conosciamo fino nei dettagli la composizione e il meccanismo d'azione dello sperma. Ogni spermatozoo contiene 23 cromosomi, prostglandine, ioni, enzimi, elementi traccia e altri componenti importanti. Per generare un essere umano, oltre al seme sono necessari gli elementi costitutivi dell'ovulo materno e la capacità della madre di alimentare la vita.

Le vescichette seminali, due piccoli serbatoi situati sotto la vescica urinaria nei quali si raccoglie lo sperma, sono collegate con gli ureteri. Producono un liquido giallastro che si mescola agli spermatozoi e li nutre. Questo secreto contiene fruttosio.

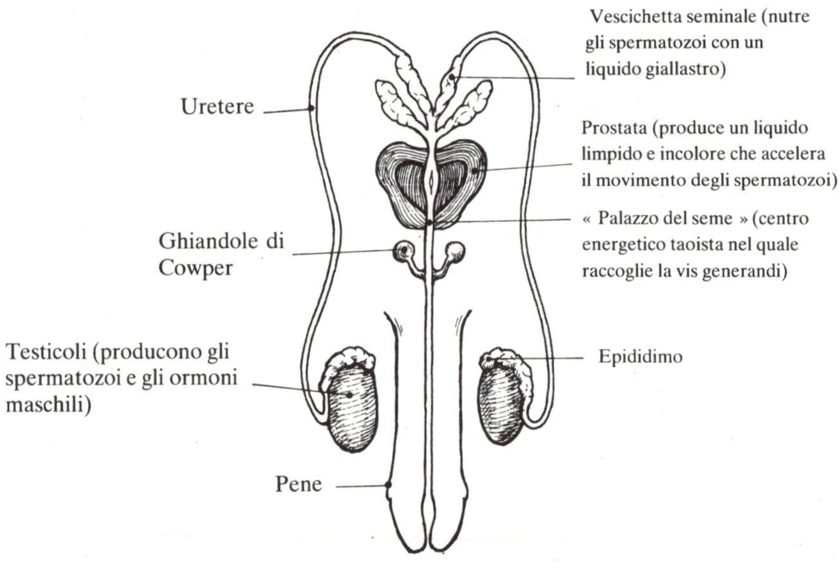

Fig. 7

Anche la prostata, una ghiandola posta sotto la vescica urinaria, che avvolge il tratto iniziale dell'uretra (il canale che attraversa il pene per tutta la sua lunghezza) prende parte alla formazione del liquido spermatico. Durante la eiaculazione la prostata emette un liquido limpido e incolore che accelera il movimento degli spermatozoi. Le ghiandole di Cowper, situate ai lati dell'uretra, immettono nel liquido spermatico poche gocce di un secreto alcalino destinato a rendere neutro l'ambiente dell'uretra reso acido dall'urina.

Il dottor Beyoihn, noto endocrinologo, ha messo in evidenza l'importanza degli ormoni che si producono durante la spermatogenesi: « Gli ormoni sessuali influenzano il nostro sviluppo. Se l'uomo fa cattivo uso della propria energia sessuale, il secreto dei testicoli va perduto con conseguente indebolimento delle facoltà fisiche e psichiche, della capacità di concentrazione e della memoria » (1).

L'atto sessuale è una pratica che aiuta ad eliminare gli squilibri nella chimica del corpo. L'attività sessuale può compensare squilibri ormonali, abbassare il tasso di colesterolo nel sangue e la pressione arteriosa. Può modificare la chimica del corpo perché le ghiandole si influenzano reciprocamente. Una maggiore produzione di ormoni sessuali stimola tutte le altre ghiandole endocrine: le capsule surrenali, il timo, la tiroide, l'ipofisi e l'epifisi. Finché è giovane, l'uomo vive nell'illusione di poter stimolare le proprie ghiandole all'infinito senza per questo dover pagare un prezzo. Considera il sesso una fonte di piacere inesauribile, senza sapere che esso può essere tale solo se egli provvede a rimettere in circolo gli ormoni sessuali invece di eliminarli in continuazione.

Gli ormoni sessuali condizionano praticamente ogni campo di attività e danno l'impronta alla personalità. Studi molto recenti hanno dimostrato che gli ormoni sessuali configurano strutturalmente le cellule cerebrali — per cui ogni cellula del cervello di un uomo porta scritto « maschile », e ogni cellula del cervello di una donna porta scritto « femminile ». Questa diversa struttura delle cellule cerebrali dei due sessi spiega le diverse mentalità dell'uomo e della donna.

Il dottor Gunther Dorner, direttore dell'Istituto di endocrinologia sperimentale della Humboldt Universität di Berlino Est, osserva: « Gli ormoni sessuali non si producono dal nulla durante la pubertà né vagano nel corpo senza meta; ma sanno benissimo dove dirigersi! E le cellule verso le quali essi si dirigono sono preparate a reagire a questi ormoni già nel grembo materno. Questo vale sia per gli organi che presiedono alla procreazione che per il cuore, i polmoni, il fegato e i reni, ma anche per il cervello. Tessuti, nervi e chimica del cervello sono stati sessualmente marchiati, hanno ricevuto l'impronta degli ormoni sessuali già durante la vita fetale. E spiegano i comportamenti che caratterizzano l'organismo adulto del maschio e della femmina » (2).

Queste differenze ormonali determinano, ovviamente, molte delle qualità dell'uomo e della donna, che i Cinesi definiscono « yin » e « yang ». L'obiettivo taoista dell'integrazione dell'impulso sessuale nell'attività mentale e spirituale apparirà sensato anche agli intellettuali occidentali, purché riconoscano che l'attività sessuale è in gran parte responsabile dell'equilibrio ormonale generale, della salute fisica dell'individuo, e della sua personalità. È stato dimostrato che l'equilibrio ormonale influenza in ampia

(1) E. Flatto, *Warning: Sex May Be Hazardous To Your Health*, Arco Publishers 1973.
(2) *Science Digest*, Settembre 1983, pag. 87.

misura la salute e il benessere di ognuno di noi. Attualmente gli oncologi stanno studiando queste interconnessioni onde scoprire il meccanismo attraverso il quale spirito ed emozioni governano il sistema immunitario. Secondo i taoisti studiare ogni microscopico recettore e ogni enzima del codice genetico per poter combattere le centinaia di tumori e di malattie di vario tipo dovute alla diminuita capacità di difesa del sistema immunitario, è un processo inutilmente complicato.

Secondo loro tutto dipende, sic et simpliciter, dall'equilibrio interno. Quando nel corpo esiste un rapporto equilibrato fra le energie maschile e femminile, ogni cellula funziona a dovere, per cui anche gli ormoni possono svolgere i loro compiti in modo ineccepibile. L'equilibrio fra ormoni maschili e femminili sviluppa una personalità che vive in accordo perfetto con la natura. La conservazione e trasformazione dell'energia sessuale è solo una delle tante tecniche taoiste che aiutano a migliorare l'equilibrio del sistema energetico. Secondo i taoisti gli ormoni influenzano la sessualità, la personalità, la salute fisica e la disposizione spirituale dell'uomo, funzioni che sono indissolubilmente collegate fra loro.

Questo è il tao. Secondo il taoista l'energia che l'uomo impiega nella vita corrente è la stessa che causa l'esplosione di una supernova che dista da lui anni luce. Il principio è il medesimo. Governa gli eventi, grandi e piccoli, l'incontro o lo scontro di campi energetici.

Il segreto dei segreti del taoismo è il processo di rinascita che si compie attraverso la creazione di un nuovo Sé. Quando ne ho sentito parlare per la prima volta non ho capito di cosa si trattasse. Ho capito le analogie di cui parlano i taoisti solo in seguito, quando ho studiato il sistema endocrino. Ho appreso che l'uomo e la donna producono ormoni le cui qualità si compensano reciprocamente generando un nuovo Sé.

Nel sistema ormonale maschile è importante il rapporto che lega reciprocamente i testicoli all'ipofisi (ghiandola che si trova alla base del cervello). Nella trasformazione dell'energia sessuale queste ghiandole operano di conserva — cosa che sperimenterete personalmente quando comincerete a dirigere la vostra energia sessuale ai centri vitali superiori. Quando il ching viene raffinato, testicoli e ipofisi « pulsano » insieme: segno che il sistema ghiandolare opera in sinergia. Ma questo non avviene solo durante l'atto sessuale. In realtà l'ipofisi regola l'attività di tutte le ghiandole endocrine. Quando le ghiandole a secrezione interna operano armonicamente si produce un « nettare » sottile, una sostanza che la scienza non ha ancora individuato, che permea di sé i centri nervosi e comunica quella sensazione di felicità della quale parlano i mistici. È solo una fase dello sviluppo spirituale, ma è una fase che dipende in particolare dall'equilibrio dell'energia sessuale.

L'attività sessuale influenza in notevole misura anche altre funzioni. Può esercitare effetti salutari come quelli prodotti dall'attività sportiva. L'attività sessuale fa diminuire l'appetito e brucia calorie, perciò combatte la tendenza all'obesità. Affatica il cuore meno di altri lavori (guidare l'automobile nel traffico di una grande città, ad esempio) o di altre forti emozioni (assistere a

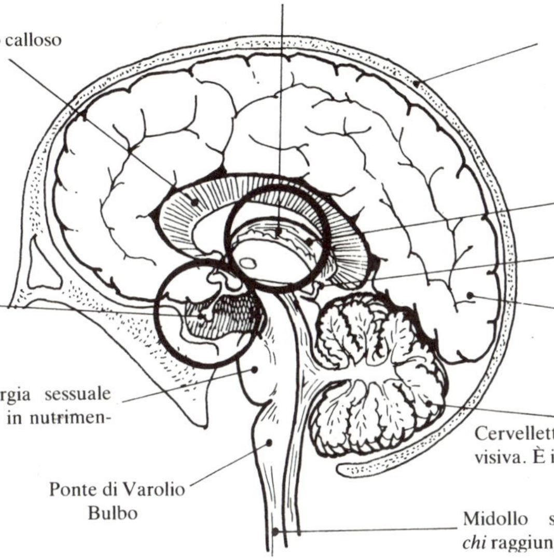

Fig. 8

Energia sessuale, ghiandole, ormoni, personalità e destino sono uniti nel cervello

una partita di calcio). Inoltre dopo l'atto sessuale la frequenza delle pulsazioni cardiache diminuisce rapidamente. Però i soggetti a rischio debbono limitarsi a compiere pratiche erotiche passive perché l'esercizio attivo può scatenare crisi anginose.

Quindi l'amore è un potente antidoto naturale degli stress. Lo stress emozionale può essere molto dannoso perché colpisce ogni cellula del corpo.

Lo stress danneggia direttamente i vasi del cuore, favorisce l'instaurarsi dei processi arteriosclerotici e provoca ipertensione arteriosa. Invece l'attività sessuale regolarizza la chimica dell'organismo con vantaggio del corpo fisico e della vita psichica.

Quando si accompagna ad eiaculazione, l'attività sessuale perde gran parte del suo valore. L'uomo che disperde senza risparmio la propria energia attraverso l'attività sessuale perde parte della sua forza vitale. I danni fisici di questa perdita sono meno gravi nelle coppie che producono e conservano dentro di sé un intenso amore, emozionale e spirituale.

Le coppie profondamente armonizzate conservano parte dell'essenza sessuale anche dopo anni ed anni di vita in comune. Invecchiano meno e meglio di coloro che vivono soli. Le persone sposate vivono più a lungo di quelle non sposate. Sopportano meglio gli stress della vita perché in esse le energie yin e yang sono più equilibrate. Già il semplice atto sessuale trasforma il *chi* e il ching in sostanza spirituale. Il metodo taoista di sublimazione dell'energia sessuale rappresenta un aiuto prezioso per chi ama « col cuore ».

A Chicago un gruppo di anziani per conservare la propria vitalità pratica la sessualità rituale. Questo gruppo, detto dei « Sexy Senior Citizens », senza saperlo è l'erede di analoghe associazioni orientali che hanno adottato per millenni i metodi taoisti.

Nell'anziano tutti i sistemi dell'organismo sono meno efficienti, anche il sistema ormonale, responsabile di importanti reazioni elettromagnetiche. Quando la secrezione di ormoni diminuisce, il corpo diventa più debole. I rapporti che intercorrono fra ormoni, sessualità e invecchiamento non sono stati ancora studiati a fondo. Tuttavia oggi molti ricercatori che si occupano di questi argomenti sono convinti che gli ormoni responsabili della crescita del corpo e della maturazione sessuale hanno un ruolo importante anche durante la vecchiaia. Sono gli ormoni prodotti dall'ipofisi, dalla tiroide e dalle ghiandole sessuali.

I testicoli hanno una duplice funzione: producono sia lo sperma che gli ormoni maschili, fra i quali il testosterone. Inoltre le cellule di Sertoli del testicolo secernono la cosiddetta inibina o ormone X. Quando viene impedita la eiaculazione questi ormoni ritornano in circolo e raggiungono tutte le parti del corpo.

Si può supporre che un'attività sessuale armoniosa rallenti il processo di invecchiamento. La sessualità illuminata dall'amore favorisce la secrezione di ormoni di qualità superiore. Sembra che questi abbiano il potere di ritardare notevolmente i processi di invecchiamento. La pratica taoista favorisce la produzione di ormoni pregiati e molto efficaci perché l'energia che si raccoglie e concentra nelle ghiandole endocrine le stimola con maggiore intensità dell'atto sessuale consueto. Poiché l'energia ormonale, invece di venir eliminata con l'eiaculazione, continua a circolare nel corpo, l'allievo che ha imparato questa tecnica a menadito, col passare degli anni constaterà di disporre di sempre maggiori quantità di energia.

L'energia sessuale circolante nel sangue in maggiore quantità fa sì che il *chi* si ridistribuisce nel sistema di tesaurizzazione. Con l'avanzare dell'età le cavità del nostro corpo aumentano di volume e si caricano di tessuto adiposo e di sostanze di rifiuto che accelerano il processo di invecchiamento. Il metodo taoista consente di estrarre energia sessuale dai testicoli e di tesaurizzare il ching nelle cavità cranica e rachidea, dalle quali esso poi raggiunge la cavità toracica e quella addominale. L'energia accumulata in questi serbatoi fornisce le materie prime che rendono il corpo immune dalle malattie. I taoisti definiscono questo metodo « alchimia interna ».

Biologicamente questo processo di sviluppo dell'« elisir dell'immortalità » può essere descritto come segue: la forza vitale viene prima immagazzinata e poi ricondotta alla fonte da cui è scaturita. Il *chi* immagazzinato nei serbatoi sopra indicati si trasferisce nei centri più interni del cervello e delle ossa. I grandi maestri di tai chi chuan e di altre arti marziali interiorizzate conoscono molto bene il metodo di trasferimento del *chi* dai suddetti serbatoi al midollo osseo. Perciò sanno anche che mentre il sistema muscolare subisce il processo di invecchiamento, quello osseo (lo scheletro) sopravvive per mi-

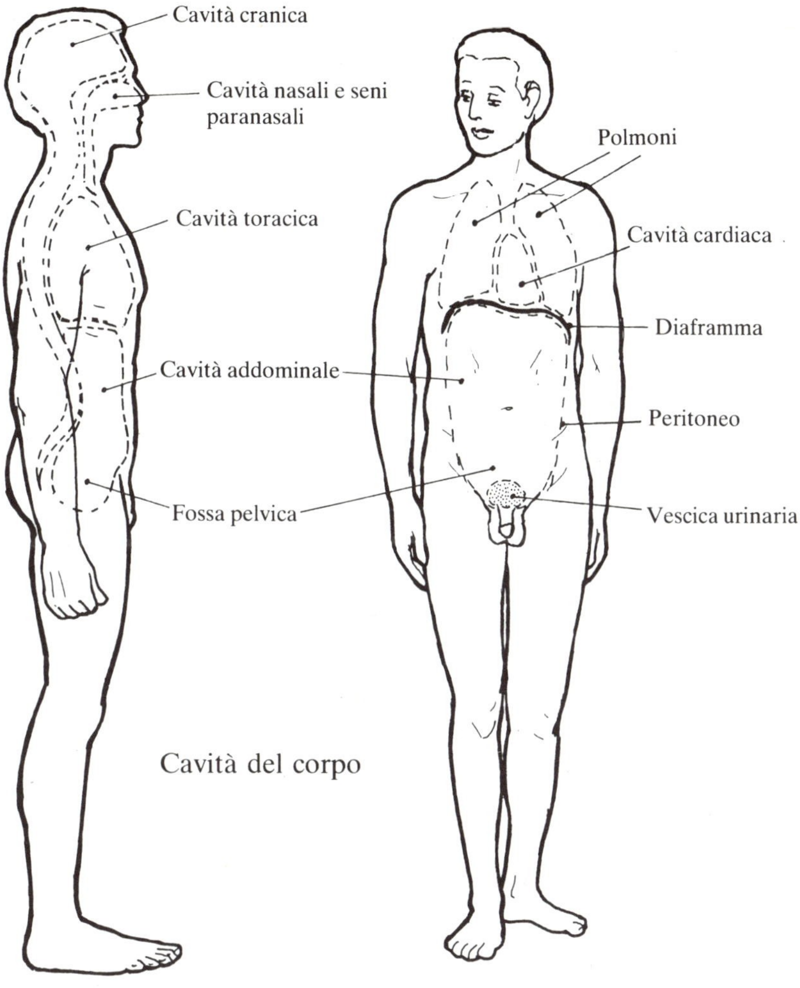

Fig. 9

Il kung fu sessuale carica di *chi* la cavità cranica. Da qui essa affluisce alle altre cavità del corpo. Il ching ritarda il processo di invecchiamento e rafforza le difese organiche.

gliaia di anni. Anche questa pratica, che tratterò in un'opera di prossima pubblicazione sul kung fu « camicia di ferro », è basata sulla conservazione della vis generandi.

Recenti studi hanno dimostrato la capacità del midollo osseo di difendere l'organismo dalle malattie tramite la produzione di globuli bianchi. Un giorno forse la scienza ufficiale sarà all'altezza degli antichi maestri taoisti e riconoscerà i rapporti che intercorrono fra sana sessualità, ormoni e midollo osseo. L'arresto del processo di invecchiamento e la difesa dalle malattie dipendono direttamente da essi.

Morte e sessualità nella natura

« ... Quando un essere vivente, vegetale o animale che sia, ha raggiunto il suo scopo, cioè ha prodotto il nuovo seme, va incontro alla morte ».
Schwaller de Lubicz, The Temple in Man

La natura conserva la specie attraverso il sesso. Concentra gli elementi essenziali del padre nel seme maschile. Tutte le forme di vita conoscono il principio dell'olocausto dei genitori a favore della prole, dall'ameba al tricheco, dalla mantide religiosa all'orchidea.

Il rapporto che intercorre fra la morte e la procreazione è evidente in particolare nella breve vita della falena. Questo lepidottero vola per chilometri per cercare la femmina con cui accoppiarsi. « E qui il principio della lotta per la vita diventa principio della lotta per procreare, della lotta per morire. Sebbene possano sopravvivere per tre giorni, questi insetti, trovata la femmina, muoiono subito dopo averla fecondata » (3).

Anche le piante obbediscono a questa legge. Una volta che ha prodotto il seme o il frutto, la pianta muore o entra in fase di inattività. I botanici sanno che le piante cui si impedisce di produrre semi sopravvivono più a lungo di quelle che li producono. La maggior parte delle piante fruttifere dà frutti solo a 5-10 anni di età. Nei primi 5-10 anni di vita l'albero ha bisogno di tutta la sua energia vitale per crescere e irrobustirsi.

Dopo può usarla parte per mantenersi in vita, parte per riprodursi; e quando invecchia, per sopravvivere necessita di nuovo di tutta l'energia di cui dispone. Trae la sua forza dal sesso e non fruttifica più.

Alcuni insetti (maschi) riescono a prolungare notevolmente la durata della loro vita semplicemente smettendo di espellere il seme.

A questo punto qualcuno potrebbe obiettare che la vita amorosa degli insetti ha poco a che fare con la nostra. Errore. In realtà gli insetti sono autentici maestri quanto a fantasia ed efficienza sessuale. Costituiscono più della metà degli animali della Terra e quanto ad inventiva superano di gran lunga qualsiasi essere umano. In confronto agli insetti il marchese di Sade, Sant'Antonio e David Bowie fanno l'effetto di « giovani esploratori » che abbiano scoperto il sesso per la prima volta.

Gli insetti lavorano molto intensamente a strutturare la propria vita. La loro indiscutibile capacità di imporsi il grande numero che li caratterizza, è dimostrata dalla loro antichità e dalla molteplicità dei loro spazi vitali, delle loro forme e delle loro abitudini. La « divinazione dello stato » nel socialismo marxista non è che una pallida copia della capacità che hanno gli insetti di organizzarsi socialmente. Una guerra atomica invece di annientarli offrirebbe

(3) Carlos Suares, *The Cipher of Genesis*, Shambhala 1978.

loro l'opportunità per sviluppare nuovi organi e una ricca varietà di nuove forme di vita.

L'atto sessuale sottrae energie di fondamentale importanza in tutte le forme di vita. La prole viene alimentata attingendo alle riserve energetiche degli organi interni, che sono costretti a privarsi in parte dell'energia fisica in essi immagazzinata. Nella specie umana il sacrificio dell'energia fisica della donna è inevitabile; ma anche l'uomo deve sacrificare parte della propria energia: almeno una volta, per fecondare l'ovocita.

La natura giustifica questo sacrificio perché esso ha lo scopo di conservare la specie. La natura vuole che il vecchio faccia posto al nuovo. Solo l'essere umano fra tutti gli esseri viventi può opporsi alla volontà della natura. « Nel regno animale nulla ha il potere di dominare gli istinti, non li dominano né le distanze né i pericoli di lunghi viaggi estenuanti... Nell'uomo che qualche volta ha la forza di opporsi alle imposizioni della sua sessualità questa insubordinazione può avere conseguenze benefiche.

La castità può fungere da "commutatore", può tramutare l'energia sessuale non utilizzata in energia intellettuale. Negli animali questa conversione non può aver luogo ».

Proprio questa possibilità di tramutare le energie istintuali in energie superiori fà degli esseri umani esseri potenzialmente divini. Chi non trasforma la propria energia sessuale manca al compito di sviluppare a pieno il proprio potenziale umano. Perciò l'atto sessuale inconsulto, associato ad espulsione del seme, è paragonabile alla « piccola morte » che si osserva tanto frequentemente nei regni animale e vegetale. Ogni eiaculazione decreta la morte di 200-500 milioni di spermatozoi; e il contemporaneo « spreco » di energia sottile è persino maggiore di quanto queste enormi cifre fanno supporre.

Se il seme elargito dà luogo a una sorta di « rinascita » o feconda una donna, questa perdita (o morte) è in armonia con la natura. In caso contrario l'atto sessuale si identifica con la uccisione dell'energia che il seme contiene in potenza. Forse è questo il vero rapporto fra sesso e violenza. Gli accaniti oppositori dell'aborto e delle pratiche anticoncezionali potrebbero opporsi con altrettanta giustificazione all'uccisione della forza vitale potenziale attraverso eiaculazioni non necessarie.

Benché non conoscano il concetto di peccato, i taoisti direbbero forse che oggi l'umanità è in preda alla debolezza psichica che la affligge perché da millenni fa scempio della propria energia sessuale. La mitologia cinese narra di un'età dell'oro nella quale tutti gli uomini vivevano in armonia con la natura e tramutavano l'energia sessuale in energia del pensiero con la stessa facilità e naturalezza con cui noi oggi respiriamo. Stabilire se questa leggenda contenga un nucleo di verità o meno è poco importante. Essa in fondo vuol dimostrare che l'uomo, se vuole, può raggiungere un livello esistenziale molto più elevato di quello animale. In essa ravvisiamo una sorprendente affinità con la leggenda biblica di Adamo ed Eva, che perdettero la grazia dopo aver assaggiato il frutto proibito dell'amore sessuale. Questa è la ragione per cui la pratica taoista mira a ripristinare quello stato di grazia (il Paradiso perduto) che è latente in ogni essere umano, mira a riportare l'uomo e la donna allo stato primordiale.

In natura la sessualità ha il precipuo compito di conservare la specie. Tuttavia l'umanità è tanto prolifica che oggi si è arrivati alla sovrapopolazione del pianeta. La procreazione non-programmata ha portato l'umanità sull'orlo di una crisi universale. Perciò è aumentato notevolmente il pericolo di una guerra, che potrebbe cancellare definitivamente il genere umano dalla faccia della Terra.

Tranne alcune specie di insetti e di primati superiori, gli animali per lo più esercitano l'attività sessuale esclusivamente allo scopo di procreare. La femmina accetta il maschio solo quando è in fregola, cioè nei periodi dell'accoppiamento, che costituiscono una piccola parte nella vita dell'animale. È evidente che per gli esseri umani la sessualità giuoca un ruolo diverso. Proprio per questo è importante che uomini e donne sappiano che l'attività sessuale offre loro la possibilità di evolvere spiritualmente e in armonia con la natura.

Capitolo 4

L'economia del sesso

« L'uomo non può esistere senza la donna e la donna non può esistere senza l'uomo. Pensare che il rapporto sessuale sia un atto isolato o separato da tutte le altre funzioni pregiudica la longevità e favorisce l'insorgenza di malattie di ogni genere ».
da *Ricette per la produzione dell'Oro Inestimabile*
Sun S'su Mo (medico vissuto fino all'età di 101 anni)

Ogni essere umano viene al mondo con una data quantità di energia vitale (*chi*). Alcuni ne possiedono più di altri, tuttavia per semplificare supponiamo che l'individuo medio venga al mondo con una dotazione di *chi* del valore di 1 milione di dollari, che spenderà nel corso della sua vita. Alcuni individui si comportano saggiamente, di conseguenza non si ammalano e raggiungono l'età di 80-90 anni. Finché si è giovani si consuma questa energia più rapidamente, perché si ignora che un giorno essa finirà, non si riesce nemmeno ad immaginarlo.

Nella nostra società, votata al consumismo com'è, la maggior parte delle persone spende più di quanto guadagna. Si carica di debiti fino agli occhi perché crede di poter prima o poi restituire il danaro preso a prestito. E se non ci riesce dichiara fallimento o tira la cinghia per qualche tempo per poter soddisfare i creditori. Porta alle stesse fatali conseguenze anche una condotta di vita sbagliata. L'uomo che non amministra con parsimonia il proprio capitale energetico è destinato a perdere la gioia di vivere anzitempo, si ammala e muore prematuramente.

Supponiamo che per recuperare l'energia che ha consumato per respirare e mangiare, assuma quotidianamente 100 unità di energia supplementare ma, a causa di abitudini alimentari sbagliate, fumando, affaticandosi eccessivamente, abusando di droghe o eiaculando frequentemente, ne abbia spese 125. Per poter spendere le 25 unità che non incamera è costretto ad attingere in continuazione al proprio patrimonio sottraendo energia al cervello e agli altri organi. Una vita siffatta favorisce l'insorgenza di malattie fisiche e mentali e porta all'invecchiamento precoce.

Invece l'uomo che risparmia l'energia sessuale può assumere 125 unità di forza vitale e spenderne 100 o anche meno. Questo significa investire nella propria evoluzione — fisica, spirituale e psichica. Lo squilibrio dell'economia energetica può essere scongiurato evitando la catastrofica perdita di energia attraverso l'eiaculazione. Trasformando la forza sessuale in energia spirituale si guadagnano 25 unità supplementari di forza vitale. Naturalmente è possibile aumentare il guadagno e diminuire ulteriormente la perdita abbandonando anche altre abitudini nocive; ma la componente più importante dell'economia energetica è la forza sessuale.

L'uomo che dopo aver svolto il suo lavoro quotidiano e quindi dopo aver già consumato buona parte della sua energia, si concede qualche bicchierino di un superalcolico, consuma una cena pesante e ha un rapporto sessuale accompagnato dall'eiaculazione, cioè espelle energia preziosa, vive al di sopra delle proprie possibilità. Qualcuno dirà che una giornata siffatta è una giornata spesa bene, perché non riesce ad immaginare niente di meglio. Ma l'uomo che vive attingendo in continuazione al capitale è destinato a svegliarsi un giorno sazio di tutto, stanco della vita, ad ammalarsi (artrite, cancro) o a non svegliarsi affatto. Avrà esaurito il suo patrimonio energetico anzitempo. Ma potrebbe capitargli anche la disgrazia di vivere gli ultimi anni di vita come un vegetale, fisicamente e psichicamente « svuotato ».

Io sono un taoista che vive a New York nel XX secolo. Ho moglie e un figlio ancora piccolo. Possiedo un computer, guido la macchina nel traffico di una metropoli, insegno a centinaia di allievi, sono sovraccarico di impegni e il mio lavoro mi costringe a viaggiare in lungo e in largo attraverso gli Stati Uniti. Però mi so regolare, perché so che è possibile condurre una vita ricca e piena senza spendere le proprie energie fino all'ultimo centesimo; e lo sanno anche i miei allievi. Più energia si risparmia e si sublima nella vita corrente, più è facile rimpiazzare la forza consumata con forza nuova.

Naturalmente la persona che decide di condurre una vita più semplice fa progressi molto più rapidi. Per questa ragione molti taoisti preferiscono vivere nella quiete dei monti. Tuttavia se si seguono i principi taoisti si può vivere bene in qualunque parte del mondo. L'universo è ricchissimo e molto generoso con chi sa vivere in armonia con esso. L'energia sessuale è forse il più prezioso dei doni che la natura ci ha elargito. Purtroppo però la maggior parte degli uomini non la conserva con la necessaria prudenza perché non si rende conto del suo vero valore.

Chi desidera tutelare la propria salute, fisica e psichica, deve vivere in modo adeguato. Per fortuna molti si rendono conto di condurre un'esistenza distruttiva prima che sia troppo tardi. Se volete impegnarvi seriamente in questo senso, prima di prendere lezioni di danza o di jogging proponetevi di adottare uno stile di vita sano, di svolgere un programma che preveda anzitutto il pagamento degli interessi sul capitale energetico che avete sottratto al vostro spirito e al vostro corpo, e poi l'ammortamento del capitale stesso. La produzione e il risparmio di energia inizieranno solo da questo momento. Solo a partire da questo momento potete provvedere a ricondurre l'energia alla fonte da cui è scaturita.

Siate realistici nelle vostre aspettative! Probabilmente avete già dilapidato più forza vitale di quanta riuscite ad incamerarne. Per rimpiazzarla occorrono concentrazione e pazienza. Spendere 100.000 dollari in un'ora è facile, mentre per riguadagnarli occorre un anno intero. Subire un trauma importante, fisico o psichico, usare droghe ed eiaculare frequentemente significa attingere a piene mani alle proprie riserve energetiche. Molti giovani credono di poter disporre all'infinito delle loro energie.

Molti anziani, apparentemente sanissimi, si trovano in realtà sull'orlo di un precipizio. Li tiene in equilibrio solo la forza di volontà, l'autodisciplina dovuta all'educazione. Ma se consultano un medico perché subodorano che qualcosa non va, questi proibirà subito loro qualunque eccesso. E allora crollano già dopo pochi giorni di forzato riposo, perché viene bruscamente troncato il sottile filo della forza di volontà che li teneva in piedi! In questi casi parenti ed amici dello sfortunato « vecchietto » probabilmente diranno: « Sembra incredibile, fino a ieri sembrava forte come un toro! ». Se volete che un giorno nessuna possa dire questo di voi, imparate a governare la vostra energia sessuale!

La rabbia dei giovani sessualmente frustrati

Una delle cose che mi turba maggiormente è la frustrazione dei giovani nella nostra società. La sopravvivenza della nostra civiltà dipende infatti dal modo di pensare e di agire dei giovani. La maggior parte di essi ha più interesse per il sesso che per qualunque altra cosa. È più che naturale, perché il loro organismo per produrre miliardi di spematozoi fa un lavoro straordinariamente faticoso. Una donna non può neanche immaginare quanto intensa sia questa esperienza, perché grazie ai cicli mensili il suo ritmo energetico è molto più equilibrato.

L'energia sessuale del maschio è un'espressione naturale dell'energia universale yang. È in armonia con la natura anche il fatto che nei giovani si sviluppa il tradizionale amore romantico. Se l'energia yang in espansione trova una donna ricettiva con la quale unirsi, fra i partner può nascere un amore capace di elevarli spiritualmente. L'insaziabilità sessuale va imputata al materialismo di una società che esalta il valore della sessualità fisica al punto di impedire ai giovani di maturare e che li induce a rincorrere un'immagine esclusivamente edonistica della sessualità. Per cui si esauriscono precocemente e non riescono ad evolvere; il desiderio li stimola con tanto accanimento che perdono anzitempo la vis coeundi.

Maggiore è la caparbietà con cui un giovane insegue il piacere, più sicuramente esso gli sfugge. Molti giovani profondamente frustrati cercano il piacere con sempre crescente ostinazione (si tratta in realtà della ricerca della propria identità) fino a sfociare nella masturbazione e nella promiscuità. Ma più frequentemente espellono il seme, più presto si svuotano dentro di loro, nonostante l'appagamento che dona loro il breve momento in cui la forza vitale, alla fine del coito, li abbandona.

Il desiderio sessuale sfrenato può annientare la fragile identità di un giovane e renderlo succube della trivialità dell'industria del sesso, della quale i media sono ignobili propagatori. Invece di alimentare le sue fantasie erotiche, l'energia sessuale dovrebbe alimentare il suo cervello, i suoi pensieri, il suo spirito. Una volta rotto l'equilibrio, non gli rimane che un pugno di mosche. Se tali eccessi non vengono corretti per tempo, la distruzione dello spirito è fatale. Il giovane che conduce una vita siffatta avrà difficoltà nei rapporti con le donne perché dentro di lui c'è il vuoto, perché è incapace di percepire dentro di sé i due poli della propria energia sessuale, quello maschile e quello femminile.

Per la stessa ragione i giovani sono inclini anche al fanatismo, politico o religioso che sia. Le Guardie Rosse non sono che uno dei tanti gruppi di giovani che battono la grancassa per sostenere il fascismo sui generis del loro capo del momento. L'attuale proliferazione di sette e culti negli Stati Uniti e in altri paesi del mondo occidentale si spiega con l'incapacità dei giovani di colmare il vuoto che affligge la loro vita. I valori materiali nei quali credono non bastano a colmare il vuoto. Se il sottile vincolo che li tiene uniti alla loro identità in via di maturazione si spezza per mancanza d'amore o di comprensione da parte della società, i giovani per dare un senso alla loro vita ricorrono alla psiche collettiva, all'aiuto del gruppo. Li aiuta a colmare il vuoto che li tormenta lo spirito di gruppo. Come la natura ha orrore del vuoto, così il vuoto interiore ha orrore di se stesso.

Queste considerazioni valgono anche per gli adulti nella nostra società posseduta dal sesso. Anche fra gli adulti non sono pochi gli uomini alla disperata ricerca della propria identità. Per metterli sulla buona strada, per convincerli a rinunciare a ogni eccesso, occorre informarli adeguatamente sul ruolo dell'amore sessuale nello sviluppo della personalità, spiegare loro che è possibile sublimare, trasformare in energia spirituale, tutti i tipi di *chi*, ma in particolare il ching chi (l'energia sessuale). I giovani non rinunceranno mai a soddisfare il loro appetito sessuale, però non è sbagliato supporre che molti di essi, se venissero istruiti a dovere, avrebbero sicuramente interesse per tecniche e modi di vita che assicurano un'esistenza migliore sotto molti aspetti.

Sesso e agonismo

Nel mondo dello sport fra i nostri allenatori è diffusissima la convinzione che l'atleta che la notte precedente una competizione importante ha rapporti sessuali rende di meno. È un tema molto controverso. Le opinioni espresse dai vari esperti divergono notevolmente. Tanto che Clive Davis, direttore del *Journal of Sex Research*, è arrivato alla conclusione: « Materiale aneddotico su cui basare le convinzioni più disparate ce n'è a sufficienza, ma sul piano medico nessuna di esse è dimostrabile ».

I pugili, ad esempio, proclamano spesso a piena voce che chi viola le leggi della natura paga un alto prezzo. Ken Norton ha dichiarato pubblicamente che sia prima del primo incontro che prima di tutti i successivi incontri con Muhammed Alì aveva vissuto in astinenza per 8 settimane. « Mi ero reso conto che la pratica sessuale mi avrebbe danneggiato ». Norton ha detto che secondo lui durante gli allenamenti preparatori a una competizione rinunciano al sesso 9 pugili su 10. Anche secondo Joe Frazier, altro avversario di Muhammed Alì, il coito eiaculatorio ha effetti negativi: « Il pugile che prima di un combattimento ha rapporti sessuali esaurisce le proprie riserve energetiche ».

Sembra che Muhammed Alì prima degli incontri osservasse la più stretta continenza sessuale, talvolta persino per un anno. Però non l'ha rivelato di persona, perché non ha l'abitudine di parlare dei metodi che adotta.

Può aiutare l'atleta a risolvere il dilemma fra il successo agonistico e la dedizione alla propria moglie il metodo taoista. Se impara a ritenere e a trasformare l'energia sessuale, l'atleta può godere di entrambi i vantaggi. Il coito taoista fa addirittura aumentare la riserva energetica perché consente all'uomo, non solo di conservare la vis coeundi, ma anche di assorbire una cospicua quantità di preziosa energia yin (femminile). L'atleta che riesce a frenare il bisogno di eiaculare, che riesce a non espellere la sua forza vitale, ha un vantaggio enorme sull'avversario: acquista maggiore autocontrollo ed è più padrone della propria disciplina sportiva. Dopo il coito taoista (estatico) si sveglia carico di energia, con una sensazione di leggerezza e di forza senza pari, una cosa ben diversa dalla sensazione di sfinimento (voluttuoso, ma sfinimento) che segue al coito eiaculatorio.

Tuttavia altri atleti sostengono esattamente il contrario, cioè che il coito eiaculatorio praticato la notte precedente una gara migliora addirittura la prestazione sportiva. Sostengono che prima della gara l'atleta ha un eccesso di energia nervosa, per cui il coito lo rilassa; che l'energia in eccesso inibisce la capacità di resa; che l'eiaculazione ha il potere di eliminare questa tensione; che grazie all'eiaculazione durante la competizione aumentano la capacità di coordinazione e l'attenzione, per cui può vincere più facilmente. Tutto ciò concorda perfettamente con la concezione taoista secondo la quale l'atto sessuale ha il potere di armonizzare corpo, spirito e anima. Le grandi quantità di energia fisica non consumata sono del tutto inutili se essa non viene armonizzata con l'energia mentale e quella spirituale.

Si è occupato con particolare interesse della sessualità degli atleti il professor Mark Anshel dell'Università del Nuovo Messico. Ha constatato che molti allenatori frustrano i loro atleti di proposito, perché sperano così facendo di utilizzare la loro aggressività dirigendola contro l'avversario. « Però non tutti gli uomini reagiscono allo stesso modo alle frustrazioni », obietta Anshel. « Proibendo ogni attività sessuale questi allenatori (o gli atleti stessi: l'asso del tennis argentino Guillermo Vilas ha ammesso di essere stato continente in una occasione per un intero anno, al fine di migliorare la propria tecnica) possono provocare anche manifestazioni del tutto negative da parte dell'atleta: accessi di collera, sensazione di isolamento ecc. ».

I taoisti si sono sempre serviti della sessualità per migliorare il loro equilibrio: fisico, emozionale e spirituale; stato di cose che aiuta gli sportivi a raggiungere una capacità di prestazione ottimale. Erano (e sono) atleti essi stessi e sapevano (come sanno) che il segreto della vittoria, oltre che nell'osservanza della disciplina sul piano fisico, consiste nel contrapporre all'avversario una coscienza di sé superiore alla sua. Anche per questa ragione risparmiavano l'energia sessuale ed evitavano (come evitano) di perdere il seme. La pratica del « kung fu sessuale » veniva tenuta gelosamente segreta dagli atleti taoisti, affinché i loro avversari non potessero apprenderla e diventare così più forti di loro. Anche oggi l'atleta può godere dei vantaggi di questo metodo, che gli schermidori e i cultori del tai chi chuan praticano da centinaia d'anni. Essa consente piena libertà di amare senza costringere l'uomo a perdere la sua forza e la sua capacità di resa.

Sessualità, unione, amore

Il tema dell'amore è troppo vasto e troppo complesso perché lo si possa condensare in regole fisse. Alcune persone traggono vantaggio dal matrimonio, altre no. Mentre un uomo sposato è felice per tutta la vita, per suo fratello il matrimonio può rappresentare una tortura. Il tao non conosce né impone regole prestabilite, ma raccomanda l'armonia con la natura, dalla quale scaturisce una costante armonia fra yin e yang.

I taoisti non considerano i celibi più puri o superiori agli uomini sposati. Per essi hanno entrambi la stessa opportunità di compiere quotidianamente la sublimazione del *chi* adattando la pratica alla propria specifica situazione, qualunque essa sia. Se tutti gli uomini che aspirano all'unificazione col tao rimanessero celibi la società ne soffrirebbe; nascerebbero troppo pochi figli, il mondo si squilibrerebbe.

Considerando la cosa dal punto di vista pratico bisogna convenire che il matrimonio, specie se allietato dalla prole, assorbe un'enorme quantità di tempo, per cui va contratto solo dopo matura riflessione. Non va mai effettuato dietro costrizione dall'esterno o per esaudire il desiderio di altri, dei genitori, per esempio.

Onde evitare serie conseguenze occorre prendere questa decisione in piena libertà. Molti uomini si sposano perché sono emotivamente insicuri e sperano di trovare la sicurezza di cui abbisognano (anche ai fini del loro comportamento attivo) in una moglie. A chi non è ancora sposato raccomando di imparare a menadito i metodi di trattamento dell'energia sessuale descritti in questo libro prima di contrarre matrimonio. Per poter equilibrare le proprie energie emozionali è necessario inoltre imparare anche a « fondere i cinque elementi ». La relativa pratica è illustrata nel Capitolo 18.

Tuttavia anche questo non è un metodo che possa garantire al cento per cento il rapido superamento dell'insicurezza emozionale. Perché la situazione cambi, spesso ci vuole molto tempo. Nell'uomo che coltiva, sviluppa ed equilibra costantemente la propria energia interna, l'insicurezza scompare gradatamente cedendo il passo a una crescente sensazione di sicurezza. Per cui non avrà bisogno di cercare comprensione in una donna. Questa soluzione rappresenta spesso una trappola, un'insidia all'indipendenza. Quando avrà scoperto che i suoi sentimenti sono determinati da movimenti del *chi* all'interno del suo corpo, sarà in grado di mantenere il proprio equilibrio senza il soccorso di una partner, anzi potrà aiutare la propria donna a compiere la stessa operazione.

Una volta liberatosi da vincoli sessuali ed emozionali, constaterà di comportarsi in modo molto diverso nei rapporti con le donne, si accorgerà di essere diventato un altro uomo. L'ideale sarebbe frequentare la propria donna per anni prima di decidersi a procreare. Così i due partner potrebbero dedicarsi entrambi all'esclusivo governo dei ritmi energetici del loro rapporto, prima di pensare a mettere al mondo dei figli. Se fino a quel giorno avranno praticato la « Duplice Elevazione » del *chi*, questo libro li aiuterà a superare le difficoltà che incontreranno.

Molti americani, e molti occidentali in genere, sul piano sessuale rimangono a un livello infantile. Per essi la sessualità è poco più di una sorta di assunzione di cibo, del tentativo di trovare l'amore all'esterno, di assicurarsi, in modo infantile, un soddisfacimento, una sazietà, costante. Questo atteggiamento favorisce le peggiori tendenze e i peggiori sentimenti: gelosia, disordine emozionale e confusione mentale, e rovina irrimediabilmente più di un rapporto. Alcuni cercano conferma al loro amore per anni ed anni, e così facendo distruggono semplicemente la possibilità di trovare ciò che cercano. Questo tipo di sessualità distruttiva si identifica con l'affannosa ricerca della propria identità, di una conferma, della sicurezza. Una sicurezza siffatta può scatenare emozioni negative: gelosia, senso di colpa, ma può anche portare alla rottura definitiva del rapporto. La vita si riduce alla pedissequa ripetizione di pratiche edonistiche intervallate da lunghi periodi di noia.

Non occorre essere osservatori particolarmente acuti per constatare come la vita di molte coppie dopo qualche tempo si appiattisca, perda sapore e significato. Spesso ciò si verifica perché l'uomo nell'amplesso eiacula, cioè perde forza vitale ed esaurisce la sua carica di energia yang. La natura è ricca e magnanima, però dopo anni di eiaculazione la diminuzione di energia si traduce in progressiva perdita dell'appetito sessuale. A questo punto se la coppia non si impegna a trasformare l'energia vitale ordinaria in un'energia superiore, a compiere un processo di sintonizzazione spirituale che compensi la quotidiana perdita di energia vitale, il rapporto corre serio pericolo di diventare l'ombra dell'appassionato rapporto che era.

Con l'eiaculazione l'energia viene eliminata, espulsa dal corpo, e insieme ad essa si perdono il piacere e l'appagamento effettivi. Questa perdita accompagna ogni eiaculazione. A lungo andare nell'uomo può nascere indifferenza o addirittura odio nei confronti della donna. Quando ha la inconscia sensazione che ogni volta che si unisce a lei perde un'energia preziosa che in altro modo amministrata potrebbe renderlo veramente felice, finisce per desiderare di evitarla, e si arriva alla crisi, nonostante il forte vincolo emozionale maturato in tanti anni di amore e di vita in comune. Una grande parte dell'energia sessuale maschile è servita a creare questo legame, e l'uomo non riesce a capire come esso sussista ancora benché l'atto sessuale ormai non faccia che annoiarlo, irritarlo e stancarlo.

La diminuzione dell'appetito sessuale fra moglie e marito è dovuta principalmente all'esaurimento della polarità o tensione elettrica sessuale. È possibile accrescere la reciproca attrazione ricaricando i poli, positivo e negativo, della batteria maschile-femminile.

Alcuni coniugi riescono a ripristinarla per un po' di tempo trascorrendo le ferie separatamente, dormendo in camere separate o adottando altri espedienti per conservare l'equilibrio energetico — coltivando amicizie e attività fuori del rapporto, per esempio. Una volta restaurata la polarità, l'energia vitale riprende a scorrere rapida e vigorosa. La Duplice Elevazione consente ai coniugi di restare uniti e di salvare la polarità della loro unione.

La Duplice Elevazione rende felice la coppia perché insegna ai coniugi a scoprirsi reciprocamente e a trarre l'uno dall'altro un piacere inesauribile. Nessuna legge di natura impone infatti all'amore di esaurirsi. Il metodo della conservazione e dello scambio dell'energia sessuale aiuta anche ad eliminare la principale causa della promiscuità (scambio dei partner), che è l'incapacità di trovare appagamento nel partner abituale. Ma aiuta altresì a risolvere anche un altro problema che sorge spesso nel matrimonio. Spesso i coniugi scoprono di non avere più l'energia che occorre per affrontare insieme le difficoltà, per discuterne insieme e trovare insieme le vie d'uscita. Molti rapporti si spengono perché i coniugi lavorano entrambi e vengono totalmente assorbiti dall'educazione dei figli, per cui hanno poco tempo da dedicare all'amore. Quando uno dei due è eccitato, l'altro è stanco morto o già addormentato. Grazie alle pratiche taoiste, marito e moglie hanno modo di sperimentare una sessualità rinnovata e ringiovanente, di compiere una sorta di interminabile viaggio pieno di piacevoli sorprese nel regno sottile dello scambio del *chi*, per riprendere la faticosa routine della vita corrente ritemprati e col cuore leggero. Quando il vostro *chi* è equilibrato e scorre veloce attraverso tutti i meridiani, ridiventano interessanti anche le cose più comuni. Il *chi* è l'anello di congiunzione, la « colla » che tiene uniti corpo, mente e anima. Finché non avrete integrato il vostro *chi* nel « tutto », vi sentirete incompleti.

Il tao insegna che ogni essere umano ha dentro di sé il potenziale per godere all'infinito e per sviluppare una forza immensa. Con la sublimazione del *chi* nel corpo dell'uomo la dipendenza dalla sessualità quale alimento emozionale diventa sempre minore. Conoscerete questa deliziosa sensazione se tratterrete lo sperma e invierete l'essenza sessuale al centro cardiaco. Si sperimenta la pienezza della vita dopo che il coito è terminato. Allora si prova una sensazione che al di là della transitoria eccitazione dei sensi porta alla salda unione dei sentimenti col partner.

L'uomo che si applica seriamente allo studio del tao scoprirà che nel proprio interno dimora anche la fonte di tutti i sentimenti, anche di quello legato all'attrazione sessuale. Ciononostante, alla prima difficoltà esso si chiederà: « « Cosa significa per me il mio legame con mia moglie? » Nel matrimonio questo dubbio si affaccia in ogni momento e a tutti i livelli di evoluzione dello spirito o di maturazione emozionale.

Per il taoista l'assunto più impegnativo è quello delle nozze di yin e yang nell'universo. Nell'universo yin e yang sono costantemente uniti perché rappresentano i due poli dello stesso campo di energie sottili. Il compito del taoista consiste nello sperimentare la loro unione nella propria vita e nel « caricare » se stesso (attraverso la Elevazione Semplice) o se stesso e la sua partner (attraverso la Duplice Elevazione) onde raggiungere e fornire a lei questa consapevolezza. Quando nello sviluppo del *chi* e del ching si raggiunge un livello molto alto e queste due energie si integrano con lo shien (spirito), la coscienza si espande ulteriormente, si allarga nella stessa misura in cui si apre nell'amore universale cristiano o nella amorosa « comprensione » buddhista per tutti gli esseri viventi.

La differenza consiste nel fatto che il taoista sviluppa questa coscienza universale dentro di sé fisicamente, nel proprio corpo, il che gli consente di avvertire concretamente il campo energetico che lo permea. Per cui non può concepire un amore puramente astratto o puramente teologico al quale adeguare il proprio comportamento. Questo è impossibile. Nessun essere umano totalmente realizzato, che ha integrato fra loro corpo, mente e anima, può più adattarsi alle strettoie di un'idea astratta, sia pure nobile come quella dell'amore.

I taoisti cinesi operavano sempre in coppia o a piccoli gruppi. Poteva trattarsi di un rapporto fra maestro e allievo o fra uomo e donna o anche di un piccolo gruppo di adepti. E i diversi gruppi sperimentavano e utilizzavano possibilità diverse. Alcuni osservavano una rigorosa continenza, altri preferivano praticare la Duplice Elevazione (fra uomo e donna). Dati il « culto » della sessualità e la notevole libertà dagli obblighi sociali vigenti in Occidente, agli occidentali piace fare tutto quel che vogliono, non piace sentirsi dire da sacerdoti o da guru che fare l'amore è degradante (impedisce di raggiungere l'illuminazione) o peccaminoso. Ebbene, facciano pure quel che vogliono, ma sappiano che i loro matrimoni funzioneranno solo a patto che essi trattino l'energia sessuale come va trattata.

Alcune coppie preferiscono vivere l'amore senza matrimonio. Ebbene, se riescono a instaurare un rapporto armonico fra yin e yang, la loro unione sarà felice esattamente come quelle ufficialmente ratificate. Per finire, un'ultima osservazione sui vantaggi dei legami stabili. Abitualmente occorrono decenni perché il *chi* possa raffinarsi del tutto, perché possa raggiungere la « sottigliezza » del ching; come occorrono anni per imparare ad apprezzare le energie sottili che produce e trasmette all'uomo, la donna. E precisamente: occorrono 7 anni per imparare a riconoscere i ritmi fisici di una donna, altri 7 per familiarizzare col suo spirito e infine altri 7 per comprendere la sua anima. Siate pazienti dunque. Per capire la vera profondità del tao è necessario essere molto pazienti.

Conseguenze morali della perdita del seme

Forza e debolezza tendono, per natura, a rafforzarsi: i deboli diventano sempre più deboli, i forti cercano di diventare ancora più forti. Il metodo della sublimazione dell'energia sessuale aiuta a bloccare le tendenze autodistruttive che vengono ulteriormente aggravate dalla debolezza che ne è alla base. Il taoista considera l'energia immagazzinata nello sperma un tesoro inestimabile. E sa che poco a poco la forza vitale che è dentro di lui avrà la meglio; vincerà le tendenze negative, di natura fisica e caratteriale.

La perdita causata dall'eiaculazione, oltre ad essere una perdita fisica, influenza fortemente anche le funzioni spirituali ed emozionali. Gli ormoni agiscono direttamente sulla personalità, sul modo di pensare e sulla creatività dell'uomo. La perdita di testosterone, l'ormone prodotto dal testicolo, che viene espulso con l'eiaculazione, danneggia anche la mente.

Già l'antica medicina cinese aveva notato come i crimini più efferati vengano commessi dopo un'eiaculazione. Dopo l'eiaculazione le qualità positive della psiche decadono, perdono forza; l'uomo si spaventa con facilità e reagisce in modo brutale. Questo spiega perché dopo un atto di violenza sessuale si arriva spesso all'uccisione e alla mutilazione.

Allo stesso modo, alla sublimazione del *chi* si accompagna un effetto positivo, di alto valore morale. Il fuoco yang del seme brucia i veleni interni e insieme produce una sostanza pregiata che conserva la vita. L'uomo che ritiene il proprio seme prova un rispetto maggiore anche per gli altri esseri viventi.

Tutti noi conosciamo la sensazione di malessere che si prova quando si vede un genitore maltrattare il proprio figlio in presenza di estranei, tutti noi qualche volta abbiamo provato disagio nel notare il modo in cui ci guarda un vagabondo affamato. Che lo vogliamo o no, la rabbia e la disperazione degli altri ci tocca e ci sconvolge. Allo stesso modo ognuno dei nostri pensieri e ognuna delle nostre azioni influenza i pensieri e gli atti degli altri, si espande, si dilata, va lontano, arriva fin dove arriva tutto ciò che è stato creato.

L'uomo che sublima la propria energia sottile sperimenta su di sé, o meglio dentro di sé, una verità innegabile: sente che tutti gli esseri viventi sono parte della stessa e unica vita. Egli e la sua partner si compenetrano reciprocamente. Sa che nel tessuto universale del subconscio collettivo gli esseri viventi si influenzano l'un l'altro. Ora, acquista maggiore altruismo e maggiore consapevolezza del legame che lo unisce a tutti gli esseri viventi l'uomo che sublima il proprio *chi*. A un dato momento si chiederà: perché mai dovrei versare pensieri cattivi nel grande fiume al quale dobbiamo abbeverarci tutti? Infatti, mentre ogni energia malefica è una sciagura cosmica, ogni energia benefica è una forza cosmica, o divina. Due persone che si amano consapevolmente beneficano l'intera umanità, elargiscono le loro energie a vantaggio di tutto il genere umano. Questo tipo di amore induce chi ama a un altruismo tutto particolare, che a sua volta ispirerà altri amanti.

Questo atteggiamento nei confronti dell'amore però non è l'unico beneficio assicurato dalla dottrina taoista. I metodi taoisti aiutano anche a moltiplicare e intensificare la forza dell'amore che si irradia dalla coppia perfettamente armonizzata. Secondo i taoisti l'essere umano, benché non possa governare il Cielo, può comunque vivere in armonia con le leggi del Cielo e della Terra; e poiché è in armonia con se stesso, può regolare il corso degli eventi. La filosofia taoista non predica né impone una precisa morale. Parte semplicemente dal dato di fatto che la morale è nell'uomo. Perciò il comportamento dell'uomo che coltiva la propria energia sottile e sperimenta il proprio vero Sé sarà morale.

Una questione controversa: giova alla salute l'attività sessuale?

L'uomo è l'unico essere vivente altamente evoluto che possieda per natura la capacità e la tendenza a praticare l'attività sessuale senza l'esclusivo scopo di procreare. Non perdono l'appetito sessuale né la donna gravida né il suo compagno. L'attività sessuale dell'uomo inizia poco dopo l'instaurarsi della pubertà. La maggior parte delle persone trascorre poi il resto della vita ricercando il piacere sessuale e l'appagamento dei propri bisogni emozionali. L'uomo che non ha la possibilità di compiere l'atto sessuale, sogna di compierlo. È chiaro che la sessualità dell'uomo deve servire a raggiungere traguardi più alti, però i pareri di medici, studiosi, psicologi, sacerdoti e artisti sulla natura della meta da raggiungere divergono in ampia misura. Ogni specialista la pensa in modo diverso sul modo in cui è giusto governare la sessualità per promuovere il benessere dell'umanità.

Le dichiarazioni degli studiosi sugli effetti dell'atto sessuale sulla salute sono stranamente contraddittorie. Alcuni sessuologi sostengono che l'attività sessuale giova alla salute, altri, non meno competenti, mettono in guardia dall'eccesso di attività sessuale. Chi ha ragione? In che misura e quando può essere considerata dannosa l'attività sessuale? Complicano ulteriormente le cose i pareri degli stessi esperti orientali. Così un celebre santo indiano consiglia all'uomo di considerare ogni donna un sacco pieno di feci e di urina per non soggiacere alla tentazione di perdere in essa il suo prezioso seme.

Eppure Buddha, l'Illuminato, ha detto: « Le donne sono divinità, le donne sono la vita... ».

La dottrina taoista dello yoga sessuale concilia le opposte concezioni, sceglie la via di mezzo e fino a un certo punto le approva entrambe. La sua soluzione è molto facile: il rapporto sessuale illuminato dall'amore e non accompagnato da eiaculazione giova alla salute in misura considerevole.

Naturalmente molto dipende dallo stile di vita che ognuno di noi ritiene di dover adottare. Esistono periodi nei quali per riacquistare la salute o accelerare il progresso spirituale è bene vivere in continenza. Il celibato può essere un metodo efficacissimo perché consente di conservare tutta l'energia vitale e di lavorare con maggiore intensità alla propria evoluzione spirituale. Tuttavia la maggior parte degli occidentali preferisce cercarsi un partner per soddisfare le proprie necessità sessuali ed emozionali insieme ad esso.

Il principio taoista della sublimazione dell'energia è valido in entrambi i casi: sia nella Elevazione Semplice che nell'Elevazione Duplice. Per il taoista tutti i metodi di concentrazione purificano l'energia sessuale e consentono di integrarla nelle energie sottili del tao.

Tuttavia nessuno può fare più di un passo alla volta. Se una parte del nostro animo è attaccato alla sessualità, per poterlo elevare dobbiamo prima soddisfare questo impulso, studiarlo, capire a cosa è dovuto, individuarne la fonte. I taoisti, sempre elastici, dicono: l'uomo può sublimare la sua energia in qualunque circostanza, qualunque sia la sua situazione esistenziale. I principi fondamentali rimangono gli stessi: l'attività sessuale non illuminata dall'amore e accompagnata a eiaculazione agisce in senso fisicamente e psichicamente distruttivo. La pratica sessuale non accompagnata dalla sublimazione del chi è un metodo imperfetto che impedisce allo spirito di elevarsi.

L'amore porta ogni coppia a un grado di consapevolezza molto alto del tutto spontaneamente, tuttavia l'eiaculazione frequente favorisce il declino fisico dei partner e impedisce loro di progredire sul piano psichico. Succede come quando ci si arrampica sul pendio di un monte pieno di massi mobili. Si fanno tre passi avanti e uno indietro. Giunti al primo crinale, un'andatura caratterizzata da questo ritmo potrà dare un certo grado di soddisfazione, emozionale e spirituale. Però può anche ritardare il raggiungimento della meta ultima. L'uomo che si stanca prima di arrivare in cima alla montagna non riuscirà a vedere il panorama. Questa è la pienezza del tao — il raggiungimento di un'esperienza durevole del proprio Sé spirituale superiore.

Capitolo 5

La sessualità nelle tradizioni esoteriche del mondo

« ... Apprendere altrove quel che non riusciamo ad apprendere dentro di noi, all'interno del nostro corpo, è impossibile ».
Schwaller de Lubicz, Le temple de l'homme

Quasi tutte le religioni hanno cercato di regolamentare le abitudini sessuali dei loro adepti, con alterne fortune, ottenendo cioè le risposte più disparate: dalla generale sottomissione all'aperta ribellione. Tutto considerato, ho l'impressione che le religioni abbiano fallito perché per la maggior parte delle persone l'esperienza sessuale è molto più forte di quella religiosa. Quale impulso biologico, l'istinto sessuale impronta di sé le nostre azioni e i nostri desideri al punto che solo molto difficilmente esso può essere dominato o contrastato da postulati o assiomi fideistici, per severi e dogmatici che siano. Lo prova l'esempio della prostituzione, la professione proverbialmente più antica del mondo.

Nei miei viaggi ho dovuto constatare che questa « industria », apparentemente emarginata dalle comunità fideistiche, in realtà è molto fiorente. La sessualità è come una palla che galleggia sull'acqua di una piscina: maggiore è la forza con cui la si schiaccia per mandarla a fondo, più forte è la spinta in senso contrario. Basta perdere il controllo per una frazione di secondo che subito la palla schizza in alto.

Il tentativo delle religioni di fissare una morale sessuale generale è un residuo di tempi meno materialistici nei quali l'esperienza spirituale era più intensa dei piaceri carnali del sesso. Le religioni antiche — le scuole misteriche e i culti della fecondità — attribuivano alla sessualità un ruolo preciso nello sviluppo spirituale dell'uomo. Le loro pratiche e i loro riti avevano il potere di suscitare esperienze molto forti. Molti capi religiosi dei nostri giorni — sia cattolici che ebrei che induisti, ecc. — hanno dimenticato che anche nei loro rituali la sessualità veniva collegata con la spiritualità. La cerimonia della circoncisione, i riti della fecondità in primavera (per esempio la Pasqua) e le celebrazioni eucaristiche sono residui di un'epoca nella quale si riconosceva alla sessualità un significato esoterico e la si integrava nella religione.

L'uomo del XX secolo per liberare il suo spirito e poter vivere l'estasi della sua esistenza nel proprio corpo dovrà gettare il guscio vuoto della sua fede esoterica esterna. Allora i rituali e gli assiomi fideistici esterni delle religioni antiche tramonteranno definitivamente o acquisteranno un significato nuovo e più profondo. La religione potrà recuperare il suo ruolo sociale e riacquistare un significato nella vita degli uomini se accetterà la sessualità.

Il taoismo si differenzia dalle grandi religioni universali soprattutto perché, invece di essere una religione organizzata con un seguito di fedeli che obbediscono a determinati dogmi, è una filosofia spirituale. Il taoista non si accontenta di credere in Dio, a lui non basta credere nel tao, per lui la devozione verso un'armonia superiore, sopra-ordinata, deve essere accompagnata dall'autoconoscenza che nasce dalla sublimazione della propria energia. Il taoista mira a « far crescere » la propria anima per poterla conoscere, sperimentare e cogliere nella sua totalità. In ogni essere umano è latente lo stesso seme; ma il suo portatore non riuscirà mai a vedere il frutto se non lo alimenterà come va alimentato. Il mondo divino che dimora nell'uomo possiede gli stessi modelli del mondo naturale. Come un bambino può sperimentare il proprio Sé solo diventando adulto, così ogni uomo se vuol sperimentare la pienezza del tao ed esserne partecipe deve portare a maturazione la propria energia spirituale.

Nell'antica Cina ci sono stati culti popolari proclamati da sacerdoti taoisti, sorti in concorrenza al buddhismo, per porre un freno all'espansione del buddhismo; ma la nostra dottrina non ha niente a che vedere con essi. Io mi occupo esclusivamente delle dottrine esoteriche originarie dei maestri taoisti. Ebbero successo perché approvavano l'uso della sessualità come mezzo di elevazione dello spirito. Sui cinque monti della Cina nacquero numerose sette taoiste, ognuna delle quali dava rilievo a un aspetto diverso della raffinazione del *chi* ai fini dell'evoluzione spirituale dell'uomo. Solo poche correnti appoggiavano il metodo della « Elevazione Semplice », il quale propugnava i vantaggi dell'unione all'interno del proprio corpo delle energie maschili e femminili e condannava il coito in quanto superfluo o legato a grossi rischi.

La maggior parte dei taoisti adottava la « Duplice Elevazione », sia per i suoi vantaggi sulla salute, sia per i suoi benefici effetti sullo spirito. Però si sconsigliavano gli adepti dal legarsi eccessivamente alla partner, che era considerata un possibile ostacolo per chi aspirava all'immortalità e alla completa unificazione col tao. Tuttavia a differenza della tradizione cristiana, la tradizione taoista non ha mai considerato l'accoppiamento sessuale un atto peccaminoso, né esso ha mai destato sensi di colpa. Essere sessualmente legati a una donna, unirsi sessualmente a lei significava unicamente accontentarsi di sperimentare l'unità uomo-donna in questa vita senza aspirare alla superiore unificazione Cielo-Terra. La sessualità cioè non veniva condannata, anzi l'accoppiamento sessuale poteva già rappresentare per i partner una conquista importante.

Nelle religioni cristiane esiste una forte tradizione che riconosce la sacralità del matrimonio, tuttavia la politica della Chiesa — condotta per lo più da sacerdoti, cioè da maschi che temevano le « oscure » forze terrene (yin) della donna o che erano invidiosi del suo potere, indusse il cristianesimo a perseguitare le « streghe ». A lunghi periodi di accanita ostilità contro le donne si alternarono periodi durante i quali la Vergine Maria e la donna erano oggetto di un culto sfrenato. La Cina, la cui cultura è nata dalla fusione del taoismo col confucianesimo, è rimasta indenne da questo circolo vizioso. L'energia yin, personificata dalla donna, è sempre stata apprezzata per quanto effettivamente vale, in quanto necessaria al funzionamento dell'universo e al benessere dell'umanità.

Nemmeno nell'VIII secolo d.C., in seguito al dominio dei Manciù, quando le originarie dottrine taoiste sull'equilibrio fra yin e yang subirono un declino, le donne vennero represse e maltrattate con la pervicacia con cui sono state represse in altre culture. Nella società cinese il patriarcato acquistò più forza, le donne venivano considerate « proprietà » dell'uomo, però questa proprietà era trattata con rispetto. Molti dei manuali taoisti ancora in auge risalgono a quel periodo. I suggerimenti dati ai nobili, loro ufficiali destinatari, sul modo in cui procacciarsi dalla donna la salutare energia yin sono alquanto unilaterali.

Trascurano del tutto il fatto che anche l'uomo a sua volta può risanare la donna con la sua potente energia yang. Consigliano giustamente all'uomo di conservare il seme e gli insegnano come poter compiere l'atto d'amore ogni notte addirittura con undici concubine. Queste opere sono in realtà testi di medicina che trattano il sesso con estrema aridità e con spirito clinico considerandolo unicamente dal punto di vista del miglioramento della salute. Benché non contemplino la sublimazione delle energie e non suggeriscano pratiche meditative per lo scambio di energie fra uomo e donna, riflettono comunque il principio fondamentale del taoismo, secondo il quale la sessualità se viene amministrata correttamente può venir integrata nella vita corrente con grande vantaggio per la salute.

I taoisti hanno inventato forse uno dei più antichi sistemi esoterici per il trattamento dell'energia sessuale, tuttavia l'idea della trasformazione dell'energia sessuale ai fini spirituali è presente in tutte le tradizioni esoteriche del mondo, sia in Oriente che in Occidente. Essa però veniva tenuta gelosamente segreta. Tanto in Egitto quanto in India, nel Tibet e in Europa questo concetto è sempre stato sviluppato unicamente in senso astratto o teologico. Mai venivano spiegati al pubblico metodi pratici atti a conservare e trasformare l'energia sessuale.

Per tracciare un breve panorama storico sul tema la cosa migliore è iniziare da Teofrasto Bombasto Paracelso di Hohenheim, celebre medico e insigne alchimista del XVI secolo (scoprì la terapia mercuriale della sifilide ben 400 anni orsono), il quale per quanto concerne la cosiddetta alchimia sessuale, cioè la trasformazione apparentemente magica ma del tutto naturale del seme, arrivò alle stesse conclusioni cui sono giunti i taoisti.

Circa la composizione del seme Paracelso dice: « Tutti gli organi del corpo umano contribuiscono a formare il seme con tutta la forza di cui dispongono... Il seme è, per così dire, l'essenza del corpo umano e contiene, in forma perfetta, tutti gli organi del medesimo ». Questa enunciazione ricorda sorprendentemente la descrizione taoista del ching *chi*. Anche la pratica taoista prevede l'equilibramento delle energie sottili dei singoli organi del corpo che poi si fondono in un unico spirito superiore.

Paracelso fa distinzione tra liquido seminale e « aura seminalis », luce o energia del seme. Oggi gli scienziati definirebbero questa « aura » « energia biofisica del liquido seminale ». Paracelso asserisce che questa energia può venir distillata dal liquido materiale: « Questa emanazione o *separatio* avviene tramite una sorta di digestione superiore e di un calore interno che può venir prodotto nell'uomo, durante il periodo della sua virilità, dalla vicinanza della donna, dal pensiero della donna o dal contatto con essa, allo stesso modo in cui è possibile accendere e far ardere un pezzo di legno esponendolo ai raggi convergenti del sole ».

Tradotto in linguaggio moderno significa che il contatto con una donna attraente può stimolare nell'uomo la produzione di energia fisica pregiata. Già 1000 anni prima di Paracelso gli alchimisti taoisti avevano scoperto metodi pratici per conservare e utilizzare questa preziosa energia.

Se dal rinascimento, da Paracelso, passiamo a Sir John Woodroffe, il grande conoscitore inglese delle pratiche tantriche dell'induismo che si firmava anche « Arthur Avalon », ritroviamo gli stessi principi. Nella sua opera più importante, *Il Potere del serpente* (1), egli scrive a chiare note — quanto meno per coloro che sanno leggere fra le righe —: « ... la forza di questi ultimi (dei centri sessuali), se viene diretta verso l'alto, può vivificare straordinariamente le funzioni spirituali e quelle fisiche ». Osserva inoltre che « spirito, respirazione e sessualità sono intimamente connessi. Obiettivo principale dello yogi è quello di dirigere verso l'alto il proprio seme ». Questo seme libera energie praniche, note anche come kundalini, che lungo la colonna vertebrale salgono ai chakra superiori o centri spirituali.

Altro noto maestro spirituale che conosceva la forza del seme è Gurdjieff (2), il quale dice: « Determinati popoli sapevano che con l'aiuto delle sostanze "Exhioehary" o del seme, è possibile perfezionare se stessi ». Poi aggiunge: « Questo autoperfezionamento probabilmente può essere raggiunto evitando la usuale espulsione di quelle sostanze che sono dette seme ».

Però più sotto Gurdjieff fa presente che questo autoperfezionamento per lo più non è raggiungibile solo mediante la ritenzione del seme, ma è anche necessario adottare una tecnica particolare per liberare le energie del seme. Su questo punto concorda totalmente con Paracelso e i taoisti.

Tutti i maestri di occultismo conoscono la forza del seme e sanno che è possibile immagazzinare e trasformare questa sostanza per evolvere spiritualmente. Così il noto mago Kenneth Grant scrive: « Nei Tantra la funzione del seme consiste nel costruire il corpo di luce, il corpo astrale, cioè il corpo interno dell'uomo. Mentre si raccoglie nei testicoli, il succo della vita viene divorato dal calore del serpente di fuoco, e i vapori sottili o "esalazioni" di questo seme fuso rafforzano il corpo interno ».

Quasi tutti gli autori sostengono che lo sperma deve venir accumulato e trasformato con l'aiuto del calore interno. Nella pratica cinese noi definiamo questo processo « cattura » del succo seminale mirante a ricavare da esso il « vapore ». Il primo passo nella liberazione di questa potente forza vitale consiste però nella ritenzione del seme durante l'atto d'amore.

Anche l'americano Free John, un maestro spirituale dei nostri giorni, rileva la necessità di conservare la forza seminale: « Dobbiamo trovare il modo di godere dell'intimità sessuale senza che la forza vitale ci abbandoni; non dobbiamo dilapidare la vita solo per provare piacere; amiamoci e viviamo insieme con perfetta felicità e libertà ».

La « perdita della vita » di cui parla Free John è l'eiaculazione. Secondo questo autore il corretto trattamento della forza sessuale — cioè il blocco dell'eiaculazione durante il coito illuminato dall'amore — è una delle chiavi per evolvere spiritualmente. John inoltre insiste sull'importanza dell'amore ai fini della tramutazione spontanea del seme e del suo invio ai centri superiori. Su

(1) A. Avalon, *Il Potere del Serpente*, Edizioni Mediterranee, Roma.
(2) L. Pauwels, *Monsieur Gurdjieff*, Edizioni Mediterranee, Roma.

questo punto è in pieno accordo con altri maestri spirituali. Approvano senza riserve questo principio alchimisti, yogi, maghi e mistici.

Nelle opere di Carlos Suares, poeta e cabalista, troviamo un altro modo di considerare il seme della vita. La tradizione esoterica della Cabala è nata nell'antico Egitto. Suares fa presente che lo sviluppo della volontà ai fini della ritenzione del seme corrisponde perfettamente allo sviluppo del proprio vero Sé: « ... l'uomo al quale appartiene questo Sé (che pur avendo una natura statica nasconde in sé seme vivo) deve lottare contro la direzione centrifuga del movimento sessuale e vincerla, perché essa può farlo cadere in balia della donna... Invece di essere sopraffatto dal desiderio il suo spirito deve riuscire a dominarlo ».

Qui Suares allude al ruolo distruttivo della donna che inconsciamente adesca il seme dell'uomo. Poiché per lo più non possiede le capacità yogiche per veramente accogliere in sé questo seme, la donna trae scarso profitto da questa perdita. Perciò all'uomo che le sacrifica continuamente il proprio seme essa appare una voragine senza fondo. Naturalmente la donna può tentare di compensare questa perdita cedendogli in cambio la propria pressoché inesauribile energia yin.

Si potrebbe ampliare ulteriormente questo capitolo entrando nel merito delle scritture sacre delle varie religioni. Esistono numerose opere di maestri che hanno sperimentato la forza del seme tramutato dal calore vitale. Nella Bibbia si legge che Mosè durante i 40 anni della sua migrazione nel deserto sperimentò il « serpente di fuoco ». Poiché la Bibbia precisa che Mosè « era stato iniziato dagli Egizi in tutti i loro misteri » vien fatto di pensare che questo fuoco potrebbe corrispondere alla tramutazione delle sue energie psichiche. L'ultimo giudizio in merito spetta a coloro che hanno sperimentato di persona le energie sottili.

Differenza fra taoismo e tantrismo

Negli ultimi anni l'attenzione del pubblico si è appuntata principalmente sul tantrismo dell'India e del Tibet. Si occupano di questo sistema soprattutto coloro che vogliono integrare la loro sessualità nell'evoluzione spirituale. I principi alla base del tantrismo sono quasi identici a quelli del taoismo. Entrambi gli indirizzi mirano a conciliare i poli opposti della dualità, simboleggiata dai fattori maschile e femminile; ed entrambi considerano ogni momento e ogni esperienza della vita un punto di partenza per lo sviluppo spirituale e il punto d'arrivo della conoscenza della verità.

Lo studioso occidentale Keith Dowman, tantrista tibetano-buddhista praticante, ha espresso il concetto in modo molto preciso: « Se si toglie allo yoga (tantrico) il suo linguaggio occulto rimane una tecnica meditativa semplicissima: la stimolazione dei desideri, il loro uso come oggetto della meditazione e la trasformazione degli stessi in consapevolezza, campo del vuoto e della gioia pura ». Un taoista approverebbe sicuramente questa definizione, però la formulerebbe in modo un po' diverso; direbbe: « In ogni momento il vuoto dell'yin riceve il pieno dello yang». Si tratta della perenne unificazione fra uomo e donna, spirito e materia, Cielo e Terra.

Il metodo taoista si differenza da quello tantrico nel linguaggio e nei metodi; ma l'obiettivo, l'unità di mente, corpo e anima, è uguale nei due sistemi. Entrambi considerano il dominio della sessualità legittimo, anzi necessario per raggiungere il più alto grado di illuminazione nel corpo fisico. Dowman descrive la funzione del seme come segue:

> « Il seme raffinato nel centro cardiaco pervade il corpo sotto forma di coscienza. La perdita del seme, comunque avvenga, abbrevia la durata della vita e danneggia la salute. Nell'anu yoga (yoga dell'appagamento o kundalini yoga) la perdita del seme viene paragonata all'uccisione del Buddha... L'intensità del desiderio è necessaria (nell'iniziato) per pompare verso l'alto il bodicitta (l'essenza seminale) lungo il fascio nervoso centrale (il midollo spinale); però l'orgasmo annienta non solo il desiderio ma anche la stessa volontà di illuminazione » (3).

Questa concezione coincide perfettamente con la concezione taoista del seme e della sua elevazione. Però il taoismo non personifica le energie sottili con un pantheon di entità divine. Perciò secondo me il tantra è adatto per quelli che si sentono attratti dagli archetipi religiosi dei tantristi, dagli dei e dalle dee, dai Boddhisattva e dai demoni, dai loro complicati rituali segreti, dalla loro complessa iniziazione e dalle loro invocazioni. Si può avere successo se si ha la pazienza di seguire scrupolosamente le istruzioni di un Lama o di un guru che abbia veramente capito l'essenza della pratica esoterica e non si limita a pronunciare vuote preghiere.

Io personalmente sono cresciuto in Thailandia, nelle vicinanze di un tempio buddhista, e fin dalla più tenera età sono stato in contatto con quei monaci. In seguito sono arrivato alla conclusione che i riti esterni sono meno efficaci dei metodi interiorizzati che avevo appreso dai maestri taoisti. I rituali rappresentano una fusione della cultura esoterica con quella del paese o del popolo che volta a volta li celebra. Spesso le arcaiche immagini delle divinità orientali non commuovono gli occidentali con la necessaria profondità. Inoltre i diversi stati di coscienza cui bisogna aspirare possono creare un po' di confusione, perché tradurre dal sanscrito o dal tibetano nelle lingue occidentali le descrizioni tradizionali di questi stati è difficile.

Anche il taoismo trova accesso solo lentamente fra gli occidentali perché è difficile tradurre la filosofia cinese nelle lingue occidentali. Tuttavia le im-

(3) Sky Dancer, *The Secret Life and Songs of the Lady Yeshe Tsogyel*, Routledge and Kegan Paul, London, 1984.

magini archetipe dei taoisti, per la maggior parte ispirate alla natura e contenenti il simbolo yin/yang, sono note da molto tempo, da prima che io ed altri cominciassimo a diffondere le dottrine esoteriche del taoismo. I cinesi rappresentano un quarto della popolazione mondiale, e la nostra civiltà esiste da ben 5000 anni, per cui i nostri modelli fondamentali sono conosciutissimi in tutto il mondo.

Da notare inoltre che le pratiche esoteriche yoga dei taoisti non sono state sepolte sotto rituali, né sono andate perdute attraverso modifiche apportate nel corso del tempo. Sono state tenute segrete e sono state trasmesse oralmente per migliaia d'anni. Infine all'inizio del II secolo d.C., quando sono state fissate per iscritto, sono state ammantate in una misteriosa aura poetica affinché non venissero a conoscenza delle pratiche meditative i non-iniziati (o i non-virtuosi). Una grande parte delle conoscenze esoteriche è stata conservata e ulteriormente sviluppata dagli agopuntori e dagli erboristi taoisti, che hanno contribuito a salvare dall'oblio l'aspetto pratico delle dottrine mistiche utilizzando il *chi* per guarire il corpo. Ma ha contribuito a mantenere in vita l'antica tradizione anche l'arte taoista del tai chi chuan, una disciplina mirabile dalle molteplici applicazioni: come autodifesa, come danza ludica, come meditazione metafisica su yin e yang, come pratica per la conservazione e il raggiungimento della salute e come invocazione rituale delle energie più potenti. Se ne renderà conto chi avrà modo di vedere un maestro di tai chi chuan nell'esercizio delle sue funzioni.

Le pratiche taoiste sono facili da capire perché gli antichi taoisti si sono sempre ispirati agli elementi naturali dell'universo. Osservavano come vivono e muoiono le piante e gli animali, come le condizioni atmosferiche influenzano il metabolismo dell'uomo e come le sottili energie si modificano a seconda della posizione della Terra rispetto al sole, alle stelle e delle fasi lunari. Già prima che esistesse un linguaggio gli antichi sapienti notarono l'importanza dell'equilibrio delle forze della natura e scoprirono la stessa armonia dentro di loro. Per chi capisce queste cose la vita scorre semplice e naturale. Non sono necessarie immagini (le immagini di cui si servono le varie culture) né idee religiose per abbellire la visione del tao quale armonia della natura.

Può dedicarsi alle pratiche taoiste chiunque abbia familiarità con gli elementi principali, cioè acqua, fuoco, metallo, terra e legno, e con le quattro stagioni: primavera, estate, autunno e inverno. Così se desidera equilibrare i propri rapporti sessuali è sufficiente sappia che la donna è acqua e possiede la capacità di « domare » l'uomo, che è il fuoco. Approfondendo le proprie conoscenze scoprirà che l'uomo ha dentro di sé sia il fuoco che l'acqua e può raggiungere il perfetto equilibrio armonizzando il suo fuoco (il pensiero) e con la sua acqua (il seme, che è liquido).

Questi simboli (fuoco e acqua), definiti spesso anche yin e yang, lo aiuteranno a capire come deve procedere per ritenere il seme, per far scorrere l'energia lungo i canali spirituali, per scambiarla con quella della donna, ecc. Naturalmente perché il *chi* si raffini completamente e gli consenta di raggiungere la purezza perfetta, fisica e spirituale, occorre tempo. Possono accelerare il processo di chiarificazione, cioè integrare le pratiche sessuali, il tai chi, il chi kung, la meditazione e una vita morigerata.

Karezza e coitus reservatus

Esiste tutta una serie di altri metodi di trattamento dell'atto sessuale che non vanno confusi con la pratica taoista. La tecnica più nota è quella del coitus reservatus, nel quale durante il coito non si arriva all'orgasmo. Il seme maschile viene ritenuto, però l'energia sessuale non viene inviata ai centri superiori e immagazzinata in essi per essere scambiata con quella della partner o per essere usata costruttivamente in altro modo. Il coitus reservatus prevede una forte pressione sulla prostata, manovra che può compromettere il funzionamento di queste ghiandole. La tensione dell'orgasmo non sfoga né verso l'interno, come nella pratica taoista, né verso l'esterno, sotto forma di eiaculazione. Ma io sconsiglio categoricamente il coitus reservatus anche per un'altra ragione, perché questa pratica sviluppa nell'area genitale un calore eccessivo senza provvedere ad eliminarlo.

« Karezza » è una tecnica erotica, probabilmente di origine persiana, che prevede lunghi periodi di amore passivo durante i quali i partner restano immobili per circa mezz'ora in attesa che le energie (maschile e femminile) si sviluppino. Invece il metodo taoista contempla l'esecuzione di tutti i movimenti erotici che la coppia può compiere senza arrivare all'orgasmo genitale. Per gli occidentali questo aspetto dinamico della sessualità è importantissimo perché è conforme alla concezione romantica dell'amore, per la quale esso deve sempre avere un'impronta di passionalità. Per il taoista il movimento è vita. Sia che avvenga solo fisicamente sia che avvenga nell'ambito dell'energia sottile, bisogna goderne a pieno specie perché giova molto alla salute. Anche « karezza » è un metodo che non utilizza l'energia sessuale per provocare un orgasmo interno, ma si limita a procurare una crescente sensazione di piacere che persiste a lungo. In origine aveva lo scopo di consentire ai re di trascorrere le lunghe notti d'amore con più di una concubina.

Intorno al 1866 è stata diffusa anche in America, presso l'utopica comunità di Oneida, come metodo di controllo volontario delle nascite. Karezza è una pratica sicuramente superiore alla sbrigativa sessualità eiaculatoria, però priva di una vera profondità interiore.

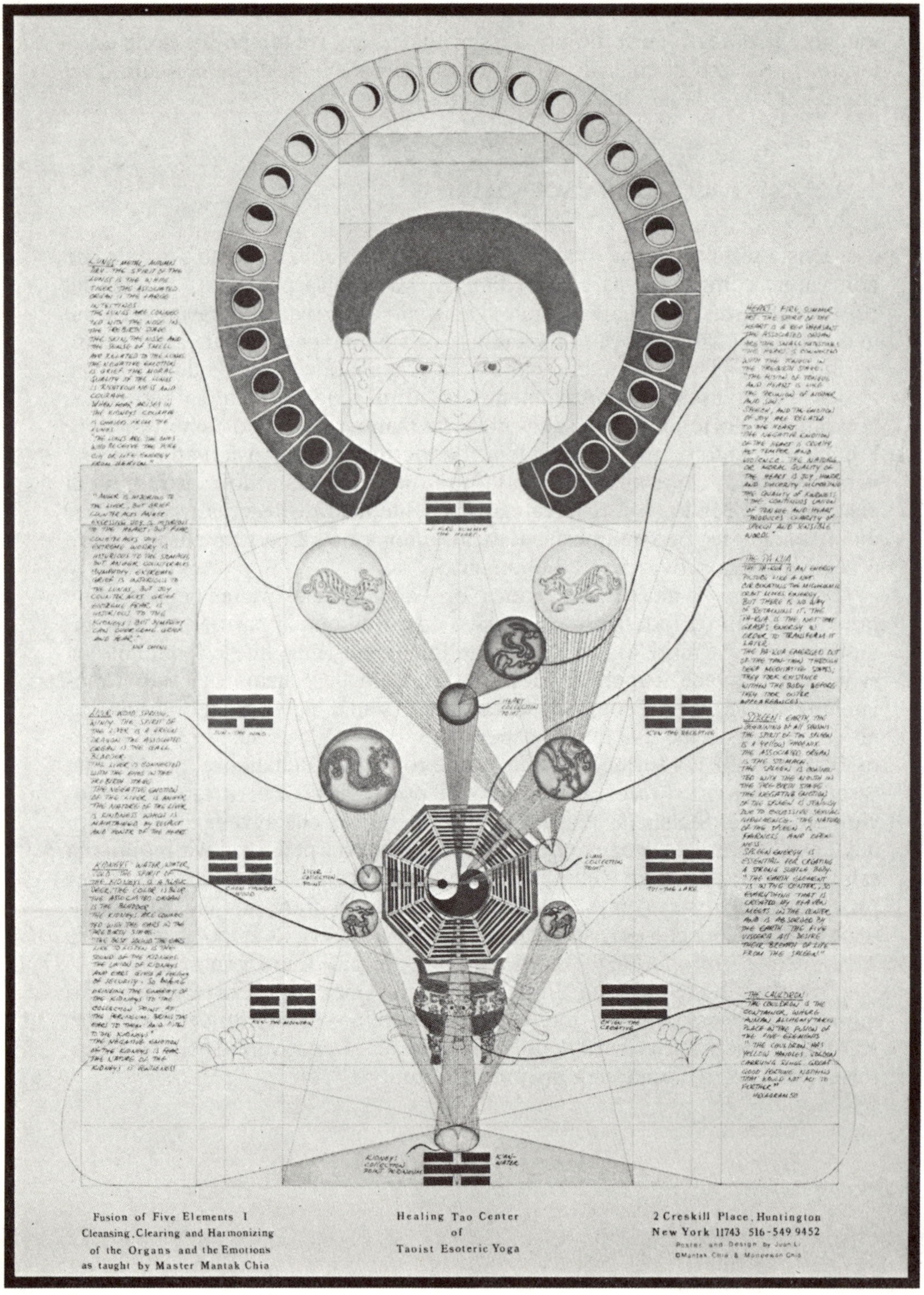
Fusion of Five Elements I
Cleansing, Clearing and Harmonizing
of the Organs and the Emotions
as taught by Master Mantak Chia
Healing Tao Center
of
Taoist Esoteric Yoga
2 Creskill Place, Huntington
New York 11743 516-549 9452
Poster and Design by Juan Li
©Mantak Chia & Maneewan Chia

Seconda Parte

Metodi taoisti per il dominio dell'amore sessuale

Capitolo 6

La danza dei testicoli: esercizi per irrobustire il bacino

« La prima volta che un uomo ha un rapporto sessuale senza espellere il seme, aumenta la sua forza vitale. La seconda volta migliorano la sua vista e il suo udito. La terza volta lo abbandona ogni malattia. La quarta volta l'uomo comincia a provare una gioia interiore. La quinta volta il suo sangue circolerà più gagliardo. La sesta volta si irrobustiranno i suoi organi genitali. La settima volta si irrobustiranno i suoi polpacci e le sue natiche. La ottava volta tutto il suo corpo irradierà una salute abbagliante. La nona volta aumenterà la durata della sua vita ».

dal Canone di Saggezza taoista, raccolto dall'Imperatore Tang

Tutti noi abbiamo assistito alla scena nella quale un uomo tira fuori la sua pistola, preme il grilletto, ma il colpo non parte. Ebbene, se l'attore che la recita è il buono della situazione per lo più si riscatta compiendo un atto eroico. Ma quando l'*arma* è costituita dal pene, un pene che si rifiuta di erigersi, la scena si risolve fatalmente in una magra figura. Mancate erezioni ripetute, croniche, significano impotenza, causa prima della disperazione di molti uomini e della fine di molti matrimoni. In questo capitolo sono descritti due ottimi esercizi atti a rinforzare il diaframma pelvico, a irrobustire i muscoli urogenitali e anali. Tale irrobustimento consente di dominare l'erezione. Quando avrete praticato con cura e regolarità questi esercizi sarete pronti a passare all'applicazione della ritenzione del seme durante il coito.

Gli occidentali sono grandi cultori di ogni tipo di sport. Praticano la ginnastica e hanno cura del corpo. Però, tranne l'attività sessuale, nessuno degli esercizi che essi praticano è capace di irrobustire la importantissima muscolatura del bacino. Invece esistono esercizi in grado di irrobustire notevolmente la complessa rete di tendini che sostiene gli organi sessuali. Non ci stancheremo di rilevare l'importanza del buono stato della muscolatura di questa regione, prima responsabile della salute del maschio! La regione pelvica è attraversata da numerose arterie e vene, da plessi nervosi e tessuti che sono collegati con ogni centimetro quadrato dell'intero corpo. E' attraversata da tutti i meridiani più importanti, vettori del *chi*. Quando essa è bloccata o indebolita, l'energia si distribuisce irregolarmente, in modo disordinato, con notevole danno degli organi viscerali e del cervello. Questo si verifica nella maggior parte degli uomini quando invecchiano. La loro muscolatura anale e pelvica perde tono e consistenza e il loro *chi* un po' alla volta li abbandona lasciandoli deboli e sfiancati.

Non dobbiamo dimenticare che la forza del pene è strettamente dipendente dalla ritenzione del seme. Perciò finché eiaculerete, per quanti esercizi facciate, non otterrete successi duraturi. La perdita del seme porta all'impotenza e all'invecchiamento precoci. Nessun uomo, per forte che sia, può eiaculare frequentemente senza pagare un alto prezzo! Gli esercizi qui descritti stimolano la regione pelvica. L'energia viene ricondotta ai testicoli ed essi si riempiono di preziosa forza vitale. Insieme alla tecnica della « Grande Elevazione » (descritta nel prossimo capitolo) questi esercizi vi consentono di fare del vostro corpo un serbatoio costantemente colmo di energia sessuale. Solo dopo aver praticato questi esercizi potrete cominciare a trasformare l'energia sessuale integrandola col vostro spirito per riacquistare la perduta totalità.

Il diaframma pelvico e il diaframma urogenitale

Il corpo non possiede un solo diaframma (parete divisoria muscolare), ma più diaframmi. Tutti noi conosciamo il diaframma propriamente detto, quello che aiuta la cassa toracica ad espandersi durante la inspirazione. Meno noti sono il diaframma pelvico e il diaframma urogenitale, che separa il bacino dal perineo. Se volete praticare il kung fu sessuale in modo corretto, dovete usare non solo il diaframma propriamente detto ma anche il pavimento pelvico. Una respirazione veramente profonda parte dal diaframma inferiore, quello pelvico. Per la trasformazione dell'energia nel coito sono importantissimi entrambi.

Il diaframma pelvico è una parete muscolare che chiude il tronco in basso. Concavo verso il basso, esso si estende trasversalmente all'altezza della sinfisi pubica e del sacro ed è attraversato dai numerosi organi che dalla cavità pelvica raggiungono il perineo: ureteri, vagina e intestino crasso (colon). Il diaframma pelvico costituisce il pavimento della cavità pelvica, cha contiene colon, tenue, vescica urinaria e reni. Sostiene gli organi e li aiuta a conservare la loro forma. Nel perineo, che si trova sotto il diaframma pelvico, al centro fra ano e organi genitali, è presente un'altra parete divisoria muscolare: il diaframma urogenitale. Esso è attraversato dagli ureteri e alla sua faccia inferiore è fissata la radice del pene. Il nervo pudendo controlla i muscoli del diaframma urogenitale, che hanno il compito di sostenere la prostata, i deferenti, le ghiandole di Cowper, il pene e l'ano. La parte bassa di questo diaframma avvolge lo scroto (che contiene muscoli a sua volta) e il pene per poi collegarsi con la parete addominale.

Il pavimento pelvico e il diaframma urogenitale rappresentano gli sbarramenti che impediscono alla forza vitale, al *chi*, di abbandonare il corpo attraverso gli orifici inferiori dello stesso. Se vengono chiusi ermeticamente, la pressione del *chi* nella cavità addominale aumenta. L'aumento della pressione del *chi* vivifica tutti gli organi e fa scorrere meglio il *chi* e il sangue. Anche gli esercizi del chi kung « camicia di ferro » fanno aumentare la forza e la capacità di prestazione di questa area, per cui rappresentano un'ottima integrazione della pratica del kung fu sessuale (gli esercizi sono descritti nel Capitolo 18).

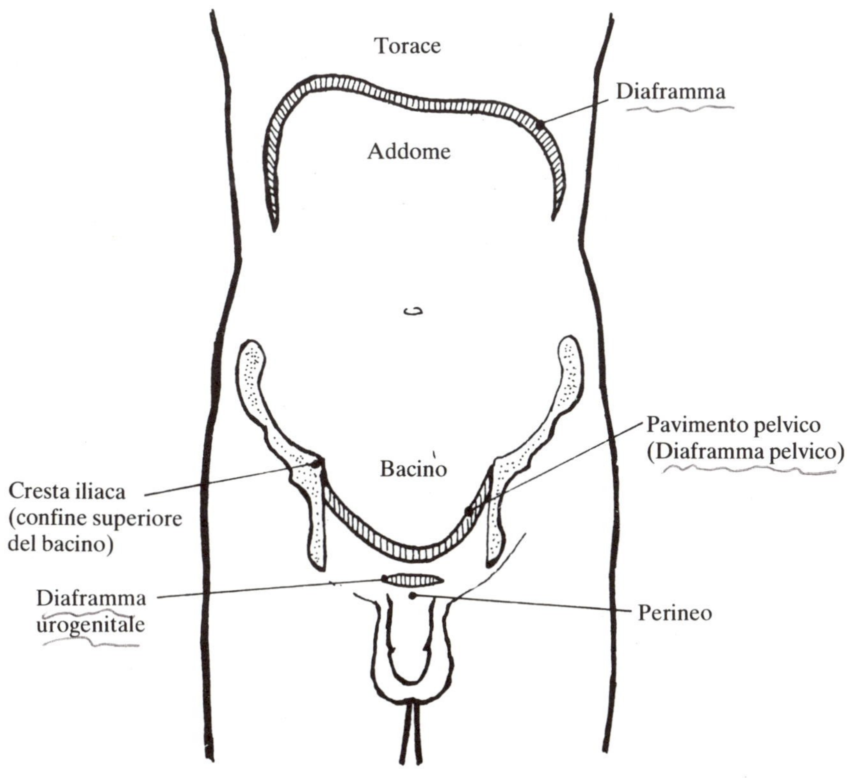

Fig. 10

Il diaframma pelvico e il diaframma urogenitale sono i due sbarramenti destinati a impedire all'energia sessuale (vitale) di abbandonare il corpo attraverso gli orifici del membro e dell'ano.

Pompaggio verso l'alto della energia seminale fredda da parte dello scroto

Per i taoisti lo scroto fa parte del diaframma urogenitale e deve fungere da pompa. Nel giovane e dopo un sonno ristoratore è sodo e teso, nel vecchio e nel maschio esaurito è floscio. Rende tesa la sua cute la corrente di energia che lo attraversa. Fa scorrere l'energia con più vigore la cosiddetta « respirazione scrotale » che consente all'organo di diventare quasi subito teso e sodo.

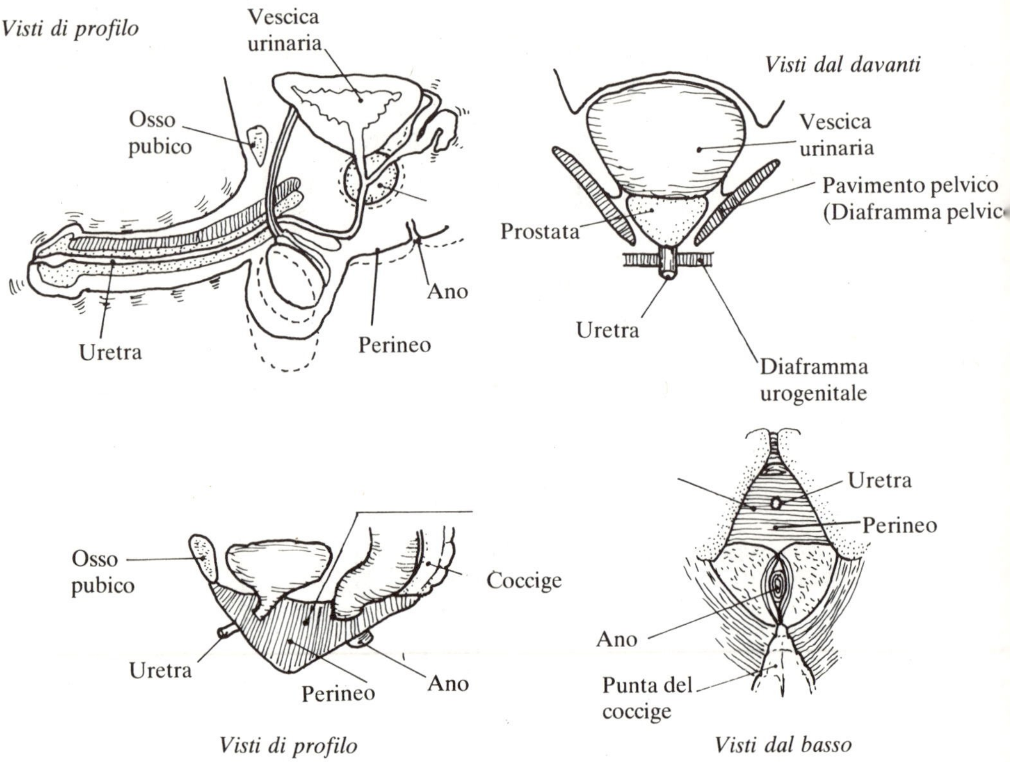

Fig. 11 - Diaframma pelvico e diaframma urogenitale

Lo scroto è la fucina nella quale si producono l'energia sessuale, lo sperma e gli ormoni maschili. Perciò è un capace serbatoio di yin *chi*, di energia vitale fredda. L'energia sessuale, finché è in stato di quiete, sia essa maschile o femminile, è sempre yin. Secondo la classificazione cinese dei diversi tipi di *chi*, il liquido spermatico e il secreto vaginale vanno associati all'acqua. Fiumi, laghi e mari sono yin. Però l'energia yin può modificare rapidamente la propria natura diventando yang, più calda, quando si instaura l'eccitazione sessuale. Ma questo può verificarsi solo quando il seme è già stato prodotto nei testicoli freddi. Anzi, gli studiosi occidentali hanno constatato che se i testicoli vengono raffreddati col ghiaccio la produzione del seme aumenta rapidamente. Oggi molte case farmaceutiche offrono speciali ausili: sospensori refrigeranti, per combattere la sterilità maschile. Poiché l'energia sessuale ha una natura fredda, perché possa armonizzare con l'energia mentale (calda) dev'essere diretta al torace e al capo. Mentre l'energia calda per poter armonizzare con quella fredda va diretta verso il basso.

I testicoli producono seme, ormoni maschili e ching *chi* (essenza sessuale) in continuazione. Gli antichi taoisti, che erano osservatori ed empirici straordinariamente acuti e molto precisi, sapevano che l'energia degli spermatozoi ha un'importanza straordinaria. Per produrre il seme e conservarne la potenza debbono attingere alle proprie riserve energetiche tutti gli organi del corpo, sia quelli viscerali che il cervello.

L'energia seminale yin (fredda) è molto più densa dell'energia seminale yang (calda). La maggior parte delle persone la avverte solo quando è in stato di eccitazione, quando l'essenza sessuale, che è sempre presente, diventa calda. Se ne deduce che l'energia fredda, che è più densa e quindi anche più pigra (meno nobile) di quella calda, per poter raggiungere i centri superiori ha bisogno di un valido aiuto.

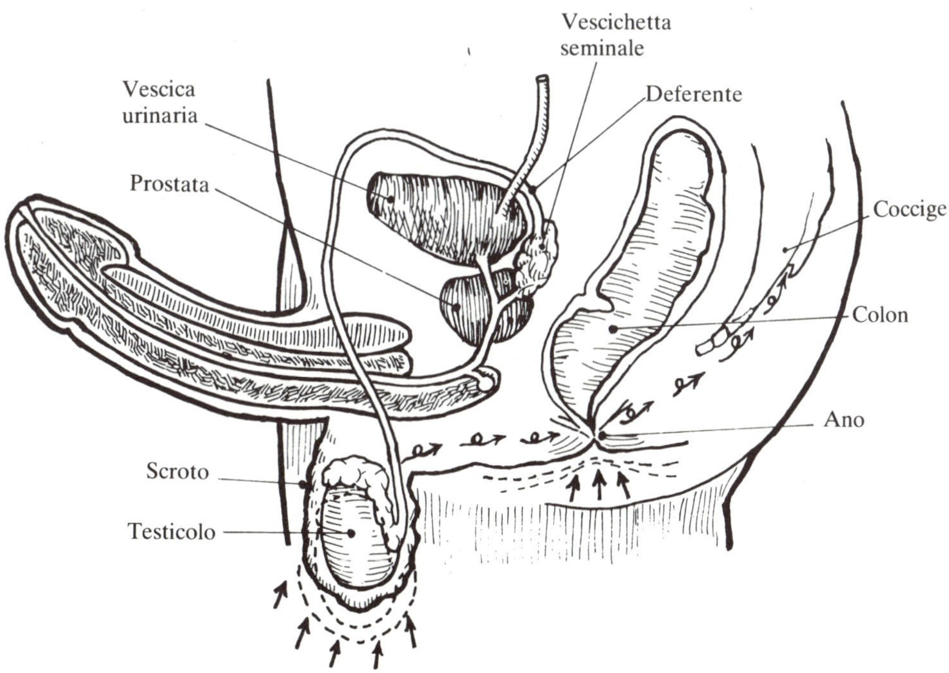

Fig. 12

Riuscirete a fornire più facilmente questo aiuto applicando la tecnica del « Piccolo Circolo Energetico » (PCE) (1). Nel circolo energetico la forza correndo lungo la colonna vertebrale raggiunge il capo e da questo scende all'ombelico, agli organi genitali e al perineo attraversando la parte anteriore del corpo. Gli agopuntori considerano il PCE il canale energetico più importante del corpo, perché collega fra loro organi viscerali, ghiandole e cervello.

Anche il successivo esercizio della « respirazione testicolare » vi aiuterà ad aprire i canali dell'energia. In esso si fa salire l'energia « fredda » fino al capo attraverso la colonna vertebrale con la forza della concentrazione. Naturalmente viene diretta verso l'alto l'energia prodotta dal seme, non il seme stesso. All'inizio occorre tempo per compiere questa operazione, comunque questa energia è facile da manovrare perché è ancora fredda. Con un po' di esercizio basterà poi la forza del pensiero per far salire fino al cervello questo fresco fiotto di energia.

Il secondo esercizio, la « compressione dello scroto », insegna a dirigere verso l'alto l'energia sessuale « calda » che si produce in seguito all'eccitazione sessuale. Il terzo esercizio, il cosiddetto « sbarramento dell'energia », insegna a trattare l'energia sessuale molto calda. Quando siete sessualmente eccitati essa è come un cavallo selvaggio: difficilissima da controllare. Vi consiglio di eseguire questo esercizio prima per conto vostro, eccitandovi da soli, e di tentare di domare l'energia sessuale esplodente durante l'atto sessuale con una donna solo in un secondo momento.

Pompa sacrale e pompa cranica

La colonna vertebrale e il cranio contengono e proteggono il « cuore » del sistema nervoso dell'uomo, che è immerso nel liquido cerebro-spinale (da « cerebrum » = cervello e « spina » = vertebra/colonna vertebrale), che provvedono a far circolare due pompe. Una di esse, la « pompa sacrale », ha sede nel sacro (nella regione sacro-coccigea), l'altra, la « pompa cranica », nella regione occipitale (o bulbare). Quando sono in azione queste pompe (nella respirazione testicolare), l'uomo sente salire lungo la colonna vertebrale una specie di « grossa bolla di energia ».

Il sistema taoista considera il sacro la pompa che accoglie l'energia sessuale proveniente dallo scroto, la conserva e al contempo la trasforma e la invia verso l'alto. Il sacro è una stazione intermedia del PCE nella quale il ching *chi* grezzo viene raffinato.

Quando l'apertura sacrale, lo iato, è bloccata, la forza vitale non ha la possibilità di entrare nel sacro e quindi di proseguire per i centri superiori.

(1) Il metodo del « Piccolo Circolo Energetico » è descritto dettagliatamente nel libro di Mantak Chia: *Tao yoga, il risveglio dell'energia attraverso il Tao*, Edizioni Mediterranee, Roma.

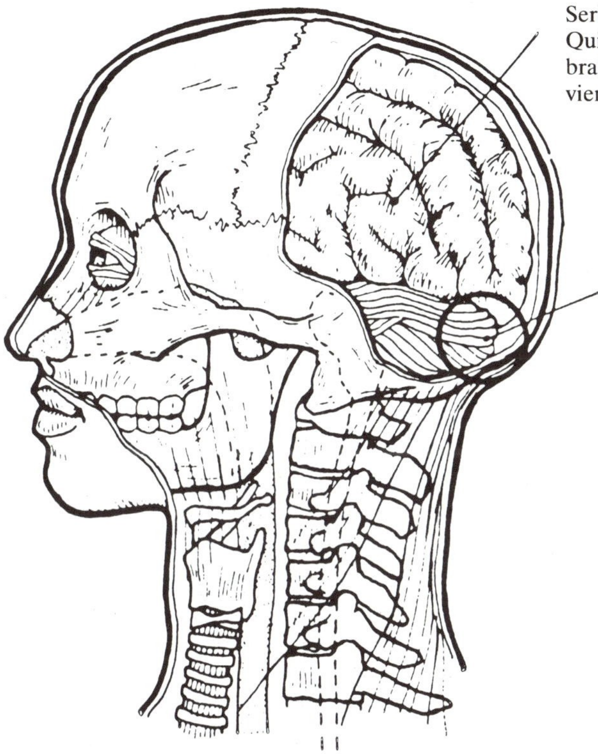

Fig. 13

Il sistema taoista considera la scatola cranica il principale centro di raccolta dell'energia sessuale, che pompa l'energia dai centri inferiori verso quelli superiori facendola circolare. Come hanno confermato ricerche recentissime, durante la respirazione le otto ossa del cranio compiono movimenti impercettibili, che sono responsabili della produzione e del funzionamento del liquido cerebro-spinale (o liquor), il liquido nel quale sono immersi il cervello e il midollo spinale. Se si sollecitano le articolazioni delle ossa craniche esse si rafforzano e il tasso di energia aumenta, per cui scompaiono i sintomi di eventuali alterazioni (sinusiti, disturbi del visus, cefalea). Ai fini dell'invio dell'energia sessuale ai centri superiori, l'irrobustimento del bacino, dello scroto, del diaframma urogenitale e delle pompe sacrale e cranica ha un'importanza enorme.

Tre posizioni per la respirazione testicolare: Seduta, verticale, orizzontale

Posizione seduta: Generalmente raccomando ai miei allievi di sedersi su una sedia. Questa posizione è facile e comoda. Agevola l'esecuzione dell'esercizio e aiuta il soggetto a rilassarsi e a concentrarsi.

Sedetevi sul bordo anteriore di una sedia facendo in modo che il peso del vostro corpo sia sostenuto dalle natiche e dalle gambe. Lo scroto pende libero: questo è molto importante. Per poter immettere nei testicoli la massima quantità possibile di energia aerea essi debbono pendere liberi. Appoggiate la lingua al palato perché il *chi* riesce a scorrere debitamente solo quando la sezione posteriore e quella anteriore del Piccolo Circolo Energetico sono collegate fra loro.

I piedi poggiano a terra piatti, i palmi delle mani sono posati sulle ginocchia. La colonna vertebrale all'altezza delle anche deve stare diritta, all'altezza delle spalle e della nuca deve essere leggermente curva in avanti. Questa leggera curvatura della parte superiore del dorso dilata la cassa toracica e facilita il passaggio dell'energia attraverso addome, torace e nuca. Tirate il mento leggermente in dentro. Un rigido atteggiamento militaresco a spalle spinte indietro e testa eretta farebbe ristagnare l'energia nella parte alta del corpo e le impedirebbe di refluire ai centri inferiori.

Una variante è la posizione seduta a gambe incrociate (posizione del loto) o accavallate (posizione del sarto). Ora, mentre abitualmente la posizione del loto favorisce le pratiche esoteriche, nel sistema cinese essa è invece molto sfavorevole. Alcuni monaci buddhisti dopo una lunga meditazione sono rimasti anchilosati, storpi. Inoltre, poiché in questa posizione le piante dei piedi sono ruotate in alto, l'energia yin della terra non può entrare nel corpo attraverso esse e attraverso il meridiano dei reni e gli altri meridiani che passano per i piedi, e quindi non viene filtrata prima di essere immessa nel coccige, ma rimane grezza. Occorre tener presente infine che l'assorbimento del *chi* « grezzo » direttamente attraverso il sacro e il coccige ha effetti deleteri nelle persone « allergiche » all'energia non raffinata, con conseguenze talvolta disastrose. Questi soggetti possono addirittura perdere la ragione.

Ciononostante, se siete abituati alla posizione del loto, se essa non vi risulta scomoda e non distoglie la vostra attenzione dall'esercizio, adottatela pure. Comunque poche posizioni sedute a gambe incrociate offrono allo scroto la libertà d'azione che consente la posizione seduta sul bordo della sedia. Se preferite quella a gambe incrociate, indossate pantaloni molto larghi ed evitate le mutande affinché lo scroto possa espandersi completamente senza incontrare resistenza.

Verticale (Eretta): Anche la posizione in piedi è una buona posizione. Anche qui vale quanto abbiamo già detto per la posizione della lingua e per l'atteggiamento complessivo del corpo. La posizione eretta è vantaggiosa nella respirazione testicolare perché in essa i testicoli pendono completamente liberi. State rilassati, con le mani ai lati del corpo e i piedi divaricati corrispondentemente all'apertura delle spalle. Se siete contratti, può succedere che il *chi* ristagni nella regione cardiaca.

Orizzontale (Sdraiata): Per eseguire questo esercizio non vi mettete supini perché in tal caso la cassa toracica si trova ad essere più alta del bacino e quindi riceve troppa energia. Evitate anche di giacere sul fianco sinistro. Entrambe queste posizioni aggravano il cuore.

Perciò allungatevi sul fianco destro. Infilate un cuscino sotto la testa in maniera da sollevarla di 8-10 cm rispetto alle spalle. Le quattro dita della mano destra sono appoggiate alla tempia immediatamente davanti all'orecchio destro, il pollice sta dietro l'orecchio e lo spinge leggermente in avanti perché rimanga aperto.

Le orecchie debbono restare aperte perché l'aria deve entrare senza difficoltà nelle trombe di Eustachio. La mano sinistra è posata sulla faccia esterna della coscia sinistra, la gamba destra è estesa; la gamba sinistra, posata su quella destra, è leggermente flessa. Così lo scroto può pendere senza impedimenti.

Alcuni animali dormono in una posizione analoga per istinto — un istinto sano. Infatti, in questa posizione la colonna vertebrale non viene sollecitata dalla forza di gravità, per cui è rilassata.

Fig. 14

Allungatevi sul fianco destro per non premere sul cuore. Flettete leggermente la gamba che sta sopra affinché i testicoli possano pendere liberi

Le diverse fasi della respirazione testicolare

1. Sedetevi sul bordo di una sedia tenendo i piedi (con le piante aderenti al suolo) divaricati corrispondentemente all'apertura delle spalle. Indossate pantaloni larghi o rimanete nudi dalla cintola in giù, affinché i vostri organi genitali possano pendere liberi nel vero senso del termine (2). Se l'ambiente

(2) Le donne che desiderano eseguire questo esercizio debbono compiere la « respirazione ovarica ». Affinché il *chi* non possa sfuggire dal corpo debbono indossare uno slip.

è freddo non vi denudate, potreste assorbire una quantità eccessiva di *chi*. Quando l'aria accarezza la parte inferiore del corpo voi prendete coscienza delle vostre « parti intime » in modo naturale. Rivolgete l'attenzione allo scroto: constaterete con stupore che è effettivamente freddo (yin). Fate sempre in modo di essere completamente rilassati. Se siete tesi, per eliminare la tensione fate qualche esercizio di rilassamento o qualche passo per la stanza prima di iniziare la respirazione testicolare.

2. Inspirate lentamente e nel medesimo tempo « tirate » i testicoli verso l'alto. Trattenete l'aria per un po', poi espirate e lasciate che i testicoli si abbassino. Mentre inspirate immaginate che l'aria affluisca ai testicoli e li riempia; contemporaneamente portate in alto i testicoli insieme con l'aria. Continuate ad inspirare ed espirare dolcemente coi testicoli finché avvertite in essi la presenza di una grande quantità di energia fredda. Potete compiere, per esempio, una serie di 9 atti respiratori, riposare e poi altre 6-9 serie.

Immettete aria (dispensatrice di vita) fino alla radice più profonda del vostro corpo. Espellete le sostanze di rifiuto mentre i testicoli si abbassano nuovamente. Questa pratica produce un forte flusso di energia che accelera la circolazione sanguigna nell'area pelvica. Muovete i testicoli con la sola forza del pensiero — cioè senza contrarre i muscoli del pene e dell'ano!

Dopo 1-2 settimane di questa pratica, incomincerete ad accorgervi che durante l'esercizio i testicoli si sollevano e si abbassano realmente. Ciò prova che adesso respirate correttamente. Il vostro bacino si deve muovere meno possibile. Quasi tutti i movimenti visibili debbono aver luogo nello scroto. Potrete osservare la danza dei testicoli in uno specchio: è una cosa molto piacevole a vedersi.

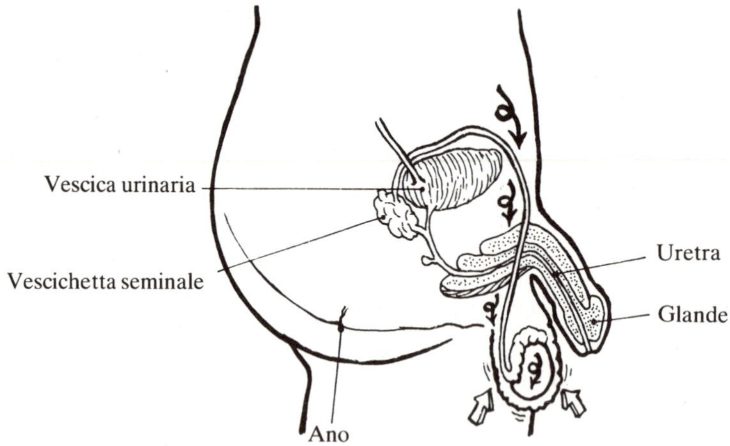

Fig. 15

Respirazione testicolare. Inspirate lentamente. Mentre inspirate dirigete l'aria nei testicoli e sollevateli con la forza del pensiero.

Dovete respirare attraverso il naso. La respirazione nasale consente di controllare meglio il processo respiratorio: l'aria viene filtrata e riscaldata, per cui il soggetto assorbe una forza vitale più equilibrata.

Deve rilassarsi tutto il corpo. Allentate ogni tensione, come nella meditazione. Per alzare e abbassare i testicoli usate soltanto la vostra immaginazione. Con un po' di esercizio potrete avvertire chiaramente il ching *chi* freddo accumulato nel vostro scroto.

3. Durante la inspirazione trasferite questa sensazione dallo scroto al perineo e alzate leggermente i testicoli. Avvertirete la sensazione di freddo salire di qualche centimetro. Inspirate ed espirate ripetutamente coi testicoli onde accumulare in quest'area ulteriore energia. E' molto inportante trattenere il ching nel perineo. Non vi distraete, perché appena la vostra attenzione diminuisce, l'energia fredda ritorna nello scroto o abbandona il corpo del tutto. Dovete immaginare di aspirare del liquido per mezzo di una cannuccia. Come quando facendo una pausa per impedire al liquido già aspirato di fuoriuscire chiudete l'apertura della cannuccia con un dito, così quando riposate dovete evitare di perdere la concentrazione se non volete essere costretti a ricominciare da capo tutta l'operazione. Ripetete questo esercizio per più giorni finché riuscite ad eseguirlo in modo ineccepibile.

4. Poi, sempre immaginando di aspirare un liquido attraverso una cannuccia, cominciate a dirigere l'energia sessuale dai testicoli lungo il canale vertebrale. Cominciate con la respirazione testicolare finché avvertite che il ching *chi* è pronto. Poi, inspirando, attirate il « freddo » dei testicoli prima nel perineo, poi nel coccige, il punto più basso della colonna vertebrale. Un po' più in alto esiste un'apertura, lo iato del sacro.

Mentre aspirate il ching freddo prima fino al perineo e poi nel sacro, flettete indietro la parte bassa del dorso, come se voleste appoggiarvi a una parete. Onde attivare meglio la pompa sacrale tenete il sacro in questa posizione e tendete leggermente la nuca e le ossa craniche. Trattenete l'energia nel sacro per qualche tempo e poi espirate, ma senza distogliere l'attenzione dal sacro.

Indi rilassate sacro e nuca riassumendo una posizione naturale. Questa manovra attiva entrambe le pompe: quella sacrale e quella cranica. Praticate di nuovo la respirazione testicolare; inviate di nuovo l'energia nel sacro e trattenetela in esso finché sentite che il sacro « si apre » e l'energia incomincia a fluire lentamente verso l'alto. Sentirete distintamente l'energia fredda salire piano piano. Se avete difficoltà a percepirla, per migliorare l'effetto di pompaggio muovete il coccige in avanti e indietro un paio di volte.

Nell'osso sacro esiste un ricettacolo nel quale si raccoglie l'energia fredda dei testicoli. Quasi sempre è un po' difficile operare in quest'area perché l'energia da pompare è più densa del *chi*. In alcuni individui la penetrazione dell'energia fredda nello iato sacrale provoca una sensazione di dolore, di formicolio o di solletico — è un fenomeno del tutto naturale, perciò non c'è motivo di preoccuparsene. Vi riuscirà più facile far passare questa energia attraverso il coccige massaggiandolo delicatamente con un panno di seta.

5. Quando siete riusciti a far passare l'energia attraverso il coccige potete esercitarvi ad aspirare il freddo fino all'undicesima vertebra toracica (T11), al centro del dorso. Procedete come avete fatto finora: inspirando ed espirando coi testicoli e tirando sù l'energia come se la succhiaste per mezzo di una cannuccia: prima fino al perineo, poi nel sacro e infine fino a T11 (all'altezza del plesso solare, sotto l'arcata costale). Trattenete l'energia nell'11ª vertebra toracica finché questa si riempie del tutto e si apre consentendo all'energia di continuare a salire. Poiché l'energia seminale è più densa e più pigra del *chi*, per facilitarne l'ascesa muovete questa parte del dorso in avanti e indietro. In questo modo l'energia fredda riesce a salire più facilmente.

La T11 alberga il centro energetico dei surreni. Il sistema taoista considera questo centro una sorta di « minipompa ». In questo punto il dorso crea un vuoto che spinge l'energia verso l'alto.

6. La successiva stazione intermedia è il « cuscino di giada », che si trova fra l'atlante (1ª vertebra cervicale) e la base del cranio.

Procedete di nuovo come avete fatto finora, cominciando con la respirazione testicolare e pompando l'energia prima fino al perineo, poi nel sacro, indi nella T11 e poi fino alla base del cranio, dove l'energia si raccoglie appunto nel « cuscino di giada ».

7. La stazione successiva è pai hui, il vertice del capo. Procedete come avete fatto finora, però questa volta « riempite tutta la cannuccia », cioè succhiate l'energia fino alla sommità della testa. Flettete il sacro indietro e drizzate la parte superiore del dorso (niente lordosi!). In questo modo azionerete la pompa. Contemporaneamente, per attivare la pompa cranica tirate in dentro il mento e spingete leggermente indietro la nuca. Non indugiate oltre: aspirate l'energia tutto d'un fiato fino al punto più alto del capo.

8. Quando l'energia ha raggiunto il capo, molti uomini alzando gli occhi la « vedono » girare in senso orario seguendo un ritmo di 36 rotazioni. E' un effetto salutare e « rinfrescante ». Questa energia supplementare ha il potere di accrescere la creatività e di migliorare la facoltà mnemonica. Riuscirete a pensare con maggiore chiarezza e controllerete perfettamente le vostre necessità (o frustrazioni) sessuali. Nelle successive fasi di sviluppo dell'energia seminale, cioè nel tao yoga spirituale, il ching *chi* viene trasformato in *chi* primordiale. Mano mano che invecchia, l'uomo consuma tanto *chi* che l'energia cerebrale e il liquido cerebrospinale finiscono per esaurirsi del tutto lasciando il vuoto. La respirazione testicolare dirigendo in alto l'energia sessuale riempie le cavità vuote e rivitalizza il cervello. Secondo i taoisti l'energia sessuale e l'energia cerebrale sono molto simili.

9. Infine potete aspirare l'energia sessuale dai testicoli fino alla testa in un'unica soluzione, con una sola « succhiata ». Mentre prima riuscivate a procedere solo per gradi, dopo esservi esercitati a lungo onde poter percepire la presenza del canale dorsale (vaso guida degli agopuntori), adesso siete capaci di aspirare l'energia sessuale fino al cervello con la sola forza del pensiero.

10. Per avvertire il « freddo » avete bisogno di tempo. Non siate precipitosi. Mentre inspirate ed espirate mantenete attive le pompe costantemente ricorrendo alla forza del pensiero, alla forza mentale più che a quella materiale. Lasciatevi guidare dalla sensazione di « freddo ». Se procedete troppo in fretta, violentemente, con impazienza, il ching freddo diventa caldo e danneggia il cervello.

Il nettare d'oro

Quando il cervello è carico di energia seminale, può succedere che il ching in eccesso a contatto del *chi* all'improvviso « esploda » nei centri superiori e si riversi nel Piccolo Circolo Energetico, per cui la lingua si stacca dal palato. Il fenomeno viene percepito sotto forma di sapore: si percepisce generalmente sapore di nettare (detto nettare d'oro), ma si può avvertire anche sapore di champagne, di miele, di latte di cocco o delle più disparate essenze aromatiche. Alcuni uomini invece avvertono una specie di prurito caldo sulla lingua.

Potete eseguire questo esercizio (la « danza dei testicoli ») ovunque vi troviate: in treno, in automobile, seduti alla scrivania, davanti al televisore, a letto ecc. L'unica cosa importante è tenere il dorso diritto e il torace disteso e lasciar pendere liberamente lo scroto.

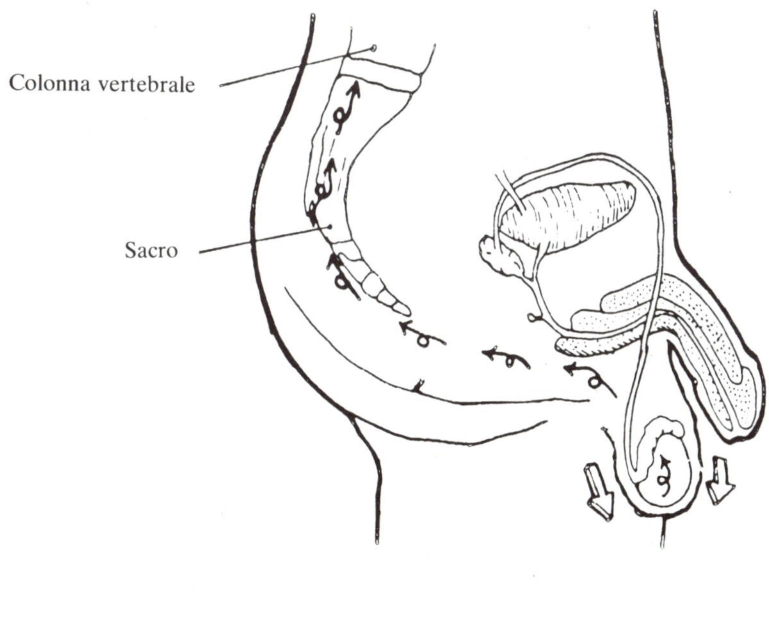

Fig. 16 - Ascesa dell'energia seminale fredda

Inspirate e tirate sù il ching lungo la colonna vertebrale. Mentre espirate lasciate ricadere i testicoli: sentirete la forza vitale vibrare a livello della radice del corpo.

Inoltre durante la respirazione testicolare è bene tendere il diaframma pelvico, perché ogni volta che si tende il pavimento pelvico (diaframma pelvico) si massaggia tutto il bacino. Di conseguenza la forza vitale attraversa quest'area ad ondate periodiche, che coincidono col respiro e stimolano le ghiandole e gli organi vitali.

Compressione dell'aria nello scroto per accrescere la forza vitale

E' possibile migliorare gli effetti della respirazione testicolare applicando al contempo la tecnica della compressione scrotale. E' un esercizio che serve a combattere le polluzioni notturne e l'eiaculazione precoce e a prevenire la comparsa delle ernie inguinali.

Nella sovraeccitazione sessuale ha un'azione calmante. La forza sessuale aumenta perché, per un effetto dinamico, l'aria viene privata di *chi* e caricata di ching.

Delle tre posizioni descritte le più indicate sono quella seduta e quella eretta. Riempitevi il più possibile d'aria la bocca e la gola, poi inghiottitela e, contraendo i muscoli addominali, con un lento movimento ondulatorio verso il basso comprimetela contro il plesso solare, poi contro il bacino e infine nei testicoli.

Quando l'aria avrà raggiunto i testicoli avvertirete all'improvviso un fiotto di calore. I testicoli vi sembreranno più turgidi e dopo un po' la forza ad essi inviata salirà fino al capo lungo la colonna vertebrale. Anche questo fenomeno viene avvertito come una sensazione di calore.

Le varie fasi della compressione scrotale

1. Sedetevi sul bordo di una sedia coi piedi piatti sul suolo divaricati corrispondentemente all'apertura delle spalle. Indossate pantaloni larghi o nessun indumento dalla cintola in giù affinché i testicoli possano pendere liberamente.

2. Introducete aria nel cavo orofaringeo attraverso le narici, poi inghiottitela inviandola al plesso solare, che si trova a metà altezza fra il cuore e l'ombelico. Immaginate che l'aria sia una palla.

3. Questa palla prima si ferma per un po' dietro al plesso solare, poi rotola giù fino all'ombelico e infine raggiunge il bacino e lo scroto.

4. Comprimete l'aria nello scroto più a lungo che potete. All'inizio per almeno 30-40 secondi, poi sempre più a lungo fino a raggiungere la durata di un intero minuto. Ogni compressione caccia nei testicoli una quantità enorme

Per localizzare il ming-men fate passare una cordicella intorno alla cintola lungo una linea perfettamente orizzontale che attraversa l'ombelico. Se avete un addome grosso e cascante misurate partendo dal punto in cui si trovava quando la parete addominale era in situ. Flettendo il tronco indietro avvertirete il ming-men come un avvallamento che si forma in corrispondenza della colonna vertebrale.

Gli altri punti, gli yung-chuan, si trovano sulle piante dei piedi, nell'avvallamento che si forma quando contraete e avvicinate le dita.

Dopo averli individuati in entrambi i piedi, applicate alle piante dei piedi due piccole sfere irte di punte. Posate le mani sul dorso e concentratevi sul ming-men immaginando di inviargli il sangue.

Quando percepite la presenza della forza nel ming-men, dalla colonna vertebrale inviatela agli arti inferiori, e precisamente agli yung-chuan. Premete coi piedi contro le sferette in modo da percepire bene le punte. Nei casi ostinati possono occorrere fino a 2 mesi per dirottare la forza dal capo al ming-men e poi agli yung-chuan.

Se durante o dopo la compressione dello scroto il sangue sale al cervello troppo violentemente, dovete espellere la forza attraverso questi tre punti. Molti allievi dopo aver praticato la respirazione testicolare e la compressionc scrotale, perché l'energia si distribuisca equamente nel corpo attivano il Piccolo Circolo Energetico. Questa sola tecnica ha già guarito molti casi di ipertensione.

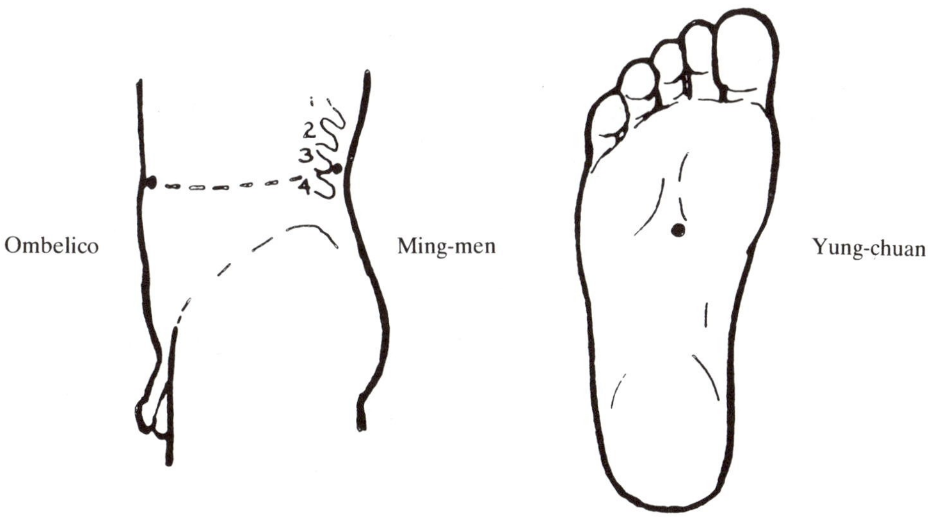

Fig. 18

Chiusura stagna (suggellamento) del liquido seminale mediante l'esercizio di sbarramento della forza.

Più tardi potete adottare una variante di questo esercizio, cioè durante il coito potete applicare la « Grande Elevazione ». Il metodo dello sbarramento della forza si pratica senza partner e va eseguito quotidianamente. E' la tecnica migliore per irrobustire il perineo e quindi per impedire la fuoriuscita del liquido seminale. L'energia sessuale con la quale abbiamo a che fare in questo caso è diversa da quella con cui operiamo nella respirazione testicolare e nella compressione scrotale; ed è importante imparare a riconoscere questa sottile differenza.

Nella respirazione testicolare il soggetto, dopo aver aspirato dai testicoli l'energia sessuale fredda, la fa salire dallo scroto alla testa e poi la dirotta di nuovo in basso. Nella compressione scrotale invia in basso il *chi* prodotto dagli organi viscerali — cuore, polmoni, milza ecc. — affinché si mescoli al ching freddo presente negli organi sessuali, per poi far salire e circolare l'energia calda così prodottasi.

Nella chiusura stagna (o ermetica) è necessario eccitare gli organi sessuali per trasformare l'energia fredda contenuta nel deferente in energia calda. Il calore viene prodotto dal movimento che compiono milioni e milioni di spermatozoi. Questa energia (yang) è « esplosiva », è molto più difficile da controllare e per raggiungere un ambiente più fresco cerca la via di minore resistenza. Ora, nella maggior parte degli uomini la via di minore resistenza è rappresentata dal pene, mentre nei taoisti è il canale che conduce ai centri superiori. Tuttavia per controllare lo sfintere anale e i piccoli muscoli del deferente e quindi far tornare indietro e far salire lungo la colonna vertebrale l'energia sessuale sono necessari molto esercizio e molta esperienza.

Le quattro fasi dello sbarramento della forza

1. *Fase iniziale*: per dirottare la tensione sessuale, frenare il bisogno di eiaculare e dirigere verso l'alto il ching *chi* caldo prodotto dallo stato di eccitazione, usate la muscolatura dei pugni, della mandibola, della nuca, dei piedi, del perineo, delle natiche e del bacino.

2. *Fase intermedia*: per spingere in alto l'energia sessuale rilassate leggermente i muscoli dei pugni, del mento e dei piedi mentre contraete con maggior forza il diaframma pelvico e gli sfinteri e azionate alacremente la pompa sacrale e quella cranica.

3. *Fase avanzata*: onde attivare il più possibile la pompa sacrale e quella cranica impegnate di meno il perineo e il pavimento pelvico e concentratevi sull'idea di portare il ching fino al vertice del capo. Per attirare l'energia fino al pai-hui concentratevi al massimo sull'area del vertice.

4. *Ultima fase*: in questa fase è ormai sufficiente il lavoro mentale; il lavoro muscolare non è più necessario. La forza del pensiero domina completamente il pene determinandone l'erezione o la detumescenza a propria discrezione e ordinando al ching di fluire verso l'alto o verso il basso.

In questo esercizio il membro dev'essere avvicinato al massimo all'eiaculazione orgasmica, però bisogna impedirgli di superare il 90% dell'eccitazione, altrimenti diventa impossibile arrestare il processo. Tuttavia, dominando sempre meglio la tecnica dello sbarramento è possibile prolungare ancora l'erezione senza arrivare all'eiaculazione. Si può interrompere l'eccitazione quando è arrivata al 98-99%.

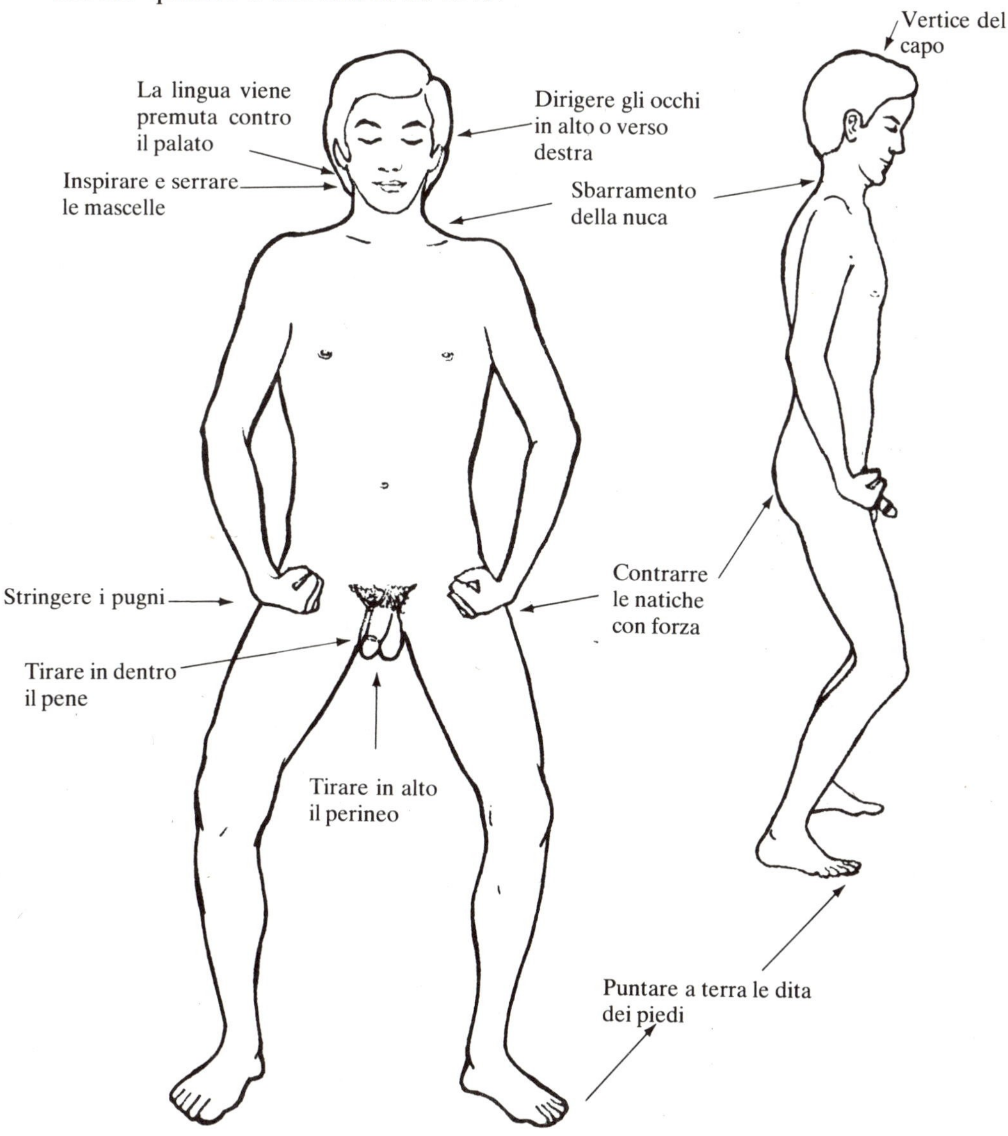

Fig. 19 - Esercizio di sbarramento della forza

Così facendo si impedisce al ching *chi* di fuoriuscire attraverso il pene per tutta la durata dell'erezione.

Strofinate il glande fino a far erigere il membro. Quando sentite di essere prossimi all'orgasmo interrompete la manovra. Ripetete l'operazione 3-9 volte finché l'erezione scompare. A questo punto avete portato a termine il ciclo. Ripetete l'operazione (cioè eccitate il glande fino a far erigere il membro e poi sbarrate la forza fino alla scomparsa dell'erezione) 3, 9, 18 o addirittura 36 volte per seduta.

Anche in questo caso la pratica val più della grammatica. Più pratica fate, meglio riuscirete a controllare gli organi genitali anche durante il coito. Di regola raccomando ai miei allievi di praticare 10.000 cicli. Alcuni naturalmente fanno progressi più rapidamente di altri, soprattutto quelli che già coltivano lo yoga, la meditazione o altre analoghe discipline. A coloro che non praticano sport ogni giorno, consiglio caldamente di compiere quanto meno qualche esercizio di riscaldamento e di rilassamento prima di passare allo sbarramento della forza. Così facendo stimolate l'energia nei vostri organi, percepite meglio il *chi* dentro di voi e raggiungete più rapidamente il controllo dell'energia sessuale.

Le nove fasi dell'esercizio di sbarramento della forza

1. La posizione seduta è come quella raccomandata per la respirazione testicolare — piedi piatti sul pavimento, pantaloni larghi o nessun indumento dalla cintola in giù. Stimolate il membro finché si erige. Concentratevi sugli organi sessuali e sull'energia che si espande nel membro e nello scroto.

2. Quando siete prossimi all'orgasmo inspirate profondamente attraverso il naso. Contemporaneamente stringete i pugni e puntate a terra le dita dei piedi immaginando che siano ventose/pompe capaci di succhiare l'energia dal suolo. Contraete la mandibola, azionate la pompa cranica e premete con forza la lingua contro il palato. Inspirate di nuovo e tirate in alto l'intera regione ano-genitale concentrandovi sull'hui-yin (perineo), sul diaframma urogenitale e soprattutto sul membro. Succhiate l'energia dal membro nel perineo contraendo i muscoli il più possibile. Poi arrestate il respiro, trattenete l'aria e mantenendo contratti tutti i muscoli contate lentamente fino a nove. Quando non riuscite più a trattenere il respiro, espirate e rilassate tutti i muscoli. Probabilmente sentirete l'energia salire e scendere nella regione genitale.

Dopo 1-2 settimane comincerete ad accorgervi che i muscoli contratti tirano in dentro il membro e che l'ano è chiuso ermeticamente.

La respirazione deve avvenire — possibilmente — attraverso il naso. Durante la espirazione il corpo deve rilassarsi del tutto.

Inspirate, contraete i muscoli e tirate ripetutamente verso l'alto tutti i muscoli dell'area genitale affinché l'energia rimanga nel perineo. Questa ritenzione dell'energia nel perineo è di estrema importanza. Infatti se l'attenzione diminuisce l'energia calda ritorna negli organi sessuali ed esce immediatamente attraverso il pene; e dovete ricominciare tutto da capo.

Praticate questo esercizio per almeno una settimana.

3. Fate erigere il pene; stringete i pugni e mentre inspirate contraete piedi, nuca e mento. Tirate in alto tutta l'area genitale, in particolare il diaframma urogenitale, l'ano e il membro, affinché l'energia calda raggiunga il perineo, poi con un ulteriore aspirazione, il coccige e il sacro. Sentirete l'energia entrare nel sacro attraverso lo iato. Attivate allora la pompa sacrale flettendo indietro la parte bassa del tronco per drizzare la colonna vertebrale. Questo accorgimento agevola l'ascesa del *chi*. Trattenete l'energia nel sacro, continuate ad inspirare tirando in alto il diaframma urogenitale, le natiche (i glutei) e lo sfintere anale finché l'erezione non diminuisce. Può succedere che siate costretti ad aumentare l'intensità della contrazione muscolare mentre inspirate 3-9 volte. La forte contrazione dello sfintere anale vi aiuterà a spingere il *chi* nel sacro. Quando non riuscite più a trattenere l'aria, espirate. Rilassatevi e lasciate che il sacro e la nuca riprendano la posizione normale. Questo attiva contemporaneamente le due pompe.

Se avete già praticato la respirazione testicolare e avete già « costruito » il Piccolo Circolo Energetico, questa manovra sarà utilissima per realizzare lo sbarramento della forza. Vi riuscirà più facile far entrare il ching sessuale caldo nel sacro.

E' necessario attivare la pompa sacrale perché il *chi* sessuale, essendo più denso degli altri tipi di *chi*, fa fatica, è restio a salire.

Alcuni uomini, quando l'energia sessuale calda penetra nel sacro avvertono delle fitte di dolore, solletico o prurito (formicolio). Questa sensazione non deve indurre a interrompere l'esercizio. Se avete difficoltà a dirigere il ching nel coccige massaggiate quest'area con un panno di seta.

4. Una volta raggiunto questo traguardo, impiegate la settimana successiva per aspirare l'energia fino all'11ª vertebra toracica (T11), che si trova all'altezza del plesso solare. Ripetete tutto l'esercizio: eccitate il membro, tendete i muscoli, inspirate. Pompate l'energia prima fino al perineo, poi nel sacro, poi fino a T11. Trattenetela così finche la vertebra ne verrà completamente riempita. Quando la T11 si aprirà per far uscire l'energia, attivate di nuovo la pompa sacrale eliminando la lordosi affinché il ching possa salire più facilmente.

5. Nella fase successiva l'energia viene aspirata fino al « cuscino di giada », che si trova fra l'atlante (1ª vertebra cervicale) e la base del cranio. Procedete come già indicato: succhiate l'energia fino alla base del cranio attraverso il perineo, il sacro e la T11. Quando l'energia entra per la prima volta nel « cuscino di giada » può succedere che la pompa cranica cominci a pulsare violentemente.

6. La tappa successiva è rappresentata dal pai-hui, al vertice del capo. Ripetete il processo: autostimolazione, erezione, aspirazione dell'energia verso l'alto. Perché possa raggiungere il pai-hui tirate indietro il mento e attivate con forza la pompa cranica. Drizzate la parte superiore della colonna vertebrale e aspirate l'energia da T11 fino al capo per tutta la durata dell'erezione.

Quando l'energia entra nella testa ne percepirete distintamente il calore e avrete una piacevole sensazione di formicolio. Alcuni uomini dopo questa esperienza riescono a pensare con maggiore chiarezza e si sentono più creativi: probabilmente sono già in grado di trasformare — automaticamente e istintivamente — il ching *chi* in coscienza allargata. Nelle fasi successive del tao yoga l'energia seminale viene trasformata in *chi* primordiale, in forza vitale pura. Col passare degli anni l'energia cerebrale e il liquido cerebrospinale diminuiscono progressivamente fino a scomparire del tutto, per cui le cavità si svuotano. Lo sbarramento della forza aiuta a dirigere in alto l'energia sessuale e a riempire di nuovo queste cavità. Nel vecchio essa non si accumula più nello scroto bensì negli organi viscerali e nel cervello, che così possono usufruirne subito e direttamente. Il taoista considera l'energia sessuale un'energia creativa, la cui trasformazione può aver luogo in tutti gli organi viscerali, nelle ghiandole e nel cervello.

Come nella compressione dello scroto esercitatevi ad eseguire lo sbarramento della forza fino a riuscire a succhiare l'energia dal membro alla testa con un'unica tirata. All'inizio dovete procedere per gradi. Poi vi accorgerete man mano che la via rachidea (il Vaso Giada dell'agopuntore) si apre sempre più facilmente. Alle fine riuscirete a rimuovere l'essenza dei testicoli e ad inviarla al vertice del capo con la sola forza del pensiero. Se volete apprendere la tecnica a menadito non dovete aver fretta, non dovete essere precipitosi. Mentre inspirate ed espirate mantenete attive le pompe. Poco a poco farete salire il ching più con la forza del pensiero che con la forza muscolare. Lasciatevi guidare dalla percezione della presenza dell'energia nelle varie sedi.

7. Quando sentite che l'energia ha raggiunto e caricato il cervello, concentratevi sul punto situato fra le sopracciglia e inviate l'energia alla lingua attraverso il naso e il palato, e poi dalla lingua inviatela al plesso solare e all'ombelico. A questo punto la tecnica dello sbarramento della forza vi consente di far circolare l'energia. Mentre inspirate, premete l'energia contro la parte inferiore del tronco (colonna vertebrale) per portarla verso l'alto e contemporaneamente dalla parte superiore del corpo spingete verso il basso quella presente nei centri superiori, mantenendo contratta la muscolatura più a lungo che potete. Poi espirate e rilassatevi completamente. Il flusso naturale del *chi* continuerà a circolare salendo lungo il dorso e scendendo lungo la parte anteriore del corpo fino all'ombelico. Fate circolare l'energia sessuale per tutta la durata dell'erezione. All'inizio (specie se siete molto eccitati sessualmente) dovete compiere 3-9 cicli. Quando vi sarete esercitati convenientemente sarà sufficiente un solo ciclo.

8. Praticate 36 contrazioni muscolari, mattina e sera. Un volta appresa la tecnica, per un uomo normale 36 contrazioni muscolari non rappresentano uno sforzo eccessivo. In caso di forte eccitazione ripetete l'esercizio meno frequentemente perché ogni erezione dura più a lungo. Un allenamento così intenso vi conferirà il tono muscolare necessario a ritenere il seme nello spazio di 1-2 mesi. Non è importante fare in fretta, è importante esercitarsi in modo corretto. Il minimo indispensabile per apprendere questa tecnica a dovere è rappresentato da un ciclo al giorno. Se durante il giorno incontrate una donna attraente o vedete la foto di una bella donna approfittatene per praticare subito lo sbarramento della forza.

Le ore migliori per compiere questo esercizio sono quelle notturne (fra le 23 e l'1) e quelle meridiane (fra le 11 e le 13). Intorno a mezzanotte e intorno a mezzogiorno all'energia yang subentra l'energia yin e viceversa. Il sole comincia a salire all'orizzonte verso mezzanotte e inizia a tramontare intorno a mezzogiorno, perciò in queste ore l'energia fluisce con maggiore forza. Però se non potete esercitarvi in queste ore, poco male. L'essenziale è che vi esercitiate sistematicamente ogni giorno.

9. Per finire, un'ultima cosa. La contrazione della parte bassa del tronco non deve aver luogo a livello dello stomaco, ma molto più giù, a livello del pene, del perineo e del diaframma urogenitale. Lo scopo è quello di allenare questi muscoli onde metterli in grado di impedire la fuoriuscita del liquido spermatico e dell'essenza sessuale, poi le dobbiamo imprimere il movimento inverso affinché possa esercitare la sua azione di rinnovamento e di ringiovanimento dei tessuti.

Se l'energia dalla parte alta e dalla parte bassa del corpo viene inviata verso il centro del corpo, essa affluisce all'ombelico. Poiché l'energia seminale (come il sangue) tende a seguire la via del *chi*, l'essenza seminale si raccoglie nell'area ombelicale e da qui sale di nuovo ai centri superiori lungo la colonna vertebrale. Contraete il diaframma urogenitale come se voleste impedire alla vescica urinaria piena di vuotarsi. Sbarrate il passaggio con la forza che occorre ad impedire alla spinta interna di avere la meglio.

Misure di sicurezza per la respirazione testicolare, la compressione dello scroto e lo sbarramento della forza

1. Quando eseguite questi esercizi non vi mettete in posizione supina altrimenti l'energia può ristagnare nel cuore con conseguente sovraccarico di quest'organo e aumento eccessivo dell'eccitazione.

2. Non vi allungate mai sul fianco sinistro; anche questa posizione può aggravare il cuore.

3. Quando siete in posizione orizzontale evitate di infilare oggetti sotto il corpo. Modificherebbero il percorso dell'energia e causerebbero dolori al dorso.

Nel caso di ristagno di energia (problemi 1-3), lasciatela defluire concentrandovi sui punti ming-men e yung-chuan. I dolori, i fenomeni secondari indesiderati scompariranno al più tardi in capo a 1-2 settimane.

4. Esercitatevi sempre a stomaco vuoto o il più possibile lontano dai pasti.

5. Indossate indumenti comodi oppure avvolgetevi in una coperta leggera. Gli esercizi praticati a regola d'arte provocano sudorazione. Perciò se non siete opportunamente coperti vi potete raffreddare. Finita l'esercitazione, cambiatevi. L'aria della stanza deve essere fresca; però evitate i giri d'aria: il vento porterebbe via il *chi* e raffredderebbe rapidamente l'energia.

6. Dopo cinque compressioni scrotali, sulla vostra fronte si raccoglierà del sudore. Ma se la eseguite con maggiore scrupolo la vostra fronte si imperlerà già dopo la terza compressione. Massaggiate delicatamente la fronte affinché il sudore venga assorbito dalla pelle: contiene sostanze che bisogna restituire all'organismo.

7. Non respirate con la bocca: la respirazione nasale carica l'aria di energia e vivifica il cervello.

8. Se nei primi giorni di questa esercitazione non avvertite sensazioni particolari, non vi scoraggiate. Perché l'energia calda defluisca dai testicoli occorre tempo.

9. Imparate a concentrarvi come si conviene. Arrestate ogni attività mentale: pensieri e immagini debbono scomparire. Liberate il Vaso dello Spirito: il vuoto risultante verra colmato da un'energia potente. Se vi applicate con tenacia, la vostra capacità di concentrazione aumenterà notevolmente. Imparate anche a meditare sul Piccolo Circolo Energetico, e praticate subito l'esercizio dello sbarramento della forza.

10. Chiudete gli occhi e vietate alla mente di seguire pensieri o fantasie erranti; deve seguire unicamente il flusso dell'energia. E' meno difficile di quanto sembra; riuscirete a percepire il movimento dell'energia prima di quanto immaginate. Il flusso energetico guiderà la vostra mente come la vostra mente guiderà l'energia.

11. Se siete afflitti da stitichezza eseguite questi esercizi al mattino; vi aiuteranno ad eliminare questo inconveniente.

12. Se accusate disturbi a carico dell'apparato genitale, prima di intraprendere questo trattamento provvedete ad eliminarli. L'area genitale viene caricata di una tale quantità di sangue e di energia che gli eventuali dolori aumenterebbero considerevolmente.

13. Affinché questi esercizi sortano effetti positivi evitate di eiaculare per 30 giorni. Dopo ogni orgasmo eiaculatorio il corpo deve ricominciare a produrre il *chi* in misura sufficiente a caricare i testicoli. Se non siete ancora in grado di ritenere il seme durante il coito, osservate la continenza per 30 giorni. Solo così facendo potrete trarre profitto da questo metodo.

Naturalmente io non ho niente contro l'impulso sessuale, mi limito soltanto a far presente che se eiaculate fate progressi meno in fretta. E' bene cominciare subito a sacrificare l'appagamento che accompagna l'eiaculazione a futuri piaceri più intensi. Vi aiuteranno a controllare l'eiaculazione la respirazione testicolare e la compressione scrotale, se praticate a regola d'arte e sistematicamente. Questo è il kung fu sessuale.

Effetti collaterali purificatori

1. Ho avuto modo di constatare che grazie a questo metodo molti allievi riescono a muovere i propri organi viscerali molto presto e con grande facilità.

2. Alcuni espellono grandi quantità di gas e vuotano l'intestino 2-3 volte al giorno. Questo prova che il corpo utilizza le nuove riserve di forza per purificarsi profondamente in modo naturale.

Questi fenomeni scompaiono dopo 1-2 mesi. Alla disintossicazione seguono un'evacuazione regolare e una marcata sensazione di pulizia e di rafforzamento del corpo. La saliva diventa più fluida e acquista un sapore più gradevole. L'espulsione delle impurità è determinata dal passaggio più irruento dell'energia vitale attraverso i visceri. Anche le eventuali eruttazioni rappresentano un modo naturale di eliminare le impurità e i gas nocivi; e anch'esse dopo qualche tempo cessano; e tutto il corpo si sente rinnovato e rinvigorito.

3. Lo sbarramento della forza è un esercizio atto a combattere le emorroidi. Le emorroidi si producono in coloro che conducono una vita prevalentemente sedentaria: per accumulo di sostanze tossiche, per la stasi ematica favorita dalla forza di gravità, per carenza di *chi* nell'hui-yin e a causa della stitichezza. Dopo 2-4 settimane l'esercizio di sbarramento della forza può far sanguinare le emorroidi. Se l'emorragia è di poco conto si può continuare a praticarlo, ma con minore energia. Se è cospicua, va sospeso. Lo sbarramento della forza aiuta anche a prevenire la insorgenza delle emorroidi. Possono giovare a mitigare i disturbi da esse determinati le erbe medicinali. Sorte ottimi effetti l'equisetum arvensis, che deve essere assunto sotto forma di infuso o applicato tramite semicupio. Però quando le emorroidi provocano disturbi di notevole entità, prima di intraprendere questi esercizi è necessario consultare il medico.

Riassunto: respirazione testicolare

1. Scegliete la posizione che vi è più congeniale. In questo esercizio è indicata in particolare la posizione eretta. Rilassatevi e concentratevi sui testicoli.

2. Mentre inspirate immaginate che i testicoli si alzino nello scroto e mentre espirate immaginate che essi si abbassino. Esercitatevi in questo modo praticando 36-108 atti respiratori.

3. State rilassati. Non usate la forza muscolare ma solo quella mentale. Tenete la lingua attaccata al palato e sentirete l'energia fredda (yin) del seme salire lungo la colonna vertebrale.

Riassunto: compressione scrotale

1. Scegliete la posizione che vi è più congeniale.

2. Inspirate lentamente attraverso il naso e concentratevi sul faringe e sul laringe. Introducete più aria che potete nel cavo orofaringeo.

3. Immaginate che essa sia una palla e inghiottitela con forza premendola contro il plesso solare. Fermatela così.

4. Inviate l'aria dal plesso solare all'ombelico.

5. Dall'ombelico schiacciatela verso il basso fino alla regione pelvica.

6. Infine comprimetela con forza per immetterla nello scroto. Quando non riuscite più a trattenere l'aria, prima di tutto inghiottite la saliva che vi si è accumulata in bocca.

7. Mentre riposate eseguite atti respiratori veloci e superficiali attraverso il naso.

8. Rilassatevi ruotando più volte il tronco sulle anche.

9. Ripetete l'intera operazione: nella prima seduta 5 volte, poi aumentando progressivamente fino a raggiungere 36 operazioni per seduta.

10. Tenete la lingua sempre aderente al palato.

Basi dell'alchimia del sesso

Pur essendo molto semplici questi esercizi sono realmente capaci di aumentare la forza vitale. Rappresentano il « nucleo » della tecnica respiratoria taoista. Sono come lame affilatissime da maneggiare con cautela perché sortano gli effetti desiderati senza danneggiare l'organismo. Se seguite scrupolosamente le istruzioni non si manifesteranno fenomeni indesiderati. Prima studiate a fondo la teoria, poi applicatela fino ad ottenere il risultato desiderato.

Gli esercizi respiratori qui descritti rappresentano una fusione delle dottrine di quattro maestri, ognuno dei quali riteneva la propria superiore a tutte le altre, e otteneva risultati brillanti con la sua sola tecnica.

Niente dà niente: per raccogliere frutti occorre investire tempo ed esercizio. Un grammo di pratica vale più di una tonnellata di teoria. La vita odierna, come è noto, assorbe completamente il nostro tempo; tuttavia, se vogliamo progredire dobbiamo essere disposti a dedicare parte del nostro tempo ad attività che invece di farci guadagnare danaro ci fanno guadagnare energia vitale. Questi esercizi debbono far parte della nostra vita quotidiana. Chi si esercita solo di tanto in tanto a lungo andare fa anch'egli qualche progresso, ma chi si esercita sistematicamente ogni giorno, sera e mattina, farà progressi molto più rapidi. Il ching *chi* che raccogliete nell'ombelico, comincerà a formarsi anche nella parte superiore del vostro corpo.

Poco sotto l'ombelico ha sede il tan tien inferiore, il campo magnetico inferiore nel quale i taoisti immagazzinano il *chi* prima di raffinarlo e di dirigerlo verso l'alto. Il *chi* attraversa il tan tien inferiore, il tan tien centrale e il tan tien superiore con movimento a spirale, viene raffinato e caricato di energia pregiata.

Il processo di elevazione (sublimazione) dell'energia è simile al processo di purificazione del miele: si prende il miele grezzo, ancora mescolato con residui di cera, sudiciume e api morte, e lo si raffina gradatamente fino ad ottenere un nettare dolcissimo. I taoisti trattano lo sperma come se fosse miele grezzo. Mediante lo sbarramento della forza gli impediscono di sfuggire da un vecchio secchio malandato e lo versano in una brocca nuova a tenuta perfetta che hanno collocato a livello dell'ombelico. Gli antichi maestri la chiamavano « crogiuolo ». In questo crogiuolo mescolavano e portavano a ebollizione i vari tipi di *chi*, con un processo che definivano « alchimia » — l'antenata della moderna chimica.

L'agente segreto col quale operavano era l'essenza sessuale, cioè il ching. Senza il ching non è possibile operare. Questi semplici esercizi del kung fu sessuale — la respirazione testicolare, la compressione scrotale e lo sbarramento della forza (3) — anche se appaiono banali, in realtà hanno il potere di influenzare il nostro sviluppo spirituale in misura determinante. Per poter amare una donna con perfetta padronanza delle proprie forze sessuale e mentale è indispensabile apprendere queste tecniche a menadito. L'essenza sessuale può diventare elisir di vita e sorgente di giovinezza. Vale la pena fare lo sforzo di conservarla.

(3) Naturalmente le donne per praticare questi esercizi debbono attingere l'energia sessuale dalle ovaie.

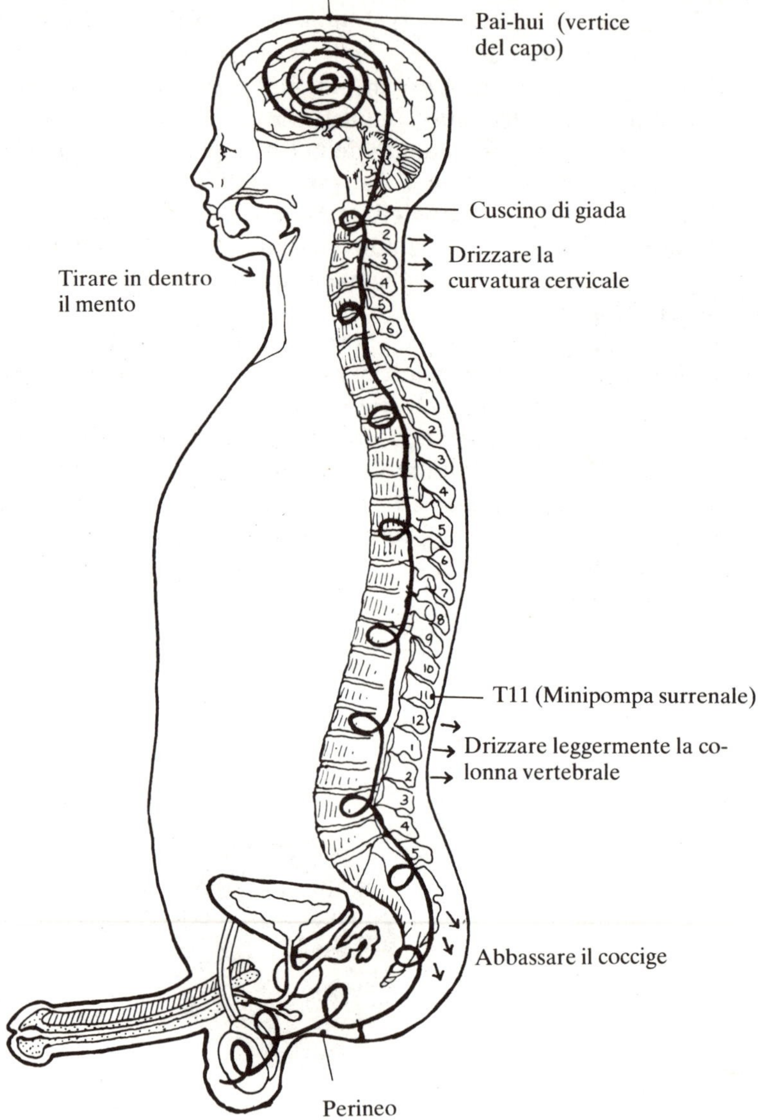

Fig. 20 - Spirale dell'energia nel cervello

L'esercizio di sbarramento della forza addestra il cervello ad inviare l'energia sessuale ai centri superiori senza l'ausilio della contrazione muscolare.

Capitolo 7

La polarità quale chiave della trasformazione dell'energia sessuale

« Lo scambio sessuale è paragonabile all'effetto dell'acqua e del fuoco. L'acqua e il fuoco possono uccidere o salvare, a seconda del modo in cui vengono impiegati ».
Pao, il Maestro Semplice

Per il taoista la vita è un fluire armonico di energia vitale. Secondo la tradizione taoista nell'uomo questo flusso procede dal « chi » per diventare « ching » e infine « shien » — cioè il respiro si trasforma in essenza sessuale e questa in spirito. L'energia scorre circolando incessantemente tanto all'interno del corpo umano, quanto all'esterno collegando l'uomo al mondo e la Terra al Cielo. L'uomo è al centro del processo. L'energia vitale ha sede nel sangue (che scorre da un organo all'altro, nell'amore e nell'odio fra uomo e donna, nell'atmosfera e nella luce del sole, che scorrono tra il firmamento e la superficie terrestre.

Molte persone vengono sopraffatte dal fiume della vita, affogano nelle sue acque; altre ne traggono scarso profitto, si sentono ingannate e ne provano amarezza. Altre ancora procedono alla cieca, senza una meta, senza sapere che esiste una forza vitale, una corrente energetica. Eppure, qualunque sia il suo rapporto con la vita, ogni essere umano tenta istintivamente di ancorarsi a un rapporto d'amore. E' una caratteristica della corrente di ching *chi*, che collega l'uomo alla donna, è evidente. Come è evidente il rapporto di polarità che li unisce, il flusso di energia sottile che collega i loro poli magnetici, tuttavia ben pochi lo sanno.

Questo scambio di energie polari è ignorato perché invisibile all'occhio umano ed è così sottile che uno spirito insufficientemente sviluppato non è in grado di percepirlo. Per questa ragione i taoisti hanno studiato a fondo le funzioni e i meccanismi d'azione del *chi*, del ching e dello shien. Queste energie, dette « i tre gioielli della vita », sono in realtà il linguaggio sottile della vita.

Per imparare a usare correttamente questo linguaggio occorrono anni di esercizio, di esperienza e di raffinamento. All'inizio si ha l'impressione di avere a che fare con una lingua completamente sconosciuta, ma già dopo poche lezioni ci si rende conto di non ignorare in realtà la sottile grammatica del *chi*, di conoscerla fin dalla nascita, ma di averla dimenticata, per non averla mai applicata.

Il passaggio di energia dal polo maschile al polo femminile e viceversa è la chiave dell'armonizzazione del proprio flusso vitale. Si tratta del segreto più semplice e più basilare non solo della tradizione taoista ma di tutte le tradizioni esoteriche; ed è anche la chiave della dottrina taoista dell'amore. E' così semplice perché poggia sulla legge fondamentale dell'universo; la forza positiva e la forza negativa si attirano reciprocamente. Questo vale sia per i magneti che per i protoni e gli elettroni che si uniscono all'atomo nella danza delle particelle subatomiche. I taoisti chiamano questa polarità yin-yang, un concetto che pur essendo diventato di dominio pubblico non è stato ancora capito in rapporto alla funzione sessuale.

I taoisti lo visualizzano con l'immagine dell'acqua e del fuoco: yang rappresenta il fuoco e yin l'acqua. L'uomo è il fuoco, la donna è l'acqua. Quando l'uomo ama la donna fa bollire l'acqua nel grembo di lei col proprio fuoco (il pene). Sul piano sessuale la donna è la parte più forte, perché la sua acqua può spegnere il fuoco dell'uomo smorzando la focosità della sua erezione. Yin, essendo molle e cedevole, ha la meglio su yang, che è duro e inflessibile. Allo stesso modo l'acqua trionfa sulla dura roccia. I fiumi sono yin, femminili, e un grosso fiume nel corso del tempo ha il potere di spaccare anche un monte gigantesco, di scavare nella roccia un abisso enorme. Il Gran Canyon è una spaccatura nella roccia profonda un chilometro e mezzo.

Yin e Yang: la guerra dei sessi

Il conflitto tra yin e yang sembra esistere da sempre, come il conflitto tra i sessi. I taoisti infatti per spiegare l'atto d'amore ricorrono alla metafora della lotta o guerra. Però mentre per molti individui l'amore rappresenta un'appassionata lotta per la supremazia dell'uno sull'altro, per i taoisti esso è ed è sempre stato un legittimo gioco fra gli opposti. Il taoista non mira a possedere e assoggettare l'amata, ma si propone di conquistarne le grazie e l'energia (ricettiva) con la propria abilità e potenza perfettamente complementare a quelle di lei.

Purtroppo oggi pochi uomini sembrano praticare il coito con questa sensibilità; i più vengono inesorabilmente sconfitti dalla donna in pochi minuti. L'insuccesso è dovuto alla scarsa abilità con cui entrambi trattano gli organi sessuali e l'energia sessuale. Le leggi della strategia erotica sono state fraintese, per cui è nata la convinzione che l'uomo medio non può mai soddisfare veramente una donna appassionata.

In realtà l'uomo medio se impara a disciplinare le proprie forze può soddisfare la sua partner con assoluta certezza. Quando non ha un addestramento particolare tende invece ad aggredirla. In fondo egli è in possesso dell'arma d'offesa. Invece la donna tende a difendersi, si difende di continuo. Se l'uomo aggredisce selvaggiamente, appena espulso il seme, crolla, mentre la donna forse ha ancora voglia di continuare, anche se per delicatezza non lo dice, « risparmia » il suo avversario per non urtarne la sensibilità.

Ma ritorniamo alla metafora cinese della « guerra ». Lo scudo e la spada della donna sono la vagina e il clitoride; mentre l'uomo è provvisto unicamente di una lunga lancia, il pene. Se l'uomo aggredisce tumultuosamente la donna con la sua arma, essa para i suoi colpi instancabilmente, e appena egli esaurisce il suo seme, gli sferra il colpo mortale. Se invece l'uomo opera fuori del campo d'azione delle armi femminili, la donna abbasserà lo scudo per esaurimento. Per cui la competizione termina prima che l'uomo abbia perduto il suo « veicolo di energia vitale ».

Si tratta soprattutto di una cosa: l'uomo deve cessare di dissipare la propria energia sessuale. Appena rinuncia a eiaculare la donna non gli è più superiore, ma trova in lui un avversario del suo stesso valore e non rimane più delusa. E l'uomo che rinuncia a eiaculare non sarà costretto a ritirarsi umiliato. Gli rimarrà la sensazione di aver incontrato un avversario forte ma buono. La donna svilupperà a pieno le proprie capacità erotiche in modo nuovo e sarà disposta a far la pace col suo avversario.

Per questo motivo i taoisti consigliano di usare prima le armi tattiche e poi quelle strategiche. In altre parole: prima di usare il pene, usate dita, lingua e altre parti del corpo. Nell'incontro ludico preliminare dovete mettere la vostra partner in stato di estrema recettività usando la destrezza e la delicatezza. Questo è il primo passo sulla via dell'uguaglianza dei valori.

In questo incontro preliminare le mammelle della donna si sollevano, il suo respiro si fa concitato e ha luogo un aumento della secrezione ghiandolare. Prima di usare la vostra arma principale aspettate che le labbra vulvari si bagnino. Prima di penetrare nella donna datele il tempo di raggiungere lo stato di completa recettività erotica.

Il conflitto tra uomo e donna ha fine quando entrambi capiscono che nessuno dei due può avere la meglio sconfiggendo l'altro o usurpando il potere. Quando ciò si verifica raggiungono entrambi la libertà di scambiarsi i sensi d'amore più profondi perché le loro vulnerabilità si sono reciprocamente neutralizzate, perché è scomparso in entrambi il timore di dover soccombere.

L'orgasmo superiore: il sottile equilibrio fra energie polari

Come si raggiunge il punto di comprensione e tenerezza nel quale i due amanti danno e ricevono vita con gioia? In teoria è facile dirlo, ma cosa avviene in realtà nella pratica, con tutte le tensioni che una giornata di lavoro comporta? Come si fa per tenerle lontane dalla camera da letto? Questo capitolo vi offre suggerimenti pratici che vi aiuteranno ad affrontare l'amore fisico, ad equilibrare la corrente della forza yang con quella della forza yin.

Per prima cosa dovete capire che in questa pratica sessuale domina il principio della polarità.

Le energie yin e yang non sono a se stanti, ma rappresentano un' unica energia fornita di carica opposta. Nessuna delle due può esistere senza l'altra, entrambe sono incessantemente in movimento — un fluente movimento oscillatorio, pendolare, nel quale l'energia fredda (ying) diventa calda (yang) e l'energia calda (yang) diventa fredda (yin), e che si arresta eccezionalmente solo quando viene raggiunta la temperatura media, cioè la perfezione. Ma possiamo adottare anche un'altra immagine per visualizzare il fenomeno: possiamo considerare uomo e donna le due facce della stessa medaglia. Durante l'atto d'amore la moneta gira velocemente, diventa una sfera e fonde le due facce in un unico elemento.

Per cui uomo e donna diventano una cosa sola, sentono che il flusso dell'energia sessuale scorre ininterrottamente dall'uno all'altro e appartiene a entrambi. Quando lo scambio di ching *chi* raggiunge una data intensità e un certo equilibrio i due corpi cominciano a vibrare e a pulsare come se fossero stati colpiti da una scarica elettrica. I due amanti non sentono più il proprio corpo fisico; d'un tratto ognuno dei due è una colonna di energia vibrante tenuta in equilibrio dal campo magnetico dell'altro. E' l'orgasmo totale, di corpo e anima. Il battagliero ego si riduce alle sue vere dimensioni, diventa un granello di sabbia e si unisce al coro delle energie sottili dell'universo, che sommerge l'« io » ad ondate ritmiche.

Molti maschi riescono a immaginare cosa può essere questo stato, ma pochi hanno modo di vivere questa esperienza, perché eiaculando espellono metà (la metà yang) dell'energia necessaria a creare il campo magnetico polare responsabile di queste sensazioni. Quello che essi vivono non è il vero orgasmo ma una sorta di liberazione da uno stato di disagio, una sorta di sfogo che trova l'energia sovraeccitata.

Il vero orgasmo si instaura quando uomo e donna pulsano all'unisono, quando fra i loro due poli magnetici l'energia compie un circolo completo. Questo cerchio perfetto è il tao, simboleggiato dalle due gocce — nera e bianca — di yin e yang che entrano l'una nell'altra armonizzandosi in modo perfetto.

Ma perché il circolo sia perfetto, perché il cerchio, il circuito si chiuda, non basta l'energia sessuale, è necessario l'amore. Non è sufficiente che l'uomo introduca il pene nella vagina della donna; l'uomo deve anche amare la sua donna. L'unione puramente sessuale può essere paragonata al contatto di due magneti uniti per un polo soltanto. Perché l'attrazione magnetica sia perfetta è necessario che si tocchino fra loro entrambi i poli dei due magneti. Solo quando si uniscono sia i poli positivi che quelli negativi dell'uomo e della donna la corrente energetica può circolare con forza e continuità. Anche per questo il sesso non illuminato dall'amore rende infelici: l'uomo dona alla donna solo la metà di se stesso e per di più quella meno nobile. Per cui il flusso del *chi* nel circolo del tao si interrompe. Per potente che sia, la sessualità non riesce a soddisfare quel profondo bisogno di totalità che solo l'amore può trasmettere.

L'orgasmo eiaculatorio cui si dedica la maggior parte degli uomini limita la forza vitale ai genitali. Durante l'atto sessuale il pene quasi scoppia di vita perché fa fatica a trattenere la forza che si espande in esso. Il pene però non ha il compito di trattenerla. La sua vera funzione consiste nell'elargire vita a tutto il corpo. Gli organi sessuali non sono che la parte attraverso la quale la vita entra, ma per raggiungere l'intero organismo.

Se mentre si uniscono i loro genitali, si uniscono fra loro anche i « poli superiori » — bocca e cuore — di un uomo e di una donna, il magnete diventa una dinamo elettromagnetica. Quando l'uomo e la donna raffinano il proprio *chi* e lo dirigono verso l'alto per sublimarlo grazie alla meditazione e all'amore, si produce una polarità che fa nascere un supermagnete e fa fluire attraverso i loro corpi energie spirituali ancora più sottili. Tali esperienze sono molto superiori al comune piacere fisico individuale, al puro e semplice soddisfacimento dell'ego personale.

Forse tra i vostri conoscenti esiste una coppia profondamente innamorata che irradia felicità. I due non conoscono pratiche erotiche esoteriche, nell'atto d'amore l'uomo eiacula e i due vivono il loro orgasmo come vogliono. Perciò voi vi chiederete perché mai dovrebbero applicare queste tecniche lunghe e complesse di trasformazione dell'energia sessuale; perché anche voi non dovreste continuare ad amare la vostra donna come avete fatto finora e lasciar sfogare la natura; perché mai dovreste intervenire proprio nel campo di un'attività che più di ogni altra dovrebbe rimanere esente da qualunque « ammaestramento » e tutela.

La risposta, semplicissima, suona: perché il taoista non mira a modificare i processi fondamentali della natura, ma aiuta la natura a seguire il suo corso. La coppia di vostra conoscenza che irradia felicità potrebbe essere due volte più felice e più sana e potrebbe prolungare la propria vita di 10-20 anni se conservasse il ching e lo trasformasse. Forse la felicità di questi due è legata a circostanze esterne particolarmente favorevoli: un buon posto di lavoro, buoni rapporti coi figli ecc. Ma saranno ancora così raggianti queste due persone quando saranno vecchie? Sono capaci di raggiungere livelli più alti, più sottili? La pratica erotica taoista aiuta le persone ad accelerare il proprio sviluppo naturale, a migliorare la propria salute e a rendere più intenso il loro amore. Ad ogni livello più alto dà modo di vivere nuove sfide. L'armonia della polarità conduce al di là dei poli dell'uomo e della donna e rende consapevole la coppia del gioco degli opposti che ha luogo fra Cielo e Terra.

I taoisti sanno che questo alto grado di armonia è un'esperienza che può essere realmente vissuta, che l'uomo può vivere sempre. La definiscono « immortalità » e si preparano a sperimentarla conservando l'energia sessuale e armonizzando il loro spirito con quello del partner. In questo modo l'atto d'amore diventa un mezzo che avvicina a Dio, un atto di venerazione e di adorazione nel tempio del corpo e dell'anima del partner.

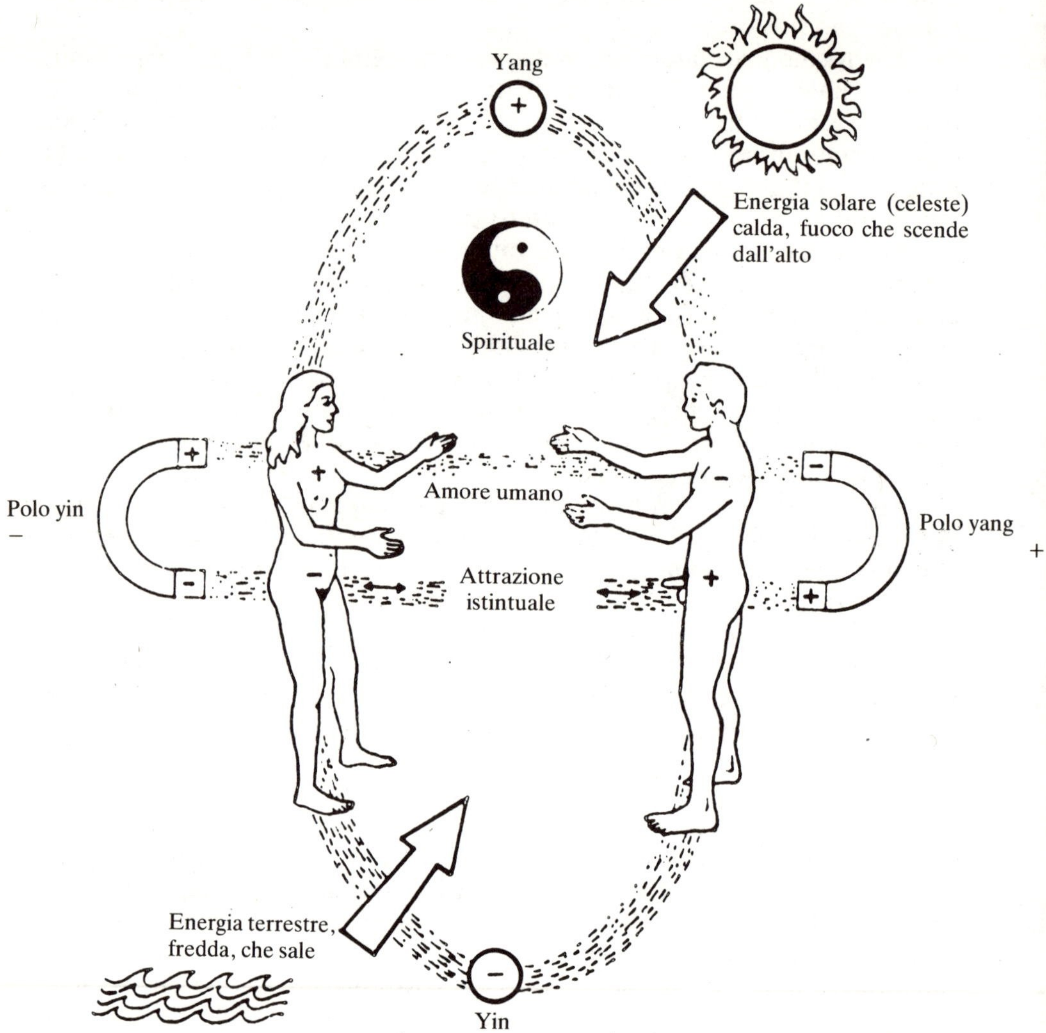

Fig. 21

La chiave dell'orgasmo superiore consiste nell'equilibrare le sottili energie polari sui piani fisico, emozionale, mentale e spirituale. Yin e Yang sono la stessa energia provvista di cariche opposte.

La delicata preparazione dell'essenza yin

L'uomo deve provvedere a « preriscaldare » nel vero senso della parola gli organi sessuali della donna, cioè deve accrescere la sua recettività al coito. Producono e raffinano il *chi* necessario per amare gli organi interni: reni, fegato, polmoni, milza, pancreas. Se gli organi interni della donna funzionano male lo yang dell'uomo non armonizzerà col suo yin anche se l'uomo è in buona salute. Se vuol sentire la musica delle sfere celesti l'uomo deve imparare ad accordare i sentimenti e le sensazioni della partner con quelli propri. Quasi sempre la donna ha bisogno di più tempo dell'uomo per essere pronta, cioè i suoi organi si riscaldano più lentamente.

Ricorriamo ancora una volta all'immagine cinese dell'uomo = fuoco e della donna = acqua. L'uomo si accende facilmente, può sviluppare il suo fuoco rapidamente, però se brucia la sua legna troppo in fretta non fa in tempo a portare ad ebollizione l'acqua della donna. Perciò deve usare con parsimonia il proprio fuoco e al contempo riscaldare l'acqua della donna. Seguite la regola fondamentale dell'arte culinaria: non mettete nella pentola la carota e i piselli (pene e testicoli) prima che l'acqua bolla. Molti uomini non lo sanno, come non sanno cucinare. Se vengono messi nell'acqua fredda, la carota e i piselli assorbono il suo calore e ne ritardano l'ebollizione. Inoltre la carota si spappola e perde il suo sapore.

Quindi prima di introdurre il pene è meglio aspettare che l'acqua nel grembo della donna arrivi all'ebollizione. I testi taoisti menzionano nove segni che indicano quando la donna è pronta a ricevere l'uomo: mentre gli organi interni della donna si riscaldano e liberano il *chi*, la sua energia attraversa nove stadi. Essi sono stati descritti due millenni orsono dalla Dama Segreta, Consigliera dell'Imperatore Giallo per le cose d'amore, come segue:

1. Quando la donna comincia a respirare concitatamente, il *chi* è nei suoi polmoni.

2. Quando comincia a baciare l'uomo, l'energia ha raggiunto il suo cuore.

3. Quando abbraccia l'uomo, l'energia (*chi*) si trova nella sua milza.

4. Quando la sua vagina si bagna, il *chi* è nei reni e nei genitali.

5. Quando muove il bacino e morde delicatamente l'uomo, il *chi* le è entrato nelle ossa.

6. Quando le sue gambe avvinghiano strettamente l'uomo il *chi* si trova nei suoi muscoli.

7. *Quando accarezza il membro, il chi* è entrato nel suo sangue.

8. Quando bacia appassionatamente l'uomo, il *chi* le è entrato nella pelle e nella carne.

9. Quando si abbandona e geme estatica il *chi* è entrato nel suo fegato e ha liberato il suo spirito. Questo è il momento nel quale è veramente pronta a ricevere l'uomo e a scambiare l'essenza yin con l'essenza yang.

Il significato dell'attesa vi risulterà chiaro se applicherete la tecnica della ritenzione del seme. Se uomo e donna cominciano a « sublimare » l'essenza sessuale prima che il « crogiuolo » sia pronto, cioè prima di aver raggiunto la temperatura necessaria, sarà loro difficile trasformare in spirito l'essenza sessuale. Se l'uomo lascia spegnere il proprio fuoco eiaculando prima che la donna sia pronta a partecipare al coito, sarà impossibile per entrambi raffinare l'essenza maschile insieme a quella femminile e a trasformarle in nettare.

L'arte della passione: sincronizzazione e frequenza

Soddisfacimento e felicità degli amanti dipendono in scarsa misura dalla frequenza del coito. Una donna può sentirsi pienamente appagata dopo un solo coito e non esserlo affatto dopo quindici coiti non sostenuti dalla fantasia. È importante che l'uomo fin dall'inizio la ami con estrema tenerezza.

Non entrate nella donna né troppo presto né troppo tardi. Se lo fate troppo presto vi stancherete prima che lei abbia raggiunto il culmine. Se lo fate troppo tardi non vivrete con lei il culmine del piacere. Entrate in lei nel momento giusto e appagatela già la prima volta.

Come non è saggio mangiare fino a completa sazietà, così non è saggio amare fino al totale soddisfacimento dell'appetito sessuale. Come dopo aver mangiato dovete avere ancora un po' d'appetito, così dopo aver amato dovete desiderare ancora la vostra donna. Il taoista mira all'armonia, perciò frena ogni desiderio eccessivo. Melius deficiere quam eccedere! Non saziate troppo il vostro desiderio sessuale, altrimenti l'appetito si trasformerà in disgusto. L'estremo yang (espansione) porta all'estremo yin (contrazione). Una partner poco versata nelle cose del sesso si stancherà se la amerete per sette giorni alla settimana. A meno che non rinunci di proposito al proprio orgasmo, dopo un po' il suo appetito sessuale scemerà considerevolmente. Il mito della potenza illimitata, dell'uomo capace di amare quaranta volte di seguito non è che lo squallido tentativo di nascondere dietro cifre « astronomiche » il sesso fine a se stesso. Dopo un unico coito bello e appagante ben poche partner rimarranno insoddisfatte. In un atto d'amore prolungato è possibile vivere più di un orgasmo.

Influenza della posizione sulla corrente energetica

Il tema delle posizioni è stato evitato di proposito perché se ne sono occupati già molti altri libri. Un'opera fondamentale, ben illustrata, è *Sexual Secrets* di Nik Douglas e Penny Slinger (Inner Traditions, New York). Descrive oltre trecento posizioni taoiste classiche più le posizioni particolari che aiutano a guarire le più svariate alterazioni. Aiuta a trovare la posizione giusta la conoscenza delle leggi occulte della corrente energetica. Tenendo presenti i punti che seguono potete creare qualunque energia desiderata:

1. Per il *rilassamento* e l'*armonia* debbono corrispondersi parti uguali: il ventre al ventre, la mano alla mano, la bocca alla bocca, gli occhi aperti agli occhi aperti, ecc.

2. Per la *stimolazione* e l'*eccitamento* debbono corrispondersi parti diverse: la bocca ai genitali, i genitali all'ano, gli occhi aperti agli occhi chiusi, ecc.

L'arte di amare consiste nell'intessere in una sublime danza posizioni stimolanti con posizioni armonizzanti.

Raffreddamento per combattere l'eiaculazione precoce

Avete eccitato la vostra partner e siete pronti a penetrare in lei. Il vostro membro è durissimo, e sguainato. Dovete penetrare quando ha raggiunto la massima lunghezza? L'amante taoista può farlo, può penetrare quando e quanto vuole. Il grado di autocontrollo che ha raggiunto lo rende libero di fare tutto ciò che desidera fare. Ma l'uomo che non è ancora in grado di controllare la propria passione è bene che prima si raffreddi un po'.

Per gli uomini che arrivano al culmine troppo rapidamente esiste un metodo sicuro. Basta avere a disposizione una ciotola di acqua fredda. La tecnica consiste nell'immergere il membro nell'acqua fredda per ridurre l'erezione della metà. Bastano pochi minuti. Poi contate lentamente fino a 30 e mentre contate pensate solo ai numeri. Nel frattempo accarezzate in continuazione la vostra partner.

Dopo questo breve raffreddamento potete deliziare la vostra partner accarezzandole l'orificio vaginale col membro, mediante movimenti circolari. Durante questa operazione potete contare di nuovo fino a 30 e respirare a fondo lentamente. La donna protenderà verso di voi tutto il suo corpo e quando voi finalmente entrerete in lei avrà la sensazione di essere posseduta dal mondo intero.

A differenza dello stereotipo dell'amante « superpotente », non avrete perduto forza vitale poco dopo essere penetrato. Non « morirete » subito dopo essere penetrato, ma rinascerete dentro la donna! La donna, che avete già eccitato e sta già godendo per conto suo, adesso comincia a godere insieme a voi. Lo scopo non è quello di raggiungere insieme un solo « culmine », ma una serie di culmini, una serie di orgasmi sempre più intensi. Naturalmente un risultato così ambizioso richiede una preparazione paziente e adeguata.

Formazione della durata

Questa utile tecnica del controllo del pensiero è al contempo un esercizio respiratorio. Contate lentamente fino a 100 e allontanate dalla mente ogni altro pensiero. Ad ogni numero che pronunciate associate un atto respiratorio (inspirazione + espirazione) profondo proveniente dal bacino, dal pavimento pelvico.

Non è facile come potrebbe sembrare. La maggior parte degli uomini riesce a contare senza distrarsi a mala pena fino a 10. Quando vi distraete, ricominciate da 1 finché avrete raggiunto il 100 senza aver formulato pensieri.

Questo metodo, oltre a calmare la mente, aiuta a sviluppare l'autocontrollo, per cui è la base del blocco dell'eiaculazione. Agli uomini che non sanno rilassarsi risulta difficile frenare l'impulso di espellere il seme. Praticate questo esercizio due volte al giorno. Se lo eseguirete sistematicamente e scrupolosamente, dopo qualche tempo riuscirete a sgomberare la mente e a calmare anche l'eccitazione più violenta mediante pochi atti respiratori partenti dal diaframma pelvico.

Il raffreddamento con l'acqua rappresenta un ausilio puramente meccanico destinato soprattutto agli uomini che non riescono a controllarsi in altro modo.

Contare fino a 100 vi aiuterà anche a comandare al pene di raffreddarsi quando si è riscaldato eccessivamente. Per riuscire a ritenere il seme dovete essere capaci di « succhiare » dall'area genitale il calore in eccesso. Esercitazioni regolari vi aiuteranno a frenare l'eiaculazione più facilmente di quanto immaginate. Questo è un passo importante per accedere alle fasi superiori dell'arte esoterica d'amare. E' necessario sperimentare concretamente con persone reali. La sola conoscenza teorica non serve, anzi può essere dannosa. Per questa ragione il presente libro intende rendere viva la teoria attraverso la pratica.

I libri sull'arte di amare per lo più sommergono il lettore sotto una montagna di metodi di mediocre efficacia che non fanno che confonderlo. Io trovo molto più sensato insegnare pochi metodi di sicura efficacia da apprendere a fondo e nei dettagli. Per quanto riguarda i dettagli, l'esperienza tuttavia mi ha insegnato che non bisogna eccedere. L'allievo troppo istruito, che conosce 20 tecniche di attacco, viene battuto per lo più dall'avversario che ne conosce soltanto un paio, ma che le sa dominare perfettamente. Prima di tutto dobbiamo imparare a menadito i principi e le tecniche fondamentali dell'arte d'amare, perché ci insegnano a guidare l'energia nel nostro corpo, ma poi, a letto, possiamo improvvisare quanto ci pare e piace.

Dita, lingua, pene — hanno tutti le loro qualità. Il pene può creare l'unione massima, certo, però per il principiante usarlo può essere pericoloso. Finché non avete raggiunto l'autocontrollo, usatelo solo per gli interludi tattici. Quando la donna è sintonizzata, il suo solo contatto la delizierà più di mille appassionate penetrazioni (colpi) non precedute dal debito gioco preliminare.

La maturazione è tutto! Una mela matura è più saporita e più nutriente di dieci mele acerbe. Solo quando è matura ad accogliere il pene la donna può apprezzare l'essenza yang con ogni fibra del suo corpo.

Le quattro conquiste del gambo di giada

Naturalmente anche l'uomo che vuol armonizzare perfettamente con la donna che attraversa le nove fasi dell'eccitazione, prima di penetrare in lei sperimenterà varie fasi. Si dice che l'Imperatore Giallo rivolgesse un giorno la seguente domanda alla Dama Segreta: « Quando ho voglia di amare ma il mio membro non si erige, è saggio volere il rapporto per forza? ».

E la Dama Segreta gli rispose: « No, non è saggio. Prima che sia giusto penetrare nella donna, il gambo di giada (pene) deve fare le quattro conquiste ». Allora l'imperatore, ovviamente, le chiese: « Quali sono le quattro conquiste? ».

« Quando il gambo di giada non riesce ad erigersi », gli rispose la Dama Segreta, « yin e yang non sono in armonia fra loro. La prima conquista è la solidità. Quando il gambo di giada si erige ma non si ingrossa il *chi* non è entrato nel sangue dell'uomo. La seconda conquista è il turgore. Quando il gambo di giada è gonfio ma non rigido, il *chi* non è entrato nelle sue ossa. La terza conquista è la rigidità. E infine quando il gambo di giada è rigido ma non è caldo la forza vitale non ha ancora raggiunto lo spirito dell'uomo. La quarta conquista è il calore ».

Un pene piccolo ma duro è molto migliore di un membro grosso ma semifloscio. Questa è una delle ragioni per cui nessun uomo è veramente superiore a un altro dal punto di vista anatomico o biologico. In realtà, ogni uomo, molto o poco sessualmente dotato che sia, può sviluppare al massimo la propria energia interna. Aiutano a sublimare il *chi*, a trasformarlo in un'energia superiore, che può essere scambiata con quella della donna senza usare il membro come canale di trasmissione, discipline quali il chi kung « camicia di ferro », il tai chi kung e la meditazione. Per trasmettere questa energia basta un lieve tocco della mano, o uno sguardo, o anche solo il pensiero. Però anche in questi casi il pene non è superfluo; anzi consente di sperimentare forme d'amore ancora più sottili.

Per valutare il grado d'eccitazione del vostro membro, osservatelo. Ma cosa fare quando esso non ha ancora raggiunto il massimo grado di erezione, non è ancora durissimo e non emana calore, mentre la donna è già pronta ad accoglierlo? Penetrate in lei; secondo me è la cosa migliore. Il gambo di giada raggiungerà gli altri traguardi durante il coito. Applicate la tecnica dello « sbarramento della forza » o quella della « Grande Elevazione »; sono innocue. Ma quando il pene raggiungerà questa meta sarete tentati di espellere il seme; perciò prima che faccia la quarta conquista, imprigionate il seme.

L'arte di « colpire »

Il membro può penetrare in vagina in moltissimi modi. Il Kama Sutra insegna un gran numero di metodi. Uno dei migliori è il seguente. Si basa sul numero nove, che nella pratica taoista aiuta a sviluppare al massimo l'energia yang.

Il principio consiste nel praticare nove colpi piatti (superficiali) e uno profondo. Quest'unico colpo profondo, oltre a modificare la stimolazione, costringe l'aria ad uscire dalla vagina, per cui i nove colpi piatti che seguono hanno modo di produrre il vuoto in essa. Non ritirate il membro del tutto, fermatelo in corrispondenza del bordo esterno della vagina, che è attraversato da una rete nervosa molto fitta.

Questo ritmo di nove colpi piatti e uno profondo delizierà la vostra partner. Il vuoto così prodotto ha effetti prodigiosi: la donna si sentirà alternativamente vuota e piena, vuota e piena... con un'alternanza ritmica che genera piacere perché eccita gli organi dei sensi. Quando mangiamo fino a sazietà, dopo non ci fa gola più niente. Mentre un bocconcino gustoso, in questo caso il colpo profondo, aumenta il desiderio. In questo modo noi appaghiamo il desiderio per destarlo di nuovo e lo risvegliamo per poi appagarlo di nuovo.

Ma i colpi piatti (corti, superficiali) procurano grande piacere anche perché l'area più sensibile della donna dista 1 centimetro e mezzo dall'orificio vaginale, è localizzata nella parete anteriore della vagina. Qui una rete di nervi collega gli organi sessuali della donna col resto del corpo. Quest'area è detta « Punto G » dal nome del suo scopritore, Graffenberg. Quando la donna è molto eccitata, quest'area secerne un liquido che secondo i taoisti è fortemente carico di essenza sessuale femminile e che viene accolto direttamente dal glande.

Continuate a « sferrare » nove colpi corti e uno lungo fino a raggiungere complessivamente nove cicli. Il numero dei colpi corti ammonterà allora a 81 — un numero anch'esso potentissimo. Se all'inizio avete difficoltà a praticare nove cicli, cominciate da tre, poi passate a sei e infine a nove. La forza aumenta se ogni volta nella breve pausa che precede il colpo profondo inghiottite la saliva della vostra partner. Questo liquido è fortemente carico di essenza yin ed equilibrerà la vostra essenza yang in espansione. Raggiunto lo scopo, potete riposarvi o passare alle tecniche più avanzate descritte nel capitolo 8.

Dopo aver riposato e aver aspirato dai testicoli l'eccesso di energia, ricominciate a « colpire » attivamente. Adesso siete in una condizione privilegiata: siete calmi e rilassati e ciononostante siete capaci di ritenere il seme e di conservare la capacità di erezione che vi consente di praticare un'altra serie di colpi.

Poi riposate di nuovo.

Però potete adottare anche un'altra tecnica: penetrate lentamente nella donna e ritirate il membro rapidissimamente, un metodo congeniale alla natura interna della donna. La penetrazione lenta dà il tempo alla donna, che si riscalda più lentamente dell'uomo, di eccitarsi a dovere. E' ovvio che gli uomini che iniziano e concludono in fretta ignorano completamente tutto ciò (1).

Poiché genera la vita, la donna ha bisogno di più tempo sia nell'iniziare che per terminare. Quindi l'uomo deve sincronizzarsi col ritmo naturale di lei. Accendete il sacro cero fra le sue cosce con profondo rispetto.

Se la donna viene presa bruscamente e brutalmente, l'onda di piacere non ha il tempo di attraversare tutto il suo sistema nervoso; le sue sensazioni rimangono circoscritte all'area genitale. Possiamo considerare le cose anche nel seguente modo: se pizzichiamo con due dita una superficie cutanea per 1-2 secondi, avvertirà il pizzico solo l'area compresa fra le due dita, mentre se il pizzico dura più a lungo la sensazione si espande, si diffonde fino a raggiungere anche parti del corpo molto lontane. Ma ciò che è vero per il dolore, è vero anche per il piacere.

Perciò colpite lentamente: ogni colpo dev'essere un atto d'amore. Rivelate alla donna i suoi cicli segreti. L'uomo che viola le leggi della creazione non può raccogliere che delusioni.

Avete già eccitato la vostra partner. Adesso, per raggiungere traguardi più alti, dovete eccitarla ulteriormente. Potete offrirle una stimolazione supplementare se, dopo essere penetrati in lei lentamente, ritirate il membro in fretta. Però non dovete ritirarlo del tutto; lasciatene in vagina 1-3 centimetri. Poi, mentre lo arretrate del tutto premete forte col membro incurvato contro il clitoride, sede della sensibilità erotica della donna. Colmatela di piacere e poi « colpite » di nuovo in profondità con tutto il vostro calore.

(1) La donna necessita di minore addestramento dell'uomo: l'essere umano è il segreto di Dio, la potenza è il segreto dell'uomo, la sessualità è il segreto della donna.

Colpo piatto:
I 3, 6 o 9 colpi piatti (corti, superficiali) stimolano il plesso nervoso del « punto G ». Sono i più adatti a favorire lo scambio di energie sessuali.

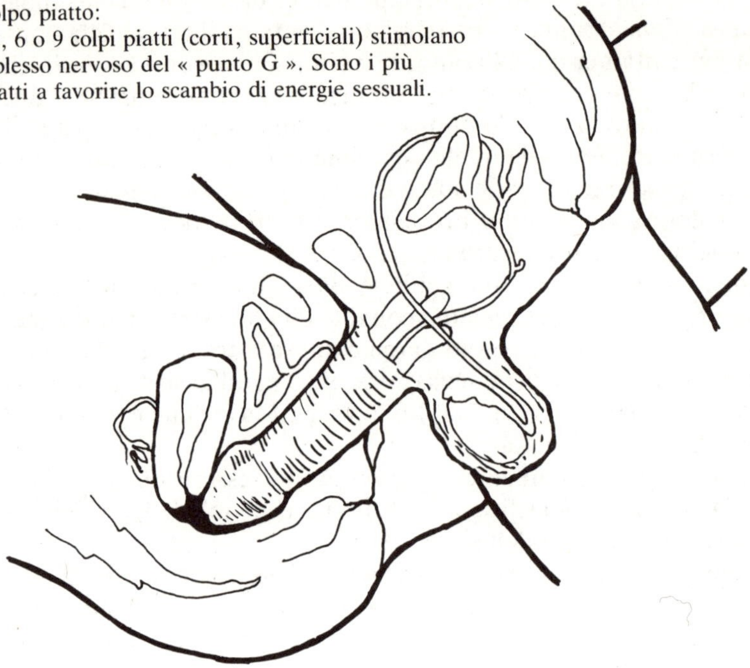

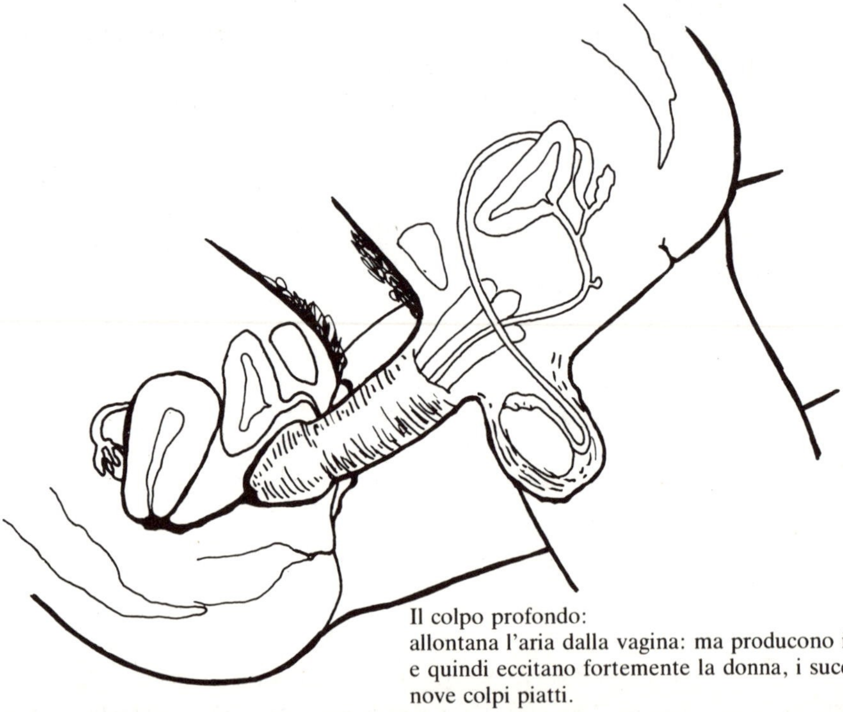

Il colpo profondo:
allontana l'aria dalla vagina: ma producono il vuoto, e quindi eccitano fortemente la donna, i successivi nove colpi piatti.

Fig. 22

Capitolo 8

Il segreto della ritenzione del seme

« Respingete tutte le complicate teorie sulla sessualità; imparate piuttosto ed eseguite pratiche particolari. Il segreto della ritenzione del seme sta nell'amare senza espellerlo. Per aumentare la forza vitale occorre moltiplicare e rafforzare il seme ».

Consiglio della Donna Semplice dell'Imperatore Giallo, II sec. a.C.

Nei secoli passati l'imperatore della Cina, per farsi consigliare sulla propria vita amorosa, soleva convocare i sapienti della sua corte. Si racconta che ogni aspirante, per poter essere nominato Consigliere, doveva prima dar prova concreta delle sue capacità sessuali. Doveva immergere il membro in un calice di vino e, per dimostrare di essere un vero maestro, doveva succhiare il vino col pene e poi schizzarlo di nuovo nel calice. Questa era considerata la prova sicura della sua capacità di assorbire anche i succhi vitali della donna, l'essenza yin. Questa era la prova che egli conosceva il segreto dell'immortalità.

Aspirare un liquido col pene è possibile: ne abbiamo la prova in India. A Bombay esiste uno yogi molto « industrioso » che, dopo aver aspirato dell'olio col pene di nascosto, urinando in pubblico, per la strada, accende una fiamma che definisce « fuoco sacro ». Questo ameno esempio naturalmente non può servire da modello per la trasformazione dell'energia sessuale. La tecnica di aspirazione yoga non ha niente a che fare con la pratica della ritenzione del seme.

E' possibile invertire la direzione di un liquido presente nell'uretra diminuendo la pressione nella vescica urinaria con l'aiuto di determinati esercizi fisici. Però è una pratica pericolosa perché i liquidi aspirati possono infettare la prostata e la vescica. Ma può essere infettante anche il liquido secreto dalla donna durante il coito perché proviene dalla parete della vagina, nella quale sono annidati numerosi batteri. Qualche yogi si è ammalato in seguito a questa pratica. Da qui la falsa credenza che la tecnica della ritenzione del seme sia dannosa e provochi impotenza e disturbi prostatici.

Io sconsiglio ai miei allievi di assorbire il liquido secreto dalla partner. Il metodo taoista di ritenzione del seme da me suggerito persegue un unico scopo: la trasformazione dell'energia sessuale (ching) e il suo trasferimento nei centri superiori del corpo e dello spirito. Il seme viene ritenuto solo perché la sua essenza non vada perduta. Il metodo non persegue il suo scopo se il ching, una volta sottratto al seme, non viene inviato in alto e fatto circolare nel corpo. Non è affatto necessario introdurre nel pene (nell'uretra) il liquido secreto dalla donna; provvede ad assorbirlo il glande attraverso la pelle.

La circolazione del *chi* nel Piccolo Circolo Energetico

Tutti i metodi atti a sviluppare il *chi* trattati in questo libro, dalla respirazione testicolare alla « Grande Elevazione », all'« orgasmo della valle » mirano a costringere l'energia seminale immagazzinata nei testicoli a raggiungere il cervello salendo lungo la colonna vertebrale. Quando il cervello è carico di energia, essa ritorna in basso attraverso il collo, il cuore e l'ombelico. Aiutano l'organismo a distribuire l'energia agli organi e ai sistemi che ne hanno più bisogno (per difendere il corpo da una malattia, per aiutare la mente a risolvere un problema, per consentire all'individuo di dipingere o di amare) il cervello e l'ipofisi. Questa peculiare qualità distingue il ching dagli altri tipi di *chi* (quelli del fegato, del rene, del polmone ecc.), che hanno funzioni prettamente specifiche. Data la straordinaria capacità di trasformarsi che lo contraddistingue, il ching può svolgere vari compiti e ha il potere di nutrire la mente. E la mente può assimilarlo con grande facilità.

Nel metodo taoista il massimo scambio di energie avviene quando il *chi* scorre veloce nel Piccolo Circolo Energetico. Per questa ragione io insegno ai miei allievi a far scorrere il *chi* nel Piccolo Circolo Energetico. Solo così il ching, che è un'energia ancora grezza, fisica, può trasformarsi in shien, che è un'energia sottile, raffinata. Lo shien è in realtà essenza spirituale. Una volta instaurato il Piccolo Circolo Energetico, la coppia riceve la prima illuminazione o « illuminazione minore ». La mente comincia a capire di poter dominare da sé l'energia sottile, per capire infine che essa stessa altro non è che movimento dell'energia sottile.

Una volta capito lungo quali vie si muove l'energia sarà più facile svilupparla ulteriormente. I maestri taoisti hanno individuato due vie lungo le quali la corrente energetica scorre con particolare intensità.

La prima è il cosiddetto « Vaso Servo » o « Vaso Yin ». Inizia nel perineo, nei pressi dell'apice della colonna vertebrale, fra i testicoli e l'ano. Da qui si dirige in avanti entrando nel pene, poi negli organi dell'apparato digerente e nel cuore per salire ancora e terminare in corrispondenza della punta della lingua. La seconda è il « Vaso Guida » o « Vaso Yang », che inizia ugualmente dal perineo, poi entra nel sacro, raggiunge il cervello attraversando la colonna vertebrale e poi ridiscende per raggiungere il palato.

La lingua funge da « interruttore »: collega fra loro queste due vie. Quando tocca il palato, la sua parte anteriore (dietro gli incisivi), l'energia sale nuovamente con movimento a spirale lungo la colonna vertebrale e scende di nuovo lungo la parte anteriore del corpo. I due « vasi », che gli agopuntori definiscono « meridiani », formano un circuito chiuso nel quale circola l'energia. Questo circuito — detto anche Piccolo Circolo Energetico (PCE) — attraversa i principali organi e sistemi del corpo fornendo alle cellule ciò di cui abbisognano per crescere, risanarsi e lavorare. Costituiscono la base dell'agopuntura, oggi riconosciuta clinicamente efficace anche dalla medicina occidentale, benché non si sappia ancora come e perché funzioni. I taoisti si occupano da millenni dei centri e dei punti dell'energia sottile del corpo e sono convinti dell'importanza di tutte queste vie.

Questo circolo fa muovere l'energia proveniente dai testicoli e fornisce forza vitale alle altre parti del corpo inducendo le ghiandole a produrre gli ormoni (sessuali e non), responsabili dei processi chimici che si svolgono nel nostro corpo e di tutte le nostre azioni. La circolazione dell'energia sessuale influenza in forte misura la qualità dell'amore. Sul piano biologico la sessualità è per gran parte una questione di equilibrio ormonale.

L'energia sessuale circolante nel PCE è un'energia primordiale. La vita umana inizia con la penetrazione di uno spermatozoo in un ovocita. È questo l'atto che dà origine al kung fu nella competizione fra yin e yang. Il kung fu sessuale è la riproduzione di quest'atto nel corpo umano. Però invece di dar luogo alla nascita di un embrione dall'ovulo fecondato nel grembo della donna, l'energia sessuale raggiunge i centri nervosi superiori del corpo e fa nascere l'uomo spirituale. L'energia sessuale deve circolare nel PCE per dare all'uomo una vita nuova nel vero senso del termine, per dargli *fiducia in se stesso*, in virtù del dominio di una poderosa corrente di energia creativa, e *appagamento* in virtù di un'armonia profondamente percepita. L'energia scorre rapida nel vostro PCE ogni volta che « vi innamorate », sia che amiate una donna, sia che amiate la vita. E' una sensazione di intensa comunione e di radicamento nel caldo fiume della vita.

Importanza del Piccolo Circolo Energetico

Dopo aver instaurato il PCE e averlo liberato da eventuali impedimenti fisici o psichici, pompate verso l'alto lungo la colonna vertebrale una sempre crescente quantità di energia sessuale. Quando il PCE è bloccato (perché il soggetto è teso, per esempio), l'energia seminale resa calda dall'eccitazione del coito cerca di imboccare la via di minore resistenza, il pene. L'energia sessuale va perduta e l'organismo è costretto a produrre altro seme: operazione lunga e faticosa. Con l'espulsione del seme l'uomo perde transitoriamente parte della sua forza d'attrazione sessuale. Il kundalini yoga e il tantra yoga conoscono una serie di metodi atti a produrre una forte corrente di energia che attraverso la colonna vertebrale sale al capo. La forza del seme viene diretta verso l'alto con l'aiuto di mantra, tecniche respiratorie, posizioni yoga e determinati sbarramenti. La creazione del Piccolo Circolo Energetico rappresenta un passo importante, aiuta a imprigionare l'energia affinché possa circolare e vivificare mente e corpo. Se non si provvede a farla circolare, nella testa si sviluppa una pressione eccessiva che induce l'energia a uscire attraverso gli occhi, le orecchie, il naso e la bocca. E' come voler riscaldare una stanza col calore del proprio corpo lasciando aperte tutte le finestre. Invece di usare l'energia seminale, per esempio, dividendola con la vostra partner, la dilapidate senza risparmio.

Fig. 23

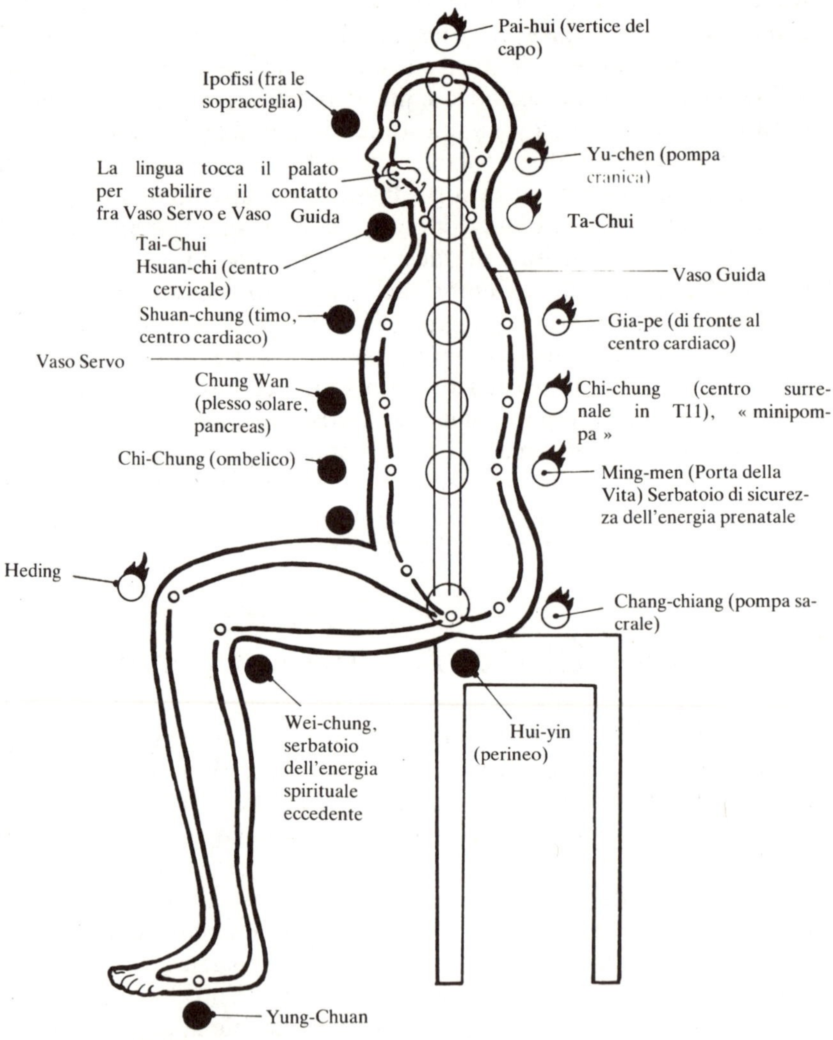

La circolazione del chi nel PCE facilita la ritenzione del seme e la trasformazione dell'energia sessuale.

Il modo più semplice per instaurare il PCE consiste nel rilassarsi e meditare ogni mattina. Stando tranquillamente seduti lasciate che l'energia si crei da sé il proprio circolo seguendo mentalmente il suo percorso. Cominciate dagli occhi, scendete alla lingua, al collo, al petto e all'ombelico e poi risalite attraverso il sacro e la colonna vertebrale.

Le prime volte vi sembrerà che non succeda nulla; ma dopo qualche giorno percepirete il calore della corrente energetica in alcuni punti del corpo. Il segreto sta nel rilassarsi e nel cercare di dirigere la mente verso quella parte del circolo sulla quale vi concentrate. Non si tratta di immaginare quella data parte del corpo, si tratta di percepirla. Non usate la mente per visualizzare l'energia (come se fosse uno schermo televisivo), usatela per avvertirne la presenza con i sensi propriocettivi. Rilassatevi sempre più e con la mente seguite il *chi* attraverso il corpo fisico lungo le vie assegnategli dalla natura per aiutarlo a raggiungere ogni punto desiderato: per esempio l'ombelico, il perineo ecc. (1).

Il miglior amante è l'uomo completamente rilassato e perfettamente consapevole di quanto avviene dentro di lui. L'uomo che ha imparato a menadito a far circolare l'energia nel PCE non ha alcuna difficoltà a incanalare la propria forza sessuale. Per lui questa operazione è semplicissima e naturale.

Invece l'uomo che non riesce a far circolare l'energia nel PCE ha enorme difficoltà a trasformarla in energia spirituale. Agli uomini che hanno già aperto questi canali, che hanno reso pervie queste vie, è sufficiente spiegare dove va inviata l'energia. Altri arrivano al traguardo grazie a un tenore di vita esente da stress, armonizzante con la natura. Il PCE, oltre a facilitare il passaggio dell'energia sessuale, offre molti altri vantaggi: ritarda i processi di invecchiamento e guarisce molte malattie: dall'ipertensione arteriosa all'insonnia, dalla cefalea all'artrite.

Consideriamo ora la prima tecnica di ritenzione del seme nell'atto d'amore. Anche se non praticate quotidianamente l'attivazione dal Piccolo Circolo Energetico, è sufficiente che siate coscienti della sua esistenza nel vostro corpo per apprendere più rapidamente le tecniche dell'arte amatoria taoista. Potete apprenderle da soli anche durante il coito; basta prestare la dovuta attenzione. Più nettamente avvertite il *chi* (energia sottile) fluire attraverso il vostro corpo, la vostra mente e la vostra anima, più siete liberi di amare in modo creativo e di essere voi stessi.

(1) A chi ha un interesse particolare per questo metodo di rilassamento e instaurazione del PCE consiglio di leggere il mio libro *TAO YOGA, Il risveglio dell'energia attraverso il Tao*, Edizioni Mediterranee, Roma.

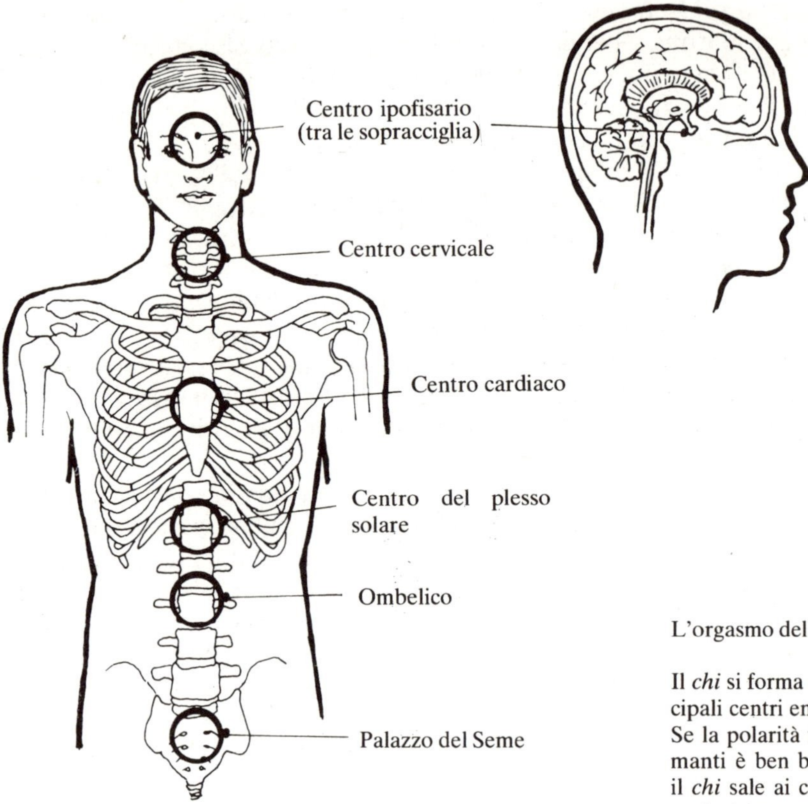

L'orgasmo della valle

Il *chi* si forma nei principali centri energetici. Se la polarità fra gli amanti è ben bilanciata il *chi* sale ai centri superiori senza difficoltà

Fig. 24

Chiusura esterna: Il metodo delle tre dita

In Cina il metodo delle tre dita inteso ad impedire la fuoriuscita del seme viene praticato da oltre cinque millenni. E' così semplice e così elementare che può apprenderlo e applicarlo chiunque. Non è necessaria una capacità di coordinazione maggiore di quella occorrente per interrompere il flusso dell'acqua posando un piede su un tubo di gomma per annaffiare le piante.

Si tratta di questo: parecchi secondi prima che il bisogno di eiaculare diventi impellente bisogna premere con le tre dita lunghe della mano destra contro il punto che si trova al centro fra l'ano e lo scroto. Così facendo si evita la fuoriuscita del liquido seminale e con essa la perdita di una cospicua quantità di energia.

Si procede come segue:

1. *Si individua il punto giusto.* Si preme contro il punto sito fra l'ano e lo scroto. È il punto più basso del tronco e rappresenta una « porta » attraverso la quale l'energia entra ed esce dal corpo.

2. *Si preme:* non bisogna premere né troppo forte né troppo piano. La capacità di individuare l'intensità necessaria si acquisisce con l'esperienza. In generale più le punte della dita sono forti meno pressione occorre per trattenere il seme.

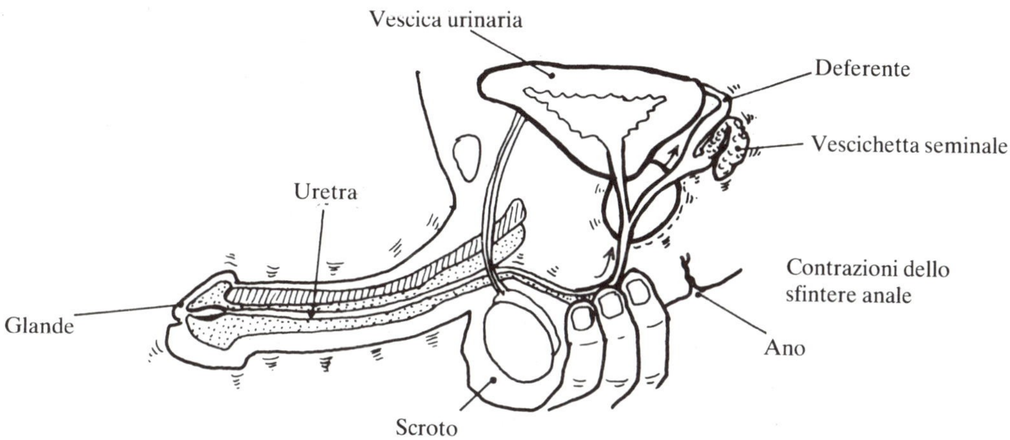

Fig. 25

Il metodo della chiusura esterna:
Parecchi secondi prima che il bisogno di eiaculare diventi irresistibile premete contro il punto sito fra ano e scroto con indice, medio e anulare della mano destra.

3. *Modo di usare le tre dita:* Il deferente sfugge facilmente alla presa delle dita: due sole dita non sono sufficienti per afferrare e insieme chiudere questo canaletto. Perciò con l'indice e l'anulare dovete immobilizzarlo e col medio dovete premere. Poiché indice e anulare lo tengono fermo non può più sgusciare. Per bloccare efficacemente il flusso del seme tenete le dita leggermente ricurve, il medio un po' di più.

4. *Scelta del momento giusto:* Applicate il metodo della chiusura esterna appena avvertite il bisogno di eiaculare. Se indugiate, nessuna forza, per intensa che sia, riuscirà a impedire la fuoriuscita del seme. Quindi per essere sicuri che il pompaggio è cessato del tutto, dopo aver portato le dita sul punto giusto, nel momento giusto, premete prima, durante e dopo le contrazioni. Grazie a questa manovra il liquido spermatico ritornerà nel serbatoio (vescichette seminali) dal quale proviene. Gli organi non ne subiscono alcun danno. In quest'area i tessuti sono molto elastici.

Si potrebbe pensare che le vescichette seminali, raggiunta la massima capacità di contenzione, trabocchino. Questo succederebbe però se avessimo a che fare con un comune contenitore provvisto di tubo di deflusso. Invece non e così, per tre ragioni. In primo luogo perché la produzione del seme si arresta automaticamente, con conseguente risparmio dell'energia e del materiale che occorrono per produrre lo sperma. In secondo luogo perché l'organismo tende spontaneamente a riassorbire questo liquido. In terzo luogo perché il metodo della Grande Elevazione sviluppato dai taoisti consente alla forza del seme di raggiungere i centri superiori tramite una sorta di « evaporazione ». Per cui nei deferenti e nella prostata la pressione diminuisce. Il liquido seminale si trasforma in un'energia superiore come l'acqua bollente si trasforma in vapore (dallo stato liquido si passa allo stato gassoso). Il ching liquido diventa un'altra energia, più mobile e più veloce, che ne conserva l'essenza creativa.

Non dobbiamo dimenticare che la forza del seme è dovuta a un quid che nessuna analisi chimica può evidenziare. Qualunque scienziato può mettere insieme i vari componenti dello sperma, ma nessuno è in grado di infondere in essi la capacità di generare la vita. Lo scopo che si prefiggono i taoisti è quello di conservare e trasformare la vita contenuta nel seme.

Il metodo della pressione dall'esterno è destinato ai principianti e agli allievi che vogliono amare sessualmente ma non sono ancora in grado di applicare la tecnica della « Grande Elevazione ». Si tratta di un ausilio meccanico, cui l'uomo puo rinunciare appena domina le tecniche interne. Le prime volte può succedere che avverta un leggero disagio. E' una cosa normale, e non c'è motivo di preoccuparsi. Il fenomeno può essere paragonato all'indolenzimento che si avverte nei muscoli rimasti inutilizzati per molto tempo dopo un lavoro faticoso.

Consigli e misure prudenziali

1. Non esagerate! Nelle prime settimane applicate questo metodo, che è estremamente efficace, non più spesso di ogni 2-3 giorni. Se siete anziani e avete poca salute adottatelo una sola volta alla settimana.

2. Se il calore del vostro corpo aumenta e avete molta sete, bevete semplicemente dell'acqua.

3. Dopo 3 mesi di questa pratica (o anche prima) l'impulso sessuale aumenterà notevolmente e avrete erezioni più frequenti. Aumentate la vostra attività sessuale con moderazione. Non abusate delle nuove forze.

4. Il metodo prevede una forte pressione delle dita. Se esse sono troppo deboli, praticate quotidianamente flessioni sulle braccia in posizione prona poggiando a terra le punte delle dita. Cominciate con tutte e cinque le dita, poi passate a quattro e infine a tre. Se le dita non si irrobustiscono sufficientemente aumentate il numero delle flessioni quotidiane.

5. Dopo che avrete bloccato l'espulsione del seme mediante la pressione digitale, nell'uretra rimarrà un piccolo residuo di sperma. Cessata l'erezione può fuoriuscire un po' di sperma. Perciò se volete applicare il metodo a scopo contraccettivo dovete ritirarvi prima che la erezione diminuisca. Poi, prima di penetrare una seconda volta, urinate. Per essere sicuri al cento per cento usate anche una schiuma spermicida o un altro anticoncezionale di vostra scelta.

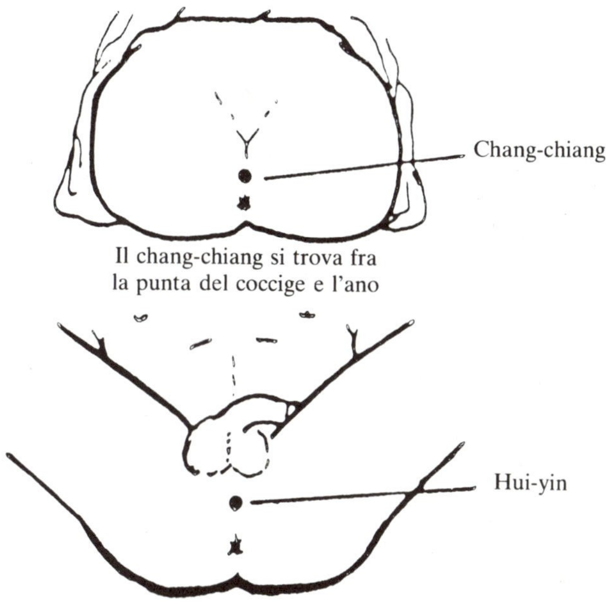

Il perineo è al centro, fra l'ano e lo scroto

Fig. 26

Se il perineo e l'area coccigea vengono delicatamente massaggiati, la manovra agevola il riassorbimento del liquido spermatico e impedisce un eventuale ristagno di energia nella prostata.

6. I primi tempi dopo l'atto sessuale forse vi sentirete un po' fiacchi. Però le riserve energetiche aumenteranno ben presto e dopo non molto la sensazione di stanchezza scomparirà. Con questo metodo comunque perdete sempre un po' di forza.

7. Impedisce del tutto la perdita di energia vitale, il metodo della chiusura interna. Con la tecnica della chiusura esterna va perduto il 40-60% della forza del seme (*vis coeundi*). E comunque meglio che perdere inutilmente tutto il liquido spermatico. La chiusura esterna accresce notevolmente la forza e la virilità. E' indicata nei principianti e rappresenta un buon esercizio preparatorio al metodo della chiusura interna.

L'annesso massaggio del perineo

Dopo aver applicato il metodo della chiusura esterna massaggiate due importanti punti dell'agopuntura: l'hui-yin (nel perineo) e il chang-chiang (nell'area coccigea).

L'hui-yin si trova al centro fra scroto e ano e corrisponde al punto più basso del tronco. E' il punto in cui inizia il canale energetico che attraverso il tronco sale al vertice del capo e scende lungo la parte anteriore del corpo. Collega il vertice del capo, il pai-hui, col suo punto più basso, lo yung-chuan, sulle piante dei piedi.

Mentre attraverso il pai-hui il corpo assorbe la forza del Cielo, per mezzo dello yung-chuan assorbe la forza della Terra. Perciò l'hui-yin costituisce il punto di mezzo fra il vertice del capo e la pianta del piede. E' in realtà una centrale di commutazione della corrente energetica.

Attraverso l'hui-yin l'energia yin, energia della Terra, raggiunge il tronco. Anche l'energia dei testicoli raggiunge la parte alta del corpo attraverso questa porta e fuoriesce dal corpo attraverso la stessa. Quando la porta dell'hui-yin è chiusa l'energia vitale rimane imprigionata. Però se l'hui-yin viene aperto mediante la eiaculazione la forza vitale può evadere. Data la perdita di energia, il flusso di *chi* e la circolazione del sangue diventano più lenti. Per di più, a causa della forza di gravità, il sangue ristagna nel perineo con conseguenti alterazioni di vario tipo, fra cui la formazione di emorroidi.

Chang-chiang: questo punto è localizzato fra la punta del coccige e l'ano. In questo punto si incontrano le terminazioni di molti nervi importanti. Il « Vaso Guida », la via energetica che sale lungo la colonna vertebrale, comincia da esso.

Massaggiate con 27-81 energici movimenti circolari i punti hui-yin e chang-chiang con due cocche di un panno di seta ripiegato. Usate indice, medio e anulare. La seta aiuta ad evitare una stimolazione eccessiva di questi punti sensibili e favorisce lo scorrimento dell'energia perché genera elettricità.

Il massaggio scioglie le contrazioni muscolari e favorisce il riassorbimento del liquido spermatico. E' indispensabile per evitare disturbi alla prostata. E soprattutto stimola l'ascesa dell'energia fino al pai-hui, fino al vertice del capo.

La grande forza della ritenzione del seme

L'energia che avete cominciato a produrre grazie alla ritenzione del seme ha una potenza enorme. Può fratturare ossa dure. Nei taoisti evoluti riesce ad allentare le suture ossee della parte alta del cranio. E' una forza capace di perforare un disco fonografico.

Grazie alle pratiche qui suggerite l'uomo può riacquistare una parte della mirabile capacità di apprendimento e di rigenerazione peculiare del fanciullo. Gli unici esseri umani con le suture ossee del cranio allentate o aperte (fontanelle) sono il taoista evoluto e il bambino. Altre tecniche taoiste di meditazione li rendono addirittura capaci di ripetere i processi vitali del feto e di dirigere in alto la propria energia lungo le stesse vie della « respirazione elettrica » che utilizza il feto nell'utero. Il feto usa l'energia molto meglio del futuro uomo, per quanto evoluto sia. In confronto alle prestazioni del feto nel grembo materno, le altre conquiste dell'uomo sono addirittura trascurabili. Il processo di meditazione rinnova le fonti di energia creativa già attivate dal momento in cui un solo microscopico punto comincia a diventare un essere umano costituito da miliardi e miliardi di cellule.

Dopo 1-5 mesi di esercizi di ritenzione del seme qualcuno puo avvertire una sensazione di pesantezza al capo. Però non a tutti essa risulterà sgradevole, ad alcuni anzi apparirà non solo sopportabile ma addirittura molto gradevole. E' il sintomo che la forza vitale sta circolando nella parte superiore del capo con inusitata intensità. E' il sintomo che il corpo dispone di una quantità di forza vitale maggiore di quella di cui disponeva prima dell'inizio degli esercizi. All'uomo che domina a perfezione l'arte esoterica di amare questa intensità di vita comunicherà un godimento straordinario. Nel suo corpo comincerà a svilupparsi una sorta di « chimica superiore ». Le dottrine yoga basate sull'induismo definiscono questa forza « kundalini ». Grazie alla modificata chimica del corpo l'energia che normalmente va perduta viene imprigionata e trasformata in coscienza. Se la forza vitale aumenta gradatamente non si producono effetti nocivi. Se invece aumenta rapidamente, la forza vitale causa dolori e deve essere dirottata verso altre parti del corpo. Possono aiutare a liberare il cervello dell'energia in eccesso il lavoro fisico, il massaggio ai piedi e una dieta ricca di cereali e di pesce.

Se non potete praticare gli esercizi descritti nel Capitolo 6 e per il momento non intendete continuare questa pratica, espellete l'energia in eccesso (eiaculate) un paio di volte; poi conservate di nuovo il seme, onde migliorare il vostro stato di salute fino a un nuovo accumulo di energia. Dopo di che potete eiaculare di nuovo. Utilizzerete molto meglio le vostre energie anche se eiaculate, purché vi limitiate ad espellere il seme 1-2 volte nello spazio di 1-3 mesi. Otterrete notevoli vantaggi già ritenendo il seme con questo ritmo, anche senza sviluppare ulteriormente la pratica.

La circolazione dell'energia nel capo

La chiusura esterna (metodo delle tre dita) impedisce a gran parte dell'energia di andare perduta, però non la dirige automaticamente verso l'alto. Perché ciò si verifichi occorre applicare una tecnica speciale, in virtù della quale la forza sessuale dei centri nervosi inferiori viene trasferita nei serbatoi di energia della testa. E dopo aver colmato le cavità del capo questa preziosa forza permea di sé l'intero corpo. Il metodo è uguale a quello della respirazione testicolare (Capitolo 5), con una sola differenza: mentre la respirazione testicolare durante il coito crea un serbatoio di ching *chi* ma lo lascia nella parte inferiore del corpo, la tecnica della chiusura esterna provvede a far salire fino al capo l'energia che durante il coito si è riscaldata, ma che si sta nuovamente raffreddando. Ecco perché questa operazione è molto più efficace della semplice respirazione testicolare.

Basi: Dopo aver applicato la tecnica della chiusura esterna durante il coito, lavate e massaggiate i punti hui-yin e chang-chiang con un panno di seta o, se non avete a disposizione un panno di seta, semplicemente con le dita. Poi allungatevi sul fianco destro e aspirate la forza dal pene, dai testicoli e dall'hui-yin fino alla testa. Premete la lingua contro il palato, come in tutti gli esercizi miranti a far circolare l'energia.

Estraete l'energia dagli organi sessuali come nella respirazione testicolare. Però non inspirate troppo profondamente e mentre espirate arrestate l'energia nel punto del corpo che essa ha raggiunto, affinché non possa ridiscendere. Nella successiva inspirazione estraete di nuovo l'energia dai tre centri inferiori.

Immaginate di succhiare dell'acqua tramite una cannuccia molto lunga la cui estremità inferiore è il vostro pene coi testicoli e la cui estremità superiore è il vertice del capo. La cannuccia è troppo lunga perché possiate riempirla con un solo atto respiratorio. Ogni tanto dovete espirare. Però mentre espirate chiudete l'estremità superiore per impedire all'acqua di defluire, per non dover ricominciare tutto da capo. Perciò, mentre espirate, trattenete l'energia al livello che essa ha già raggiunto e poi espirate; nella successiva inspirazione aspirate di nuovo la forza per un altro tratto. Sentirete salire un'energia fresca (o, se siete ancora sessualmente eccitati, calda) che partendo dai lombi guadagna l'intera colonna vertebrale.

Continuate ad aspirare l'energia finché essa penetra nel cranio e raggiunge il pai-hui. Possono occorrere 1-2 mesi perché la forza riesca a superare l'ostacolo del sacro, però una volta sfondato il sacro salirà lungo la colonna come « sparata ». Da qui raggiungerà la nuca e dalla nuca il pai-hui.

A seconda della vostra costituzione fisica o della frequenza delle esercitazioni riempirete il serbatoio cranico in capo a qualche settimana o a qualche mese. A questo punto potrete consentire alla forza di ritornare in basso: dal punto ipofisario (tra le sopracciglia) raggiungerà il palato, poi la punta della lingua, il collo, la cassa toracica e l'ombelico. Accumulate energia nell'ombelico; quando l'area ombelicale (il cosiddetto « crogiuolo ») sarà colma di *chi*, esso entrerà negli organi genitali chiudendo il circuito in corrispondenza dell'hui-yin.

Naturalmente è impossibile impadronirsi di questa tecnica dall'oggi al domani. Anche se riuscirete ad avvertire la presenza di questa energia caldo-tiepida (il seme ritenuto) già dopo pochi giorni o poche settimane, occorreranno alcuni mesi perché riusciate a farla salire fino al capo lungo la colonna vertebrale. Non vi scoraggiate. Siate tenaci. Prima o poi la forza comincerà sicuramente a circolare dentro di voi.

E una volta instaurato il circolo, percepirete una corrente fresca (energia yin) lungo tutto il percorso che essa compirà. A questo punto avrete raggiunto un livello importante sulla scala dell'evoluzione spirituale; avrete migliorato il vostro stato di salute e avrete acquistato maggiore forza.

Riassunto del metodo della chiusura esterna

A. Durante il coito

1. Quando state per eiaculare interrompete il flusso del seme con le tre dita più lunghe.

B. Dopo il coito

1. Lavate e massaggiate delicatamente l'hui-yin (perineo) e il changchiang (coccige) con un panno di seta ripiegato.

2. Allungatevi sul fianco destro. Aspirate la forza dal pene, dai testicoli e dall'hui-gin per dirigerla in alto, fino al capo. Quando la vostra testa sarà carica di energia, lasciatela scendere fino all'ombelico attraverso il palato, il collo, il centro cardiaco e il plesso solare. Raccoglietela nell'ombelico. Infine lasciate che scenda ulteriormente e vada a rafforzare gli organi genitali.

La chiusura interna: il trasporto del Nettare nel Fiore d'Oro (la « Grande Elevazione »)

Di tutti i metodi qui descritti questo è quello che richiede maggiore cura e maggiore attenzione. La pratica della ritenzione e della trasformazione del seme e quella dello scambio fra energie maschile e femminile verranno illustrate in tutti i dettagli. Attenetevi il più possibile alle istruzioni. Potrete sperimentare per conto vostro e apportare eventuali cambiamenti solo dopo averle apprese a menadito. Constaterete allora che in voi alcuni metodi danno risultati migliori di altri. Poiché non esistono due uomini uguali, è giusto che ogni uomo adotti il metodo che gli è più congeniale. Non dimenticate che la ritenzione del seme non è fine a se stessa ma soltanto un mezzo per raggiungere mete più alte. Noi conserviamo il seme per accumulare l'energia che occorre per provare un piacere più intenso nell'amare e nel vivere.

I metodi autenticamente esoterici non sono mai complicati. Se una tecnica può essere applicata solo da un genio state certi che non si tratta di una tecnica particolarmente buona. Il vero segreto dell'arte d'amare esoterica sta nella semplicità. Vi spiegherò tutto dettagliatamente, onde evitare equivoci e dubbi che possano farvi sbagliare. Per brevità definirò la pratica del « trasporto del Nettare nel Fiore d'Oro » semplicemente « Grande Elevazione ». E' l'espressione che i miei allievi di lingua inglese usano in luogo dell'antica denominazione cinese, e questa espressione definisce il processo con precisione.

Per ragioni didattiche ho suddiviso il metodo della Grande Elevazione in varie fasi. Tuttavia, quando questa tecnica viene eseguita correttamente, si tratta in realtà di un unico movimento eseguito dall'unità di corpo, mente e anima. Se avete la sensazione che i tre aspetti della vostra personalità non siano bene integrati, esercitatevi a compiere la Grande Elevazione prima sul piano fisico. Meditate quotidianamente sul PCE affinché l'energia si distribuisca equamente nel vostro organismo. Se il movimento del vostro *chi* è ostacolato dalla presenza di impurità o da blocchi psichici, il compito non sarà facile. Tuttavia a forza di esercitarvi vi accorgerete che il vostro *chi* fisico si integrerà via via con l'essenza sessuale e con quella spirituale. Ve ne accorgerete anche perché la vostra vita scorrerà più felice.

Le varie fasi della segreta tecnica della Grande Elevazione

Per poter resistere al bisogno di eiaculare dovete bloccare la rete nervosa che scatena l'eiaculazione. In pratica il blocco si verifica perché contraete con forza e rapidità i muscoli della parte inferiore del corpo e serrate denti e pugni. Provvedete al bloccaggio dei nervi dopo aver compiuto il primo ciclo di « colpi ».

Fase 1: Fine dei colpi, forte contrazione muscolare e ritirata

Ai principianti raccomando la seguente tecnica: tre colpi piatti (corti) e uno profondo (lungo), tre corti e uno lungo ecc. La parte sensibile della vagina è l'area di 4 centimetri per 5 situata immediatamente dietro l'orificio esterno dell'organo, corrispondente ai primi 4-5 cm del pene. Qui è presente una fitta rete di nervi che all'interno si fa più rada.

Più profondamente « colpite » più la vostra partner si chiude. Per cui conservare il seme diventa più difficile. Nella nostra metafora della « guerra dei sessi » un colpo troppo profondo corrisponderebbe a una sortita troppo spinta in territorio nemico, in una zona nella quale l'avversario ci può accerchiare e sconfiggere. La ritirata da un colpo troppo lungo è maledettamente difficile, necessita di un'enorme disciplina e della quasi immobilità.

Poi a forza di esercitarvi riuscirete a praticare prima sei e infine nove colpi piatti seguiti da uno profondo.

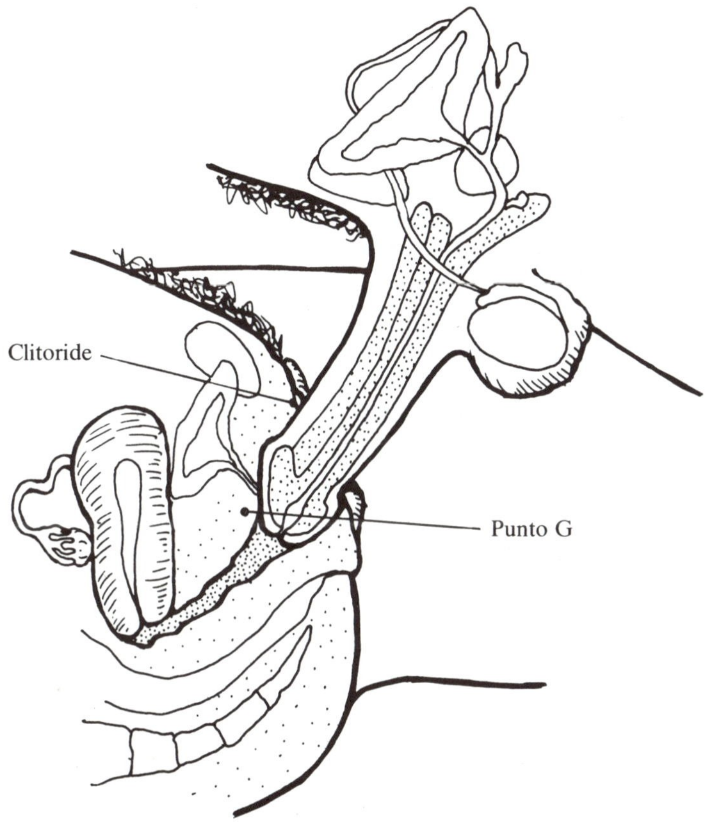

Fig. 27 - La Grande Elevazione

Quando si avvicina l'eiaculazione, ritraete il pene dalla vagina fino a toccare l'area del punto G.

Se non avete ancora imparato a ritenere il seme o la vostra partner vi eccita in modo straordinario, vi sarà difficile praticare 81 colpi piatti e 9 lunghi senza essere costretti a smettere ogni tanto.

Appena avvertite il bisogno di eiaculare cessate ogni movimento, indipendentemente dal numero di colpi « inferti », e chiudete più che potete il diaframma urogenitale. Ritirate il membro lasciandone in vagina 2 soli centimetri e rimanete fermi in questa posizione finché non riacquistate l'autocontrollo. La penetrazione in sé sviluppa una notevole quantità di tensione elettrica e il coito produce ulteriore energia elettromagnetica perché in esso le centinaia di milioni di spermatozoi presenti nello sperma si muovono con enorme rapidità. Mentre nell'apparato genitale si raccoglie una sempre crescente quantità di energia, inviate al cervello gli impulsi nervosi in esso presenti finché il cervello ordina di « sparare ». In questo senso nel cervello ha luogo lo stesso orgasmo che si sviluppa nei genitali. Però voi mirate ad addestrare il cervello a raggiungere un orgasmo superiore, meglio integrato con lo spirito.

Se la vostra partner vi avvinghia col suo corpo cercando di attirarvi dentro di sé in profondità, ritiratevi quanto basta perché non possa più seguirvi. Se inarca indietro la schiena, seguitela in basso tenendo il membro fermo in corrispondenza dell'orificio vaginale; inducetela a riposarsi mentre voi fate una pausa per riacquistare il controllo: non dimenticate che quando vi sarete assicurata la sua collaborazione la vostra partner diventerà la vostra migliore alleata.

Fase 2: Nove rapide e forti contrazioni in apnea

Dopo aver inspirato attraverso il naso contraete con forza tutta la muscolatura del bacino, serrate i mascellari e stringete i pugni. E' una variante dello sbarramento della forza con le sue 36 ripetizioni. Mentre nello sbarramento della forza accompagnavate ogni atto respiratorio profondo con una prolungata contrazione muscolare, nella Grande Elevazione ogni atto respiratorio dev'essere accompagnato da nove rapide (brevi) contrazioni muscolari fortissime. Questa forte contrazione muscolare sottrae ai nervi tanta energia che essi non riescono più a provocare l'eiaculazione. Eseguite sei cicli di 9 contrazioni ciascuno.

In questo modo l'energia sessuale abbandonerà i nervi e si raccoglierà nei muscoli contratti. Perché la stimolazione nervosa venga interrotta, l'atto respiratorio che segue ad ognuno dei sei cicli di 9 contrazioni deve essere molto rapido. Quando avrete eseguito sei cicli di 9 contrazioni ciascuno l'impulso a eiaculare sarà scomparso. Se per riacquistare il necessario autocontrollo vi basta compiere meno cicli di contrazioni, limitatevi pure a un numero inferiore a sei. Poiché vi trovate fra le braccia di una donna e il vostro membro si trova nella sua vagina, il vostro seme sarà molto eccitato, sarà come un puledro imbizzarrito che è necessario domare a suon di colpi di sperone. All'inizio per frenare il seme sarete costretti a compiere nove contrazioni. Ma col tempo domare il puledro imbizzarrito e battere in ritirata senza sforzo vi riuscirà sempre più facilmente.

Per secernere il liquido le ghiandole sessuali si inturgidiscono. Ma in seguito alle contrazioni della Grande Elevazione esse si detumefanno perché le contrazioni ne « spremono » fuori l'energia nel vero senso del termine — con conseguente diminuzione della tensione elettrica sessuale. Più gli intervalli fra le contrazioni sono brevi, più facilmente i muscoli accoglieranno il seme. Se fra una contrazione e l'altra passa troppo tempo, i muscoli non riescono più a contrarsi con sufficiente forza. Anche la inspirazione deve essere veloce. Se non è sufficientemente rapida l'energia può refluire all'area sessuale. E l'apnea durante le nove contrazioni contribuisce a spegnere l'impulso a eiaculare.

Lo scopo è quello di invertire la direzione del liquido spermatico. L'energia del seme deve essere inviata in alto, lungo la colonna vertebrale, con sempre maggiore velocità. Ma per ottenere questa accelerazione non basta contrarre i muscoli e mantenerli contratti. Occorre compiere numerose piccole contrazioni supplementari per pompare nel corpo la linfa sessuale e frenare l'impulso di espellere il seme.

Fase 3: La contrazione delle natiche

Contraete le natiche con tutta la forza di cui disponete. Non mi stancherò mai di ripeterlo. Dalla poderosa forza propulsiva dei glutei, i muscoli più potenti del corpo, bisogna trarre il massimo profitto. Perciò contraete le natiche fino a sollevare tutto il vostro corpo.

Il valido tono dei glutei giova alla salute in generale, perché se questi muscoli sono flaccidi l'energia può fuoriuscire dal corpo. Se invece sono ben sodi assicurano la chiusura stagna di uno degli orifici inferiori del corpo. L'altro è il pene eiaculante.

Contraendo i muscoli è anche più facile sopportare il dolore. E come attenua il dolore, così una forte contrazione muscolare attenua l'impulso a eiaculare. In entrambi i casi assorbono l'energia (dolorifica nel primo caso, sessuale nel secondo) i muscoli, che al contempo interrompono la comunicazione fra il cervello e i nervi periferici. La contrazione di determinate aree muscolari sottrae energia all'area genitale. La contrazione delle natiche interrompe in particolare la comunicazione fra il cervello e gli organi sessuali in corrispondenza della base della colonna vertebrale. Contraete le natiche fino a farle diventare dure come pietre. Bloccherete l'ordine di eiaculare inviato dal cervello ai nervi dell'area pudenda.

Fase 4: Contrazione dei mascellari

Serrate i denti e premete la lingua contro il palato con forza. La contrazione dei mascellari interrompe la corrente nervosa a livello del capo e della nuca e aiuta le natiche a contrarsi validamente. La contrazione dei mascellari e quella delle natiche debbono essere simultanee per potenziarsi reciprocamente e per creare uno sbarramento perfetto. Mentre serrate i denti pompate il seme sempre più dentro il corpo. La massima aspirazione del liquido spermatico ha luogo verso la fine del ciclo: lo pompano con la massima efficacia la settima, l'ottava e la nona contrazione. Dalla prima alla nona le contrazioni debbono aumentare di intensità.

Poiché così facendo voi prolungate il coito, il piacere che provate aumenta progressivamente di intensità. Raggiunto un alto grado di voluttà, tenete chiuso il diaframma urogenitale per impedire al seme di sfuggire al controllo. Fermate il seme « dietro la diga ». Se riesce a sfondarla, qualunque tentativo di trattenerlo o di frenarne l'impeto risulterà vano. Bloccate l'eiaculazione prima che il seme cominci a muoversi nel corpo.

Fase 5: Salita dell'onda energetica dai genitali al capo

Il fenomeno della Grande Elevazione può essere visualizzato immaginando un'onda che spinta dalle contrazioni dell'apice del pene si propaga al perineo e alle natiche per raggiungere il vertice del capo salendo lungo la colonna vertebrale. La forza propulsiva è fornita dalle contrazioni della muscolatura.

Se non riuscite a succhiare la forza fino alla testa portatela fino all'ombelico, lasciate che si raccolga in esso, poi inviatela di nuovo in basso, all'hui-yin, e infine succhiatela fino al vertice del capo lungo la colonna vertebrale. Questa operazione aiuterà la forza a salire soprattutto se avrete ritenuto il seme a regola d'arte.

Il rilassamento che segue alla Grande Elevazione si accompagna a dilatazione dei vasi sanguigni del pene. Questo è anche il momento nel quale assorbite la massima quantità di energia yin senza sforzo supplementare. Durante la Grande Elevazione l'energia della donna penetra nel bacino dell'uomo, durante la fase di rilassamento essa sale « sparata » ai centri superiori. Ne avvertirete la presenza in particolare quando avrete eseguito lo sbarramento della forza.

Più spesso riuscirete a impedire l'espulsione dello sperma più crescerà in voi la volontà di dominare il seme e di conservare l'essenza sessuale. Vi accorgerete che l'essenza sessuale, se non viene espulsa, ha il potere di migliorare la vostra vita a tutti i livelli: fisico, sentimentale e spirituale.

Fase 6: Dopo l'erezione: nuova serie di « colpi » e Delicata Suzione

Dopo il primo ciclo di « colpi » e di contrazioni forti potete contrarre il glande, la testa del pene, eventualmente penetrando nella donna. Il glande è come un lattante che succhia delicatamente il latte dalle mammelle materne. Questa operazione vi consente di incamerare energia yin. La Grande Elevazione risulta più efficace se il pene si è già caricato di energia yin praticando la Delicata Suzione.

Non dimenticate che la Delicata Suzione e la Grande Elevazione sono due tecniche diverse. La Delicata Suzione presuppone la penetrazione regolare nella donna e la contrazione unicamente del glande, dei testicoli e del diaframma urogenitale; gli altri muscoli non intervengono. Con questa tecnica dirigiamo l'energia (yin) all'interno del corpo, però senza assorbirla profondamente e contemporaneamente impediamo all'energia yang di abbandonarci e di penetrare d'un sol colpo nel corpo della donna. Tenete presente inoltre che l'energia che portiamo in alto con la Grande Elevazione riempie anche il pene.

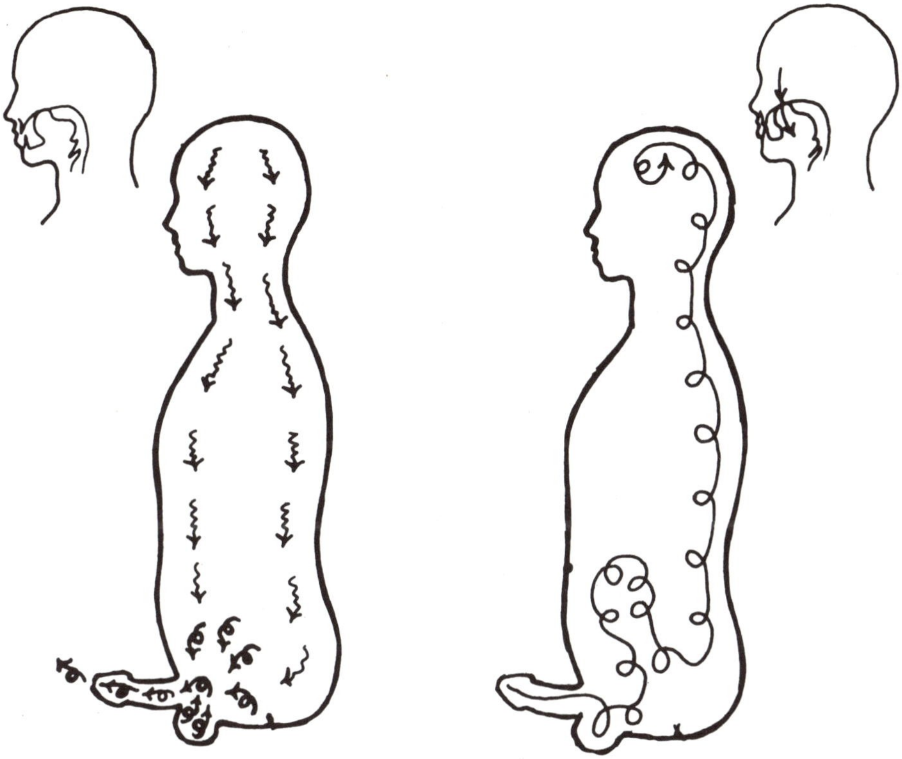

Inspirate e pompate fino al capo l'energia dell'orgasmo. Se non ci riuscite aspirate la forza fino all'ombelico, lasciate che si accumuli in esso, poi rimandatela al hui-yin e infine succhiatela fino al vertice del capo lungo la colonna vertebrale.

Mentre espirate liberate tutta l'energia yang e rilassate completamente tutti i muscoli: della testa, del collo, del torace, dell'addome e del bacino. Rilassate i muscoli cominciando dall'alto. Il rilassamento dev'essere una onda che scende in basso attraversando tutto il corpo. Consentite all'energia yang di entrare nel corpo della vostra partner.

Fig. 28 - La Grande Elevazione

La Grande Elevazione quale pratica per la donna

Anche le donne dovrebbero praticare la Grande Elevazione e succhiare con la vagina la forza yang dal pene. Le tecniche erotiche per la donna sono descritte dettagliatamente nel volume di questa collana che si occupa del kung fu ovarico. Basta adattare il kung fu seminale all'anatomia femminile per compiere la Grande Elevazione con le ovaie. Le donne spesso, data la loro superiorità in campo sessuale, si impadroniscono di questa tecnica con facilità — per intuito. Tuttavia esistono livelli d'amore ancora più alti e più sottili. Raccomando espressamente alle donne di esercitarsi anch'esse ad evitare l'orgasmo genitale, onde limitare il più possibile la perdita di energia durante il coito. Anche la donna può raggiungere un « orgasmo superiore », che è la « porta segreta » del tao. Insieme uomo e donna possono raggiungere il tao in virtù della « Duplice Elevazione ».

Grande Elevazione e autosoddisfacimento

Il metodo della Grande Elevazione può venir adottato anche dagli uomini sprovvisti di partner. Benché all'inizio preferiscano esercitarsi da soli anche alcuni di quelli che hanno una partner. Io raccomanderei l'esercitazione solitaria alla maggior parte degli uomini. E' molto più facile bloccare l'impulso a eiaculare quando non si viene supplementarmente eccitati dal calore e dal contatto di una donna. La tecnica è la stessa, con la sola differenza che l'uomo si autoeccita massaggiando e accarezzando il glande invece che introducendolo nella vagina di una donna.

E' una cosa diversa dalla masturbazione, che si conclude con l'eiaculazione. Dovete bloccare l'impulso a eiaculare praticando le rapide e vigorose contrazioni muscolari della Grande Elevazione. Lo potete fare in qualsiasi posizione: in piedi, seduti o sdraiati. Inizialmente è meglio esercitarsi stando in piedi, perché in questo caso i piedi, essendo a stretto contatto col suolo, assorbono più facilmente la fresca energia yin della terra.

Praticando la Grande Elevazione semplice (solitaria) avete modo di verificare meglio la vostra capacità di bloccare l'eiaculazione.

Eccitate il glande finché avvertite il primo stimolo a eiaculare. Poi, prima che il seme cominci a muoversi, praticate la Grande Elevazione. La ripetuta contrazione dei muscoli e il tiraggio hanno luogo finché dura l'erezione. L'unità di misura della vostra capacità di compiere la Grande Elevazione è il grado di rigidità del vostro membro. Prima riuscite a far cessare l'erezione, meglio dominate questa tecnica. Avrete raggiunto il traguardo quando riuscirete a eliminare l'erezione con la sola forza del pensiero: sottraendo l'energia al membro e dirigendola al capo senza compiere alcuna contrazione muscolare.

Questo metodo è molto vantaggioso per gli uomini sessualmente frustrati, perché il coito avviene dentro di loro, fra i poli yin e yang del loro corpo, quando essi immaginano di aspirare il ching *chi* fino al cervello per unirlo al loro centro più alto. Se, quando vi masturbate espellete il seme, il ching *chi* va completamente perduto. E' molto peggio che eiaculare in una donna, che può trarre profitto dall'energia contenuta nel seme e donare in cambio la propria essenza yin. Ma la masturbazione è una tecnica imperfetta anche se non espellete il liquido spermatico, perché sviluppa una energia (yang) molto secca, che può essere molto focosa e molto intensa, ma non è bilanciata. Può essere bilanciata solo nell'uomo in grado di applicare tecniche meditative superiori, capaci di sviluppare nel maschio il polo yin. Quindi la masturbazione dev'essere utilizzata solo a scopo di esercitazione. L'uomo che indulge troppo nella masturbazione ostacola la propria maturazione. La pratica della masturbazione non deve superare la durata di 1- 2 anni. La durata dipende dalla frequenza con cui vengono praticate la Grande Elevazione e le altre tecniche e dalla presenza o meno di una partner.

Il potente *chi* dell'erezione mattutina

Un'altra occasione per praticare la Grande Elevazione si offre all'uomo quando di notte o di primo mattino si sveglia col membro eretto. Questa erezione dimostra la presenza in esso di un *chi* molto forte e molto puro, prodotto da un corpo e da uno spirito rigenerati dal riposo e dal sonno. Anzi secondo alcuni taoisti questo è il *chi* più forte di cui un uomo possa disporre. E' un *chi* ancora immacolato, non alterato da veleni (psichici o di altro genere). E lo spirito è rilassato e privo di tensioni esterne, per cui può assorbire energia più facilmente che in altre circostanze.

Potete praticare la Grande Elevazione stando a letto, allungati sul fianco destro, fino a scomparsa dell'erezione. Può essere necessario un numero di contrazioni maggiore del solito perché nel Palazzo del Seme si è accumulata una grande quantità di energia. Se al capo arriva troppa energia, dirigetela mentalmente all'ombelico mediante la concentrazione e fatela girare a spirale in un'area di circa 7 centimetri di diametro. Muovetela prima in senso orario, poi in senso antiorario. Questo accorgimento equilibrerà l'energia in eccesso. Se non è sufficiente a diminuire la pressione, potete espellere l'energia dal corpo.

Eliminazione di una pressione troppo forte

Durante le vigorose contrazioni, la forza dalla parte inferiore del tronco viene pompata in alto e contemporaneamente dalla testa viene spinta energia in basso. Di conseguenza nella parte centrale del tronco si sviluppa una pressione enorme, che è necessario stornare. Non può uscire né attraverso il membro né attraverso l'ano perché voi li tenete chiusi entrambi.

Quindi la forza sale « sparata » agli orecchi e agli occhi e fuoriesce attraverso essi. Mentre attraversa questi organi dei sensi li vivifica e li rinforza. Potete favorire l'afflusso di energia rigeneratrice tenendo gli occhi molto aperti e muovendoli un po' nelle orbite.

Dominio mentale dell'eiaculazione

Secondo la tradizione taoista, agli albori dell'umanità i nostri progenitori possedevano la istintiva capacità di dominare la sessualità. Erano capaci di governare i sentimenti, l'eiaculazione e la sessualità. Col tempo l'uomo avrebbe perso questa facoltà per eccesso di lussuria, per abuso di alcool e per eccessiva attività intellettuale. Essa però può essere riconquistata insegnando alla mente a impedire automaticamente l'eliminazione dell'energia sessuale. La segreta chiave di questa conquista sta nel praticare la Grande Elevazione tanto a lungo da farla diventare un « riflesso ». A questo punto il Nettare dell'essenza sessuale raggiungerà il vertice del capo, il Fiore d'Oro. L'epifisi partecipa al processo in misura determinante.

La meta ultima consiste nel riuscire a portare in alto l'energia (dopo 6-21 mesi di pratica o 10.000 Grandi Elevazioni) in qualsiasi momento, in qualsiasi luogo e in qualsiasi posizione: stando in piedi, seduti, e in qualsiasi circostanza, anche nel corso di una conversazione. Quando con l'aiuto della Grande Elevazione riuscite a tener chiusa la porta per un'intera settimana, incominciate ad essere padroni della vostra sessualità. Raggiunto questo traguardo, concentratevi sul vertice del capo (epifisi) e cercate di dirigere in alto l'energia, senza troppo sforzo, con la sola forza del pensiero. Allora la porta si chiuderà automaticamente e rimarrà chiusa per tutto il tempo che desiderate. Quando rivolgete l'attenzione al vertice del capo la forza viene aspirata fino ad esso.

Alcuni allievi commettono l'errore di tirar su la forza con troppa foga e troppa frequenza o applicano la tecnica in modo scorretto, per cui la forza ristagna nel centro cardiaco. Per liberarla da questa prigione bevete un tè di erbe con molto miele oppure massaggiate energicamente in direzione dell'ombelico, con la mano, la superficie anteriore del corpo. In quest'area essa può raccogliersi senza arrecare danno. Se anche dopo aver compiuto queste operazioni l'energia rimane imprigionata, respirate in modo normale e cercate di eliminare la stasi con la forza del pensiero. Fate salire il *chi* dal perineo (hui-yin). Inspirate e « pensate » alla forza che sale dall'hui-yin (la « porta della vita e della morte ») e arriva al vertice del capo (all'epifisi) e poi dirigetela verso il terzo occhio (yin-tang), fra le sopracciglia. Fate una pausa. Poi espirate spingendo l'energia in basso. Quando la forza passa attraverso il cuore immaginate che scenda all'ombelico precipitando come una cascata d'acqua. Se ripetete questa operazione 9-36 volte, la forza stagnante nel cuore poco a poco si libererà.

Arriverete al punto di riuscire a dominare l'impulso di eiaculare in qualsiasi momento. Anche quando avete un'erezione notturna pompate semplicemente l'energia fino al cervello; e mente e sesso diventeranno una cosa sola. Arrivati a questo punto potrete dominare la sessualità con la stessa naturalezza e facilità con cui comandate ai muscoli volontari delle vostre braccia. Il tempo occorrente per raggiungere questa meta varia da persona a persona. Alcuni uomini fanno progressi rapidi, altri hanno bisogno di un tempo maggiore. La chiave del successo sta nella pratica! Quando vi sarete esercitati sufficientemente acquisterete fiducia in voi stessi e sarete in grado di comandare ai vostri organi sessuali e di aprire e chiudere la porta dell'immortalità (la porta della vita e della morte) a vostro piacimento.

Indicazioni pratiche

1. Quando riuscite a bloccare con sicurezza l'impulso a eiaculare mediante la forza del pensiero, può succedere che il secondo o terzo giorno dell'esercitazione accusiate un leggero dolore in corrispondenza dell'hui-yin o del pene. Niente paura, è un effetto normale. La mente ordina ai muscoli di contrarsi e di invertire la marcia del liquido spermatico, e poiché l'operazione richiede un notevole dispendio di forza è più che naturale che avvertiate qualche disturbo locale. Massaggiate ripetutamente l'hui-yin e cercate di rilassare i muscoli: questi disturbi scompariranno.

2. Alcuni uomini avendo accumulato una grande quantità di energia si surriscaldano, altri avvertono nausea o cefalea, perché l'energia sessuale si è arrestata nella testa o nel torace e si è prodotta una quantità di forza eccessiva. Sono forme blande di « sindrome da kundalini ». Col miele e il massaggio al petto questi disturbi si attenuano. Se non riuscite ad eliminarli, per bruciare l'energia in eccesso dovete camminare a lungo o stancarvi fisicamente in altro modo. E' necessario eliminarla senza danneggiare l'organismo. Il modo più sicuro per distribuire l'energia sessuale uniformemente nel corpo è quello di farla circolare nel PCE.

3. Quando sarete finalmente in grado di governare i processi sessuali con la sola forza del pensiero, cioè una volta raggiunto il controllo mentale automatico dell'energia sessuale, non avrete più bisogno di serrare i denti e di contrarre i mascellari e i glutei. Raggiunto questo stadio, il corpo rimane perfettamente rilassato, e voi contraete esclusivamente il diaframma urogenitale e il perineo.

4. Se volete acquisire la facoltà della chiusura automatica interna, esercitatevi a praticarla in qualsiasi momento e ovunque vi trovate: mentre guidate la macchina, mentre prendete un caffè o mentre lavorate. Contraete il diaframma urogenitale, cioè praticate la contrazione anteriore, senza contrarre contemporaneamente le natiche. Esercitatevi in questo modo finché sarete in grado di controllare perfettamente ogni erezione o ogni impulso a eiaculare semplicemente col pensiero, fulmineamente.

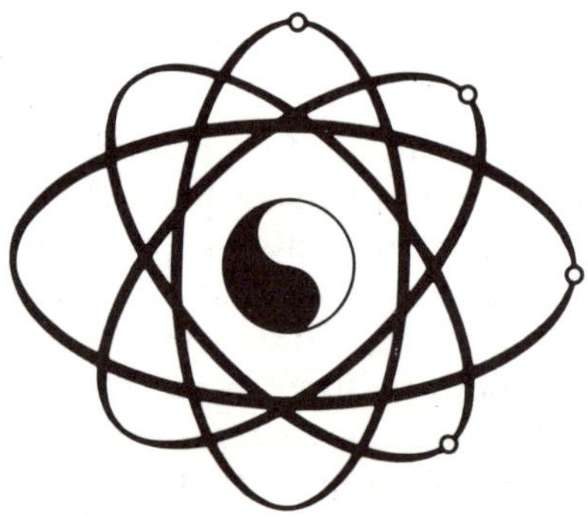

Terza Parte

Trasformazione dell'energia sessuale in amore spirituale

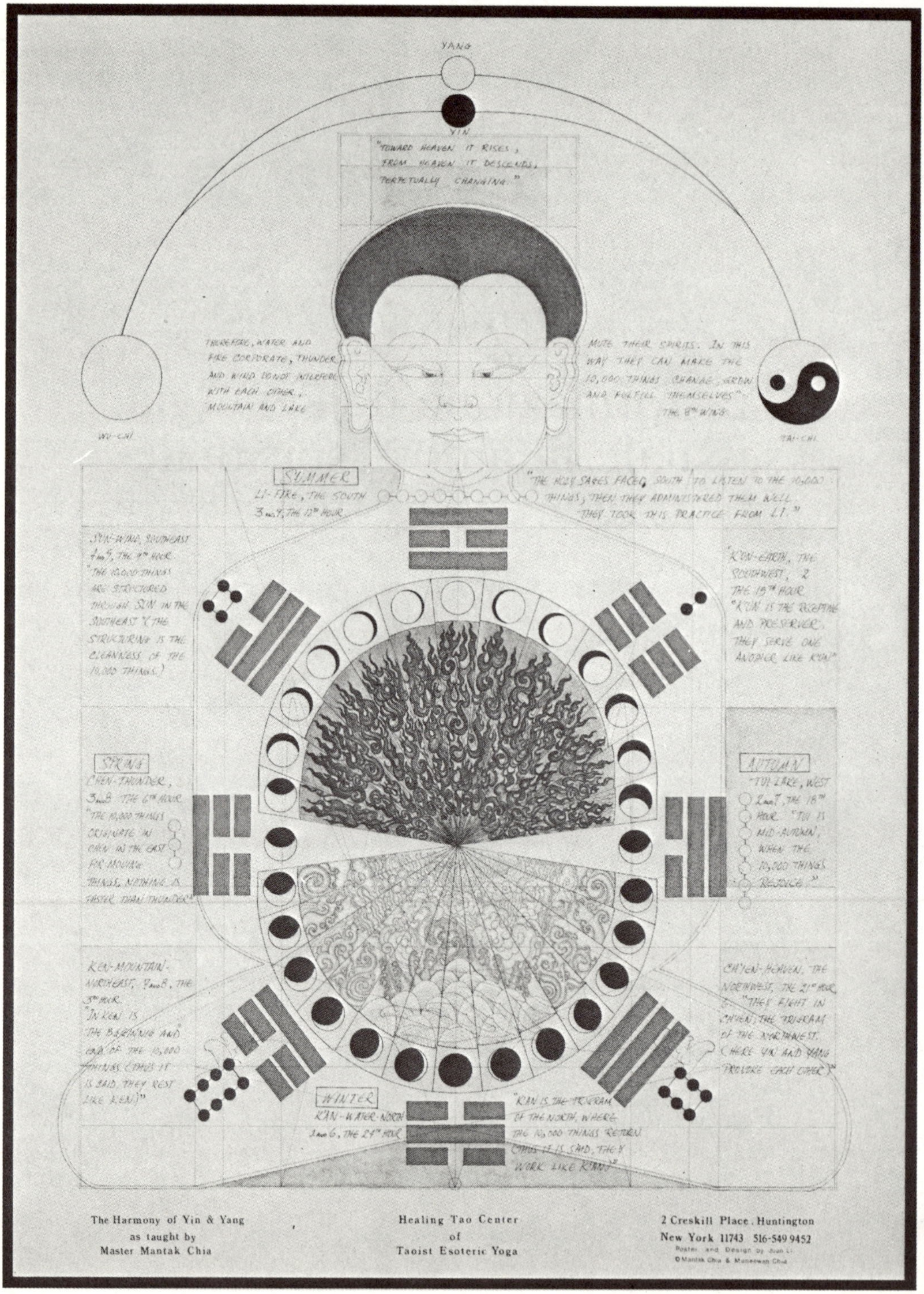
YANG
YIN
"TOWARD HEAVEN IT RISES, FROM HEAVEN IT DESCENDS, PERPETUALLY CHANGING."
THEREFORE, WATER AND FIRE CORPORATE, THUNDER AND WIND DO NOT INTERFERE WITH EACH OTHER, MOUNTAIN AND LAKE
MUTE THEIR SPIRITS. IN THIS WAY THEY CAN MAKE THE 10,000 THINGS CHANGE, GROW AND FULFILL THEMSELVES" THE 8TH WING
WU-CHI
TAI-CHI
SUMMER
LI-FIRE, THE SOUTH
"THE HOLY SAGES FACED SOUTH TO LISTEN TO THE 10,000 THINGS; THEN THEY ADMINISTERED THEM WELL. THEY TOOK THIS PRACTICE FROM LI."
SPRING
CHEN-THUNDER,
"THE 10,000 THINGS ORIGINATE IN CHEN IN THE EAST FOR MOVING THINGS, NOTHING IS FASTER THAN THUNDER"
AUTUMN
"TUI LAKE, WEST
WINTER
K'AN-WATER-NORTH
The Harmony of Yin & Yang
as taught by
Master Mantak Chia
Healing Tao Center
of
Taoist Esoteric Yoga
2 Creskill Place . Huntington
New York 11743 516-549 9452
Poster and Design by Juan Li
©Mantak Chia & Maneewan Chia

Capitolo 9

Scambio di yin e yang: l'orgasmo della valle

« Yang può agire se opera insieme a yin, yin può crescere solo in presenza di yang »
La Consigliera per le Cose d'Amore dell'Imperatore Giallo

Il nostro universo si modifica per effetto del perenne fluire di yin e yang. Visualizza il principio di yin e yang, per esempio, l'incessante ciclico alternarsi del giorno e della notte. Tutto ciò che vive può esistere e crescere grazie a questa « respirazione celeste ». Se esistesse soltanto il giorno e non ci fosse la notte, brucerebbe ogni cosa; se esistesse soltanto la notte e non ci fosse il giorno, nulla potrebbe crescere. In quanto essere vivente anche l'uomo è soggetto alle leggi dell'azione alterna di yin e yang.

L'uomo può raggiungere la felicità solo se vive in armonia con la natura. Se infrange la legge dello scambio di yin e yang ostacolando dentro di sé l'accoppiamento di yin e yang, l'energia non può circolare nel suo corpo, la sua forza vitale poco a poco si arresta e infine lo abbandona. Perciò la sua vita diventa un lungo cammino in discesa, qua e là interrotto da sussulti di spasmodico asservimento alle passioni.

Quando avete imparato a bloccare l'impulso di eiaculare o state iniziando ad apprendere il tao dell'amore, siete alla vigilia di una nuova esperienza. Un'esperienza che modificherà profondamente le vostre sensazioni, fisiche e spirituali, e vi porterà a vedere la vostra partner, la sessualità e l'amore con occhi completamente nuovi.

L'« Elevazione del Nettare nel Fiore d'Oro » è imperfetta finché non ha luogo lo scambio fra yin e yang. Il Fiore d'Oro è la luce alla sommità del capo. La Grande Elevazione vi permette di conservare il Nettare (l'Essenza Sessuale), però esso si trasforma in energia spirituale solo grazie allo scambio delle energie maschile e femminile. Durante questo scambio voi vivrete una sessualità che si identifica con l'amore, ma che è un amore nuovo, molto più profondo. Il vostro orgasmo sarà completamente diverso da quello associato all'eiaculazione. Il coito prolungato produce una voluttà che pervade l'intero organismo. L'uomo che eiacula non conoscerà mai questo tipo di orgasmo perché limita il piacere sessuale, perché lo circoscrive all'area genitale. Grazie a questa pratica sperimenterete un equilibrio interno che non ha l'uguale e che persiste a lungo: non scompare con la scomparsa del piacere sessuale, ma dura al di di là di esso, quando l'orgasmo è diventato ormai solo un ricordo.

Questo metodo vi consente di penetrare nella donna molto a lungo, di « colpire » per mezz'ora, un'ora, due ore o anche più a lungo. E' una voluttà prolungata di cui potete godere senza dover perdere forza vitale. Ma la principale differenza fra la pratica sessuale comune e la pratica esoterica (il kung fu sessuale) sta nel fatto che quest'ultima produce un orgasmo completamente diverso. Se definiamo il primo: un breve attimo di piacere intensissimo, talora tormentoso, e poi più niente, « orgasmo della vetta », dobbiamo definire il secondo « orgasmo della valle »: un'onda che si espande e si propaga permeando l'intero organismo. L'orgasmo della valle ci regala una estasi che non solo aumenta progressivamente ma è anche molto più intensa. Carlos Suares usa un'immagine analoga per distinguere il vero amore sessuale dal coito eiaculatorio: « Sul piano erotico l'uomo che ama può essere paragonato a una valle irrorata da numerosi rivoli, a una sorta di profondo abisso attraversato da un grande fiume ribollente ».

Durante l'orgasmo della valle gli amanti possono rilassarsi e scambiarsi tenerezze per tutto il tempo che vogliono. In luogo di un'esplosione panica si produce un'onda di energia sottile altamente polarizzata che lambisce ritmicamente gli amanti fusi l'uno nell'altro. L'orgasmo della valle non è una tecnica, è un'esperienza che gli amanti si regalano. Però questa esperienza può essere favorita adempiendo ai seguenti accorgimenti:

1. *Coordinazione nel tempo (sincronizzazione)*: dopo le ripetute penetrazioni (« colpi ») gli amanti riposano, si rilassano e si scambiano energia.

Dopo aver praticato le vigorose contrazioni della Grande Elevazione ricominciate a « colpire ». Portato a termine un ulteriore ciclo di 81 colpi piatti (brevi) e 9 profondi (lunghi) probabilmente sentirete di nuovo il bisogno di eiaculare. Intanto la vostra passione ha eccitato la donna, per cui probabilmente è prossima all'orgasmo anche lei.

Se è molto eccitata la sua vagina comincia a secernere dell'altro liquido lubrificante, che contiene un elevato tasso di energia yin. Dopo il secondo ciclo di penetrazioni (« colpi »), onde impedire l'eiaculazione praticate di nuovo la Grande Elevazione. Se la vostra partner è prossima all'orgasmo, mentre lei pratica la Grande Elevazione, cessate ogni movimento. A questo punto avete in corpo una quantità di forza propulsiva più che sufficiente a pompare l'energia sessuale fino ai centri superiori.

Cessate quindi di « colpire » e provvedete allo scambio di energie: elargite alla vostra partner la vostra forza sessuale (yang) e accogliete la forza sessuale di lei (yin). Mentre voi le donate la vostra calda energia maschile, la donna fa fluire nel vostro corpo la sua fresca energia femminile. Tenete presente che potete assorbire la sua forza solo se contemporaneamente le donate la vostra senza risparmio. Grazie a questo scambio raggiungerete entrambi l'equilibrio perfetto. Per raggiungere l'equilibrio perfetto l'uomo ha bisogno dell'energia ricettiva della donna; e la donna a sua volta, per raggiungere un'armonia superiore, ha bisogno dell'energia espansiva dell'uomo. Ecco perché i due sessi si attraggono.

2. *Posizione*: Potete « colpire » e abbracciare la vostra partner in qualsiasi posizione. L'essenziale è che essa sia comoda per entrambi.

Se l'uomo è molto pesante la donna deve giacere sopra di lui. Se la donna è più robusta dell'uomo, è lei che deve giacere sotto, altrimenti incontra difficoltà a pompare in alto la forza. In ogni caso uomo e donna debbono adottare una posizione che sia comoda per entrambi per molto tempo. Tenete a disposizione anche qualche cuscino in più.

3. *Respirazione coordinata degli amanti*: Il termine cinese « *chi* » significa « respiro ». La vita è respiro. Tutto ciò che vive inspira ed espira. Perciò anche in filosofia i Cinesi definiscono i vari fenomeni « prevalentemente yin » (espirazione) o « prevalentemente yang » (inspirazione). L'atto sessuale è, in linea di principio, un atto respiratorio. Ciascuno dei due amanti respira il proprio ching nel corpo e nell'anima dell'altro.

Terminata la fase delle penetrazioni essi sintonizzano i loro respiri: ognuno avvicina il proprio orecchio al naso dall'altro in maniera che i due toraci vengano a trovarsi l'uno contro l'altro. In questa posizione è facile percepire il respiro del partner. Nel coito i cicli respiratori stimolano e armonizzano tutti i processi vitali. Respirando in sincronia i due amanti diventano un essere solo. Focalizzano il ritmo di tutte le loro energie per cui possono procedere insieme fino a raggiungere la sorgente prima del flusso vitale. Dovete percepire il respiro della vostra partner con un'intensità pari a quella che accompagna le sensazioni che provate quando introducete il membro fino in fondo alla sua vagina.

4. *Inspirazione che attraverso la colonna arriva al vertice del capo ed espirazione attraverso il pene*: Dopo aver respirato in sincronia per qualche tempo, pompate la forza fino al vertice del capo. Durante la inspirazione grazie alla forza del pensiero l'uomo immette nel pene l'energia yin proveniente dalla vagina e la donna immette nella vagina l'energia yang proveniente dal pene. Poi entrambi dirigono l'energia prima all'hui-yin (perineo), poi fino al pai-hui (vertice del capo). Da qui essa fluisce in basso: scende attraversando la lingua, che durante tutta l'operazione deve rimanere perfettamente aderente al palato.

Non usate la forza muscolare come nella Grande Elevazione; pilotate l'energia sessuale con la sola forza del pensiero. Pensate che sta salendo. Questo suggerimento a un principiante suonerà bizzarro, sembrerà incomprensibile, mentre l'uomo che ha cominciato a praticare il kung fu sessuale, poiché avverte già dentro di sé la presenza della forza, capirà di certo cosa intendo. Quando la mente impara a guidare il *chi* (che unisce fra loro corpo e mente), esso finalmente sale fino al capo.

Inizialmente potete accelerare lo scambio di yin e yang con una contrazione profonda e protratta. Quando la donna secerne il liquido vaginale inspirate lentamente e profondamente attraverso il naso e contemporaneamente tendete, nell'ordine, il pene, l'hui-yin, l'ano, le natiche, i mascellari e i pugni. Mentre aumentate progressivamente la contrazione, seguite col pensiero il percorso dell'energia: pene, hui-yin, chang-chiang, colonna vertebrale, vertice del capo. Terminata la inspirazione, trattenete l'aria e mantenete contratti i muscoli più a lungo che potete. Nel medesimo tempo pompate ininterrottamente la forza verso l'alto in perfetta apnea.

Poi cedete l'energia « yang » e il vostro calore alla donna mentre espirate; dovete espirare molto profondamente rilassandovi del tutto a cominciare dall'alto: rilassate prima i muscoli del capo, poi quelli del collo, del torace, dell'addome e infine quelli del bacino. Il rilassamento deve attraversare il vostro corpo come un'onda che scende in basso. Quando quest'onda ha raggiunto la regione pelvica trasmettete alla vostra partner mediante il vostro membro l'energia calda yang che l'onda ha trasportato — ma

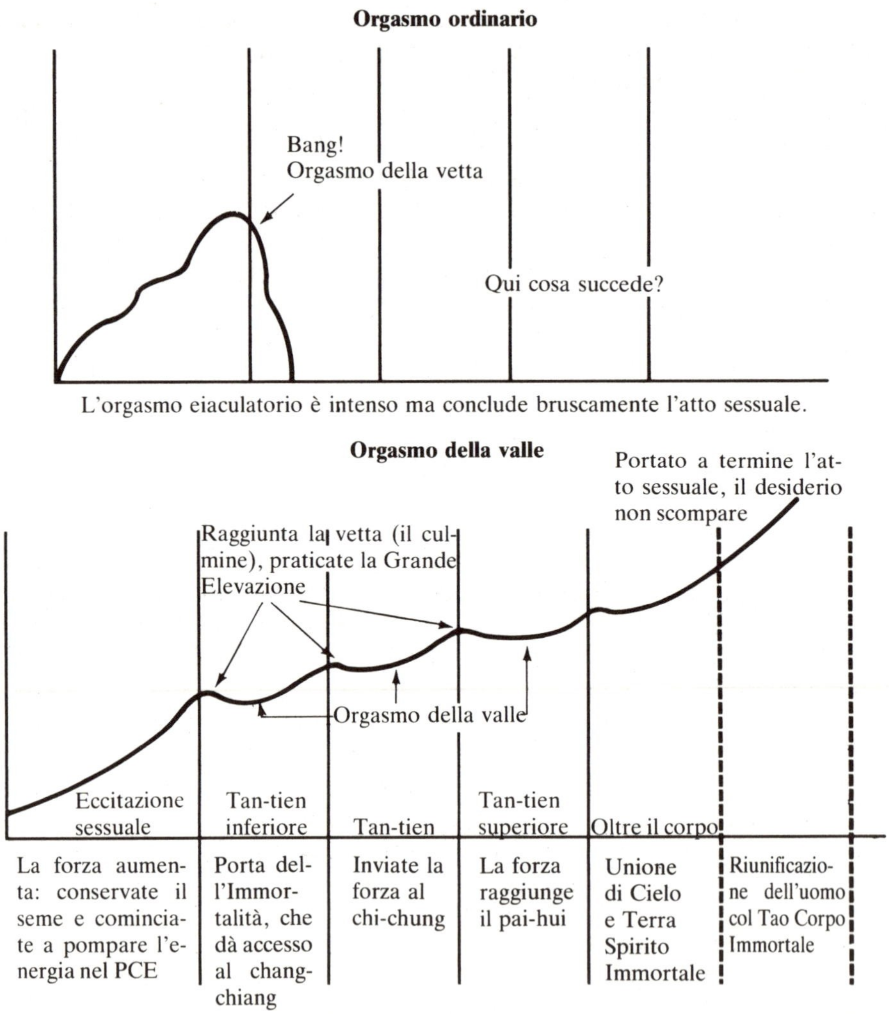

Gli orgasmi della valle sono « porte » attraverso le quali gli amanti possono accedere ai gradi spirituali.

Fig. 29

non il seme! Contrazione e rilassamento debbono essere morbidi e comunicare ai due corpi le rispettive pulsazioni.

Donate alla vostra donna la vostra essenza energetica con molto amore. L'offerta deve essere accompagnata da tutto l'amore e da tutta la devozione di cui siete capaci. Così la donna sarà indotta a donarvi la sua essenza (yin) e ad assorbire interamente tutto il vostro yang. In questo consiste l'appagamento della donna. Se invece voi, consciamente o inconsciamente, tentate di trattenere la vostra energia, essa avvertirà la vostra « freddezza », l'ostinatezza del vostro ego, che in sostanza non è altro che energia « bloccata » (nell'uomo ristagna per lo più nel capo). Consentitele di assorbire tutto il vostro yang, del quale lei ha bisogno; donate a lei l'energia che avreste usato per espellere il seme. Quando l'impulso a eiaculare diminuendo la tensione poco a poco cessa, l'energia yin circolerà in tutto il vostro corpo, mentre il vostro yang circola nel corpo della vostra partner.

Le prime volte che praticherete lo scambio di energia la voluttà da esso prodotta vi travolgerà al punto che non riuscirete a distinguere l'energia yin (proveniente dalla donna) da quella vostra. Vi sembrerà di avere in corpo una sola energia calda ed esplosiva. Però a misura che il vostro sistema nervoso imparerà ad assorbire e a elaborare quantità sempre crescenti di energia yin, riuscirete ad avvertire lo scambio di yin e yang, percepirete il fenomeno sempre più distintamente. Se voi e la vostra partner produrrete energia supplementare in altri punti del corpo, avrete modo entrambi di riceverne e donarne quantità sempre maggiori. A questo punto dovete attirare la forza nell'hui-yin e trattenerla in quest'area con la forza della meditazione.

Quando l'uomo dispone di una quantità di forza maggiore di quella della donna, può aiutare la partner dirigendo la propria forza ai centri ancora « chiusi » di lei. Poi entrambi si concentrano su questi punti. Il *chi* affluisce sempre ai punti sui quali la mente si concentra. Quando la forza avrà raggiunto l'hui-yin, dirigetela verso il chang-chiang (coccige). Meditando su questo punto, mentre esso si aprirà avvertirete nello scroto un formicolio e un leggero dolore. Fate salire l'energia lungo la schiena fino al ming-men (T 11), la « porta della vita » (di fronte all'ombelico), cioè a livello delle capsule surrenali. Quando l'energia, che percepite sotto forma di calore, raggiunge questo punto, fatela salire ulteriormente affinché raggiunga il gia-pe (il punto fra le scapole).

Mentre l'energia lo attraversa, questo punto si riscalda, e questo calore viene inviato al « cuscino di smeraldo » (o « di giada »), cioè al punto yu-chen, nella nuca. L'apertura di questo centro è accompagnata da una sensazione di pesantezza. Poi l'energia viene diretta al vertice del capo lungo una linea intermedia fra l'orecchio e il naso. Può succedere che avvertiate una marcata pesantezza al capo o che abbiate l'impressione che qualcosa vi perfora il cranio da sotto. Dopo di che inviate la forza al punto situato fra le sopracciglia.

Tenete presente che non è possibile aprire tutti i punti con un unico coito. Può essere necessario un ripetuto scambio di yin e yang per aprirne uno solo. Se eiaculate non potrete donare la vostra energia perché perdete molto forza e ve ne rimane poca da dirigere in alto. Quando i centri superiori sono saturi di energia, essa scende in basso attraverso la lingua e si raccoglie nell'ombelico.

5. *Fase del plateau: fusione dei PCE degli amanti*: A seconda dell'energia vitale o dello sviluppo spirituale dei due partner, la coppia col tempo sperimenta altre « aperture » durante il coito. Cioè fa un « salto di qualità » nello sviluppo della sensibilità e sul piano spirituale. Questo avviene di norma nella fase culminante (del plateau) durante lo scambio di yin e yang: è una fase del gioco erotico nella quale voi non penetrate nella donna. Le « vette » sono rappresentate dai momenti che precedono immediatamente l'orgasmo evitato tramite la Grande Elevazione. Il « plateau » è lo scambio fisico passivo di energia che ha luogo fra queste « vette ».

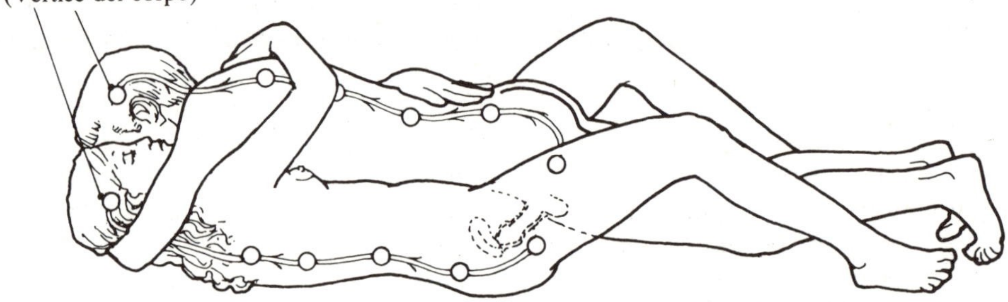

Scambio di Yin e Yang
I due amanti, prima di scambiarsi le relative energie, aspirano lentamente la forza fino al Pai-Hui.

Fig. 30

Ma le energie sottili dei corpi passivamente immobili sono tutt'altro che passive: al contrario, si muovono molto dinamicamente costruendo fra i partner un nuovo piano di tensione elettromagnetica. E' un'onda energetica interiore paragonabile a un'onda marina che si alza, guadagna forza e poi si infrange, ma per essere immediatamente sostituita dall'onda successiva. Quando l'energia sessuale è stata intensificata mediante le penetrazioni (i « colpi ») e con l'aiuto della Grande Elevazione è stata diretta in alto lungo il PCE, lo scambio di yin e yang fra gli amanti può aver luogo in modi diversi.

All'inizio questo scambio avviene in modo caotico, fra punti del corpo che si toccano. Ma via via che bloccando l'eiaculazione guadagnate forza, sentirete l'energia circolare nel PCE, salire lungo la colonna vertebrale e poi scendere lungo la parte anteriore del corpo. Durante la fase del plateau percepirete una corrente calda scorrere fra vagina e pene, fra bocca e bocca e fra mammella e mammella.

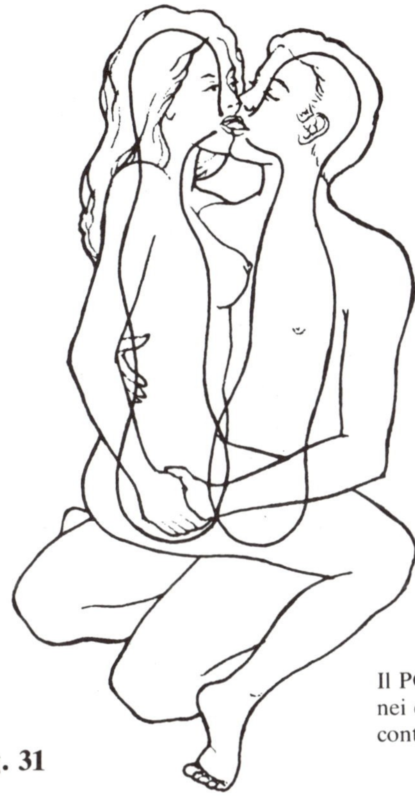

Il PCE viene chiuso nei due partner dal contatto fra le lingue.

Fig. 31

I due PCE si uniscono per formare un circolo più grande che attraversa i corpi di entrambi gli amanti. In essi l'equilibrio energetico si armonizza. Ne deriva una profonda alleanza di sentimenti, che perdura nella vita di ogni giorno. La corrente del *chi* si rafforza al punto che i due amanti possono sentirsi percorsi da una corrente elettrica calda. Questo effetto nei partner che godono buona salute e praticano la Grande Elevazione si produce molto presto, già dopo pochi atti sessuali, in altri solo dopo settimane o mesi.

I Piccoli Circoli Energetici dell'uomo e della donna possono unirsi in vari modi. La tecnica più diffusa prevede l'unione dei circuiti a livello delle bocche e dei genitali, secondo uno schema ad 8. L'uomo pompa la propria energia lungo la colonna vertebrale fino alla lingua, che funge da interruttore elettrico. Da qui essa entra nel PCE della donna, scende lungo la parte anteriore del corpo di lei attraverso il « Vaso Servo », entra nella vagina e raggiunge il pene, dal quale sale di nuovo lungo la colonna dell'uomo. La donna fa circolare la propria energia in modo analogo, cioè la fa salire lungo la colonna e poi scendere lungo il « Vaso Servo » dell'uomo per accoglierla di nuovo nella vagina e dirigerla di nuovo in alto attraverso il perineo e la colonna. Questo è il metodo più semplice per pilotare coscientemente lo scambio di yin e yang.

Ma ogni coppia può sviluppare un proprio metodo, un proprio modello a 8. All'inizio i partner saranno costretti a comunicarsi verbalmente su quale centro si stanno concentrando. In seguito, quando sono diventati più sensibili all'energia propria e a quella dell'altro, lo scambio di *chi* avviene in silenzio, diventa un linguaggio muto sostenuto dalla gioia di poter donare al partner la propria corrente vibrante. Lo schema ad 8 può essere instaurato unicamente a livello delle bocche o, se gli amanti non si baciano, ma sono uno dentro l'altro, unicamente a livello dei genitali. Ma l'8 può anche avvolgere il « Vaso Guida » come un serpente, nel senso che l'energia maschile sale a spirale lungo la colonna vertebrale dell'uomo e scende lungo la colonna vertebrale della donna, mentre quella femminile sale lungo la colonna vertebrale della donna e scende lungo quella dell'uomo.

In questa fase molte coppie sentono aprirsi spontaneamente alcune delle otto Vie Particolari, un fenomeno che nel sistema del tao yoga è definito « fusione dei cinque elementi ». Di queste vie fanno parte i canali, negativi e positivi, delle braccia e delle gambe, la via che corre intorno alla cintola descrivendo una spirale, e la Via Ascendente che passa per il centro del corpo. Se la vostra energia « diventa selvaggia » e all'improvviso percorre vie che non vi sono familiari, non vi preoccupate. Molti amanti, per esempio, avvertono una colonna di energia che sale lungo il loro corpo attraverso una linea centrale. Se questo avviene, rilassatevi e abbandonatevi alla voluttà che queste energie sottili vi trasmettono. In altre coppie il *chi* sale « sparato » nelle teste dei partner e proietta in basso un fiotto di Nettare. Altri ancora hanno la sensazione di essere chiusi in un bozzolo, tenuti stretti da invisibili briglie di energia.

Quando avrete aperto tutte le vie sottili e avrete sperimentato tutti i possibili modi per scambiare l'energia, potrete decidere quale scegliere per esprimere il vostro amore. Fatto interessante: fanno spesso esperienze molto simili anche amanti che non conoscono affatto questi metodi esoterici. Non hanno la possibilità di provocare queste esperienze, però le conoscono perché hanno aperto istintivamente alcuni canali delle loro energie sottili. Gli insegnamenti segreti dell'arte d'amare taoista servono a rivelare alla coscienza le infinite possibilità che si celano dentro di noi. E' questa consapevolezza che consente di sperimentare il divino scambio delle energie sessuali. In questo senso l'amore è la via universale che conduce alla libertà massima. Più energia dividete con la vostra partner, più libertà acquistate.

6. *I tre tan-tien dell'orgasmo della valle*: Dopo che i due amanti si sono scambiati i rispettivi *chi* attraverso il PCl o attraverso altre vie, la loro energia è più intensa e più armonizzata. E' il presupposto della vera fusione dei loro Esseri nell'orgasmo della valle.

L'orgasmo della valle rappresenta un'esperienza di scambio di yin e yang ancora più intensa. Può manifestarsi spontaneamente in ogni coppia che si adopera per sviluppare l'amore e la coscienza spirituale. Non esiste una tecnica sicura, che possa garantire il successo. Tuttavia i metodi qui descritti aumentano la probabilità che durante l'atto sessuale vengano raggiunti sempre orgasmi della valle.

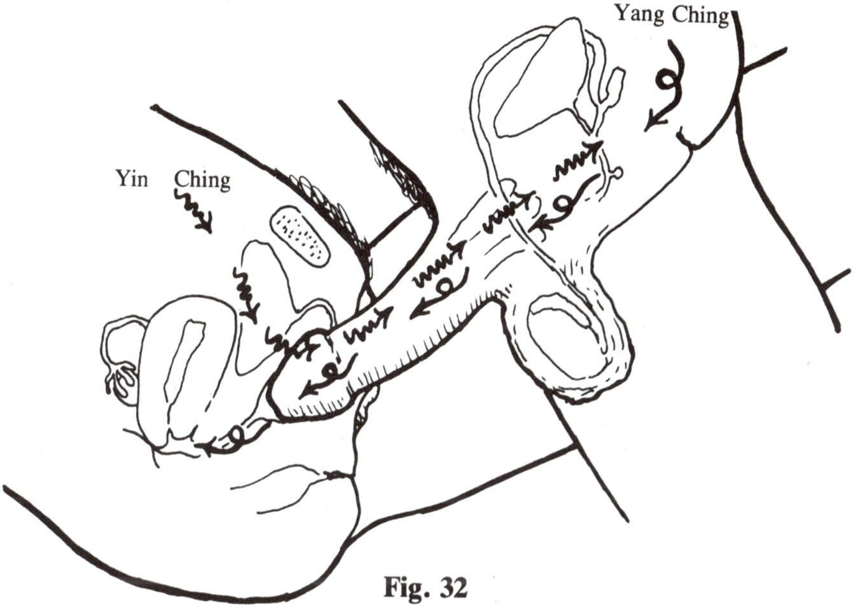

Fig. 32

Lo scambio di Yin e Yang:
L'uomo immette la propria energia calda (yang) nella vagina della donna mediante il pene e assorbe la fresca energia yin di lei.

Si tratta di uno stato di orgasmo di lunga durata che compare di solito durante la fase del plateau, quando le energie yin e yang sono perfettamente equilibrate e armonizzate. Ha luogo l'unione degli opposti, la vera fusione. Non siate delusi se nonostante riusciate a bloccare l'eiaculazione e a compiere la Grande Elevazione non raggiungete l'orgasmo della valle. In realtà esso è raggiungibile spesso con difficoltà, specie negli ambienti zeppi di stress come quelli cittadini, dove esistono forze che ostacolano il perdurare del perfetto equilibrio delle energie sottili.

Durante l'orgasmo della valle gli amanti sentono « aprirsi » un dato centro energetico all'unisono. Questa apertura libera un'energia potente che pervade tutte le cellule del corpo e le fonde con quelle del partner. Gli induisti chiamano questi centri « chakra », i taoisti « tan-tien ». I tan tien sono tre, uno superiore, uno centrale e uno inferiore, e sono localizzati rispettivamente nel bacino, nel cuore e nella testa.

In realtà l'intero corpo è un unico campo magnetico. Tuttavia sul piano pratico è più facile operare prima con le correnti energetiche minori e poi con quelle maggiori. I centri vanno aperti dal basso verso l'alto. Se apriamo prima i centri superiori l'energia che si sprigiona da essi può essere molto labile e di breve durate; perciò gli amanti, onde creare una polarità maggiore, debbono dirigere ai centri inferiori la loro energia superiore. Quando le parti basse del corpo sono sature di energia superiore, fra i due amanti si sviluppa una maggiore « complicità » e si crea una base più stabile per ulteriori viaggi esplorativi nel mondo dello spirito.

L'apertura di questi centri energetici rappresenta il vero e proprio processo di trasformazione dell'essenza sessuale in essenza spirituale. Nell'orgasmo della valle il *chi*, il ching e lo shien dei due amanti si fondono fra loro. Nel singolo, naturalmente, queste energie sono presenti tutte e tre, però sono separate l'una dall'altra e deboli. Ognuno dei due amanti, oltre a trasmettere al partner l'energia di cui esso è eventualmente carente, grazie alla presenza in lui dell'energia sottile di polo opposto, puo anche liberare energie nascoste. Ogni volta che si apre un nuovo centro energetico la coscienza si espande ulteriormente. Nel processo alchemico che fonde fra loro *chi*, ching e shien lo spirito si purifica e progredisce.

L'apertura di questi centri non può venir forzata né accelerata, per la stessa ragione per cui non è possibile costringere il bambino a diventare adulto in fretta. La crescita e lo sviluppo necessitano di fasi previste dalla natura. E' possibile favorire l'apertura dei tan-tien mediante il rilassamento, che dev'essere totale. Quando si manifesta, l'orgasmo della valle risulta essere un « dono inaspettato », uno scintillante gioiello donato dal tao.

Questa esperienza è stata definita anche stato di quiete profondissima e di estrema chiarezza, ma per descriverne la bellezza e l'autenticità le parole non bastano.

Più profondamente vi rilassate durante lo scambio di yin e yang, più intensamente vi offrite alla vostra partner, più probabile diventa che raggiungiate l'equilibrio delle forze polari, necessario perché si aprano tutti i centri energetici. Questa apertura avviene in una frazione di secondo ma richiede mesi o anni di preparazione. I due amanti debbono sintonizzare le loro energie sottili nel modo più perfetto. Per raggiungere i gradi più alti della Duplice Elevazione è necessaria un' intesa perfetta fra i due amanti. Per cogliere il gioco delle forze sottili e raffinare le energie grezze (fisiche ed emozionali) occorre moltissimo tempo.

Ma è necessario anche irrobustire il sistema nervoso perché sia in grado di sopportare l'intensa corrente di *chi* che caratterizza l'orgasmo della valle. Per questo motivo io raccomando caldamente un esercizio come lo sbarramento della forza (Capitolo 6). E' molto utile inoltre coltivare il tai chi, il chi kung o altre tecniche meditative di purificazione.

L'orgasmo della valle può verificarsi quando durante lo scambio di yin e yang i due amanti armonizzano perfettamente la loro volontà e il loro respiro. Allora l'energia passa dall'uomo alla donna e dalla donna all'uomo e i due si concentrano insieme sui singoli centri. Può essere vantaggioso far compiere movimenti a spirale all'energia. In alcuni centri è utile far muovere l'energia, nell'uomo in senso orario, nella donna in senso antiorario, in un'area di 8 centimetri di diametro per 8 centimetri di profondità. Qualche volta l'energia agisce con più forza se è un po' più vicina alla colonna vertebrale.

L'energia *chi* si muove di preferenza a spirale. Quindi se in corrispondenza dei punti chiave fate ruotare l'energia in modo corrispondente, è probabile che riusciate a scatenare un vortice energetico particolarmente intenso, l'orgasmo della valle. Il movimento a spirale del *chi* è dovuto al gioco sinergico delle energie maschile e femminile. Lo indicano anche i simboli dei due sessi, il sesso femminile è simboleggiato da un cerchio, quello maschile da una freccia. La loro unione dà luogo a una spirale, genera cioè un'energia circolare rotatoria, la quale contiene un'energia lineare che si muove in direzione del centro del cerchio. Quando uomo e donna si amano avviene la stessa cosa: il *chi* yang penetra nel cerchio del *chi* yin; i due *chi* si fondono, il cerchio energetico si espande e si muove salendo nei due corpi con un movimento a spirale.

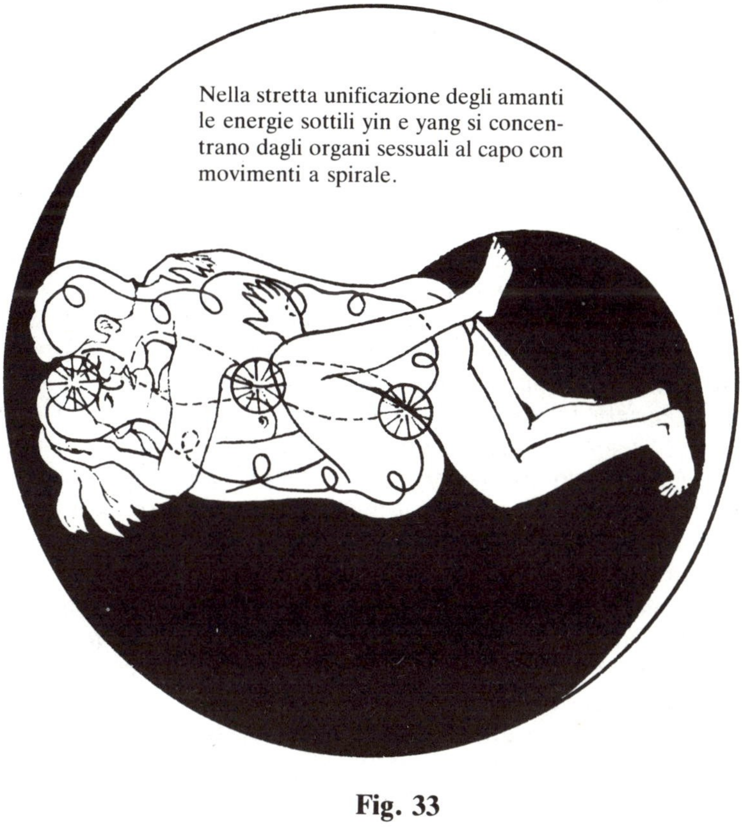

Nella stretta unificazione degli amanti le energie sottili yin e yang si concentrano dagli organi sessuali al capo con movimenti a spirale.

Fig. 33

Fate passare l'energia attraverso i vari centri nel seguente ordine: centro ombelicale, c. solare, c. cardiaco, c. cervicale, c. frontale e c. cranico.

1. Il centro ombelicale è il punto in cui si raccolgono numerose vie energetiche. L'apertura di quest'area collega fra loro tutte le vie e permette all'uomo di riacquistare una vitalità poderosa, paragonabile a quella che il neonato riceve dalla madre attraverso il cordone ombelicale.

2. Il plesso solare controlla l'apparato digerente, lo stomaco, la milza e il fegato. Migliora lo stato di salute e la forza di volontà. In questo centro la forza diventa più pura, più intensa e più « espansiva », però deve aver già attraversato il centro ombelicale.

3. Il centro cardiaco, o tan-tien centrale, tonifica cuore e polmoni e rende più profondi l'amore e la comprensione. Il suo influsso si propaga alle aree soprastanti e sottostanti.

4. Il centro cervicale, corrispondente alla tiroide, rappresenta la porta che consente all'uomo di accedere al Cielo. Poiché governa la favella è definito anche « centro creativo » o del linguaggio.

5. Il « terzo occhio » o yin-tang, localizzato fra le sopracciglia, governa il sistema nervoso e l'anima. L'apertura di questo centro conferisce calma e tranquillità e mitiga l'effetto degli stress e dell'angoscia. La testa è il campo energetico superiore o tan-tien superiore.

6. Il vertice del capo, o pai-hui o « corona », è il centro della conoscenza spirituale, la porta d'accesso all'evoluzione spirituale superiore.

Riassunto: Preparazione dell'orgasmo della valle

1. Eseguite l'atto sessuale praticando ripetutamente 3 o 6 o 9 colpi piatti (brevi, superficiali) e 1 colpo profondo (lungo, profondo).

2. Quando siete prossimi all'orgasmo, smettete di « colpire » e tramite la Grande Elevazione aspirate la forza fino al pai-hui.

3. Abbracciate la vostra partner e sincronizzate il vostro respiro con quello di lei. Scegliete una posizione comoda, che non costringa gli arti a subire a lungo un peso eccessivo.

4. Aprite il Piccolo Circolo Energetico facendo circolare in esso il vostro *chi* mediante la forza del pensiero.

5. Scambiate la vostra energia (yang) con quella della vostra partner (yin) e fate circolare la forza nel corpo avvinghiato di lei con l'aiuto della meditazione. Favorite l'equilibramento polare delle energie concentrandovi sul tan-tien inferiore. Indi fate salire la forza fino al tan-tien centrale e infine inviatela a quello superiore.

6. Quando la vostra energia sessuale si sarà trasformata in energia spirituale (per opera dell'Elevazione), l'erezione si sarà ridotta della metà. Allora potete ricominciare a « colpire » e poi a fabbricare altra energia cessando di colpire e chiudendo il diaframma urogenitale per ostacolare l'eiaculazione.

7. Scambiate ripetutamente la vostra energia (yang) con quella della vostra partner (yin). Continuate a pompare la forza verso l'alto concentrandovi via via sui vari tan-tien.

8. Durante il coito anche la donna deve praticare la Grande Elevazione. La aiuterà a restringere la vagina e a produrre ormoni, e le offre gli stessi vantaggi che offre all'uomo: prolungamento della vita ed evoluzione spirituale. Non dimenticate che la Grande Elevazione è una pratica sia muscolare (fisica) che della mente (spirituale), mentre lo scambio di energie è una pratica unicamente mentale (spirituale). Il metodo taoista della « Duplice

Elevazione » oltre ad essere del tutto innocuo, ringiovanisce e rigenera uomo e donna. Però non è lecito praticarlo a scopi egoistici! Raccomando caldamente sia all'uomo che alla donna di evitare l'orgasmo genitale, sebbene per la donne esso non comporti la stessa cospicua perdita di energia che provoca nell'uomo. Quando uno dei partner è prossimo all'orgasmo deve segnalare all'altro che è arrivato il momento di cessare ogni movimento. Possono frenare entrambi l'impulso di abbandonarsi all'orgasmo genitale (all'eiaculazione per l'uomo) praticando immediatamente la Grande Elevazione, cioè stornando l'energia dai genitali per dirigerla ai centri superiori.

La pratica taoista dell'Elevazione Semplice o « solitaria » offre la possibilità al maschio senza partner di provocare dentro il proprio corpo una sorta di orgasmo della valle conseguente all'equilibramento delle energie yin e yang presenti nei propri vari tan-tien. Esiste anche un altro metodo di « autocoito » che consente una esperienza meravigliosa: in esso viene invertita la polarità fra determinati organi. E' una meditazione che viene vissuta effettivamente come un coito , ma che consente di sperimentare sensazioni addirittura più intense di quelle che si possono vivere nel rapporto a due. Fa parte della « Piccola Illuminazione di Kan e Li » descritta nel Capitolo 19.

La Grande Elevazione come metodo contraccettivo

Il metodo taoista di sviluppo e raffinazione dell'energia sessuale è il metodo contraccettivo più sano e naturale che si conosca. A me ha permesso di evitare l'eiaculazione per 10 anni. Poi mia moglie ed io abbiamo deciso di mettere al mondo un figlio. Allora ho eiaculato due volte: la prima volta per espellere gli spermatozoi indeboliti da 10 anni di pratica esoterica, durante i quali attraverso le mie meditazioni avevo sottratto a queste cellule il loro *chi* per dirigerlo ai centri energetici superiori. A questa eiaculazione il mio corpo ha reagito con una copiosa produzione di spermatozoi (mirante a sostituire quelli eliminati) che io ho caricato di energia con la forza della volontà e per mezzo della concentrazione.

Ho eiaculato in mia moglie una sola volta, per fecondarla. Naturalmente abbiamo scelto per procreare l'inizio del suo periodo fertile, affinché il mio sperma potesse disporre di più giorni per cercarsi l'ovulo. Il risultato di questa operazione è nostro figlio Max, un vero « fulmine in carne ed ossa », come dicono i miei allievi. Mia moglie ed io crediamo di avergli dato il meglio di noi. Io ho conservato il mio seme e l'ho irrobustito migliorando il più possibile il mio stato di salute.

Tuttavia sento il dovere di mettere in guardia i miei lettori. Poiché grazie alle pratiche qui descritte, il vostro seme si fa sempre più potente, può succedere con particolare facilità che nonostante il blocco dell'eiaculazione perdiate qualche goccia di liquido spermatico, che può fecondare la vostra partner. Quindi, anche se siete sicuri al cento per cento del vostro autocontrollo e durante l'orgasmo riuscite a bloccare l'eiaculazione, vi consiglio caldamente di *usare sempre un contraccettivo come misura supplementare*. Può sempre succedere che durante lo scambio di energie, nelle fase del plateau, fuoriesca dal pene una piccola quantità di liquido contenente qualche spermatozoo particolarmente gagliardo, capace di penetrare in un ovulo. Ricordate che allevare un figlio non desiderato è un compito gravoso, comporta un dispendio di forze e di mezzi molto superiore al piacere che regala un attimo di appagamento sessuale. Imparate non solo a controllare le vostra energia sessuale, ma a realizzare il tao in ogni altro momento della vostra vita e in tutte le vostre attività: mentre lavorate, mentre pensate, sempre. Comportatevi saggiamente in tutte le occasioni e in tutte le circostanze. Quindi se non desiderate procreare, ricorrete a un contraccettivo supplementare; però evitate di intervenire sul vostro corpo con operazioni come la vasectomia o la sterilizzazione, e tenete presente che i preservativi non consentono l'assorbimento dell'energia femminile (yin) e riducono la sensibilità del pene.

La Duplice Elevazione dal punto di vista della donna

Questa intervista è stata fatta da Michael Winn a una donna di 35 anni, madre di un bambino, che lavora come danzatrice, insegnante e psicoterapeuta.

MW: Ha incontrato difficoltà ad apprendere il kung fu ovarico, la parte femminile della Duplice Elevazione?

Allieva: Pratico questa tecnica ormai da 2 anni. Il principio è molto semplice, come pure gli esercizi fisici, però mi ci è voluto del tempo per fronteggiare le mie necessità sessuali e per trovare il mio equilibrio sessuale. Però mi è stato più difficile aiutare mio marito ad evitare il suo orgasmo che riuscire ad evitare il mio. Il problema non consiste nello stabilire se è bene avere o non avere l'orgasmo, se esso sottrae o non sottrae forza all'organismo. Il vantaggio o svantaggio che se ne trae dipende da molte cose: dal tipo di orgasmo, dal tipo di energia che unisce l'uomo alla donna, come pure dal livello che ha raggiunto la propria energia durante il coito, dal grado maggiore o minore di benessere fisico o psichico del momento.

MW: Vuol dire che l'orgasmo aumenta la sua energia quando è poco intensa, o la indebolisce quando è molto intensa?

Allieva: Vuol dire che l'eccitazione sessuale aumenta la mia energia, ma l'orgasmo non la diminuisce, anzi qualche volta la rende addirittura più intensa, la potenzia. Quando il mio partner riceve energia attraverso il mio orgasmo può restituirmela sotto un'altra forma; perciò io nell'orgasmo non perdo energia affatto. Cionostante preferisco conservare la mia energia e praticare la Grande Elevazione.

MW: E' cambiato molto il vostro rapporto con la sessualità?

Allieva: Certo. Il sesso per noi è diventato una cosa molto particolare. Direi che è notevolmente aumentata la nostra capacità di sintonizzarci. E questa armonia è molto più appagante di tutte le esperienze sessuali che ho conosciuto in passato. Il coito per me è diventato un'arte, un modo di comunicare con mio marito molto più sottile. Mi appagava anche il coito sessuale ordinario, ma in quello esoterico l'appagamento è molto più profondo. Io e il mio partner ci comprendiamo di più; non solo fisicamente ma anche mentalmente, psichicamente. Ci arrivavamo anche prima a questo tipo di soddisfacimento, però con questo metodo l'effetto è più duraturo.

MW: Consideriamo la cosa nei dettagli. Si tratta solo di una maggiore intensità di natura fisica?

Allieva: Il coito dura più a lungo, è molto più intenso e molto più caldo. Credo che sia molto importante il fatto che dura di più e che è molto più intenso. Io adesso sperimento l'orgasmo con tutto il corpo. Viene eccitato sessualmente tutto il mio corpo. Anche prima qualche volta provavo questa sensazione, però adesso la avverto più frequentemente. Gli orgasmi durano più a lungo, qualche volta parecchi minuti. Prima invece duravano pochi secondi. Inoltre sono diversi: provo sensazioni che prima non avevo mai provato.

MW: Di che tipi di orgasmo si tratta?

Allieva: Ogni orgasmo è diverso. Si producono orgasmi delicati, morbidi, ma anche orgasmi intensi, vigorosi. Essi inoltre si producono in varie parti del corpo: non solo a livello degli organi sessuali, ma anche nel cervello, per esempio. Io ho tentato anche di curare qualche alterazione a carico di alcuni organi; e devo dire che ho avuto successo, che la cosa ha funzionato. Durante l'orgasmo dirigevo ripetutamente l'energia verso gli organi indeboliti; però devo dire che la « cura » è molto più efficace se prima si frena l'orgasmo e poi si dirige l'energia nel punto da curare. Ho scoperto anche un modo per rendere l'orgasmo più esteso e più profondo. Consento all'orgasmo di manifestarsi, però subito dopo lo freno.

MW: Lei dunque è capace di applicare il kung fu ovarico quando è già in fase di orgasmo?

Allieva: Sì, lo so fare. Lo trattengo come se lo volessi troncare, invece l'orgasmo, poiché è già in corso, non solo continua ma dura più a lungo. Perciò pompando in alto l'energia lungo la colonna, non solo lo interrompo ma lo prolungo notevolmente. Non contraggo i muscoli che deve contrarre l'uomo nella Grande Elevazione, contraggo solo la muscolatura della vagina e tiro indietro il bacino, per cui la colonna vertebrale si inarca leggermente.

MW: È questa la manovra che prolunga il suo orgasmo?

Allieva: Certo, e notevolmente.

MW: Pensa che l'energia salga più facilmente perché lei inarca la schiena?

Allieva: È probabile. Veramente non so bene cosa succede, so solo che questa manovra produce questo effetto. L'ho scoperto per caso, tentando di aiutare il mio partner ad evitare il suo orgasmo. Quindi quando sento che sto per avere l'orgasmo, poiché immagino che sia imminente anche quello del mio partner, per aiutarlo a vincerlo mi tiro indietro, estraggo il membro dalla vagina e invio in alto la mia energia. Ebbene, ho constatato che questa manovra prolunga in me l'orgasmo che ho tentato di troncare.

MW: Significa che lei ha un orgasmo senza di lui, che ce l'ha lei soltanto?

Allieva: Sì, cerco di non coinvolgere il mio partner. Altre volte, quando lui è pienamente padrone della sua energia, rimaniamo insieme, e allora la cosa è davvero splendida.

MW: Cosa ne pensano le altre donne del kung fu ovarico?

Allieva: In generale lo gradiscono. Quasi tutte le donne con le quali ho parlato mi hanno detto di sapere tutto ciò già da molto tempo.

MW: Anche a me l'hanno detto spesso. Ma è davvero molto diffusa questa opinione?

Allieva: Onestamente, credo che poche donne applichino questo metodo con un partner. Io ne conosco una sola che l'ha fatto con un partner. Perciò posso parlare solo per me.

MW: Ha mai avuto sensazioni straordinarie in seguito al coito?

Allieva: Sì, qualche volta dopo un orgasmo mi sembra di essere sott'acqua. Allora vedo tutto in modo diverso e mi ronzano le orecchie. Qualche volta mi succede anche dopo una meditazione molto intensa.

MW: In che misura il kung fu ovarico ha modificato la sua vita?

Allieva: Sono diventata più sensibile sia nel confronti del mio partner, sia nel senso che adesso distinguo molto bene la sua energia sessuale dalla mia. Ho sviluppato dentro di me una tenerezza più profonda per mio marito e credo di dover attribuire al kung fu sessuale anche il bisogno che avverto di conservare la mia energia, oltre che la sua. Adesso capisco che conservarla e continuare a trasformarla è importantissimo. Credo che conservandola si acquisisca una vibrazione nuova.

MW: Qual è la differenza tra amore sessuale e amore esoterico? Si tratta di una maggiore intensità fisica o di un amore diverso?

Allieva: No, non è un fenomeno fisico, è l'amore vero, quello che si prova con l'anima. Il coito esoterico crea un rapporto più affettuoso fra i partner. La sessualità non è che un veicolo per raggiungere l'armonia. I metodi taoisti rendono molto più intensi i sentimenti, anzi rendono più intenso tutto. Una volta a me e mio marito è capitato di scoppiare in lacrime contemporaneamente in pieno atto sessuale, di essere simultaneamente travolti dall'intensità delle sensazioni e dei sentimenti che provavamo. Una tenerezza, un'unità ..! E' davvero un'esperienza molto superiore a un'esperienza puramente fisica.

MW: Pensa di aver imparato a distinguere l'energia yin dall'energia yang in tutte le fasi?

Allieva: Io non le chiamo yin e yang; avverto distintamente il calore che sale lungo la colonna vertebrale, e questa sensazione mi fa sentire più donna. Non saprei come spiegare ... si tratta di un'energia tutta particolare. E' come se dentro di me si accendesse un fuoco, una fiamma nella quale io mi sciolgo.

MW: Qual è allora la differenza fra scambio di energie e amore?

Allieva: Lo scambio di energie è un mezzo per sperimentare insieme le sensazioni più alte e più nobili. Si produce una maggiore polarità. Io ho come la sensazione che l'energia maschile mi alimenti, mi sembra di assumere un cibo. E questa energia calda mi permette di produrre una maggiore quantità di energia femminile. Divento più equilibrata. Qualche volta provavo anche prima questa sensazione, però non sempre. E poi era meno intensa.

MW: Questa esperienza ha accresciuto il suo appetito sessuale?

Allieva: Sì, il desiderio è aumentato, però mi sento bene anche senza portare a termine l'atto sessuale. Mi sento appagata al punto che l'atto sessuale non rappresenta più un'esigenza irrinunciabile. E siccome il kung fu ovarico mi dà la possibilità di dirottare verso l'alto la mia energia sessuale, se qualche volta il mio partner non è più eccitato e io lo sono ancora, la cosa non mi disturba più.

MW: Ha mai avuto la sensazione che il suo partner si preoccupasse più di risparmiare se stesso, di conservare la sua energia, che di amarla veramente? Ha mai avuto l'impressione che il suo amore per lei ne soffrisse?

Allieva: No, mai. Anzi l'amore aumenta. Qualche volta, naturalmente, può essere frustrante; ma succede solo quando la cosa non funziona a dovere.

Capitolo 10

I sette livelli della trasformazione dell'energia sessuale in energia spirituale

Esistono molti modi e molte possibilita' per scambiare la propria sessualità con quella di un partner o di conservare e trasformare la propria forza sessuale. Ognuno di noi può evolvere però solo a partire dal livello di evoluzione in cui si trova. Naturalmente esistono metodi di trasformazione puramente spirituali, superiori alle tecniche insegnate in questo libro. Tuttavia finché non si è in grado di dominare perfettamente i propri impulsi sessuali è impossibile accedervi. Molti yogi, guru e maestri orientali sono venuti in Occidente sicuri di essere in possesso dell'Illuminazione perfetta. Ma ben presto hanno dovuto riconoscere di essere in errore, di non essere realmente capaci di dominare la propria sessualità. Avevano semplicemente represso i loro appetiti sessuali sviluppando i centri spirituali superiori. Qualcuno di loro forse aveva anche raggiunto il traguardo, eppure a contatto di una cultura diversa è stato travolto anche lui dalla tentazione della carne.

La cultura orientale è tuttora schiava di pregiudizi, di costrizioni, o meglio, imposizioni, religiose o familiari, che condannano senza remissione i rapporti sessuali fuori dal matrimonio. L'aspirante yogi o maestro spirituale che venisse colto « in fallo », comprometterebbe irrimediabilmente la propria « carriera », perché da lui ci si aspetta l'assoluto dominio dei bisogni sessuali. Nel mondo occidentale, in un regime spregiudicato, esente da tabù sessuali, il loro desiderio si risveglia prepotentemente e diventa un ostacolo sulla via dell'elevazione spirituale.

Altri maestri spirituali hanno un atteggiamento estremamente critico nei confronti del metodo taoista, considerano assurda l'idea di trasformare l'energia sessuale in energia spirituale mediante tecniche fisiche come quelle che insegna il tao yoga dell'amore, dimenticando che l'essere umano è pur sempre e solo un essere umano, che il bisogno di cibo e di sessualità è troppo profondamente radicato nella natura dell'uomo perché lo si possa sradicare facilmente e in breve tempo. Se invece l'uomo riesce a modificare il proprio io interiore, poco a poco anche i suoi pensieri e le sue azioni si modificano, si adeguano alla sua nuova personalità. Questo è il principio alla base della dottrina taoista della evoluzione del *chi*. Immaginiamo un albero giovane e un albero vecchio. L'albero giovane è flessibile, elastico, quello vecchio no.

L'essenza sessuale, il ching chi, è la sorgente interna di giovinezza, la linfa che nutre l'albero giovane. Se questa linfa non viene dispersa, viene conservata e fatta circolare, essa opera rinnovando e ringiovanendo. Spirito, corpo e anima riacquistano mobilità ed elasticità. Lo sviluppo spirituale avviene in modo naturale, senza sforzo. Ma se la linfa viene a mancare, l'uomo si immobilizza e si ammala.

La Duplice Elevazione una « Via della Mano Sinistra »?

Alcuni individui spiritualmente impegnati respingono inorriditi il metodo taoista dell'evoluzione dell'energia sessuale e accusano coloro che lo praticano di percorrere la « via della mano sinistra ». Il fatto che uomo e donna meditano insieme durante l'atto sessuale appare loro sospetto e impuro, in qualche modo meno puro di una tecnica di meditazione o di preghiera che non ricorra alle energie sessuali. Le persone che seguono la « via della mano destra » fanno voto di castità.

Eppure, sul piano spirituale la sessualità in sé non è indesiderata. Senza sessualità non sarebbe nato nessuno, santo o non santo che sia. Come in ogni pratica spirituale anche nella Duplice Elevazione quello che conta è la purezza delle intenzioni. Se tramite questa pratica uno dei partner intende influenzare o dominare l'altro, il metodo può diventare una pratica « nera ». E' fondamentale quindi che nessuno dei due cerchi di prevaricare l'altro, di influenzarne la volontà, sia a scopo di bene che di male. Qualunque intervento di questo genere è una forma di magia nera, se il destinatario non è consenziente.

A parte tutto ciò, la sessualità non deve far paura perché fa parte di noi, noi veniamo al mondo grazie ad essa, e viviamo e moriamo con essa. La sessualità conferisce all'amore forza e calore ed è carica delle stesse forze polari che caricano il resto dell'universo. Alcuni maestri di tao definiscono questo metodo di raffinazione dell'energia: « magia bianca », perché insegna all'uomo a raggiungere una polarità pura attraverso l'equilibramento di yin e yang. Rispecchia questo concetto il nome del mio maestro, che si chiama « Nuvola Bianca », come il monte sacro della Cina. Esistono anche altri metodi, anch'essi efficacissimi, che utilizzano prevalentemente la forza yang o quella yin, ma — secondo me — sono più rischiosi. Alcuni criticano il fatto che si manipola la sessualità e definiscono il metodo: « yoga rosso », però confondono le cose. Il rosso caratterizza l'energia focosa della passione. Nella Duplice Elevazione Bianco e Rosso si mescolano in parti uguali: il seme dell'uomo si mescola al sangue della donna, lo spirito si mescola all'istinto, l'uomo primordiale alla donna primordiale, lo yang all'yin. Attraverso un processo alchemico viene distillata una essenza neutra, un prezioso elisir che non ha un colore proprio e che ha il potere di tramutare l'anima in uno spirito immortale provvisto di un corpo immortale. Questo elisir è il risultato della raffinazione del *chi*, del ching e dello shien. Ma per prepararlo a regola d'arte occorrono anni.

Nessun santo, guru o re viene al mondo senza organi sessuali. Ogni nato di sesso maschile attraverserà le fasi dello sviluppo sessuale. Ogni uomo proverà l'eccitazione sessuale, avrà le sue erezioni e le sue eiaculazioni. Se riesce a superare rapidamente questa fase « mondana » del suo sviluppo, indipendentemente dai metodi che adotta, può darsi che si faccia monaco, santo, maestro o guru. Ma può anche darsi che preferisca rimanere un uomo comune, un uomo e basta.

Molti maestri taoisti operano in silenzio, senza dare nell'occhio. Quando li incontriamo non notiamo in essi nulla di insolito. Riescono ad avvertire in essi qualcosa di insolito solo le persone particolarmente sensibili, capaci di percepire l'aura di serenità che li circonda. L'energia che li pervade è come una leggera brezza che si diffonde tacitamente nello spazio e accarezza delicatamente ognuno di noi, in un modo del tutto particolare.

Nel metodo taoista di evoluzione dell'energia uomo e donna meditano insieme. Usano l'impulso sessuale come userebbero un ponte che conduce a una coscienza più alta. Il taoismo offre le tecniche che consentono all'uomo di dominare i propri impulsi sessuali e di conquistare la libertà di decidere. Naturalmente chi preferisce restare schiavo dei propri istinti animaleschi o delle proprie frustrazioni sessuali, è padrone di farlo. Per quanto profondamente avrà scavato dentro di sé, la sua sessualità esploderà quando meno se l'aspetta.

La Via della Mano Sinistra e la Via della Mano Destra

Anche i taoisti che erano contrari alla Duplice Elevazione e preferivano una rigorosa continenza, avevano questo atteggiamento, perché consideravano le donne o l'energia sessuale una cosa immonda, impura o cattiva. Però in Cina l'essenza yin della donna è sempre stata apprezzata per il suo potere equilibratore e armonizzante. I dubbi sulla liceità della pratica dello scambio di energie nel coito avevano altri motivi: alcuni maestri dubitavano che gli adepti riuscissero ad avere la meglio sul piacere sessuale per aspirare alla somma illuminazione.

Ora, il pericolo di scambiare per unione sottile superiore di yin e yang la normale unione emozionale e sentimentale col partner esiste realmente. Anzi io credo che non riesca a sottrarsi a questa fase la maggior parte degli uomini; però sono anche convinto che col tempo, grazie al continuo raffinamento della propria energia, e grazie alla meditazione, al tai chi e ad altre pratiche, sia possibile superarla. Questo non significa che bisogna vivere senza sentimenti. Significa piuttosto che bisogna tenerli in equilibrio e fare buon uso delle emozioni dirottando la loro forza nel processo di raffinazione del *chi*. E' molto più pericoloso votarsi al celibato prematuramente. L'uomo che si impone il celibato prematuramente non saprà mai se è veramente padrone dei propri desideri sessuali e dei propri sentimenti o li evita o reprime in altro modo.

L'adozione prematura del celibato può avere effetti deleteri: può succedere che si produca una quantità di forza sessuale maggiore di quanta sia possibile equilibrare tramite la meditazione. Probabilmente il giovane celibe ha dentro di sé la volontà di opporsi ai rapporti sessuali con le donne, però se la sua anima si perde in fantasticherie, non fa che perdere energia e concentrazione. Ecco perché l'uomo ha bisogno della donna. Anche se ha difficoltà a trovare l'equilibrio con essa, già la sua sola presenza gli comunica una pace primordiale.

Ebbene, la Duplice Elevazione rappresenta la via più sicura proprio perché non trascura nulla. Nel lungo viaggio della vita l'uomo ha una sua compagna, che rende il suo viaggio più piacevole. E l'uomo che fruisce di questo viaggio percorre la propria via con maggior sicurezza, di quello che costringe se stesso a seguire un rigoroso programma di autorinuncia. Il cuore di una donna, colmo di essenza yin, è meraviglioso; non respingetelo. Il rapporto uomo-donna è la copia microcosmica dell'universo. La « risonanza » attraverso il partner è estremamente preziosa. Anche per questo molti taoisti lavorano con gruppi di coppie non costituite unicamente da amanti. Ogni rapporto con un altro essere umano offre aiuto e risonanza preziosi.

Invece l'uomo che percorre la « Via della Mano Destra » considera se stesso, il proprio spirito e il proprio corpo, una riproduzione microcosmica dell'universo. Certo, il celibato può semplificare la vita, può renderla meno confusa, e consente di tracciare meglio i contorni della coscienza individuale. L'energia ritenuta può far progredire più rapidamente nella meditazione. Però se non si procede accortamente il celibato può creare aridità: l'illusione di un immacolato mondo interiore che rifiuta e nega la realtà del mondo esterno.

E' una condizione che può essere paragonata a una sfera di cristallo attraverso la quale si osserva il mondo senza viverlo e senza armonizzare con esso. Così facendo si evitano le responsabilità che la vita comporta, perché si immagina, erroneamente, di essere al di sopra del mondo grazie alle proprie conquiste spirituali. Se fate parte di questo genere di individui, probabilmente avete commesso l'errore di inviare troppa energia al cervello e avete perso il contatto col corpo e con i cinque elementi primordiali.

L' uomo che conserva la propria integrità, l'equilibrio fra corpo, mente e anima, non deve aver paura di niente, neanche della donna. Talvolta l'energia yin della donna può rendere irrequieti, però essa è pur sempre anche una sfida per l'uomo: si tratta di accoglierla per far crescere se stessi e di dare equilibrio anche alla partner elevando il proprio yang. Gli uomini spirituali che evitano le donne perchè temono di legarsi a loro o di venirne contaminati, cercano in realtà di proteggere un loro io egocentrico. Temono di non essere in grado di difendersi dal potere che la donna esercita su di loro. Ma questo significa bloccare il flusso del tao. E' irrazionale, come è irrazionale aver paura dell'acqua. Certo, nell'acqua si può affogare; ma non per questo è razionale non berla. E' tutta questione di equilibrio, di armonia fra i cinque elementi sottili. E' più facile creare questo equilibrio dopo aver imparato a dominare l'eiaculazione. Se poi, per usare un'immagine, irrora il terreno ogni giorno con l'essenza (acquosa) della donna e con la propria essenza (seminale), l'uomo può avere ben presto un giardino rigoglioso del quale potrà godere anche la sua partner.

Il metodo della « Via della Mano Destra »: un esempio

Volete provare a fare un esercizio per la « Via della Mano Destra »? Andate a letto presto, in modo da svegliarvi fra mezzanotte e le 6,30. Spesso in queste ore ha luogo un'erezione spontanea. Se non si verifica, provocatela. Raggiunta l'erezione, allungatevi sul fianco destro.

Praticate la Grande Elevazione 9, 18 o 36 volte, a seconda del tempo che vi occorre per far scomparire l'erezione. Dirigete ogni volta la forza fino al capo. Quando questo è saturo di energia, lasciate che essa affluisca al cuore, al plesso solare e all'ombelico. Poi portatela di nuovo all'hui-yin e infine di nuovo al capo onde chiudere il circuito. E' una tecnica utilissima. Può venir praticata ogni notte e con effetti sempre migliori.

Secondo la mia esperienza questo esercizio giova anche in caso di disturbi prostatici, perché elimina la pressione che provoca l'ingrossamento di questa ghiandola. Inoltre aiuta ad aprire le vie energetiche del corpo, per cui l'uomo diventa più ricettivo sia all'energia della propria partner che a tutte le altre fonti di energia vitale.

Alcuni maestri considerano immonde, impure, le energie collegate con l'atto sessuale. Se avete qualche perplessità, pensate che il momento più puro della giornata è l'ora del mezzogiorno, perché è il momento nel quale yang si trasforma in yin. E tenete presente che la forza che si guadagna può essere paragonata al danaro. Alcune persone lo guadagnano facilmente, facendo lavori poco faticosi, altri se lo sudano, debbono lavorare duramente. Però tutte guadagnano lo stesso danaro. Quale di esse è più onesta? Non possiamo dirlo se consideriamo il modo in cui esse lo hanno guadagnato. Ci permette di esprimere un giudizio non il modo in cui il danaro viene guadagnato, ma il modo in cui esso viene speso. Il taoista spende la propria energia per evolvere il più possibile se stesso e gli altri, e per farlo adotta sia il metodo della Mano Sinistra, sia quello della Mano Destra, sia il metodo della Non-Mano.

La Via taoista della Non-Mano

La dottrina taoista dei tre gradi di illuminazione e della meta suprema, l'immortalità, va molto al di là di quanto è descritto in questo libro. Io cerco di indicare la via taoista della libertà assoluta nei miei corsi di meditazione. Noi taoisti conosciamo molte tecniche segrete per raggiungere l'Essere puro. Nel chi kung « camicia di ferro », ad esempio, io insegno una tecnica che consente di sollevare pesi col pene e di pompare grandi quantità di energia seminale direttamente fino alla testa e nel corpo. In Cina o in India perché un maestro si decida finalmente a rivelare questo segreto a un allievo, questo deve rendergli omaggio per tutta la vita. Io invece non ho segreti da tutelare, preferisco insegnare subito le cose che ho imparato. L'unico problema sta nel trovare allievi disposti a mettere in pratica quanto viene loro insegnato, dotati cioè della pazienza e dell'autodisciplina che occorrono per applicare realmente il metodo.

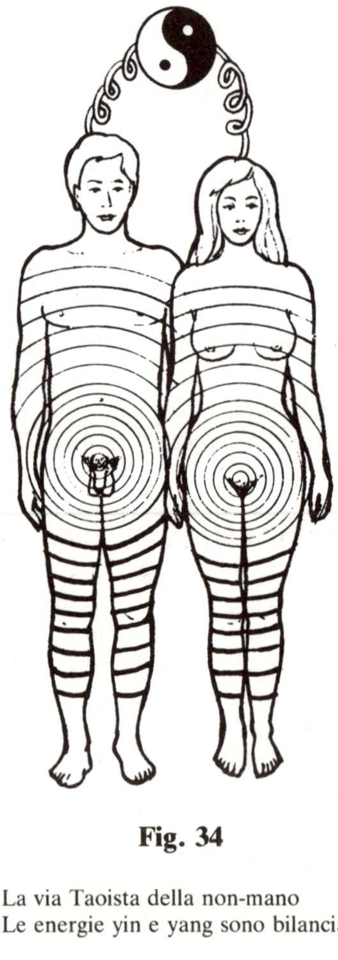

Fig. 34

La via Taoista della non-mano
Le energie yin e yang sono bilanciate

Il chi kung « camicia di ferro » rende più stabile l'energia vitale perché consente all'uomo di radicarsi più profondamente alla terra e di immagazzinare il *chi* nelle fasce, nelle ossa e nelle cavità del corpo. Nella « Piccola Illuminazione », o « Kan e Li », insegno la pratica esoterica della elevazione delle energie yin e yang nel corpo e del trasporto al cuore e al capo del *chi* e del ching immagazzinati, cioè della loro « evaporazione » o sublimazione. Nella « Grande Illuminazione » l'allievo impara ad assorbire energie yin e yang da sorgenti esterne al proprio corpo — dalla terra, dal sole e dalla luna — e a « farle evaporare o sublimare » con un processo di raffinazione alchemico. Ma non riuscirà mai a dominare le sottili sfere del resto dell'universo se non avrà già imparato a dominare la propria energia sessuale. Se cercherà di farlo, trascorrerà il resto della sua vita dando la caccia a forze illusorie e raggiungerà l'illusione dell'unità, una falsa sensazione di unità che nella vecchiaia e sul letto di morte lo abbandonerà, perché nell'altra vita l'uomo non può portarsi appresso le sue illusioni e i suoi sogni.

Secondo la tradizione taoista la trasformazione dell'energia fisica attraversa i seguenti stadi: circolando nel Piccolo Circolo Energetico da energia seminale si trasforma in forza del pensiero (o « anima ») e da forza del pensiero si trasforma in spirito puro. Se questo spirito si incarna in un corpo immortale acquista la libertà di agire su diversi piani spirituali. Questa fase conferisce una coscienza ancora più vasta della coscienza dell'unità del cosmo.

L'uomo che segue la dottrina taoista della raffinazione dell'energia svilupperà via via la coscienza dell'unità di tutti gli esseri viventi, di tutto ciò che vive. Sa che la forza degli altri entra in lui e ritorna ad essi. Sa che ovunque esiste vita esiste energia. Comprende questa verità perché la sperimenta nel proprio corpo. Attingere dall'altro è come attingere da se stesso, è la stessa cosa. Inquinare la corrente dell'altro significa inquinare la propria. La corrente della creazione è una sola, il fiume della vita è uno solo.

Per questa ragione io insegno più metodi; fra essi poi il singolo allievo può scegliere quello che gli consente di progredire con minore sforzo e senza usare violenza al proprio corpo. E' bene avanzare grado per grado. Anche i maestri hanno iniziato dai gradi più bassi per poi cimentarsi nelle tecniche più avanzate.

Credere che usare l'energia sessuale per evolvere sia un modo « impuro » per progredire, è un errore, perché questa è una via che ogni essere umano deve percorrere. L'uomo che comincia con la Via della Mano Sinistra adotta poi quella della mano Destra e infine il Metodo della Non-Mano. Tuttavia non cercate di raggiungere i gradi più alti senza salire la scala grado per grado e senza afferrarvi saldamente ai pioli con entrambe le mani. Per tenervi in equilibrio vi occorrono entrambe le mani, sia quella destra che quella sinistra; e potrete rinunciare ad usarle solo dopo essere arrivati in cima. Allora avrete sotto i piedi una base solida e potrete eliminare la scala, e le vostre mani saranno libere di fare quello che vogliono.

In realtà non esiste una Via della Mano Sinistra, come non esiste una Via della Mano Destra. Esiste solo l'armonico collegamento di yin e yang secondo le forme e i modelli più vari e disparati. Ogni fenomeno genera il proprio opposto: la sessualità porta alla non-sessualità, l'unità alla dualità (la dualità di yin e yang), la dualità alla trinità, e l'Essere Totale al Non-Essere, al Nulla (wu chi). Adottare il tao significa seguire la Via della Non-Mano. L'uomo che segue il principio della Non-Mano vive in armonia con la natura.

Il tai chi chuan contempla una fase detta « delle Mani Meravigliose ». Il principiante di tai chi per muovere il proprio corpo usa circa il 90 per cento di energia yang, l'allievo progredito impiega circa il 60 per cento di energia yang e il 40 per cento di energia yin, mentre il maestro di « tai chi della mano meravigliosa » usa il cinquanta per cento di yin e il cinquanta per cento di yang. Un maestro di tao raggiunge il medesimo equilibrio in ogni momento della sua vita. La via taoista della Non-Mano è stupenda perché è facile da percorrere e naturale come la vita stessa.

Le sette fasi della Elevazione taoista dell'Energia Sessuale

PRIMA FASE:
Il dominio fisico della eiaculazione

Nella prima fase, come in tutte le prime cinque fasi della trasformazione taoista dell'energia, il dominio dell'eiaculazione ha luogo sul « piano umano » della coscienza. Durante l'amplesso o nell'autoappagamento, il flusso del seme viene arrestato con l'aiuto delle dita. Questa manovra riduce la perdita di linfa vitale e ne agevola la distribuzione alle parti del corpo che ne hanno più bisogno. L'uso delle dita impedisce, sì, la fuoriuscita del seme, però il ching chi non viene ancora diretto in alto. Segue un orgasmo normale con una perdita del 60-70 per cento dell'energia prodotta dal movimento di 200-500 milioni di spermatozoi (energia elettromagnetica). Tuttavia la massima parte del seme rimane nel corpo, e gli ormoni che esso contiene possono venir riassorbiti.

Il corpo immagazzina energia perché gli basta produrre meno sperma. Vale a dire, poiché avverte che lo sperma è ancora presente, ne riduce automaticamente la produzione. Subito dopo l'applicazione di questa tecnica il membro si affloscia e il soggetto avverte una sensazione di spossatezza. Però dopo qualche tempo migliorano sia la sua forza fisica sia il suo stato di salute e la sua vita sessuale acquista in profondità e intensità.

SECONDA FASE:
Dominio fisico e mentale dell'orgasmo sessuale

In questa fase alla tecnica della chiusura digitale si associa quella della chiusura interna o della Grande Elevazione, caratterizzata dal « trasporto del Nettare nel Fiore d'Oro ».

Appena avverte il bisogno di eiaculare l'uomo provvede alla chiusura esterna: cioè preme con le dita l'hui yin, ma contemporaneamente, prima che l'energia abbandoni il membro, la dirige in alto mediante la tecnica della Grande Elevazione. In questo modo la perdita è minore che nella prima fase, tuttavia subito dopo il membro si affloscia anche in questo caso e ha luogo un orgasmo normale, cioè circoscritto all'area genitale.

La chiave della Elevazione dell'Energia è l'instaurazione del Piccolo Circolo Energetico, che consente alla forza di rimanere nel corpo, di non uscire dal pene. Se l'uomo riesce a dirigerla dal pene al coccige e dal coccige al sacro, nella maggior parte dei casi essa fluirà verso l'alto senza eccessivo sforzo. Quando accumula nel capo una quantità eccessiva di *chi*, per ridurre le pressione il soggetto deve farla defluire portandola in basso, nell'ombelico.

TERZA FASE:
Dominio mentale dell'impulso sessuale e dell'orgasmo

Dopo aver praticato per qualche tempo la Grande Elevazione l'uomo riesce ad impedire l'eiaculazione con la sola forza del pensiero, ma è ánche in grado di eseguire senza impegnare la forza dei muscoli la stessa Elevazione e di controllare perfettamente il proprio orgasmo. Ogni tanto gli può capirare di perdere qualche goccia di liquido spermatico, però col tempo il dominio dell'eiaculazione migliorerà ulteriormente e gli consentirà di vivere un orgasmo completamente diverso, che gli comunicherà una voluttà del tutto nuova: l'orgasmo della valle.

Se l'eiaculazione viene ostacolata per tempo, l'uomo riesce ad assorbire l'energia della donna e a praticare lo scambio di energie, grazie al quale perde la propria essenza yang ma in compenso assorbe l'essenza yin della partner. Perde energia yang ma riceve in cambio l'energia yin che gli è necessaria. Avviene una sorta di baratto. Poiché l'uomo dispone di un eccesso di yang e la donna di un eccesso di yin, i due si scambiano le loro energie e ognuno dei partner raggiunge un livello di consapevolezza maggiore e maggiore autocontrollo. L'energia ceduta al partner deve essere offerta con grande amore.

La terza fase è superiore alla seconda perché stabilisce un nuovo rapporto col ching chi. L'essenza sessuale comincia a fondersi col *chi* indifferenziato. Il controllo puramente mentale della sessualità provoca esperienze completamente diverse da quelle conseguenti al metodo della pressione digitale unita alla Grande Elevazione. Tramite la Grande Elevazione la forza eccedente viene dirottata e inviata ai centri superiori del corpo, dove viene immagazzinata per poi svolgere compiti più elevati. L'essenza sessuale diventa un alimento dello spirito.

Quando la Grande Elevazione viene applicata nella terza fase, ad essa segue ogni volta un aumento della forza. Grazie a questo metodo la sensazione di sfinimento che segue al coito normale non compare, perciò il coito può essere ripetuto più volte. Ma ogni coito è estremamente appagante e soddisfa così a fondo che i partner sentono meno il bisogno di ripeterlo, acquistano grande autocontrollo e vincono più facilmente non solo l'appetito sessuale ma anche altri desideri, perché la loro volontà diventa ferrea.

Tuttavia l'allievo non deve dimenticare che trae l'energia supplementare da un altro essere, che puo essere imperfetto. Per cui deve avere la capacità di superare dentro di sé le manchevolezze del(la) partner. In questa terza fase i due amanti debbono avere una comprensione reciproca maggiore e dedicarsi alla pratica con tutti se stessi; perché se uno dei due rimane distaccato e non collabora, lo scambio di energie diventa molto difficile. Se uno dei due è di malumore l'altro assorbirà questo malumore. Qualche volta il metodo fallisce proprio perché uno dei partner ha una preoccupazione, un problema personale. Perciò, prima di provvedere allo scambio di energie, occorre individuare ed eliminare il problema (l'ostacolo) mediante la meditazione o con altri mezzi. Se non lo si fa, il malumore agirà su chi lo assorbe in senso negativo, come un veleno psichico.

Quando la donna è triste o depressa mentre l'uomo è allegro e pimpante, questo metodo è sconsigliabile perché se è vero che la donna assorbirà l'energia positiva dell'uomo, è anche vero che l'uomo assorbirà l'energia negativa di lei. Può aiutare la partner a superare i suoi problemi solo l'uomo che prova per lei una grande devozione. Poiché « beve » letteralmente l'essenza vitale della donna, l'uomo deve scegliere la sua partner con molta cura. Se la donna è volgare, superficiale o gelosa, l'uomo diventerà volgare, superficiale e geloso anche lui, a meno che non si impegni con tutta la forza del suo amore per far scomparire questi bassi impulsi!

QUARTA FASE:
Scambio di energie senza atto sessuale

Questa pratica risulta più facile quando la donna è giovane, non ha mai avuto figli e dispone ancora di una grande quantità di forza vitale o con una partner che abbia arricchito notevolmente il proprio *chi* attraverso la meditazione. Si tratta di un metodo di autoterapia, indicato soprattutto per gli uomini attempati che hanno più interesse per il potere ringiovanente dell'energia sessuale femminile che per l'atto sessuale in sé. Il più noto fruitore di questa pratica è stato senza dubbio il mahatma Gandhi, che divideva il suo letto con una nipote diciottenne in assoluta castità. Il fuoco spirituale che ardeva in lui così luminoso aveva bisogno di nutrirsi del ching di una donna, però come santo e come induista il contatto sessuale non gli era concesso.

Nel medioevo erano costretti a compiere un sacrificio analogo anche i nobili, il codice cavalleresco imponeva loro di sublimare i loro impulsi sessuali. Il casto bacio di una donna o un casto scambio di sguardi sono stati idealizzati nei canti dei trovatori e nella leggenda del Graal, che rappresenta un chiaro simbolo della ricerca della pura energia femminile nel proprio interno, nell'animo del cavaliere.

Oggi questo metodo viene adottato anche da persone amiche che desiderano approfondire il loro contatto spirituale o risanarsi reciprocamente evitando la disarmonia dell'amplesso sessuale perché sono sposate o per altri doveri nei confronti del loro partner abituale. Pur avendo una grande considerazione per la stabilità di un rapporto armonico, la filosofia taoista riconosce anche la necessità della libertà dell'individuo di bilanciare e soddisfare i bisogni personali. Questo metodo consente un'ampia gamma di rapporti più liberi, non limitati alle categorie: innamorati/non-innamorati. Rende possibile l'amicizia spirituale, nella quale lo scambio di energie sessualmente polarizzate è ammesso e accettato di buon grado e senza falsi pudori. Ma lo possono applicare anche gli amanti che desiderano sviluppare insieme le loro energie e approfondire il reciproco affetto anche con questa tecnica deliziosa e delicata.

Però questa fase è accessibile solo agli uomini che dominano già le tre fasi precedenti, che hanno già raggiunto un buon grado di autocoscienza e di elevazionc spirituale. L'uomo che percorre questa via ha capito che può trovare ciò che cerca solo dentro di sé, non nella donna esterna o nella sua sensualità, ma nella donna interna, quella latente dentro di lui, perché il suo *chi* non è diretto verso l'esterno, verso i sensi, ma si muove in direzione del suo centro. Cerca la donna che sonnecchia dentro di sé e sa che per sviluppare la propria forza yin ha bisogno dello stimolo di una gagliarda energia femminile.

Metodo

Coricatevi o mettetevi a sedere col viso rivolto verso la partner. Il contatto fisico (tenersi per mano, abbracciarsi) non è indispensabile. Però deve essere una donna la cui presenza vi eccita. Concentrate l'attenzione sul campo energetico di lei: dovete percepire la sua « aura ». Aspirate l'energia della donna fino al tan-tien inferiore, poi pompatela fino al capo. Affinché l'afflusso di energia sia copioso aprite la via grado per grado. In una fase più avanzata di questa pratica l'energia raggiungerà il cuore e la testa fulmineamente; tuttavia, per evitare sbilanciamenti deve venir distribuita equamente. Se vi esercitate ogni giorno svilupperete una forza enorme, che proviene in gran parte dal vostro stesso corpo. E' la forza yin del seme, che è molto più pura di quella della prima e della seconda fase. Sviluppando dentro di voi questa nuova sensibilità potete accelerare l'evoluzione spirituale vostra e quella della vostra partner.

QUINTA FASE:
Al di là del sesso

Aspirano a raggiungere questo livello gli yogi taoisti particolarmente disciplinati. Anche questa fase si svolge ancora sul piano umano, però l'energia è già molto più elevata di quella che si raggiunge di notte nel sonno e presenta già un notevole grado di purezza. In questa fase manca ogni stimolazione sessuale. I taoisti definiscono questo metodo « meditazione dell'ora della vita » o « dell'ora del tsu » perché la si pratica fra le 23 e l'una di notte. Gli antichi maestri di tao sapevano che la forza che si ricava dal proprio corpo rimane in esso per sempre. A differenza della forza che si assorbe da un'altra persona, che non permane a lungo ed è meno facilmente integrabile. Avviene ciò che accade in una trasfusione di sangue: le cellule estranee sopravvivono per 24 ore, poi muoiono. La sessualità esoterica mira a raggiungere la segreta capacità di equilibrare fra loro le energie yin e yang autoctone. Poiché le abitudini sessuali sono fra le attività più profondamente radicate nell'uomo, per modificarle è necessario procedere per gradi. D'altronde nessuno si aspetta che un leone da carnivoro diventi erbivoro dalla sera alla mattina. A forza di esercizio questa tecnica modifica le abitudini sessuali dell'uomo senza imposizioni dall'esterno.

Quando si sveglia col membro eretto — cosa che si verifica abbastanza frequentemente perché durante il sonno il suo corpo si è saturato di essenza seminale e di forza sessuale, l'uomo può approfittarne per godere di questa energia intensa e pura pompandola fino ai centri superiori. Se non lo fa, essa lo abbandonerà e andrà dispersa. In questi momenti molti uomini non sanno resistere alla tentazione di masturbarsi, attività che provoca unicamente una cospicua perdita di forza. Questa fase è superiore alle quattro precedenti perché, mancando la partner, è assente ogni pensiero erotico e l'uomo è vicino al vuoto primordiale del tao. Anche il pene si erige per forza propria. Nel taoismo questa tecnica è tenuta gelosamente segreta.

SESTA FASE:
La trasformazione dell'energia spirituale al di là del corpo e dello spirito

Questa fase può essere vissuta solo dagli uomini che grazie allo yoga, alla meditazione o alla Elevazione taoista del *chi* hanno già raggiunto un alto grado di spiritualità. Molti credono di seguire l'unica via giusta o santa ritirandosi completamente dal mondo. E' una scelta che costringe gli yogi ambiziosi a reprimere del tutto qualsiasi sentimento legato al sesso. Per poter vivere questa fase bisogna, naturalmente, essere in grado di dominare il proprio impulso sessuale.

A questo alto livello di spiritualità l'uomo impara ad attingere l'energia direttamente dall'universo, cioè da tutto ciò che vive. Per poter attingere alla ricca fonte delle energie yin e yang extracorporee e proiettare il proprio *chi* dove esso è maggiormente utile, l'allievo deve aver assorbito energie corporee per anni e aver saturato di energia (*chi*, ching e shien) il proprio corpo, la propria mente e il proprio spirito (fasi 1-5).

Molti allievi sono impazienti, vogliono arrivare subito a conoscere gli aspetti divini della propria natura, ma questo è impossibile. Prima debbono conoscere i propri aspetti umani e bestiali e i propri condizionamenti. Come ha detto un saggio: « E' facile conoscere Dio, ma è molto difficile essere un uomo ». Per questo motivo i taoisti cominciano a lavorare su se stessi dalla base, dal livello più basso, e considerano il radicamento alla terra una condizione irrinunciabile per coloro che aspirano ad assorbire la forza dal Cielo.

La potenza dell'energia sessuale è molto modesta in confronto a quella dell'energia cosmica del tao. Tuttavia per l'uomo è potentissima, è il ponte che gli permette di comunicare con le poderose forze dell'universo e con la sfera spirituale della coscienza. Trascurare questa energia significa perdere una possibilità importante per arrivare all'illuminazione. Alcune persone riescono a intravedere questo « regno » grazie alla meditazione e alla veggenza, però solo poche sono in grado di vivere in esso.

In questa fase la corrente dell'energia vitale (*chi*) — che veniva utilizzata per produrre energia sessuale (vis generandi) — viene invertita e inviata ai centri superiori in via diretta. I taoisti definiscono questo processo Piccola Illuminazione. Raggiunta la Piccola Illuminazione, il corpo diventa permeabile e ricettivo alle energie del Cielo e cessa di produrre spermatozoi.

Nella Piccola Illuminazione il pai-hui (vertice del capo) e l'yin-tang (terzo occhio) assorbono la forza universale, mentre i due yung-chuan (sulle piante dei piedi) assorbono l'energia della Terra. Questa pratica, che va applicata col sole del mattino, col sole meridiano (a mezzogiorno) e con la luna, dona all'uomo la forza superconscia dell'universo, che nel suo corpo entra in equilibrio con l'energia lunare penetrata nel cranio attraverso il terzo occhio (yin-tang).

Perché l'energia universale possa agire anche sul piano umano il corpo deve trasformarla e unirla alla propria energia. A partire da questo momento esso necessita sempre meno di fonti di energia umane. Raggiunto questo stadio, i maestri del tao non si alimentano più, non assumono più cibo di sorta. Si ritirano nella solitudine dei monti e si nutrono unicamente respirando, assorbendo la sottile energia della natura. Il mio maestro aveva raggiunto questo livello, ma durante la seconda guerra mondiale i bombardamenti giapponesi lo hanno costretto ad abbandonare il suo rifugio montano.

SETTIMA FASE:
Unione dell'uomo col tao

I taoisti definiscono questo livello « fase dell'immortalità ». Io personalmente non l'ho vissuta, perciò non posso descriverla per esperienza diretta. Essa comunque è ben documentata nel Canone Taoista, di mille pagine, che fra l'altro menziona per nome le persone che l'hanno raggiunta. Si tratta di vera immortalità o di una metafora indicante uno stato di coscienza cosmica? Difficile dare una risposta. La dottrina taoista comunque, dichiara molto esplicitamente che si tratta di immortalità nel vero senso del termine, non di un'immortalità simbolica. La creazione più alta dell'uomo è la creazione consapevole di se stesso. L'unione col tao richiede un atto di ricreazione partendo dal *chi* primordiale o « wu chi ».

Il Capitolo 18 contiene una descrizione ancora più dettagliata ed esauriente delle sette « formule » di meditazione del tao che provocano questo stato di divinità.

Portano a livelli di spiritualità sempre più alti tutte e sette le fasi di evoluzione: sta a voi decidere fino a che punto volete spingere la vostra personale evoluzione. Né io né altri vi possiamo dire quale livello sia ottimale per voi. Nessuno vi può indicare come dovete (volete) vivere la vostra vita. Secondo la tradizione taoista grazie al primo e al secondo livello alcuni uomini sono vissuti per più di 100 anni; altri, grazie al terzo e al quarto, sono vissuti per più centinaia d'anni e hanno trascorso una vita felice.

Se siete ancora giovani e desiderate amare più di una donna, probabilmente vi sono congeniali la prima e la seconda fase. Se siete più maturi probabilmente vi basta una sola partner. I giovani spesso sognano un donna (una moglie) bellissima, però bisognerebbe che tenessero presente che dopo qualche anno di matrimonio non è più la bellezza la qualità più importante di una moglie. Spesso garantisce la pace dello spirito più una donna semplice e di buon carattere che una moglie bellissima. Ognuno comunque agirà secondo le sue aspirazioni spirituali e in base al grado di maturità e di evoluzione raggiunto.

Forse domani qualcuno di voi, pur avendo letto questo libro, abbandonerà completamente la pratica del kung fu sessuale e riprenderà a eiaculare allegramente. E' libero di farlo, naturalmente. Ma se ci tiene a raffinare la sua energia, sappia che essa consente di raggiungere livelli di spiritualità altissimi. Ovviamente raggiunge il traguardo più in fretta chi si dedica al proprio sviluppo spirituale con la massima devozione. Appena cessiamo di ostacolare la nostra natura, che è sostanzialmente identica a quella del tao, tutto ci appare più facile. Percepiamo più facilmente le sottili energie dell'universo e progrediamo spontaneamante guidati soltanto dal nostro io interiore, non perché ce lo prescriva una religione o una filosofia.

Il grande medico cinese Sun S'su-mo (581-682 d.C.), noto per aver ideato la vaccinazione antivaiolosa e perché è vissuto fino all'età di 101 anni, nel suo « *Ricettario per la fabbricazione dell'Oro Inestimabile* » osserva acutamente:

« Quando è giovane l'uomo non capisce il tao.

Nell'età di mezzo apprende molte cose sul tao però non agisce di conseguenza.

Quando è vecchio riconosce la verità del tao però è troppo debole per poter agire di conseguenza ».

Capitolo 11

Orgasmo e wu wei

di Michael Winn

« L'uomo viene eccitato dal *chi* della donna e il suo gambo di giada diventa attivo. La donna viene eccitata dal *chi* dell'uomo e la sua Porta Segreta secerne acqua. Questi movimenti sono il naturale risultato dell'yin e dello yang universali. Per riprodurli non basta la volontà dell'uomo ».

Dal Canone Taoista

Nel corso della storia ci si è chiesti più volte se la donna disponga (o meno) di una quantità illimitata di energia yin e sia (o meno) capace di un illimitato numero di orgasmi. Secondo i taoisti, sì. Sostengono questa tesi i testi di medicina taoisti dell'VIII secolo, che perciò raccomandano all'uomo di soddisfare la donna il maggior numero di volte possibile onde liberare da lei la maggior quantità possibile di energia yin.

L'energia della donna è di natura lunare e segue un ritmo mensile. La donna elimina energia ogni mese mediante la mestruazione, però la rimpiazza subito assorbendola dalla terra, per cui dispone di un potenziale orgasmico enorme. Tuttavia — a seconda del tipo di orgasmo e del tasso di energia che possiede — ripetuti orgasmi possono esaurirla. Poiché gli organi sessuali femminili sono localizzati nell'interno del corpo, per la donna è molto più facile che per l'uomo inviare l'energia orgasmica ai centri superiori. Questa è la ragione per la quale molte donne, pur essendo spiritualmente meno ferrate, sono molto più spirituali degli uomini. Seguendo l'istinto gli uomini espellono il seme senza sapere che insieme allo sperma essi perdono le preziose qualità in esso presenti. Ma quando l'uomo comincia a conservare e a sviluppare il proprio seme, è bene che lo faccia sistematicamente, giorno e notte. Così il suo corpo accelererà la produzione del seme e gli consentirà di raffinare il suo *chi* più rapidamente della donna, che è soggetta a un ciclo più lento. Anche per questo tanti guru e tanti maestri sono di sesso maschile. Inoltre le donne sono per natura yin, cioè più vicine al vuoto, per cui avvertono di meno il bisogno di espandersi, di perseguire una meta come la diffusione di una dottrina, che è di natura yang.

Tuttavia l'adepto, sempre che sia sufficientemente sensibile, ha bisogno del fascino della donna e del suo orgasmo. L'orgasmo femminile è una esplosione interna — una implosione — dell'essenza yin. Nell'orgasmo della valle l'uomo sperimenta questa implosione dell'energia yin della donna nei propri tan-tien, avverte cioè una sorta di « fusione ». L'energia yin è l'energia della terra o della materia. Nell'orgasmo femminile vibra e implode l'intero corpo della donna. Sintonizzando la propria energia con quella della partner l'uomo vive un'esperienza completamente nuova, del tutto diversa da quella che vive nell'orgasmo della vetta (quello genitale), che è di polo opposto. La donna ci insegna che per salire in Cielo occorre penetrare profondamente nella terra, nel proprio corpo. La donna può « iniziare » l'uomo a uno dei misteri interni dell'Essere, però per farlo necessita dell'effetto catalizzatore dell'energia maschile.

Anche le coppie che non applicano questa pratica esoterica hanno qualche volta questa sensazione di fusione quando dopo il coito si soffermano in una sorta di dolce trance, perché in questo momento le loro energie si mescolano nell'« orgasmo della valle », ed esse hanno l'impressione che i loro corpi siano diventati trasparenti; che siano leggerissimi e galleggino nell'aria. Ai loro occhi tutti i colori appaiono nuovi e ai loro orecchi ogni rumore acquista una sonorità cristallina. È uno stato di alterazione della coscienza nel quale gli amanti vivono l'unità originaria della natura in perfetta purezza e immediatezza.

Scopo della pratica di trasformazione dell'energia sessuale è quello di prolungare e intensificare questo stato, nel quale la normale sensazione di separazione scompare perché l'energia si integra in una realtà superiore. L'orgasmo della valle, che coinvolge corpo e spirito, restituisce gli amanti all'onnipresente *chi* primordiale.

Come nel microcosmo del nostro corpo si uniscono amorosamente yin e yang, così nel macrocosmo dell'universo sole, luna, Terra e Galassie si amano intensamente nel senso più vero del termine. I pianeti si attraggono l'un l'altro mediante potentissimi campi elettromagnetici e gravitazionali; soli e quasar emettono energie luminose e caloriche che colmano il freddo vuoto (yin) dell'universo. Noi dalla Terra, da lontano, ravvisiamo questo atto d'amore cosmico nella spettrale luce della luna o nelle stelle cadenti che guizzano attraverso il firmamento. Forse tutta questa energia alla fine viene risucchiata dal grembo dell'universo, viene aspirata dai buchi neri, al di là dei quali c'è soltanto il Nulla, il vero Nulla, il « wu chi » dei taoisti.

Analogamente, il seme è l'energia solare o nucleare dell'uomo, l'energia che l'uomo immagazzina per poi farla esplodere, controllatamente, nei propri tan-tien. Questa esplosione nel suo universo individuale irradia calore, un calore che la donna assorbe per donare in cambio al maschio la propria energia risanatrice. I taoisti definiscono « wu wei » l'equilibrio mentale e spirituale che consente a questo processo alchemico di trasformazione dell'energia di compiersi senza sforzo. Poiché « wu wei » significa letteralmente « non-azione », alcuni critici hanno definito i taoisti « praticanti mistici, osservatori passivi della natura », che si astengono dall'intervenire per non turbare il delicato equilibrio di yin e yang.

Invece l'espressione « non-azione » vuol indicare quello stato di neutralità o di recettività grazie al quale tutto può svolgersi con naturalezza e spontaneità. E' uno stato passivo nel senso che gli amanti non si oppongono alle leggi della natura pur essendo al contempo attivi, perché la perfetta armonia che li collega all'universo presuppone un incessante adeguamento dinamico al mutare delle circostanze. Sicché l'uomo è eternamente libero di agire o non agire, conformemente alle necessità.

A un osservatore superficiale può sembrare che la donna sia più vicina dell'uomo allo stato di « wu wei » perché l'esperienza del pieno che colma il vuoto è più conforme alla sua natura (yin). In fondo è questa la caratteristica che rende la femmina attraente per il maschio. Più la donna è spontanea, più appare all'uomo naturale e accessibile. La donna conferisce all'atto della creazione l'impronta della semplicità perché le basta giacere per essere fecondata. Invece l'uomo è yang, è energia in espansione, che necessita di uno sforzo per esistere. L'uomo merita più della donna di trovare il vero appagamento, perché fatica, lavora. E trova il vero appagamento solo nell'orgasmo della valle (nell'orgasmo totale di corpo, anima e spirito) perché gli arriva come un dono meraviglioso, come uno stato di grazia che si instaura nel suo corpo e nel suo cervello senza fatica. Vi rendete conto di quanto sia semplice e naturale questa armonia superiore quando insieme alla vostra partner passeggiate in una valle immersa in uno splendido paesaggio solitario: siete voi e il cosmo, e niente altro. Per provare questa sensazione di amore e di pace profonda non avete bisogno di lavorare, di stancarvi fino allo sfinimento. Questo stato di « wu wei » può essere vissuto solo amando la propria partner in assoluto rilassamento, semplicemente giacendole accanto. Il « wu wei » non è che il risultato del perfetto equilibramento delle energie sottili prodotte dai vostri corpi. L'atto sessuale ha il solo scopo di consentire alla coppia di vivere questa armonia suprema. Lo stato di rilassamento che caratterizza l'orgasmo della valle vi consente di godere a lungo di questa calma profonda, di goderne anche a distanza di tempo, anche quando rivolgete la vostra attenzione alle cose del mondo, nella vita corrente, con le preoccupazioni che essa comporta.

A mio avviso il nucleo della dottrina taoista è ravvisabile proprio nella facilità e spontaneità dell'orgasmo della valle. Qualcuno di voi probabilmente rimarrà affascinato dagli aspetti meccanici dello sviluppo superiore del *chi*, dal metodo della Grande Elevazione perché gli consente di immagazzinare una cospicua quantità di energia, però se lo applica quando è già stanco non raggiungerà mai l'orgasmo della valle (o wu wei), cioè lo stato di perfetto equilibrio fra l'energia yin e l'energia yang. Quando nell'orgasmo della valle le due energie si armonizzano, gli amanti vivono un'esperienza paradossale: hanno la sensazione di essere immobili (yin) e al contempo mobili (yang).

Questa è la ragione per la quale i grandi poeti taoisti parlano anche della natura paradossale del tao: Il wu wei è il non-fare laddove invece succede tutto! La mia prima esperienza di orgasmo della valle ha colto di sorpresa sia me che la mia partner, forse perché ci aspettavamo che i metodi esoterici dell'arte d'amare taoista provocassero esperienze analoghe a quelle che si vivono nella meditazione profonda, alla quale noi ci dedicavamo da anni, ancora prima di diventare amanti. Durante l'orgasmo della valle io ho la sensazione di esistere contemporaneamente in due diversi modi: mentre il mio corpo implode, entra in se stesso, la mia coscienza si muove verso l'esterno, si espande in direzione di campi energetici sempre più vasti: una sensazione che è impossibile descrivere.

Durante l'orgasmo della valle sento il mio corpo reagire ai segnali del corpo della mia partner: lo sento vibrare con la stessa frequenza del suo; e questo stato dura parecchi minuti. Nonostante l'intensità dell'orgasmo il mio corpo non è né caldo né freddo, ma piacevolmente tiepido. E' un effetto completamente diverso da quello prodotto dalla pratica meditativa, nella quale l'energia (kundalini) esplode verso l'alto come una calda colonna (energia yang) e apre la sommità del capo e il terzo occhio. Vivo uno stato di trance nel quale non ho più coscienza del mio corpo. E mentre il mio corpo cerca di assorbire e accumulare la copiosa energia yang, la mia coscienza si allontana da esso.

Con questa descrizione vorrei soltanto far presente che il metodo della trasformazione del *chi* in energia spirituale provoca uno stato di estremo equilibrio grazie al quale è possibile meditare a livello di tutti i tan-tien (o chakra) del corpo.

Il connubio più stabile di yin e yang si verifica quando i centri inferiori, più freddi, assorbono il calore dei centri superiori, che emanano energia calda (espansiva), cioè quando ha luogo l'unione classica del fuoco con l'acqua. E' questa la via centrale del tao: si rimane radicati al corpo e al contempo si compie un lunghissimo viaggio nelle sfere sottili.

La meta della Duplice Elevazione non è la stessa dell'Illuminazione Istantanea, né quella dei viaggi astrali o stato di trasognatezza (dissoluzione nella beatitudine o in visioni fantastiche), perché mentre questi fenomeni sono transitori, fugaci, i taoisti, pur aspirando del pari all'immortalità, tengono soprattutto a conservare l'equilibrio energetico, a raggiungere un equilibrio durevole, che persista nella vita corrente. Per cui diffidano fortemente dei metodi che promettono risultati brillanti in brevissimo tempo o che trascurano il corpo. Nella sua saggezza la dottrina taoista sa che una evoluzione ha valore solo se è duratura. Ma questo tipo di evoluzione può essere raggiunto solo lentamente e per gradi. Se sommiamo i diecimila momenti di cui si compone una giornata, in venticinque anni i momenti in cui si ha occasione di sviluppare la propria energia sono ben venticinque milioni! Ora, poiché le occasioni non si presentano tutte insieme, ma una alla volta, l'impresa, tutto sommato, non è poi titanica.

In Occidente molti aspirano a conquistare la cosiddetta Illuminazione dei Sessanta Secondi. Ebbene, trovano spesso proprio ciò che un processo istantaneo può dare: una illuminazione che dura sessanta secondi! Ad alcuni il metodo taoista sembrerà lento perché prevede il frequente ritorno delle energie superiori ai centri inferiori, mentre ad essi sembrerebbe più facile aprire subito il terzo occhio o avanzare direttamente fino alle sfere spirituali, senza occuparsi del corpo, che è rozzo e pesante. Ma hanno torto. Il vero valore della Duplice Elevazione taoista consiste infatti proprio nella sua accettazione del quotidiano, del corpo fisico, del desiderio, dell'impulso sessuale, che non ha mai fine. La dottrina taoista ritiene tutti questi fattori preziosi e irrinunciabili.

Questa valorizzazione della quotidianità quale elemento essenziale della totalità del tao è anche la ragione per la quale gli antichi maestri del tao non chiedevano alla sessualità né esperienze spirituali straordinarie né orgasmi esplosivi. Aspirare ad essi avrebbe significato voler essere esclusivamente yang, laddove l'orgasmo della valle è invece uno stato di trascendenza nel quale l'energia yin del nostro corpo terreno (e con esso il karma e il dolore che esso procura) si equilibra, si fonde e si armonizza con la beatitudine dell'energia celeste. Una volta bilanciate queste energie, il dolore fisico e la beatitudine celeste si eliminano reciprocamente. Il risultato è il vuoto. Il vero godimento, la vera pace è questa: sentirsi calmi, rimanere vuoti. Nell'orgasmo della valle nessuno dei due poli domina più l'altro e l'uomo è completamente padrone di se stesso e libero di agire a proprio piacimento. Il desiderio del piacere fisico e della trascendenza spirituale si accendono e si smorzano di continuo comunicando una sensazione di vuoto e di pieno. Chi ha sperimentato l'orgasmo della valle sa cosa è l'Illuminazione. E chi è capace di rendere durevole questo stato è in possesso dell'immortalità.

Il mantenimento della polarità
Cosa significa essere yang

di Michael Winn

« Il saggio vive il tao, lo stolto lo ammira soltanto ».
Antico proverbio taoista

Per raccogliere le informazioni che mi occorrevano ho interpellato dozzine di allievi di maestro Chia. In queste interviste mi ha colpito in particolare un fatto: uomini e donne hanno un atteggiamento molto diverso nei confronti della sessualità. Gli uomini si sono dichiarati entusiasti del metodo taoista, affascinati dall'energia e dagli stati di coscienza che esso consente di acquisire, mentre molte donne hanno confessato di avere l'impressione che i loro uomini si preoccupino più di conservare la propria energia che di amarle senza riserve. Secondo loro il successo o meno del processo di trasformazione dell'energia ha un'importanza secondaria.

Alcune in principio avevano temuto che il loro partner, per dedicarsi alla pratica taoista, sacrificasse il rapporto erotico e sottraesse tempo al rapporto stesso. Altre avevano l'impressione che questo processo di trasformazione dell'energia trasformasse il rapporto in qualcosa di tecnico. Però quasi tutte hanno riconosciuto che queste impressioni negative scompaiono quando il metodo comincia a fare effetto. L'atto sessuale si prolunga, e fra i coniugi si sviluppa anche una maggiore tenerezza.

Alcuni uomini hanno incontrato resistenza nelle loro partner quando hanno cominciato a praticare la ritenzione del seme; perché secondo esse la eiaculazione era la prova di una completa dedizione nei loro confronti e di un amore più intenso. Inoltre si sentivano frustrate se non riuscivano a provocare nel partner un orgasmo eiaculatorio convenzionale. La maggior parte di queste opinioni era dovuta a scarsa informazione o all'inconscio desiderio di dominare il maschio sul piano sessuale. Una donna mi ha detto, fra l'altro: « Certe donne hanno la sensazione di possedere veramente il loro uomo solo quando egli dona loro il suo seme. Non sanno niente di tutte queste cose, non sanno cosa sia l'equilibrio energetico. Non sono sicure di essere veramente amate e probabilmente hanno bisogno di questa prova ». In rapporti siffatti tutto si svolge secondo uno schema molto semplice; l'uomo sacrifica il proprio seme, però per conservare la propria energia e la propria identità, senza rendersene conto tratta la donna con riservatezza su altri piani. La donna poi lo avverte inconsciamente, perciò lo incoraggia a eiaculare credendo, a torto, di rendere così più saldo il rapporto. Per contro, quando l'uomo comincia a ritenere il seme e impara a far circolare l'energia nel proprio corpo, la donna si chiude perché non ha la prova tangibile del sacrificio di lui. Ma reagendo in questo modo non agisce per amore, ma per pura e semplice possessività.

La situazione può essere sanata solo se l'uomo divide l'esperienza esoterica con la sua donna, solo se la sua partner avverte insieme a lui la « montata » dell'energia e dell'amore/tenerezza.

In un rapporto nel quale l'energia sessuale è intossicata dalla possessività o dalla gelosia, lo scambio esoterico di energie non può aver luogo, perché l'amore esoterico consiste proprio nel dirigere l'energia al cuore e al cervello, prima di scambiarla con quella del partner. Per questo è importante che l'uomo restituisca prima possibile alla donna l'energia che ha assorbito da lei durante il coito. Se la trattiene dentro di sé o la espelle attraverso il terzo occhio per scopi egoistici, per procurarsi qualche visione fantastica, perde forza e rende impossibile lo scambio. Perciò secondo i taoisti è bene che l'uomo « premi » subito la sua partner, rimpiazzi subito l'energia che lei gli ha donato, affinché anche la donna abbia a disposizione la quantità di *chi* che le occorre per trasformare l'energia sessuale in energia spirituale e per armonizzare il proprio ching con quello del partner.

L'energia dei due partner sale lungo i loro corpi con un movimento a spirale e ad ogni giro che compie si raffina ulteriormente. Alla fine si espande fino a comprendere nel proprio campo dinamico anche amici e parenti. Questo movimento a spirale è indicato anche nel simbolo taoista di yin e yang. L'energia del maschio è rettilinea ed è rappresentata da una freccia, quella della femmina è rotonda e ricettiva come un cerchio vuoto. Quando si compenetrano, il cerchio ingloba la freccia e la trasforma in una spirale. La dottrina taoista è un sistema di ecologia spirituale che prevede la trasformazione delle energie inferiori in energie superiori. L'illuminazione e l'immortalità rappresentano fasi di questo processo a spirale.

Tuttavia quasi tutti noi, me compreso, siamo pur sempre semplici mortali costretti a lottare col nostro ego. Infatti, appena abbandona il piccolo mondo privato dell'intimità sessuale e della meditazione, il nostro ego riprende quota, non si rassegna alla non-azione, ma progetta azioni per il proprio tornaconto. Quanto a me, per frenare queste tendenze egotistiche, invece di concentrarmi sul mio « io », medito sull'equilibrio delle energie che mi circondano. Ma io il mio « io » torna a galla di frequente: con le sue proiezioni, le sue razionalizzazioni e i suoi subdoli piani, mettendomi in difficoltà molto spesso. Mi salvo concentrandomi, meditando sull'energia, che è alla base di tutto. Allora smetto di desiderare il danaro, di dare la caccia al successo e cerco invece di capire in cosa consistono le cose che desidero, di quale energia sono fatte.

Naturalmente non è facile capire bene di che tipo sia l'energia che abita in noi, negli altri o nelle situazioni; comunque so che ciò che mi unisce agli altri esseri, agli esseri umani e alle essenze spirituali, è l'energia. In questo senso il processo taoista di trasformazione del *chi* aiuta a sviluppare l'intuito, aiuta a capire anche l'irrazionale. La maggior parte degli occidentali accetta questa dottrina, però la ritiene irrealizzabile sul piano pratico, non trasferibile nella realtà. Pensa che non sia concretamente possibile equilibrare yin e yang. Io stesso, sono rimasto estasiato nel leggere le poesie taoiste e l'*I Ging*, però dalla loro lettura non ho tratto la « viscerale » convinzione che questa pratica dia i risultati concreti che promette di dare.

Mi sono convinto che il metodo taoista dà risultati tangibili solo quando ho cominciato a praticare la respirazione testicolare, la Grande Elevazione ecc. Da quando mi occupo di tao yoga avverto nel mio corpo la presenza del *chi*, distinguo il *chi* caldo dal *chi* freddo e percepisco l'accumulo dell'uno o dell'altro nei cinque organi principali: cuore, reni ecc. Mi ha insegnato maestro Chia come fare, su quali punti concentrarmi. Quando ho percepito per la prima volta queste sensazioni sono rimasto estasiato, sono rimasto di stucco come dev'essere rimasto Cristoforo Colombo quando ha avuto la prova che la Terra era davvero rotonda. L'energia fredda che sentivo dentro di me rappresentava una dimensione completamente nuova del mio essere, che valeva la pena studiare. Da allora coltivo la pratica taoista con piena convinzione, so che la Terra è una sfera. Il tao yoga ha rinnovato la mia vita sessuale. La Duplice Elevazione è diventata per me e per la mia partner un viaggio avventuroso in nuovi territori del nostro essere.

Yin e yang non sono puri e semplici concetti, esistono realmente: sono qualità di un'energia che può essere immagazzinata nel corpo e usata nella vita corrente. Uno dei principali ostacoli che impediscono agli occidentali di percorrere questa via è la concezione puramente teorica che essi hanno del taoista. Per gli occidentali intelletto e mente (spirito), sono la stessa cosa, mentre per il taoista l'intelletto è solo uno degli strumenti di cui si serve l'unità di mente (spirito), corpo e anima. Addestrano la mente del taoista, gli fanno capire che il mondo in cui viviamo è popolato di campi energetici dinamici, lo sviluppo del *chi* e la raffinazione dell'unità di corpo, mente e anima attraverso gli esercizi spirituali e le meditazioni alchemiche.

Così il taoista cessa di vivere in un mondo di parole e concetti smateriato, costruito dall'intelletto. Non che smetta di pensare, certo, però deve imparare a pensare-sentire con tutto il proprio essere. Per poterlo fare deve sviluppare facoltà che l'uomo moderno ha perduto, che sonnecchiano in quel novanta per cento della massa cerebrale che abitualmente non usa più. Per gli occidentali la sessualita è salutare perché spesso rappresenta per essi l'unico modo per evadere dalla prigionia dell'intelletto e dell'ego e per vivere l'esperienza della totalità.

Se all'inizio non riuscite a distinguere l'energia yin dalla energia yang, non vi preoccupate. Limitatevi a compiere i vostri esercizi e le vostre meditazioni giorno dopo giorno, sistematicamente. Quando il vostro corpo comincerà a percepire la propria energia sottile avvertirete vibrazioni, calore, formicolio. Col tempo poi vi renderete conto del fatto che l'interazione di yin e yang non rappresenta un gioco metafisico astratto, ma è un fenomeno concreto. Comprendendo questo potrete raggiungere via via la sorgente delle energie polarizzate, che operano, attraverso la vostra psiche, nei vostri ormoni, e che condizionano il vostro comportamento, la vostra personalità, le vostre idee.

Alcuni uomini credono erroneamente che diventare spirituali significhi accantonare le proprie qualità positive, la virilità, il dinamismo, per diventare passivi e meditativi e comportarsi come le donne. Naturalmente hanno torto. E' vero che quando assorbe forti quantità di energia yin l'uomo corre il rischio di perdere la sua forza d'attrazione sulle donne, invece di diventare spirituale. Però non è affatto vero che l'equilibramento nella psiche delle polarità yin e yang indebolisca l'energia yang e privi il maschio degli attributi tipici del suo sesso. La pratica taoista non si propone di favorire l'androginismo, di rendere la vita senza colore, asessuata. Non mira all'equiparazione uomo-donna, o alla loro fusione in una insipida minestra di nome tao!

L'energia scaturisce proprio dalla dinamica tensione fra yin e yang, dalla differente polarità fra il maschio e la femmina. Ciascuno dei due sessi ha dentro di sé un polo yin e un polo yang, e la personalità di ognuno di noi è l'insieme di qualità maschili e femminili. Tuttavia, la carica principale dell'energia sottile dell'uomo è yang e solo grazie ad essa l'uomo può sviluppare nel suo interno il polo yin della propria energia yang, per cui può succedere che la sua condotta diventi un po' meno spigolosa, perché la spigolosità è dovuta alla carica yang.

Ma lo sviluppo del polo yin non altererà affatto le caratteristiche peculiari del suo sesso. Il maschio resta maschio perché questa è la sua vera natura; e alla donna piace l'uomo forte, determinato. Lo sviluppo del *chi* lo renderà più sensibile ma non per questo meno virile. Comunque l'uomo a sua volta deve aiutare la donna a sviluppare allo stesso modo la sua forza interna.

Nella Duplice Elevazione la principale difficoltà per l'uomo è di natura psicologica: fa fatica ad equilibrare il proprio ego con la sensibilità emozionale della partner. Debbono capire entrambi che l'essere umano non è fatto di solo ego o di soli sentimenti e soprattutto tener presente che i sentimenti sono emanazioni delle energie sottili che operano nel loro profondo. Molte coppie per ridar vita al loro rapporto, per rinverdire la pianta appassita del loro amore, investono un enorme capitale di danaro, tempo ed energia consultando esperti matrimoniali, sessuologi e psichiatri. Questo significa cercare di operare dall'esterno. E da un certo punto di vista può anche essere utile, perché già il solo parlare di un problema può essere un modo per cominciare a risolverlo.

Però il taoista si regola in un altro modo, opera dall'interno verso l'esterno: provvede a rinverdire la pianta curandone la radice, facendo scorrere con più forza la linfa, affinché possa nutrire tronco, rami e foglie. È un processo più difficile, ma i risultati sono migliori e più duraturi. La linfa dell'albero dell'uomo è l'energia *chi*; pertanto se volete « nutrire » la vostra partner non dovete consentire al vostro ego di bloccare il processo di scambio delle energie. La donna è lo specchio dell'uomo. Secondo la legge dell'energia universale ognuno di noi riceve in cambio sempre soltanto quanto ha dato. Se date alla donna molto amore e molta energia, lei vi ricompenserà generosamente. Lo dimostra il fatto che attraverso la Duplice Elevazione una coppia può bilanciare ego e sentimenti. E la perfetta intesa che si instaura fra i coniugi si rispecchia anche nella tenerezza e nell'armonia che improntano la loro vita di ogni giorno.

Una regola aurea dell'arte d'amare taoista impone di amare col *chi* e non con l'ego. Quando il *chi*, l'energia sessuale, viene usata per alimentare l'egoismo dell'uomo o la dominanza emozionale della donna, la pratica taoista fallisce. Gli uomini che cercano di trasformare l'energia sessuale in energia spirituale prima di aver messo ordine nella propria vita sono destinati a fallire. È capace di donare vero amore e di nutrire autentico rispetto per la sua donna solo l'uomo che conduce una vita retta. La donna per poter equilibrare dentro di sé le sottili energie superiori necessita di una certa stabilità emozionale. Invece l'uomo per poter ricevere le energie superiori e sperimentare l'orgasmo della valle deve abolire il proprio egoismo. L'uomo che è capace di donare alla sua donna la propria energia con assoluto altruismo viene da lei ricompensato con un premio dieci volte più prezioso: l'orgasmo della valle. In questo consiste la dinamica di yin e yang. E' un'unica energia, che va dove la guida la nostra volontà e poi ritorna alla propria fonte originaria, esattamente come l'uomo ritorna in spirito alla propria origine.

Se nei confronti delle energie che si vanno trasformando la filosofia taoista richiede un atteggiamento privo di possessività, ciò non significa che essa insegni a comportarsi in modo irresponsabile, con distacco, nei confronti dell'altro. Lo stato della non-azione (del wu wei) include la capacità di saper scegliere la via di mezzo in ogni momento della vita, e vale anche per i rapporti interpersonali. La via di mezzo perfetta consiste nel saper bilanciare la stabilità di un rapporto (cosa encomiabile) con la necessità per l'uomo di essere libero di alimentare come vuole la propria energia sottile. Sono problemi difficili, che ognuno deve risolvere da sé. Quando durante il coito raggiungo lo stato di wu wei, lo stato di non-azione spontanea, provo una sensazione di pace che attenua le spinte del mio ego, che mi rende più facile vivere nel mondo, risolvere i problemi dell'esistenza.

La vita può essere paragonata al gioco delle scatole cinesi. Quando ne apriamo una, dentro ne troviamo un'altra più piccola e poi un'altra ancora più piccola e così via. L'amore sessuale è una di queste scatole, e precisamente quella centrale, quella che sta in mezzo. Quando l'uomo ama e trasforma il proprio ego egoistico, quando il *chi* e i bassi istinti sessuali si nobilitano, l'amore diventa luminoso e la scatola centrale emana luce, e questa luce attraversa sia la scatola più interna, quella della spiritualità, che quella più esterna, la scatola che corrisponde alla vita corrente, all'aspetto mondano dell'esistenza.

Mi sono accorto che l'amore sessuale e il karma si influenzano reciprocamente, che si compenetrano a vicenda.

Vivere il wu wei e al contempo donare se stessi alla propria partner sembra inconciliabile, è un concetto difficile da spiegare. Si riesce a capirlo se si considera che la non-azione, la impassibilità, provoca fatalmente lo sviluppo del proprio opposto, dell'interesse, cioè di un legame durevole col proprio partner. Esiste sul mercato tutta una serie di manuali sull'arte d'amare taoista che consigliano al lettore di amare più donne che può, di soddisfare senza alcuna limitazione i propri impulsi spontanei. A mio avviso è una semplificazione irresponsabile, eccessiva e deviante delle teorie sessuali del taoismo esoterico. In realtà mediante la Duplice Elevazione gli amanti si propongono non di soddisfare l'impulso sessuale ma di sperimentare ed equilibrare dentro di loro le energie sottili. La promiscuità, il rapporto sessuale con più partner, non ha niente a che fare col tao. Gli autori che suggeriscono di vivere il rapporto sessuale con più partner non fanno che servirsi illecitamente di una filosofia spirituale per giustificare pratiche dilettantistiche e fantasie erotiche. L'uomo che sente il bisogno di cambiare continuamente partner nasconde spesso il timore di un'intimità più profonda, con se stesso e con la donna. Sul piano spirituale questa condotta può ostacolare l'unione alchemica di *chi*, ching e shien. Per aver luogo, il processo di trasformazione richiede un certo grado di abilità delle energie inferiori (fisiche), mentre il comportamento sessuale indifferenziato non fa che agitarle e rimescolarle.

Per evolvere e acquisire la capacità di capire il vero significato della vita l'uomo e la sua partner debbono trasformare le loro energie sessuali in energie spirituali. Se sapranno applicarlo a regola d'arte, il metodo taoista li arricchirà di una saggezza che illuminerà tutta la loro esistenza, ogni momento della loro vita.

Capitolo 12

Domande sul tema della ritenzione del seme

1. Mi sono fatto praticare la vasectomia. Mi consentirà di compiere la Grande Elevazione questo intervento?

Chia: Gli effetti della vasectomia sulla vita sessuale e sullo stato di salute in generale meritano un'attenzione particolare. Come tutti sanno, gli uomini che hanno subìto questo intervento conservano uno stato di salute, fisica e psichica, del tutto normale. Quasi tutti i vasectomizzati hanno dichiarato di essere in ottima salute, e molte delle loro mogli hanno rivelato che essi sono più virili di prima.

Ora, l'aumento della potenza coeundi di questi uomini si spiega come segue: poiché nel coito non espellono più il seme, non perdono più la loro energia sessuale. Il loro corpo riassorbe la forza attiva degli spermatozoi attraverso il circolo sanguigno. Però questi uomini continuano ad espellere le secrezioni non prodotte dai testicoli.

Gli amanti taoisti, oltre a questo vantaggio ne hanno anche altri, perché, oltre al seme, conservano anche le secrezioni non prodotte dai testicoli, che sono ricchissime di enzimi, vitamine, proteine, elementi traccia e di energie elettriche. Però questo non è ancora il maggior beneficio della pratica taoista. Infatti mentre nel vasectomizzato col tempo la produzione di spermatozoi e di ormoni diminuisce, nel taoista, grazie alla Grande Elevazione la produzione di ormoni invece aumenta. Questo avviene sia perché gli organi sessuali vengono stimolati dall'energia che viene accumulata in essi di proposito, sia perché la trasformazione dell'energia sessuale in energia spirituale favorisce la produzione di ormoni pregiati.

Fortunatamente il vasectomizzato può ricorrere alla Grande Elevazione per « far evaporare » le energie sessuali e inviarle al capo e agli organi vitali. Inoltre questa tecnica consente a tutti gli uomimi, vasectomizzati e non-vasectomizzati, di scambiare con la propria partner energie particolarmente potenti.

2. Se l'energia yin è fredda e l'energia yang è calda, come si spiega che durante il coito le donne si sentono sempre calde?

Chia: Sebbene alcuni uomini abbiano una natura piuttosto mite, siano in parte yin, e alcune donne abbiano una personalità aggressiva, siano in parte yang, la polarità fondamentale dell'uomo è pur sempre yang e quella della donna è pur sempre yin. Per stabilire un equilibrio i partner con temperamenti siffatti debbono scambiarsi l'energia in eccesso. La polarità di base però rimane quella che è.

Nel corso della pratica taoista a un dato momento lei avvertirà dentro di sé la presenza dell'energia fredda della donna. Il fenomeno per lo più si verifica nella fase di calma, durante lo scambio di yin e yang. Sentirà salire lungo la colonna vertebrale fino al vertice del capo una corrente fredda. Però avvertirà nel suo corpo questa energia calmante e rinfrescante solo quando avrà imparato a donare alla sua partner la propria energia calda e focosa (yang) con assoluto altruismo. In una fase molto avanzata di questa tecnica è possibile provocare questo effetto unicamente meditando sul polo yin della propria energia yang.

3. Quanto dura il coito taoista? Ho sentito dire che dura a lungo.

Chia: Il coito taoista dura quanto gli amanti vogliono che duri. La sua durata dipende dalla qualità delle energie che essi si scambiano. Però il metodo taoista provoca una voluttà tanto profonda che gli amanti non sentono il bisogno di coiti supplementari. Inoltre, sebbene qualche volta l'orgasmo della valle, la polarità perfetta, venga raggiunto molto presto, quasi sempre l'atto sessuale, dai preliminari all'ultimo calmo abbraccio, può durare ore o un'intera giornata. Nei classici del tao si legge che per soddisfare una donna occorrono mille « colpi ». Quindi l'uomo deve riposare e riprendere a « colpire » più volte e con crescente lena. E se vuol soddisfare la sua donna non deve aver fretta. Se vuol applicare a regola d'arte il metodo taoista non abbia fretta; stacchi il ricevitore del telefono e faccia in modo che i bambini non possano disturbarla.

4. Però quando l'uomo eiacula la donna può ricevere una cospicua quantità di energia yang per via diretta. In che consiste la differenza tra donazione diretta di energia yang e scambio di yin e yang?

Chia: Quando ritiene il seme lei può fornire la sua energia e ricaricarsi rapidamente. Mentre quando la espelle insieme al seme, ha bisogno di tempo per ricaricarsi, perché ha esaurito tutte le sue batterie. Se la donna non è una provetta yogi, cioè non è in grado di assorbire la forza del seme attraverso la meditazione, ne assorbirà poca, e nello stesso tempo lei perderà la capacità di dargliene di più. Anche la yogi più esperta riesce a estrarre dal seme solo una data quantità di energia. Quindi la donna riceve più energia quando il partner conserva e trasforma il proprio seme. Donate pure alla vostra partner un cesto colmo di pesche, però non sradicate tutta la pianta per darle radici ancora sporche di terra.

5. Durante lo scambio di yin e yang qualche volta avverto nei genitali una specie di miniorgasmo. Cosa debbo fare per essere sicuro di non perdere il seme?

Chia: Durante la inspirazione e la espirazione il pene spesso ha dei sussulti, si contrae come se volesse eiaculare, però quello che fuoriesce non è seme, è il liquido prostatico. Delle volte pulsano (si contraggono) anche la prostata e le vescichette seminali producendo una particolare sensazione di voluttà. Il metodo taoista fa dono di questo piacere orgasmico pur consentendo di ritenere il seme.

Stia tranquillo, se applica la pratica a regola d'arte, durante queste contrazioni o pulsazioni è quasi impossibile che fuoriesca effettivamente il seme. Tuttavia, qualora si accorgesse di cominciare a perdere vero seme, per prevenire un'ulteriore perdita provveda subito a contrarre il muscoli con forza e a praticare la cosiddetta chiusura esterna (digitale). Comunque bisogna fare distinzione fra la perdita di « latte » e la perdita di « acqua ». Quello che i taoisti si propongono di ritenere è il liquido spermatico, l'elisir segreto, il « latte », che è bianco e piuttosto denso. Mentre l'« acqua » è il liquido più chiaro, prodotto dalla prostata per favorire la fuoriuscita del seme. Qualche volta l'uomo può espellere qualche goccia di questa « acqua » anche se non eiacula. Tuttavia, se vuol evitare imprevisti non graditi, oltre alla pratica taoista deve adottare anche un contraccettivo di sua fiducia. Talvolta basta la presenza di un solo spermatozoo nel liquido prostatico per fecondare una donna.

6. Vorrei praticare la Grande Elevazione, però nonostante tutta la mia buona volontà non riesco ancora a bloccare l'eiaculazione. Come mai?

Chia: Non si scoraggi. Ci vuole tempo, esercizio e pazienza. Quando si apprende una cosa nuova la cosa più importante è affrontare l'impresa con fiducia e ottimismo.

All'inizio si limiti a frenare l'eiaculazione una sola volta alla settimana. Poi, quando le riuscirà meno difficile bloccare questo impulso, eiaculi non più di una-due volte al mese. In seguito andrà sempre meglio. Perciò non si preoccupi se ogni tanto le capita di perdere il seme, cerchi semplicemente di conservarlo più che può. Il taoista accetta tutto ciò che è naturale, non cerca mai di imporre al corpo cambiamenti bruschi. Quando eiacula, lei comunque prova piacere e trasmette questo piacere alla sua partner. Quindi la sua donna assorbe comunque parte della sua essenza yang. Però naturalmente non deve esagerare, non deve eiaculare di proposito per trarne piacere per sé e per la sua partner. Il metodo taoista prevede l'abbandono del puro e semplice piacere sensuale, un'operazione che va condotta per gradi.

Per perfezionare il tao dell'amore e raggiungere una sempre magiore illuminazione può essere necessaria l'intera vita.

7. Che rapporto esiste tra la sessualità e la forza dei muscoli delle natiche e dell'addome? Ho sempre pensato che l'attività di questi muscoli favorisca l'attività sessuale perché nel coito l'uomo li adopera incessantemente.

Chia: Un'attività sessuale intensa può essere salutare per due ragioni: perché stimola le ghiandole, e in particolare la prostata, e perché favorisce il passaggio del *chi* attraverso i meridiani. Però molta energia va perduta attraverso l'ano; fuoriesce perché alcuni uomini fanno una vita prevalentemente sedentaria e hanno i glutei, i muscoli addominali e lo sfintere anale scarsamente tonici. Attraverso l'ano l'uomo perde una incredibile quantità di *chi*. L'eiaculazione elimina tutti gli sbarramenti, sfonda tutte le dighe, e quindi anche quella dello sfintere anale.

Un'attività eiaculatoria frequente nuoce alla salute perché provoca una forte perdita di energia vitale. Dopo qualche tempo i tessuti perdono tono e l'uomo non riesce più ad assorbire forza vitale. L'eiaculazione frequente compromette anche il tono della muscolatura addominale, favorisce l'accumulo di grasso nelle pareti dell'addome e dà luogo a una continua perdita di forza. Perciò io consiglio ai miei allievi di fare costantemente esercizi atti ad irrobustire i muscoli addominali, la cui efficienza impedisce all'energia di abbandonare il corpo.

8. Quando pratico la Grande Elevazione quotidianamente per più settimane, perdo in parte l'appetito sessuale. Cosa succede dell'energia sessuale in questi casi?

Chia: Nelle prime due-tre settimane di questa pratica l'appetito sessuale può diminuire un po'; il fenomeno si manifesta più facilmente quando l'uomo è un po' giù di tono. Però questa diminuzione dell'appetito sessuale è un segno positivo, sta a significare che l'energia sessuale è stata inviata dai genitali ai centri superiori. Perciò stia tranquillo! Questo evento è indizio di progresso, indica che lei conserva una quantità di energia maggiore di quanta ne abbia mai conservata e sta cominciando a trasformarla in un'energia superiore, più nobile.

In capo a qualche settimana si instaura il Piccolo Circolo Energetico, grazie al quale l'energia può ritornare ai centri sessuali notevolmente rinforzata. Una volta instaurato il PCE, ad ogni coito la forza attraversa tutto il corpo e lo vitalizza ulteriormente. A partire da questo momento l'appetito sessuale può risvegliarsi nuovamente. La situazione, è ovvio, varia da coppia a coppia.

9. Non esagera un po' raccomandando di conservare ogni goccia di seme? In fondo ne rimane sempre a sufficienza. Io ho sempre pensato che il taoismo sia un sistema equilibrato, che aborrisce gli eccessi, che non impone pratiche estremistiche.

Chia: Quando l'uomo perde l'abitudine di eiaculare, la ritenzione del seme non gli pesa più, diventa un'operazione semplice e naturale. I taoisti sostengono che in passato la esercitavano spontaneamente tutti gli uomini e che le moderne abitudini sessuali rappresentano un fenomeno degenerativo, responsabile della sovrappopolazione — oggi sulla faccia della Terra vivono oltre quattro miliardi di esseri umani (il libro è stato scritto nel 1985, oggi, nel 1989, il numero degli abitanti della Terra assomma ad oltre cinque miliardi: n.d.t.) e del conseguente inquinamento del nostro pianeta, un tempo ecologicamente ineccepibile. Se gli uomini raggiungessero un appagamento maggiore nel loro interno, avrebbero meno bisogni e meno desideri nel mondo esterno. Comunque bisogna avere fiducia: la natura, il tao, nella sua grande saggezza trova sempre il modo per ripristinare il giusto equilibrio.

In fondo l'orgasmo maschile è un fenomeno che dura pochi attimi. Dopo l'eiaculazione per giunta l'uomo è sfinito. A meno che non penetri profondamente nel proprio interno per mobilitare altra energia — che poi però si limita ad espellere di nuovo per piombare in un piacevole vuoto. Espellere il seme equivale a disprezzare la vita. L'eiaculazione frequente non è che l'infantile tentativo di vincere la solitudine dell'isolamento dal tao, di colmare l'abisso che ci separa dalla beatitudine.

Naturalmente si può avere una esperienza erotica intensa anche eiaculando. Gli uomini che vivono questa esperienza trasformano poi in amore la forza del seme in altri momenti, al di fuori del coito. Anche così l'amore acquista spontaneità. Però non hanno modo di sperimentare una voluttà maggiore. Se lei non ha ancora provato questa straordinaria sensazione, le raccomando di perseverare nella pratica e di non perdere le staffe se perde qualche goccia di seme. La natura è ricca, generosa e saggia, ma non « fa salti ». Se modificherà se stesso per gradi il cambiamento sarà duraturo.

Tenga presente che l'eiaculazione la priva del piacere vero, della autentica voluttà. La tiene lontano dalle energie superiori e finisce per renderla schiavo delle energie inferiori. La eiaculazione, come la dissolutezza, gli stupefacenti o altri eccessi, è una delle cause più sottili e più subdole dell'autodistruzione. Tenga presente inoltre che il blocco dell'eiaculazione non è fine a se stesso, ma consente di stabilire un contatto diretto fra il nostro sistema nervoso e la sorgente della vita. E' necessario conservare il seme perché esso è la sostanza che veicola il *chi*, la forza vitale.

10. La maggior parte dei manuali sul sesso sostiene che tramutare le proprie necessità erotiche in fantasie sessuali giova alla salute. Cosa pensa in proposito il taoista?

Chia: Molti sessuologi ignorano completamente le reali possibilità della mente e non sanno niente del processo di trasformazione del ching in shien. Il taoista educa soprattutto la mente, che è importantissimo liberare da immagini devianti. Le fantasie erotiche finiscono per soffocare la mente, per asfissiarla, per interrompere la corrente vitale.

Apra la sua mente alla forza della vita: dissolverà così tutte le sue fantasie. Quando si svuota la mente, quando la si libera dal pensiero, il vuoto che si produce viene colmato da energie cosmiche. Questo è il principio fondamentale della meditazione sul potere della forza vitale. Naturalmente per raggiungere questo stato di cristallina chiarezza mentale occorre tempo, perciò non deve preoccuparsi troppo se è ancora afflitto da fantasie sessuali. Cominci semplicemente a non favorirle scacciandole dalla sua mente appena si accorge che sta per abbandonarsi ad esse.

Quando la vicinanza della sua partner non la eccita, quando per eccitarsi ha bisogno di fantasie erotiche, è meglio che attenda un'altra occasione o si scelga un'altra partner. Le idee erotiche ossessive provocano fatalmente la perdita di forza vitale.

Lavorare di fantasia, oltre a provocare la perdita di energia perfino quando non si è prossimi all'eiaculazione, blocca anche l'afflusso spontaneo dell'energia vitale. Lo stesso discorso vale per i vibratori e per altri sussidi: essi esaltano il piacere però col tempo rendono le reazioni sessuali sempre più meccaniche. Spesso i partner finiscono per diventare schiavi di questi sussidi. Se vuol rimanere se stesso e provare una voluttà veramente intensa e profonda non deve fare altro che seguire l'istinto, gli impulsi che le detta la natura e non i moti dell'intelletto, che è notoriamente condizionato dalla cultura.

11. La ritenzione del seme può determinare la perdita del bisogno di compiere movimenti nel culmine della passione?

Chia: Più progredirà meno bisogno avrà di muoversi fisicamente. Il movimento del corpo fisico è soltanto la pallida ombra del movimento del corpo spirituale, energetico. Stabilire il contatto col *chi* sottile della propria partner è molto più eccitante e stimolante delle spasmodiche contorsioni, simili a quelle di un pesce preso all'amo, ritenute indizio dell'acme erotico. Quando dominerà questa pratica, la sua concezione della sessualità cambierà totalmente, le interesserà molto di più la qualità del rapporto fra le energie sottili yang e yin.

12. Qual è la differenza tra l'orgasmo genitale e l'orgasmo totale?

Chia: Il piacere che procura l'orgasmo totale è praticamente illimitato; lo limita unicamente il grado di consapevolezza, di autocoscienza che lei ha raggiunto. La differenza tra l'orgasmo totale (dell'intero corpo) e l'orgasmo eiaculatorio è la stessa che passa tra l'amore animalesco e l'amore umano. L'animale espelle la propria energia. L'uomo evoluto la conserva e la trasforma in amore perché è autoresponsabile. L'uomo veramente libero e veramente saggio rinnova se stesso e la sua partner in continuazione. Quest'arte, che è la più alta di tutte le arti, è ad un tempo un suo dovere, un suo diritto e il suo piacere. Il piacere allo stato puro è superiore a qualsiasi sensazione possano procurarci i sensi, le emozioni o il pensiero.

Se svilupperà il suo spirito primordiale, affinerà sia la sensibilità alle energie sottili che quella agli stimoli fisici; farà un salto di qualità enorme; avrà sensazioni enormemente superiori a quelle che la maggior parte degli uomini considera ottimali.

E la qualità delle sensazioni determina la qualità dell'energia che lei produce, trattiene e assorbe. Se il suo desiderio sessuale è egoistico, l'energia può esaltare la sua forza vitale (animalesca, bruta), però questa rimarrà in basso, non salirà e non le aprirà il cuore, la mente e l'anima.

Questi principi hanno un valore universale, però per l'uomo l'attività sessuale conta moltissimo, determina tutto il suo destino, assorbe l'energia di ogni sua azione e di ogni suo pensiero. L'uomo egocentrico si confronterà sempre soltanto con l'altrui egocentrismo, mentre l'uomo che sa donare amore incontrerà amore, sempre e dappertutto. Quando viene nobilitata, l'essenza sessuale assume lucentezza, diventa luminosa, diventa un seme di luce che illumina l'intero corso della vita e va oltre la vita. Questa è la illuminazione che il maestro taoista insegna a conquistare nella meditazione superiore.

13. Perché dovrebbe essere dannoso avere rapporti con più partner, se questa pratica aiuta a moltiplicare il proprio ching chi?

Chia: Quella che conta non è la quantità dell'energia sessuale ma la sua qualità. Bisogna trasformare l'energia sessuale, che è grezza e pesante, in leggera e sottile energia spirituale. E la sessualità è solo un modo, uno dei tanti metodi, per raggiungere questa meta. L'unione con donne di scarsa moralità può abbassare la qualità della propria energia.

Intrattenendo rapporti con una donna dalla moralità discutibile danneggerà se stesso perché ne assorbirà in parte le qualità negative; durante lo scambio di yin e yang assorbirà parte della sua essenza sottile, finirà per assomigliarle e influenzerà negativamente il suo karma. Questa è la ragione per la quale un uomo e una donna che convivono per anni finiscono per assomigliarsi. Nel corso degli anni si sono scambiati tanta di quella energia che sono diventati della stessa sostanza vitale. La nostra pratica accelera questa unificazione, ma al contempo trasforma l'esperienza sessuale in un'esperienza spirituale.

Perciò il consiglio migliore che le posso dare è il seguente: non metta mai a repentaglio la sua integrità di corpo, mente e anima! Sappia che quando sceglie una partner lei sceglie contemporaneamente il suo destino; perciò sia sicuro di amare la donna con la quale ha deciso di avere rapporti sessuali. Solo così armonizzerà con lei e non danneggerà se stesso.

Se pensa di poter amare contemporaneamente due donne dovrà fare uno sforzo doppio, usare il doppio del suo *chi* per trasformare ed equilibrare le loro energie. Personalmente dubito che ci siano molti gli uomini che riescono a fare questo doppio sforzo senza compromettere il loro equilibrio interiore. Se non vuol complicarsi la vita, si limiti ad amare una donna per volta, perché per trasformare l'energia sessuale in energia sottile occorrono un grande impegno e tanto tempo.

Definire con precisione il concetto di « amore » non è possibile. Interroghi la sua voce interna. La renderà sensibile alla voce della coscienza la nobilitazione del suo *chi*; per cui questa voce da bisbiglio che era diventerà forte e chiara. Le consiglio, nel suo interesse, di non sacrificare mai la sua integrità in cambio del piacere fisico, o per falsi pretesti. Per non subirne un danno irreparabile dovrebbe compiere al contempo esercizi fortemente nobilitanti. Avere rapporti sessuali con una donna che non si ama significa squilibrare le proprie energie sottili. E' un prezzo indubbiamente troppo alto. Molto meglio essere onesti con se stessi fin dal principio.

Bisogna amare sempre solo quando si prova autentica dedizione. La dedizione aumenta la capacità di amare. Un'attività sessuale egoistica, praticata con una partner che non si ama può causare grande disarmonia. Quando ha la sensazione di non poter usare con amore la sua energia sessuale, rinunci. La sessualità è un'arma a doppio taglio, uno strumento che da benefico può diventare micidiale. Se se ne fa uso per scopi ignobili può ferire a morte. Se non ama veramente la sua partner, lasci stare, rinunci. Provveda a sviluppare la sua energia interiore e quando avrà raggiunto un alto grado di spiritualità si cerchi una partner adatta a lei, dotata di qualità elevate.

14. La Grande Elevazione non è, tutto sommato, una sorta di vampirismo sessuale nel quale l'uomo deve imparare a succhiare la linfa della donna?

Chia: No, non è così, e per più ragioni. Prima di tutto perché la Grande Elevazione non fa che potenziare lo scambio di energie fra i partner. L'uomo non può assorbire l'energia yin della partner senza darle la stessa quantità di ying. Questa è la legge fondamentale dell'energia eterica.

La generosità premia se stessa: più l'uomo dà, più riceve. Se per egoismo si rifiuta di donare alla donna il proprio yang, da lei riceverà pochissimo yin. Quindi ogni tentativo di usare la Grande Elevazione per scopi egoistici è destinato a fallire. Produce solo un grande squilibrio. Invece l'applicazione di questa pratica con intenti altruistici assicura un afflusso ottimale di energia vitale femminile.

Ma la partner non può venire seriamente defraudata anche perché è la legge del tao che vuole che l'uomo che cerca di sfruttare la propria partner venga ripagato con la stessa moneta. Su questo punto il tao coincide perfettamente con la Bibbia, nella quale si legge: « Date e vi sarà dato ».

In secondo luogo perché l'energia che lei invia ai centri superiori proviene per la massima parte dai suoi stessi centri sessuali, nei quali durante il coito centinaia di milioni di spermatozoi agitandosi freneticamente creano nel seme un'alta tensione elettromagnetica. Cioè lo stimolo dell'atto sessuale, l'eccitazione che desta in lei la sua partner, la induce a produrre energia propria, che lei poi invia ai centri superiori con la Grande Elevazione.

In terzo luogo perché la sua partner in seguito alla propria eccitazione sessuale perderebbe comunque una cospicua parte dell'energia che, se lei non assorbisse, andrebbe dispersa nell'atmosfera. Invece quando l'uomo evita di eiaculare e impedisce alla partner di avere l'orgasmo genitale, perdono entrambi una quantità di energia molto minore di quella che perdono nel coito eiaculatorio. Tramite la Grande Elevazione ciascuno assorbe parte dell'energia dell'altro invece di lasciare che si disperda.

15. Cosa si prova quando si eiacula di nuovo dopo un periodo durante il quale si è praticata la Grande Elevazione?

Chia: Quando comincia a meditare e ad applicare la pratica taoista, cioè a trasformare le proprie energie sessuali in energie spirituali, l'uomo si accorge ben presto della differenza che passa tra il coito esoterico e quello convenzionale. Si rende conto del fatto che mentre prima, dopo il coito eiaculatorio, si sentiva sfinito, qualche volta persino depresso, il coito esoterico non lo stanca affatto. Perciò quando eiacula di nuovo dopo un periodo durante il quale ha praticato la Grande Elevazione, quella che precedentemente avrebbe definito « piacevole stanchezza » gli lascia la bocca amara, lo turba psichicamente. Percepisce con chiarezza la perdita di energia che l'atto sessuale convenzionale comporta.

16. Come si usano gli occhi nel kung fu sessuale?

Chia: Gli occhi sono importantissimi. Nelle fasi avanzate è possibile compiere la Grande Elevazione col solo aiuto degli occhi e di una corretta respirazione. Durante l'atto sessuale per potenziare l'energia bisogna tenere gli occhi chiusi. Guardando ci si distrae e si consuma *chi* perché gli occhi sono gli organi del corpo più ricchi di yang. Impari a guardare dentro il proprio corpo e dentro il corpo della sua donna. Gli occhi sono lo specchio dell'anima. Quando la pratica taoista viene eseguita a regola d'arte, il potere visivo migliora notevolmente. Però è vero anche il contrario: un'attività sessuale mal condotta fa perdere agli occhi il loro splendore. A un osservatore attento, anche se non sa nulla di medicina orientale, non sfugge nulla. Capisce immediatamente se un uomo si esaurisce sessualmente. Glielo legge in faccia, negli occhi, nella pelle e nei capelli, che sono come morti.

17. In che misura malattia, tensione, stress e stato d'animo negativo possono influenzare le pratiche taoiste?

Chia: Una vita sessuale sana influenza direttamente lo stato di salute, sia fisica che psichica. Avrà sicuramente notato che quando è molto teso ha difficoltà a dominarsi e quindi a praticare la Grande Elevazione. Le tensioni pregiudicano la capacità di compiere l'atto sessuale esoterico. Del resto quando uno è teso e preoccupato non ha proprio voglia di compiere l'atto sessuale. Aiutano a riacquistare la calma la meditazione della Grande Elevazione e il tai chi kung. Quando si sente fiacco assuma il ruolo passivo nell'atto sessuale, faccia giacere la sua partner sopra di lei perché possa trasmetterle energia.

Anche i sentimenti sono molto importanti. E' indispensabile che l'uomo sia innamorato e rilassato. Quando è irritato, triste o angosciato, gli risulta difficile godere della sessualità e applicare le tecniche suggerite in questo libro. In queste condizioni il coito può distruggere il suo equilibrio emozionale e quello della donna, perché durante l'atto sessuale l'« aura » di entrambi è estremamente ricettiva e assorbe tutto, anche i sentimenti negativi. Perciò in questi casi è meglio praticare la fusione dei cinque elementi per calmare lo spirito. Anche se pratica la Grande Elevazione ormai da anni, può risultarle molto difficile trattenere il seme quando è agitato.

18. Qual è la differenza tra il blocco involontario dell'eiaculazione e quello volontario, cioè tra l'astinenza e la trasformazione dell'energia sessuale in energia spirituale?

Chia: E' possibile bloccare involontariamente l'eiaculazione anche con la forza del pensiero, semplicemente rifiutandosi di intrattenere rapporti sessuali o di masturbarsi. Ma questo significa creare dentro di sé una situazione conflittuale, impegnare la volontà per combattere gli impulsi naturali. Il taoista invece nobilita gli impulsi e dirotta il *chi* per usarlo in un altro modo. Il celibe capace di trasformare la propria energia sessuale in energia spirituale e di integrare il corpo con la mente dovrebbe sprizzare vitalità e gioia. Tuttavia i celibi dall'aria radiosa e vitale sono rari.

Sugli effetti dell'astinenza sullo stato di salute esiste una serie di osservazioni fatte su sacerdoti che reprimevano la sessualità con la sola forza di volontà. A lungo andare questa pratica può causare disturbi prostatici.

Però, secondo me, questi disturbi sono attribuibili a cattiva amministrazione dell'energia sessuale. Nei soggetti che non conoscono e non praticano il metodo taoista i canali energetici che collegano l'addome al torace sono ostruiti, per cui l'energia sessuale rimane imprigionata nei centri inferiori del corpo e provoca un ristagno di sangue e di ormoni nei genitali e nella prostata. Per prevenire i disturbi prostatici il celibe dovrebbe contrarre energicamente e rilassare validamente il perineo più volte al giorno e quotidianamente. Questa pratica irrobustisce la prostata, anche se un po' meno della Grande Elevazione, nella quale il *chi* passa attraverso la prostata. Un'attività sessuale intensa può perfino risanare una prostata alterata. L'orgasmo la rinforza, però negli uomini che non applicano i metodi taoisti può comportare un'enorme perdita di energia. Ma esistono anche gli uomini che compromettono il funzionamento della prostata per il motivo opposto: perché eiaculano troppo frequentemente. In essi il celibato servirebbe da misura terapeutica.

Qualcuno potrebbe pensare che bloccare l'eiaculazione mediante la tecnica della chiusura interna (Grande Elevazione) o mediante l'astinenza sia la stessa cosa. Invece non è così. C'è una grande differenza. Mentre nell'astinenza l'energia sessuale ristagna nei centri in cui si produce, nella Grande Elevazione essa viene inviata ai centri superiori grazie all'intervento della coscienza. Io pratico questa tecnica ormai da anni e non ho mai avuto problemi attribuibili ad essa. L'eventuale leggero ristagno di energia nell'area pelvica può essere eliminato massaggiando delicatamente il perineo. E' una pratica « pura » esattamente quanto la meditazione taoista, ineccepibile sui piani etico, psichico e psicologico.

19. Potrebbe riassumere brevemente in cosa consiste la superiorità dell'orgasmo totale rispetto a quello eiaculatorio?

Chia: L'orgasmo totale, di corpo e mente, ha le seguenti caratteristiche: sentiamo scorrere con forza attraverso il corpo un fiume di « nettare », una sorta di pioggia che scende dal capo per inondare tutti gli organi comunicando una sensazione che non ha l'uguale. E' un'onda di energia che scioglie ogni tensione, rilassa i muscoli e attiva la circolazione del sangue e della linfa. Ci sentiamo rinascere e viviamo questa rinascita con piena consapevolezza. Il mondo è sempre lo stesso, ma a noi all'improvviso appare più leggero di una piuma.

Questa sensazione di leggerezza è il risultato dell'avvenuta trasformazione dell'energia sessuale in energia spirituale, del seme in seme di luce che alimenta la coscienza superiore. Proviamo una felicità profonda perché sappiamo di essere arrivati a destinazione, di aver raggiunto la meta. Non ci sentiamo più sopraffatti né dal nostro ego né dalla nostra partner. E' una sensazione del tutto diversa da quella che comunica l'orgasmo genitale, che è seguito di regola da un sonno pesante, perché il corpo ha bisogno di recuperare l'energia perduta, o da una sensazione di insufficiente soddisfacimento. Nell'orgasmo genitale il corpo si rilassa, ma la mente e l'anima rimangono deste: hanno ancora fame di energia sottile perché fra gli amanti non è stata ancora raggiunta la polarità perfetta.

20. Cosa avviene esattamente quando nell'orgasmo si tocca il « punto senza ritorno »?

Chia: Sia nell'uomo che nella donna, ma specialmente nell'uomo perché la donna ha maggiore capacità di prolungare lo stato di stabilità, l'eccitazione descrive la curva seguente: dopo una ascesa lenta (o anche rapida) raggiunge una stabilità, la fase del plateau (più o meno prolungata), cui segue una caduta rapida — conformemente alla teoria del big bang originario. Tuttavia l'Elevazione taoista favorisce la stabilità. Yin e yang continuano ad espandersi e a contrarsi grazie a una serie di orgasmi della valle. La teoria del big bang originario, conosciuta anche come teoria della nascita dell'universo, e stata formulata dagli scienziati occidentali, che sono maschilisti.

Ora, lo stato di stabilità della fase del plateau può essere paragonata a una sorta di esperienza spazio-temporale ritagliata nell'atemporalità dell'universo (« zona originaria »). Per cui i minuti appaiono ore... Gli psicologi definiscono questo stato « coscienza modificata ». Sembra che le donne riescano a prolungare questo stato di coscienza più facilmente degli uomini. lo stato di stabilità (della fase del plateau) può durare da pochi secondi a mezz'ora o più. E' caratterizzato da profonda calma, rilassamento totale e nell' uomo da diminuzione dell'erezione. In pratica avviene questo: dopo questa fase di calma gli amanti si stimolano di nuovo reciprocamente muovendo i genitali o con altri metodi in modo da produrre nuova energia. E poi raggiungono di nuovo la fase di stabilità che persiste per un certo tempo.

Per non perdere il controllo occorre un certo esercizio, ma il premio è enorme. E' come salire su una piramide a gradini: ogni gradino in sé è sicuro, ma per superare lo spigolo di quello che segue si possono avere le vertigini. Ebbene, gli esercizi ci permettono di acquisire la capacità, una sempre maggiore capacità di reagire alla partner, di accumulare un potenziale energetico tale che ad ogni gradino aumenta la possibilità di perdere il controllo. Si produce una pressione sempre maggiore perché ad ogni nuovo plateau si acquisisce un'energia maggiore. Di conseguenza le fasi di stabilità durano sempre più a lungo. E quando nella fase del plateau si dispone di una quantità di energia sufficiente, il *chi* prende a fluire attraverso il corpo: perciò le reazioni che all'inizio possono essere esclusivamente genitali finiscono per coinvolgere l'intero organismo. Quando l'intero corpo dell'uomo entra in equilibrio con quello della donna, l'energia penetra nei corpi sottili dei piani mentale e spirituale, instaura la polarità totale e crea una cosciente beatitudine che non ha l'uguale. Quindi l'essenza del tao partecipa ad un tempo del sublime e dell'umano.

La « zona originaria » della fase del plateau è lo spazio-tempo chiaramente percepibile nel quale si completa finalmente la Duplice Elevazione. L'affinamento della sensibilità e la capacità di amministrare l'energia a regola d'arte dipendono dall'esperienza, dal grado di determinazione e dallo stato di rilassamento e di salute della coppia, nonché dal tipo di rapporto fra i partner. La donna se vuole può scatenare l'eiaculazione molto semplicemente col suo orgasmo o stimolando il partner con le contrazioni della muscolatura vaginale. Ma la nostra tecnica non vuole l'orgasmo simultaneo negli amanti; e specie nel periodo di apprendimento della pratica taoista la donna deve lasciare al partner il tempo di trovare la stabilità nella fase del plateau. Molte donne credono, erroneamente, che l'uomo si senta appagato solo quando eiacula. Naturalmente non è vero. Del resto tutti noi siamo condizionati nelle nostre reazioni da concezioni che non hanno rispondenza nella realtà. Perciò è necessario anzitutto che uomini e donne si liberino da questo condizionamento, abbandonino queste idee che hanno fatto il loro tempo. Questo comunque avviene automaticamente quando gli amanti nobilitano insieme la loro energia sessuale.

21. L'omosessualità e il sesso collettivo ostacolano l'evoluzione spirituale?

Chia: I taoisti sono troppo avveduti per condannare le cose senza prima considerare che in fondo tutto in qualche modo ci riporta al tao. Quindi anzitutto dobbiamo chiederci se l'omosessualità sia prevista dal tao. E la risposta è: la omosessualità non è in contrasto col tao, perché il tao prevede tutto, però non rappresenta il modo migliore per sperimentarlo. L'amore omosessuale non consente di sperimentare a pieno l'equilibrio della polarità di maschio e femmina. Mancano le energie sottili, e poiché manca la materia prima non è possibile crearle. Di conseguenza non è possibile raggiungere la suprema armonia di yin e yang. Naturalmente tutto dipende dal livello di evoluzione spirituale che l'omosessuale desidera raggiungere. Se approfondisce sufficientemente la meditazione l'uomo può sviluppare nel suo interno energia di segno opposto, però poi un rapporto omossessuale può turbare questo equilibrio, per cui gli omosessuali sono costretti a ripristinarlo in continuazione.

E' un problema più grave per gli uomini che per le donne, perché la doppia dose di energia yang (che si espande) provoca facilmente conflitti psichici, mentre la doppia dose di energia yin (che è in qualche modo cedevole) riesce a stabilire, bene o male, una situazione di armonia. Tuttavia nemmeno il rapporto fra donne può provocare l'appagamento totale. In entrambi i casi inoltre possono manifestarsi alterazioni dell'equilibrio organico, cosa della quale debbono tener conto le coppie di omosessuali che desiderano conservare un buono stato di salute.

Il maschio omosessuale può migliorare leggermente la sua situazione cercando di attingere energia yin da altre fonti: nutrendosi con alimenti yin, passando del tempo in compagnia di donne, facendo del giardinaggio onde assorbire il *chi* della terra. Ma può assorbire l'energia della terra anche meditando con la faccia rivolta al suolo: la forza entrerà nel suo corpo attraverso il membro e le mani. E' un espediente utile in particolare se viene praticato prima o dopo l'atto sessuale. Se lei desidera ritenere il seme ma intrattenendo rapporti omosessuali con più di un partner, le consiglio di praticare l'astinenza per qualche tempo e di esercitare l'Elevazione Semplice per raggiungere la stabilità mediante la meditazione.

Nel sesso collettivo è ancora più difficile armonizzare fra loro le energie sottili. Io lo sconsiglio, non fosse altro, perché solo di rado è motivato dall'amore. L'unica combinazione accettabile è il rapporto: due donne più un uomo, perché, se le due donne armonizzano fra loro, la doppia dose di yin più armonizzare con l'energia dell'uomo. Se si sente attratto da più donne le consiglio di indurle a praticare, con lei, il tai chi, la meditazione, lo yoga e i metodi trattati in questo libro. Non è necessario amare fisicamente ogni donna che ci attrae. L'uomo che disperde la sua energia non ha modo di entrare profondamente dentro se stesso.

22. Come mai qualche volta non riesco a far scomparire l'erezione pur evitando di eiaculare?

Chia: Probabilmente in questi casi lei si distrae, la sua mente non collabora sufficientemente. Il *chi* si muove come vuole il cervello, è guidato dalla mente. Se lei non si concentra a dovere sullo scambio di yin e yang, l'erezione non può scomparire. Essa diminuisce quando il cervello informa il pene che l'amore fisico non è più necessario. Si goda lo scambio delle energie sottili in perfetto rilassamento tenendo il pene detumefatto nel corpo della donna più a lungo che può, o soltanto a contatto dell'orificio vaginale, perché il *chi* continua a fluire attraverso esso. Ma, nell'interesse della sua salute, non lo forzi ad erigersi di nuovo!

23. Io ho imparato a compiere la Grande Elevazione e pratico l'astinenza, eppure continuo ad avere i miei problemi: ho ancora polluzioni notturne. Cosa debbo fare?

Chia: Forse non compie ancora a regola d'arte la Grande Elevazione. Infatti le polluzioni notturne si verificano negli uomini che, pur riuscendo a non disperdere l'energia sessuale, non riescono però ad inviarla tutta ai centri superiori; per cui essa ristagna in parte nei centri inferiori e crea problemi. Aiutano a trasformare l'energia e ad inviarla ai centri superiori, la instaurazione del Piccolo Circolo Energetico, la fusione dei cinque elementi e il Kan e Li. Se questi metodi non dovessero dare i risultati desiderati, dia retta al messaggio del suo corpo e si cerchi una partner.

24. E' bene proiettare desideri o pensieri nel momento dell'orgasmo?

Chia: Io sono convinto di no. Sconsiglio di proiettare l'ego sia nel momento dell'orgasmo che in ogni altro momento dell'atto sessuale. E' una pratica magica che può sortire effetti indesiderati e che mette in pericolo lo sviluppo spirituale. Se non è sicuro del suo equilibrio interno, le può capitare di evocare entità astrali malefiche. Alcuni uomini hanno rapporti con « amanti fantasma », che sono vere e proprie entità, anche fuori dell'atto sessuale, semplicemente fantasticando.

E' una pratica pericolosa che può provocare grossi danni. Conosco una donna che ha praticato la « proiezione del figlio magico » per dieci anni e ha finito per ammalarsi seriamente. Inoltre se proietta tutto all'esterno perde energia. E' molto meglio restituire l'energia alla donna; così facendo lei restituisce subito all'universo la grazia, il bene che esso le ha elargito. Così facendo, invece di soddisfare il suo ego, i suoi desideri egoistici, lei fa aumentare l'energia della partner, che a sua volta potrà sviluppare ulteriore forza sessuale da donarle. Si progredisce spiritualmente e si raggiunge l'equilibrio di yin e yang conducendo una vita il più possible normale, vivendo nel presente con spirito altruistico e senza cedere alle fantasie. Perciò le consiglio di meditare sul concetto di equilibrio in ogni momento e ovunque si trova. E' un dovere che ha nei confronti dell'universo.

Capitolo 13

Esperienze col metodo taoista della Elevazione dell'Energia Sessuale

Le domande che seguono sono state rivolte da Michael Winn a uno psicologo di 46 anni, allievo di Mantak Chia, padre di molti figli.

M.W.: Ha fatto fatica ad imparare il kung fu sessuale?

Allievo: Pratico il kung fu sessuale da un anno e mezzo. Finché mi esercitavo da solo non avevo difficoltà; ho incontrato difficoltà solo quando ho cominciato ad integrarlo nel rapporto con mia moglie. Siccome per molti anni avevo amato mia moglie nel modo tradizionale, il mio ego opponeva resistenza. Sono riuscito a vincere il mio egoismo quando mi sono reso conto che il coito convenzionale mi stancava. Però non sarei riuscito ad applicare il kung fu sessuale se precedentemente non avessi praticato altri metodi quali il PCE, la meditazione sulla fusione degli elementi, il chi kung « camicia di ferro » e il tai chi, che avevano affinato la mia sensibilità alle energie sottili; soprattutto il kung fu « camicia di ferro ».

M.W.: Fino a che punto la Grande Elevazione ha influenzato il vostro rapporto?

Allievo: Il nostro rapporto si è rafforzato notevolmente. Noto spesso un passaggio di energia fra noi, qualche volta sotto forma di esperienza telepatica o di veggenza. Ma questo succede anche a molte altre coppie di vecchia data. In noi è insolito soprattutto il fatto che questi fenomeni hanno cominciato a manifestarsi molto presto. Ha accelerato il processo il tao yoga.

M.W.: L'esperienza per lei è soddisfacente al punto da farle perdere in parte l'appetito sessuale?

Allievo: No, al contrario. Adesso mi si sveglia più spesso, tre-quattro volte alla settimana, a seconda delle circostanze, qualche volte anche più volte al giorno.

La sessualità mi stanca solo quando perdo energia attraverso l'eiaculazione. Sebbene pratichi il tao yoga da quasi 2 anni, debbo confessare che ogni tanto mi viene meno la volontà di applicarlo. Come psicologo, la definirei una constatazione interessante. In me è ancora presente il vecchio condizionamento dell'orgasmo genitale. Riesco a superarlo, però qualche volta debbo mettercela tutta.

M.W.: E' come osservare un aspetto del proprio io precedente.

Allievo: In me dipende da un condizionamento sociale e culturale. Questo tipo di sessualità è diametralmente opposta a quella tradizionale.

M.W.: Potrebbe descrivere un'esperienza insolita?

Allievo: Ne ho fatte tante. Da quando applico il metodo taoista fra me e mia moglie il passaggio di energia è molto più intenso. Spesso abbiamo l'impressione che fra le nostre bocche e i nostri genitali esista come un ponte carico di elettricità. Altre volte sentiamo l'energia circolare nel Piccolo Circolo Energetico. Altre volte ancora ci sentiamo chiusi in una specie di bozzolo che irradia energia verso l'interno, nei nostri corpi, e verso l'esterno.

M.W.: Questo imprigionamento arricchisce il vostro rapporto o lo rende solo più piacevole?

Allievo: Lo rende molto piacevole, ma anche molto più intenso. Crea fra me e mia moglie un'unione persistente, che dura. Sentiamo scorrere dentro di noi l'energia anche quando non giaciamo insieme, tutto il giorno, nella vita corrente. Quando meditiamo insieme si forma un ponte di energia che unisce i nostri cervelli — soprattutto quando applichiamo la formula della fusione degli elementi. Inoltre nel coito qualche volta sentiamo unirsi i nostri « Vasi Ascendenti ». Abbiamo la sensazione che fra i nostri corpi ci sia una scala in cima alla quale c'è una sorgente di energia che entra nei nostri corpi e li avvolge, per cui i Vasi Ascendenti si uniscono nel punto centrale formando un campo energetico. E' un'esperienza molto forte.

M.W.: Riesce a distinguere l'energia calda dall'energia fredda?

Allievo: Sì, anzi molto spesso. Nel momento in cui ostacolo l'eiaculazione sento uscire dal corpo attraverso il pene un cospicuo fiotto di energia calda. Poi spesso sento una corrente fredda salire lungo la schiena. Una volta ho perfino guardato se fosse aperta la finestra; credevo che ci fosse giro d'aria, tanto era forte questa sensazione. Spesso noto anche che il corpo di mia moglie è fresco e umido mentre il mio è caldo e asciutto.

M.W.: Come psicologo lei raccomanderebbe questa pratica a un uomo emotivamente confuso o instabile o che sta per allacciare un rapporto?

Allievo: Assolutamente no. Le oscillazioni dell'energia che essa comporta potrebbero agire in senso fortemente destabilizzante.

M.W.: Allora è una pratica indicata per le coppie che hanno un rapporto fisso?

Allievo: Direi di sì. E' importante anche che i partner pratichino insieme la meditazione del PCE. Quando si insegna questo metodo bisogna inserire questo esercizio.

M.W.: Lei ha detto che questa pratica ha arricchito notevolmente la sua vita coniugale. Molti matrimoni falliscono per incompatibilità sessuale. Crede che questo metodo potrebbe salvare qualche matrimonio, cioè possa avere una funzione terapeutica?

Allievo: Certo, aiuta sicuramente a risolvere determinati problemi, per esempio quello dell'eiaculazione precoce. Però credo che il vero valore del tao yoga stia nel fatto che inserisce la vita sessuale nel contesto della vita dello spirito. Credo che sarebbe opportuno insegnare questa pratica anche a scopo terapeutico.

M.W.: Pensa che i sessuologi occidentali, come Kinsey e Masters, si interesserebbero ad essa?

Allievo: Sì, però dev'essere loro prospettata in un contesto che possano capire. Anche Masters, Johnson e altri sessuologi ricorrono al blocco dell'eiaculazione; perciò questo metodo non è molto diverso dal loro. La compressione digitale dei deferenti assomiglia molto ai metodi di Masters e Johnson. Ma a parte questa tecnica, questi sessuologi sanno ben poco del ruolo del sesso nell'equilibramento dell'energia o dell'influsso della mente sull'attività sessuale.

M.W.: Molti uomini alla sua età attraversano la cosiddetta « crisi dell'età di mezzo », che generalmente comprende, almeno in parte, una crisi sessuale. Come la risolve il tao yoga?

Allievo: Qualche anno fa ho avuto anch'io la mia crisi dell'età di mezzo, dovuta in gran parte al fatto che volevo intraprendere una nuova attività. Ebbene, la pratica taoista mi ha validamente aiutato a decidere come impiegare la mia energia sia nella vita corrente, nella mia nuova attività, che nella vita sessuale. Sì, le pratiche taoiste e il kung fu sessuale mi hanno aiutato molto, mi hanno chiarito le idee. La crisi dell'età di mezzo è dovuta in gran parte al desiderio di cambiare rotta, di assumere un diverso atteggiamento anche nei confronti della spiritualità.

Gli estratti che seguono rappresentano il succo di uno scambio di idee fra maestro Chia e alcuni allievi durante un corso di kung fu svoltosi a Denver.

Allievo 1: Sono ormai 12 anni che mi occupo di esoterismo e che sento parlare di chakra e di correnti energetiche e delle qualità che posseggono. Sono convinto che l'energia sessuale è una forza vitale importantissima che domina il pensiero di tanta gente. Perciò mi sembra molto importante descriverne e valorizzarne le proprietà, e sono contento di aver incontrato una persona come lei che mi aiuta a capire queste cose.

Chia: Quando si studia si procede per gradi, secondo un dato ordine. Prima di fare l'università bisogna fare le elementari, le medie ecc. Allo stesso modo prima di cimentarsi nel tai chi chuan è necessario prendere confidenza con le pratiche esoteriche. Bisogna, quanto meno, essere in grado di instaurare il Piccolo Circolo Energetico. La cosa più importante è imparare ad instaurare una corrente energetica interna.

Allievo 2: Ho constatato che la respirazione testicolare è veramente utile; mi mantiene desto e in forma. Prima quando facevo un lungo viaggio, mentre guidavo la macchina praticavo il training autogeno; adesso applico la respirazione testicolare, e trovo che funziona a meraviglia.

Allievo 3: Apprezzo molto la ricchezza dei dettagli con cui lei insegna il kung fu sessuale del tao. Prima praticavo un metodo tantrico-buddhista che prevede anch'esso l'uso del PCE, della lingua e degli sfinteri; però il metodo taoista consente esperienze completamente diverse. Appena estraggo l'essenza sessuale dai testicoli, come lei raccomanda, l'energia dal perineo mi arriva in testa « sparata ».

Chia: Potrebbe descrivere il metodo tantrico-buddhista?

Allievo: Sì, trattengo l'aria, premo la lingua contro il palato, « guardo dentro la mia testa » e infine contraggo il perineo. Però i dettagli non mi sono stati spiegati. Adesso, appena « succhio » l'essenza sessuale dai testicoli, tutto si svolge in un modo molto diverso. Credo che la forza che sviluppo sia almeno venti volte più potente di quella che sviluppavo col metodo tibetano. Durante l'ultima seduta ho sentito tendersi i legamenti intorno al pene e ai testicoli. Poi quando il perineo viene ermeticamente chiuso, la corrente di energia è addirittura travolgente.

Il metodo kundalini può essere pericoloso perché qualche volta attraverso l'uretra entra una bolla d'aria che poi ostacola la salita dell'acqua che viene aspirata per mezzo del pene e la pressione che si produce provoca notevoli dolori.

Chia: Vorrei far presente la sostanziale differenza tra i metodi da lei descritti e il nostro principio. Nelle tecniche da lei menzionate durante la Grande Elevazione il perineo rimane aperto. Se invece prima si chiude il perineo e poi si aspira l'aria, questa non può entrare nella vescica urinaria. Se vuol aspirare acqua nella vescica, prima di farlo si assicuri che essa sia perfettamente vuota. Cioè prima di applicare questa tecnica bisogna urinare, altrimenti possono insorgere dolori. E' una delle ragioni per le quali ho poca simpatia per questo metodo. Senza contare che non è nemmeno tanto proficuo. Nel nostro metodo *prima* di praticare la Grande Elevazione il perineo viene chiuso proprio per evitare che aria o acqua possano penetrare in vescica. Quando sperimenterà la Piccola Illuminazione, la Grande Illuminazione e la Somma Illuminazione constaterà che anche quando si mescola l'energia cosmica, onde evitare che durante la Elevazione penetri dell'aria, bisogna chiudere tutto ermeticamente. A questi livelli la Elevazione ha luogo spontaneamente. Ripeto, per non avere problemi, quando aspira l'aria prima deve chiudere ermeticamente tutte le porte d'entrata.

Allievo: Quando mi hanno insegnato il metodo tantrico-buddhista mi hanno detto che Buddha era capace di tirare in dentro il membro, però non mi hanno illustrato la tecnica. Qui invece tutto viene illustrato fin nei minimi dettagli e il piano fisico viene integrato in quello mentale. D'altra parte l'immagazzinamento nel corpo del *chi* del chi kung « camicia di ferro » ricorda molto da vicino la tecnica del tumo yoga, cioè del fuoco interiore, perché anche in essa questo « immagazzinamento » ha un ruolo importante. Apprezzo molto l'esattezza con cui lei ci descrive nei particolari quel che dobbiamo fare. Il nostro maestro tibetano eseguiva le tecniche e poi molti di noi lo imitavano, però un po' a casaccio, senza sapere bene come fare. Era una specie di danza cosmica.

Allievo 4: Nell'uomo durante l'eiaculazione nel perineo si accumula un eccesso di energia, per cui la stimolazione parasimpatica si tramuta in stimolazione simpatica, che porta all'esaurimento. Invece la donna rimane per tutto il tempo in uno stato di eccitazione parasimpatica. Nell'uomo il riflesso eiaculatorio stimola il sistema nervoso simpatico. Lo si deduce dal fatto che il suo volto si arrossa e la bocca gli si asciuga. Ogni eiaculazione è seguita da uno stato catabolico totale. Invece di costruire, si demolisce.

Chia: Sì, e questo stato può generare collera o addirittura scatenare un comportamento criminoso.

Allievo 5: Il metodo taoista è davvero ottimo. Io partecipo a questo corso già per la seconda volta. Mi sono iscritto di nuovo perché non riuscivo ancora a praticare il metodo a regola d'arte. Ho sperimentato per la prima volta la Grande Elevazione tre settimane fa: all'improvviso l'energia dal perineo è salita alla testa. Da allora durante l'atto sessuale provvedo a dirigerla prima verso il sacro, così il mio corpo si carica di una forte quantità di energia. A proposito, approfitto di questa occasione per avvertire i miei compagni di non commettere l'errore che commettevo io. Dimenticavo di dirigere l'energia sessuale nuovamente in basso prima di inviarla ai centri superiori. Poi due settimane fa ho fallito di nuovo: mi ero di nuovo dimenticato di concentrarmi sui centri inferiori prima di passare all'Elevazione vera e propria. Perciò avverto tutti: è importantissimo riportare l'energia ai centri inferiori prima di farla salire fino al capo. Il metodo in sé è fantastico, fornisce un'energia enorme e conferisce una grande vitalità.

Capitolo 14

Indicazioni pratiche per una sessualità sana e appagante

« La via del tao consiste nell'unificare lo spirito. Immagazzina la tua forza vitale, calma il tuo spirito e armonizza la tua volontà. Il corpo non deve essere né troppo caldo né troppo freddo, né affamato né troppo sazio. Così la vita sessuale sarà sempre appagante e rigenerante ».

Consiglio della Donna Semplice dell'Imperatore Giallo

I taoisti nel corso dei secoli hanno osservato che esistono tanti metodi per aumentare l'energia sessuale e per ridurre al minimo la sua perdita. Immaginiamo la situazione seguente: supponiamo che siate già in grado di compiere la Grande Elevazione e di controllare perfettamente il vostro orgasmo. Prima di amare appassionatamente la vostra partner per ore ed ore, fate un pasto abbondante. Dopo l'atto sessuale fate la doccia e infine vi sdraiate sul letto esponendovi alla brezza estiva che entra dalla finestra.

Ebbene, comportandovi in questo modo voi neutralizzerete subito gli effetti energizzanti della sessualità o, peggio, danneggiate la vostra salute, perché non tenete conto del fatto che la corrente energetica è importante non solo durante d'atto sessuale ma anche prima e dopo l'atto stesso.

Ritenere il seme è inutile se poi l'energia immagazzinata non viene usata come si conviene. Il pasto abbondante blocca l'energia nell'apparato digerente e la doccia e l'aria in movimento disperdono il *chi* che avete tanto accuratamente risparmiato durante l'atto sessuale. Poiché, secondo il principio taoista, è indispensabile mantenere in equilibrio l'energia vitale in toto, dovete diventare sempre più consapevoli degli eventi sottili che influenzano la propria vita.

1. Accordate la vostra energia con quella della vostra partner già 48 ore prima dell'atto sessuale

L'atto sessuale deve iniziare 48 ore prima del coito vero e proprio perché l'energia raccolta abbia modo di accumularsi a dovere. Perciò il giorno che precede l'atto sessuale liberatevi di eventuali sentimenti negativi (collera ecc.) perché essi inibiscono il passaggio dell'energia sia nel corpo della vostra partner che nel vostro. La natura yin della donna fa sì che essa sia dotata di « antenne » sensibilissime, che le consentono di percepire anche i « toni più bassi ». Perciò se siete tranquilli e rilassati si sentirà tranquilla e rilassata anche la vostra partner. L'atto sessuale praticato in stato di equilibrio e di rilassamento provoca una voluttà particolarmente intensa. Quindi accordate le vostre vibrazioni con quelle della vostra donna per tempo: il coito deve servire non solo a vivere insieme una breve esperienza gratificante, ma a condividere uno stato d'animo duraturo. La sessualità deve essere parte di quel processo di meditazione che è la vita.

2. I preliminari iniziano con la creazione dell'atmosfera adatta

Tenete presente che le zone erogene della donna sono diverse e quasi sempre più estese di quelle dell'uomo. Create l'atmosfera adatta: l'ambiente dev'essere accogliente e deve ispirare fiducia, deve essere una « casa » (anche se è solo una stanza da letto). L'illuminazione dev'essere tenue: luce diffusa, lume di candela...; provvedetevi di morbidi cuscini. Un abbigliamento comodo, profumi, musica e parole sommesse stimolano l'energia sessuale della donna e ne accrescono la recettività.

3. Non praticate mai l'atto sessuale dopo un pasto abbondante

Questo errore, molto diffuso, può compromettere la digestione o rovinare la vostra vita amorosa! Fare l'amore e mangiare vanno poco d'accordo: sono attività che si contendono l'energia del corpo. Il sesso a ventre pieno riduce la produzione del seme, provoca disturbi digestivi e danneggia la milza. Iniziate l'atto sessuale solo dopo aver digerito completamente. Dopo l'atto sessuale prendete una bibita calda e dolce. Sono particolarmente stimolanti ed energizzanti gli infusi di erbe. Evitate le bibite fredde, i gelati, il ghiaccio: per recuperare il calore che essi gli sottraggono il vostro corpo è costretto a consumare energia.

4. Evitate di compiere l'atto sessuale quando non vi sentite a vostro agio

Quando siete stanchi, irritati, affamati, angosciati, tristi o deboli evitate ogni attività sessuale. L'energia necessaria per compiere l'atto sessuale può peggiorare il vostro stato. Un raffreddore incipiente può degenerare in influenza. Quando siete molto eccitati, ultracarichi di energia yang, non esagerate; esercitate un'attività sessuale controllata. Altrimenti vi esaurirete al punto da caricarvi di energia yin in misura eccessiva. Chi si comporta in questo modo fa lo stesso errore che commette l'assetato che scopre all'improvviso una sorgente d'acqua e beve fino a morirne.

Amate pure appassionatamente e gustate pure il piacere fisico ed emozionale della sessualità, però non esagerate, altrimenti il piacere si trasforma in sofferenza. Il rilassamento e il piacere acutizzano la sensibilità e la recettività e grazie ad essi i due partner si aprono molto più facilmente alle energie superiori. Quando uno dei partner è troppo eccitato l'altro quasi sempre si sente un po' a disagio: si sente escluso o disorientato.

5. Evitate di compiere l'atto sessuale in stato di ubriachezza

Per l'ubriaco è difficilissimo controllare il flusso sia del seme che dello stesso *chi*. La sensazione di calore provocata dall'alcool è fugace: è dovuta alla dilatazione dei capillari, che liberano energia. Uno sforzo compiuto in stato di ubriachezza può essere molto dannoso, può nuocere ai polmoni perché in queste condizioni l'organismo non riesce a controllare sufficientemente la respirazione. Un paio di bicchierini può favorire il rilassamento, ma attenzione a non berne di più: perdete il controllo! Se non volete rinunciare all'alcool dovete conoscere i vostri limiti e non superarli. Il bisogno di bere scomparirà da sé il giorno in cui vi renderete conto che la vostra energia può appagarvi più di qualunque bibita alcolica.

6. 20 minuti prima dell'atto sessuale, urinate

Il coito a vescica piena sottopone i reni a uno sforzo e ostacola il rilassamento. Dopo l'atto sessuale urinate solo se la donna è mestruata. La fuoruscita dell'urina impedirà al sangue presente nell'uretra di coagularsi e quindi di ostruirla.

Se prima dell'atto sessuale urinate o vuotate l'intestino, dopo di esso dovete per prima cosa dare alla vescica e all'intestino la possibilità di riacquistare il loro equilibrio. E' sufficiente un breve riposo in posizione orizzontale.

7. In condizioni meteorologiche estreme il sesso può essere nocivo

Il freddo intenso, il caldo eccessivo, la pioggia, l'umidità, la nebbia, il vento forte e i temporali influenzano le funzioni dei nostri organi vitali e l'equilibrio del nostro campo elettromagnetico. Pertanto lo stato del « tempo » può alterare l'equilibrio fra i partner, anche in misura notevole. Le condizioni meteorologiche sono importantissime; e prima di procreare un figlio bisogna tenerne conto, perché è importante creare per lo spirito del nuovo essere vivente una « casa » accogliente (campo energetico equilibrato dei genitori).

8. Prima e dopo l'atto sessuale evitate di affaticarvi fisicamente

Se nelle ore che precedono o seguono il coito vi affaticate troppo, sottraete ai muscoli e agli organi genitali la forza che occorre per trasformare l'energia sessuale in energia spirituale per inviarle ai centri superiori. Quando l'uomo suda o fatica, la forza vitale abbandona il suo corpo molto rapidamente. In questi casi è consigliabile eventualmente l'atto sessuale compiuto passivamente.

9. Non vi rendete schiavi di stimolanti artificiali per aumentare l'intensità delle vostre sensazioni

I vibratori e simili possono rappresentare un sussidio importante per gli uomini afflitti da disturbi sessuali, che cioè non riescono ad avere l'erezione e l'orgasmo. Però quelli che non ne hanno assoluto bisogno è meglio che si limitino ad « affilare la loro arma » e a irrobustire gli organi sessuali mediante gli esercizi fisici, la dieta e il kung fu sessuale. Lo scopo è quello di interiorizzare l'atto sessuale, di far sì che l'accoppiamento si svolga fra i poli energetici dei partner. Prima riuscite a rinunciare agli ausili artificiali, meglio è.

10. Subito dopo l'atto sessuale evitate di fare il bagno o la doccia

L'acqua è buona conduttrice di elettricità, e quindi anche della elettricità umana o bioelettricità. Se fate il bagno subito dopo l'atto sessuale perdete parte dell'energia prodotta. Prima di fare il bagno o la doccia è meglio aspettare che corpo e mente si siano rilassati e abbiano assorbito l'energia sessuale. Nello yoga si sottolinea spesso il valore dell'acqua, che ha il potere di allontanare dal corpo particelle ed energie negative; però il lavaggio va praticato sempre prima dell'atto sessuale e mai dopo. La vostra pelle assumerà un odore più gradevole e rimarrà giovane più a lungo se eviterete l'uso eccessivo del sapone perché il sapone ne distrugge il grasso naturale. Insaponate soltanto le ascelle e la regione pudenda e strofinate il resto della superficie cutanea con una spugna. In questo modo la pelle rimarrà morbida ed elastica a lungo.

11. Evitate di « colpire » troppo a lungo e troppo forte

Se « colpite » ininterrottamente col pube e il membro potete rendere insensibile la vagina e potete destare nella donna sensazioni spiacevoli. Assicurano il massimo piacere i « colpi » decisi ma delicati. Inoltre, specie i primi tempi, questa tecnica agevolerà la ritenzione del seme. Potrete azzardare varianti più appassionate solo quando sarete in grado di praticare a menadito la pratica taoista.

12. La forza sessuale è massima in primavera

Come la stessa natura così il nostro corpo conosce quattro stagioni. Perciò l'intensità delle nostre azioni deve adeguarsi al ritmo stagionale. Forzare la mano è controproducente. I mesi più favorevoli all'attività sessuale sono aprile e maggio perché in questo periodo dell'anno il seme è in espansione. D'inverno la stessa quantità di seme è molto meno attiva perché il corpo usa gran parte dell'energia per vincere il freddo.

Le stagioni più propizie all'attività sessuale sono, nell'ordine, la primavera, l'estate e l'autunno. D'inverno le nostre riserve energetiche sono molto scarse.

13. Quando vi sentite deboli assumete il ruolo passivo

Quando è debole l'uomo può trarre giovamento dall'attività sessuale solo se il ruolo attivo viene assunto dalla donna. In questo modo ha la possibilità di assorbire l'energia yin della partner, che è dotata di potere risanatore, senza perdere la propria energia yang. Invece quando l'uomo è forte e la donna debole, è lui che deve assumere il ruolo attivo per aiutarla a recuperare la forza perduta. Potete ovviare alla debolezza dovuta a un'attività sessuale eccessiva solo ricorrendo al coito passivo, nel quale la donna giace sopra l'uomo. Sintomi di tale condizione sono: dolori al pene, scroto umido, astenia.

14. Quando l'atto sessuale non vi soddisfa più cessate di praticarlo

L'atto sessuale diventa una pratica meccanica quando l'uomo trascura di preparare la donna come si conviene. Se non volete che il vostro amore degeneri nella routine provvedete a « riscaldare » la vostra partner col calore dei vostri sentimenti. Se non le dimostrate di apprezzare il suo corpo, la donna non sarà disposta a scambiare con la vostra la sua energia sessuale tramite la bocca, le labbra e le mammelle. Quando il contatto avviene esclusivamente a livello dei genitali, tra il pene e la vagina, l'energia non può salire fino al cuore e al cervello. Quindi l'uomo che usa la donna a fini puramente egoistici, quasi a scopo di masturbazione, agisce contro il proprio interesse. La sessualità puramente meccanica impedisce all'energia sessuale di circolare, perciò non gli viene restituita. E' meglio rinunciare all'accoppiamento che praticare un atto sessuale « morto », senza vita, perché l'astinenza, per lo meno, ha il potere di ripristinare la polarità fra i partner e di non annullare la forza d'attrazione reciproca.

Quando il sesso vi annoia, praticate il coito meno frequentemente. Considerate l'atto sessuale una sorta di festa da celebrare solo quando vi sentite fortemente attratto dalla vostra partner. Non ricorrete al sesso per sfuggire alla noia, per allontanare il malumore o nell'illusione di resuscitare un amore che non esiste più. Non è importante la frequenza del coito, è importante la qualità dell'amore!

15. Non vi abbandonate alle fantasie erotiche per eccitarvi

Abbandonarsi a fantasie erotiche per eccitarsi è pericoloso. La sessualità può diventare un'attività puramente cerebrale, cioè può svuotarsi della sua vera funzione. Le energie yin e yang che passano nei corpi dell'uomo e della donna sono reali, concrete, non hanno niente a che vedere con la fantasia. Quando la sessualità si affida alle immagini pubblicate dalle riviste pornografiche o a quelle prodotte dalla fantasia, l'uomo non riesce ad avvertire la poderosa corrente energetica che circola nel suo corpo durante l'accoppiamento reale. Quando diventa un gioco puramente cerebrale la sessualità blocca l'energia degli strati profondi perché l'uomo non è più ancorato alla concretezza del proprio corpo. Come è possibile amare la donna che si ha fra le braccia immaginando al contempo di accarezzarne un'altra? Un artificio del genere impedisce a entrambi i partner di vivere un'esperienza intensa.

L'uomo per sua natura immagina piani d'azione e proietta nel futuro la sua fantasia. E questa sua capacità rappresenta un vantaggio, certo, però quando la fantasia è costruttiva, quando poi trova riscontro nella realtà, nella concretezza. E la stessa cosa vale per l'amore, però occorre che le volontà dei partner coincidano, perché la loro volontà potenzia l'unione.

Ma le fantasie erotiche del solo maschio rappresentano proiezioni negative, una fuga dalla realtà, cui non corrisponde una situazione che viene realizzata da una donna in carne ed ossa. E, quel che è peggio: la donna in questi casi è ridotta a puro oggetto dell'immaginazione. Anzi, questo tipo di deformazione della sessualità può indurre l'uomo ad abbandonare la donna reale per inseguire donne immaginarie. I classici del tao parlano di fantasmi, di « spettri » che appaiono in sogno agli uomini e fanno l'amore con loro.

Questi uomini non sono mai soddisfatti della propria vita, vivono in un perpetuo stato di trasognatezza senza sapere che usando la loro energia in modo appropriato potrebbero vivere un amore molto più appagante con una donna vera di carne e sangue e dotata di un'anima.

Ma cosa bisogna fare per sottrarsi al potente richiamo delle fantasie erotiche? La risposta è semplice: bisogna addestrare e pilotare la propria energia mediante un'attività fisica sana, praticando sport, yoga, agonismo e la meditazione sul PCE.

E' molto efficace anche la Grande Elevazione, però è necessario ricorrervi appena ci si accorge di stare di nuovo per cadere nella trappola di una fantasia erotica. Se ogni volta che sentite arrivare una fantasia erotica o un'erezione dirottate l'energia inviandola al vertice del capo, alla fine queste tendenze cesseranno.

Esiste anche un altro metodo per far cessare le fantasie erotiche, quello di assecondarle fino in fondo. Praticate pure l'attività erotica selvaggia che la vostra immaginazione vi suggerisce frequentando donne che non stimate. Potrete rendervi conto così che la realtà solo molto raramente regge al confronto con la fantasia. Un taoista direbbe che nessuno può rendere questo mondo più perfetto. Solo la coscienza delle forze che agiscono dentro di noi può convincerci del fatto che il mondo, questo mondo, è perfetto così com'è.

16. Tenete a portata di mano qualche cuscino

Poiché l'atto sessuale taoista può durare a lungo è importante che abbiate a disposizione un numero sufficiente di cuscini per dare la possibilità alla vostra partner di non venir schiacciata dal vostro peso durante la lunga fase del plateau e relativo scambio di energie. L'arto di un uomo può diventare molto pesante e bloccare la circolazione del sangue in una donna. Quando giacete fianco a fianco avete bisogno di due cuscini almeno.

Capitolo 15

Esercizi intesi a sviluppare la potenza nell'uomo

In questo capitolo sono descritti numerosi esercizi che fanno aumentare la potenza sessuale. Ognuno di essi contempla un determinato aspetto dell'energia e degli organi sessuali. Sta al lettore scegliere quello che soddisfa maggiormente i suoi bisogni personali. Gli esercizi descritti nel capitolo 6, cioè la respirazione testicolare, lo sbarramento della forza, l'assorbimento dell'energia solare e il massaggio del pene, della prostata e dell'ano, sono indicati solo dopo che la vitalità sessuale è stata ripristinata.

Guarigione dall'impotenza

Gli uomini che sono afflitti da impotenza debbono cessare per qualche tempo qualsiasi tipo di attività sessuale. La loro situazione è simile a quella di un uomo che vorrebbe accumulare danaro senza averlo prima risparmiato, e che appena riesce a risparmiarne un po' lo getta subito dalla finestra. Nel caso dell'impotenza avviene la stessa cosa. Se volete riacquistare la potenza dovete astenervi dall'attività sessuale fino a raggiunta guarigione. Ormoni, farmaci o stimolanti non servono a niente. Sarebbe come se un uomo che ha fatto bancarotta pretendesse di ottenere danaro in prestito. Ebbene, l'uomo che crede di poter attingere all'infinito alla cassa vuota della propria energia si comporta nello stesso modo. Come il primo non troverà nessuno disposto a prestargli danaro, così il secondo rimarrà a bocca asciutta.

Conservate il seme, fate esercizi fisici, seguite una dieta appropriata e nel medesimo tempo abbandonate le cattive abitudini: il fumo, l'alcool e i film pornografici. Questi ultimi, oltre tutto, sottraggono energia al vostro corpo anche quando vi limitate a ricordarne le scene. L'unico mezzo che vi consente di compiere l'atto sessuale è una intelligente preparazione: « Affilate la vostra arma »! Solo questo espediente vi permetterà di recuperare e di conservare la potenza e di sconfiggere la eiaculazione precoce. Vi insegnano ad « affilare l'arma » i metodi descritti in questo capitolo.

Il primo metodo prevede l'immersione in una vasca di acqua calda. Immersi nell'acqua calda, soffregate il membro come nella masturbazione.

Quando il pene è completamente eretto ed eccitato, afferrate i testicoli con entrambe le mani e schiacciateli e stirateli con forza. Ripetete l'operazione 100-200 volte. Il soffregamento del membro dev'essere lento ma continuo. Poco a poco questa pratica fa aumentare la potenza sessuale.

Il metodo agisce per la seguente ragione: poiché il corpo è immerso nell'acqua la pressione dell'acqua aumenta la forza con cui le mani schiacciano e stirano i testicoli. Vengono stimolati la secrezione di ormoni e la produzione di spermatozoi. Dopo qualche tempo la potenza aumenterà in misura notevole. Però dovete evitare di eiaculare per tutta la durata della cura, altrimenti i benefici della pratica vengono annullati.

Eliminazione delle polluzioni notturne

Le polluzioni notturne dipendono da varie cause. Possono essere provocate da una pratica sessuale troppo frequente, da un pasto troppo abbondante o preso ad ora troppo tarda, da una coperta troppo calda o da un paio di pantaloni troppo aderenti.

Nell'adulto medio una polluzione notturna al mese rientra nei limiti della norma. Ma esistono uomini che perdono il seme di notte 4-8 volte al mese. Si tratta per lo più di individui che hanno un'attività sessuale troppo intensa o che si masturbano spesso. Un'eiaculazione incontrollata di questa portata si produce in particolare quando il seme è sovrabbondante (in seguito ad eccessiva stimolazione) o anche a causa di un'infezione della prostata o dei genitali.

La situazione, naturalmente, è ancora peggiore quando le polluzioni notturne sono ancora più frequenti. In alcuni casi si verificano addirittura ogni notte. Ma esistono uomini che le hanno anche di giorno, durante il sonnellino pomeridiano. Naturalmente queste persone hanno un aspetto malaticcio: pallore, occhi spenti; inoltre si muovono in modo goffo e accusano vuoti di memoria. Tuttavia, dopo qualche settimana di applicazione degli esercizi qui presentati, riacquistano forza perfino questi uomini.

Anzitutto bisogna provvedere a sigillare l'orificio esterno dell'uretra. La pratica è conosciuta come « chiusura stagna della porta insicura ». Se praticate sistematicamente l'esercizio sotto illustrato riuscirete a « sigillare » l'orificio dell'uretra in capo a una sola settimana. La tecnica qui descritta è stata applicata con notevole successo anche da uomini afflitti da polluzioni notturne molto frequenti.

I metodi sono tre.

Primo metodo: allungatevi supini e meditate per 10-15 minuti sull'hui yin per inviare calore all'hui yin e ai testicoli, poi praticate la Grande Elevazione stringendo denti e pugni, e premendo la lingua contro il palato e contraendo e rilassando ritmicamente i muscoli dei piedi e delle natiche. Aspirate l'energia dall'hui yin, dai testicoli e dal pene e inviatela ai centri superiori trattenendo il respiro — le prime volte per 1-2 minuti, poi sempre più a lungo fino ad arrivare a 5 minuti.

Ripetete questa manovra per 36 volte e applicate il metodo 5 volte al giorno, cioè complessivamente 180 volte al giorno. Questa pratica può essere eseguita anche in posizione seduta a busto eretto. Anche in questo caso dovete concentrarvi per 10-15 minuti sull'hui yin, poi a poco a poco stringere sempre più i denti e i pugni, contrarre i muscoli dei piedi e delle natiche e pompare in alto l'energia (Grande Elevazione). Questo esercizio, che dev'essere ripetuto 36 volte per 5 volte al giorno, va praticato per 2 settimane-1 mese.

Secondo metodo: allungatevi in posizione supina e strofinatevi le mani fino a farle diventare calde. Mettete la mano sinistra sotto la testa e la destra sotto lo scroto. Poi tirate in alto il pene e mentre con la mano destra spremete i testicoli, con la forza del pensiero dirigete l'energia verso l'alto, fino al capo, lungo la colonna vertebrale, cioè trasferitela dalla mano destra (inferiore) a quella sinistra (superiore). Tendete i muscoli dei piedi, stringete i denti e ripetete la manovra 24 volte - 5 volte al giorno.

Terzo metodo: allungatevi supini per terra col piede sinistro sopra quello destro. Poi col piede sinistro strofinate il piede destro in tutta la sua estensione insistendo in particolare sul punto yung-chuan. Ripetete la manovra 36 volte, poi cambiate piede e ripetete l'operazione strofinando il piede sinistro con quello destro. Questa manovra vi consente di attirare la forza in basso prima di dirigerla in alto.

Il metodo più efficace è il primo. Dà i migliori risultati negli uomini che sono già dediti alle pratiche meditative e quindi sanno trasferire la forza dalla parte bassa del corpo alla testa; ma è il più efficace dei tre anche per gli uomini che non hanno dimestichezza con la meditazione. Richiede più tempo degli altri due, però dà buoni risultati. Il secondo metodo è indicato negli uomini che non avendo esperienza di meditazione sono poco abili nel dominare il pensiero. Il terzo metodo è indicato nei casi in cui lo strofinamento dei piedi può giovare allo stato di salute generale.

Desidero far presente ancora una volta che in passato questi metodi venivano tenuti rigorosamente segreti. Trattano questo argomento molti libri, ma nessuno di essi descrive le tecniche nei dettagli. Pur essendo molto semplici, questi metodi funzionano — lo testimoniano frequentemente molti uomini.

L'accensione della stufa (o del fornello)

Il metodo che segue, atto ad aumentare la vis coeundi, è una variante dell'esercizio di Hirsch ed è conosciuto col nome di « Accensione del Fornello d'Oro ». Può essere praticato in posizione semiaccovacciata, stando in piedi con le gambe divaricate e leggermente flesse (posizione del cavallerizzo), o stando seduti in cima alla sedia affinché lo scroto possa pendere liberamente, o anche in posizione orizzontale, allungati sul fianco destro, con la gamba destra estesa e la gamba sinistra flessa affinché i testicoli possano pendere liberi. Il braccio sinistro può essere sostenuto da un cuscino, mentre la mano destra sostiene il capo; il pollice e le quattro dita avvolgono l'orecchio.

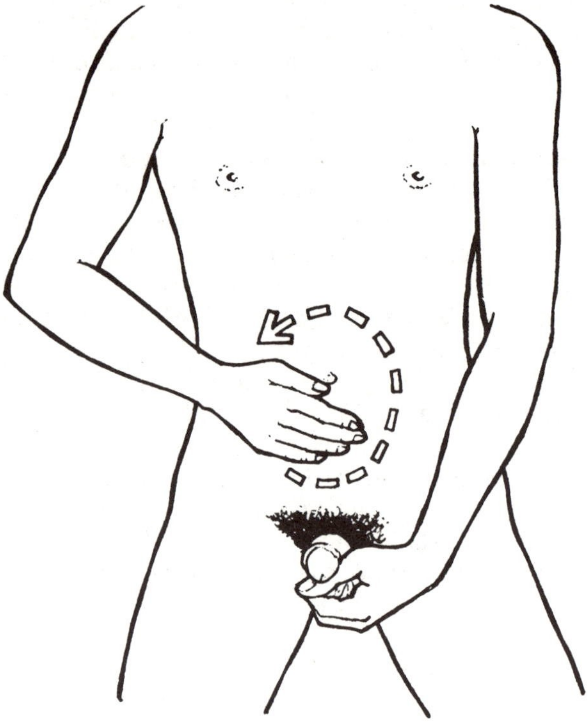

Fig. 35

Con la mano destra sorreggete lo scroto, con la sinistra massaggiate il « crogiuolo ». Così facendo stimolerete la secrezione ormonale e la produzione del seme e quindi ripristinerete la potenza.

Prima di cominciare strofinate l'una contro l'altra le palme delle mani fino a riscaldarle notevolmente. Con la mano sinistra afferrate lo scroto, con la destra soffregate almeno 100-300 volte la superficie anteriore dell'addome (il tan tien inferiore) con un movimento circolare, in senso orario e antiorario. Contemporaneamente inspirate e contraete i muscoli dell'ano, del perineo e delle natiche. Trattenete l'aria e mantenete contratta la muscolatura più a lungo che potete. Inviate l'energia prodotta prima al cervello, lungo la colonna vertebrale, poi fino all'ombelico lungo la superficie anteriore del corpo. Cambiate mano e ripetete l'operazione massaggiando l'addome con la mano sinistra allungati sul fianco sinistro.

Massaggio del tan tein inferiore

Questo esercizio è una variante dell'accensione della stufa o del fornello ed è conosciuto semplicemente come « massaggio del campo delle palle ». Strofinate energicamente fra loro i palmi delle mani fino a farli diventare molto caldi, poi premete il palmo della destra contro la coscia destra, in corrispondenza dell'inguine, e quello della mano sinistra contro il tan-tien. Indi prima con la mano destra massaggiate l'area inguinale da destra verso sinistra, poi con la mano sinistra massaggiate l'area del tan-tien. Le mani non debbono toccare i genitali. Soffregate le zone indicate nell'ordine precisato, prima l'inguine, poi il tan-tien, 36 volte. Quando massaggiate l'area del tan-tien il vigoroso soffregamento dovrebbe far erigere e muovere il pene. Quando ciò si verifica significa che l'energia ha raggiunto il pene e lo scroto. Questa tecnica, oltre a consentire il ripristino e/o l'aumento della vis coeundi, stimola la prostata ed esalta la spermatogenesi.

Armonizzazione dei tendini, del midollo e delle ossa

Per fare questo esercizio sedetevi su una stuoia o su un letto tenendo le gambe estese in avanti e le mani rilassate appoggiate alle ginocchia. Mentre inspirate alzate le braccia lateralmente a gomiti flessi e chiudete i pugni con i palmi rivolti verso l'alto.

Tirate in dentro i genitali e l'ano e premete le natiche l'una contro l'altra con forza. Estendete le gambe e flettete in dietro, verso di voi, le dita dei piedi. Poi proiettate le braccia in alto e ruotate i polsi affinché i palmi delle mani guardino di nuovo in alto. Alzate gli occhi in modo da poter vedere i dorsi delle mani. Pompate aria nel tan-tien e rimanete in questa posizione più a lungo che potete concentrando l'energia nell'area infraombelicale (2,5 - 5 cm sotto l'ombelico).

Mentre espirate flettete il busto in avanti fino a toccare le dita dei piedi (o le ginocchia). Durante la inspirazione riprendete la posizione iniziale e rilassatevi. Fate un respiro profondo e ricominciate. Inizialmente l'esercizio va ripetuto 10 volte, poi sempre più volte fino ad arrivare a 36 o 100 repliche. Potete praticarlo al mattino appena alzati e alla sera prima di coricarvi.

Il segreto metodo taoista per urinare correttamente

Un altro esercizio atto a rinforzare l'apparato urogenitale consiste nell'urinare stando sulle punte dei piedi. Questo esercizio, se praticato per molto tempo, aiuta sia a ripristinare la vis coeundi sia a combattere l'eiaculazione precoce. La tecnica è semplicissima. Mentre urinate mettetevi sulle punte dei piedi tenendo il dorso e le anche eretti. Stringete i denti, premete energicamente le natiche l'una contro l'altra e mentre espellete l'urina con forza mantenete contratto l'addome ed espirate lentamente.

L'impotenza e la scarsa potenza sessuale si accompagnano ad astenia e a scarsa forza di volontà. La potenza sessuale è facilmente valutabile: basta osservare l'efficienza con cui fuoriesce il getto d'urina. Se fuoriesce con forza la potenza sessuale è integra, se il getto è debole e termina con l'emissione di uno zampillo sottile, la potenza sessuale è ridotta.

Aiuta a irrobustire l'apparato urogenitale e quindi ad aumentare la vis coeundi anche un altro semplice esercizio, che potete fare stando seduti: su uno sgabello o in pizzo a una sedia, o anche per terra. Flettete il busto indietro fino a descrivere un angolo di 45 gradi, poi riportatelo nella posizione di partenza. Ripetete l'esercizio più volte che potete, e almeno 10 volte al giorno. Irrobustisce i muscoli dell'addome e di conseguenza migliora la potenza sessuale.

Sei esercizi per i lombi e il dorso

Segue una serie di esercizi atti ad irrobustire i muscoli della parete addominale e della regione lombare. Il buono stato della muscolatura addominale e lombare si accompagna a un buon funzionamento dell'apparato genitale, perciò aiuta, fra l'altro, a combattere l'eiaculazione precoce e a prevenire le alterazioni dell'area lombo-sacrale (colpo della strega ecc.).

Esercizio 1

Allungatevi su una stuoia in posizione supina e sollevate le gambe, tenendole estese, fino a descrivere col pavimento un angolo di 80-90 gradi. Abbassate lentamente le gambe verso sinistra fino a descrivere un angolo di 45 gradi. Riportatele nella posizione iniziale. Poi abbassatele verso destra fino a 45 gradi e riportatele nella posizione di partenza. Ripetete l'esercizio almeno 10 volte.

Esercizio 2

Allungatevi supini. Sollevate le gambe fino a formare col pavimento un angolo di 45 gradi. Poi accavallate le gambe (mettetele l'una sull'altra) per 3-4 volte. Ripetete l'esercizio almeno 10 volte.

Esercizio 3

Allungatevi supini; appoggiate le mani sulle anche e sollevate il tronco fino a formare col pavimento un angolo di 45 gradi. Rimanete in questa posizione più a lungo che potete, poi ritornate nella posizione di partenza. Ripetete l'esercizio almeno 10 volte.

Esercizio 4

Allungatevi su una stuoia in posizione prona, flettete i gomiti e portate le mani all'altezza degli orecchi, poi sollevate il tronco da terra. Rimanete in questa posizione più a lungo che potete, poi abbassate di nuovo il tronco. Ripetete l'operazione almeno 10 volte.

Esercizio 5

Allungatevi in posizione prona e afferrate le natiche con le due mani. Poi sollevate contemporaneamente il torace e l'addome in modo da toccare il suolo soltanto col bacino. Rimanete in questa posizione più a lungo che potete. Poi abbassate il torace e l'addome. Ripetete l'esercizio 10 volte.

Esercizio 6

Allungatevi supini, sollevate le gambe alternativamente e mantenetele in alto più a lungo possibile. Esercitate ogni gamba 10 volte.

Questi esercizi vanno eseguiti ogni giorno, preferibilmente al mattino.

L'esercizio che segue fa parte del pa tuan chin (ginnastica medica cinese) e giova all'intero apparato urogenitale. Va eseguito in posizione eretta a piedi divaricati corrispondentemente all'apertura delle spalle, mani lungo i fianchi, lingua premuta contro il palato. Inspirate e contemporaneamente flettete il busto in avanti, poi mentre espirate proseguite la flessione fino a toccare il suolo con i palmi delle mani. Durante la successiva inspirazione riportate il busto in posizione verticale, estendete le braccia, portate le mani sopra il capo e alzatevi sulle punte dei piedi stirando il corpo verso l'alto più che potete. Mentre espirate ritornate nella posizione di partenza, appoggiate i pugni sulle regioni lombari e rilassatevi. Poi inspirate e contemporaneamente, premendo i pugni contro le regioni lombari, flettete il busto indietro il più possibile. Infine espirate e riassumete la posizione iniziale. Ripetete l'intera manovra 10 volte.

Ingrossamento e allungamento del pene

Riempite d'aria il cavo oro-faringeo respirando attraverso il naso, poi ingoiate l'aria facendole raggiungere lo stomaco; immaginate che dallo stomaco essa rotoli giù come una palla fino al pavimento pelvico. Quando avete la sensazione che ha raggiunto il punto più basso del tronco, comprimetela con forza nel pene. Questo esercizio è diverso dalla compressione scrotale, perché in esso l'aria viene premuta dentro al pene, non nello scroto.

Mentre comprimete l'aria nel pene, con le tre dita centrali della mano sinistra schiacciate l'hui-yin, che si trova in mezzo fra l'ano e lo scroto. Questa manovra impedisce all'energia dell'aria di ritornare nel corpo. Grazie a questo espediente invece di defluire verso l'alto l'aria entra nel pene.

Indi respirate normalmente continuando a premere l'hui yin con le dita della mano sinistra. Contemporaneamente cominciate a muovere il pene. Tiratelo in avanti e indietro 36 volte con movimenti ritmici e fluidi. Poi col pollice soffregate il glande, manovra che dovrebbe far erigere il pene. Se l'erezione non ha luogo tirate e soffregate il glande finché il membro non si erige.

Con la mano destra afferrate saldamente il membro in corrispondenza della radice e senza allentare la presa fatela scivolare in avanti di circa 2,5 centimetri. In questo modo l'energia dell'aria rimane imprigionata nel pene e viene spinta verso la sua punta. Sentirete la pressione propagarsi fino alla punta. Non allentate la stretta, ma senza forzare.

Poi tirate il pene verso destra e fatelo ruotare 36 volte, in senso orario e antiorario. Indi tiratelo verso sinistra e fatelo ruotare 36 volte, in senso orario e antiorario, sempre senza diminuire la pressione dell'aria, che tenta di uscire. Questo esercizio migliora le funzioni di tutto l'apparato urogenitale: di pene, prostata, vene, arterie e nervi, vescica e reni. Affluisce al pene l'energia di numerosi organi, per cui il suo tono e la sua capacità funzionale migliorano notevolmente.

Infine col pene eretto colpite 36 volte la superficie interna della coscia destra continuando a tenere imprigionata l'aria.

Ripetete l'operazione colpendo col pene la superficie interna della coscia sinistra.

Dopo questa « ginnastica » immergete il membro nell'acqua calda e lasciatelo in essa per 1 minuto. Così assorbirà più facilmente l'energia yang e le sue dimensioni aumenteranno. In capo a 1-2 mesi questo esercizio può dar luogo a un allungamento del pene di 2,5 centimetri; in alcuni individui si ottiene un allungamento anche maggiore.

Diminuzione della sensibilità del pene

Per combattere l'eiaculazione precoce gli uomini si arrabattano da millenni per trovare metodi veramente capaci di ridurre la sensibilità del pene. Ai metodi qui di seguito descritti io preferisco il kung fu sessuale, però, poiché non voglio impedire al lettore di sperimentare anche altre tecniche, presento anche questi, premettendo comunque che non ne garantisco l'efficacia (vedi anche quanto è stato osservato a proposito dell'affilamento dell'arma e del ripristino della potenza sessuale).

Alcuni uomini hanno tentato di diminuire la sensibilità del membro indossando mutande di tela ruvida nella speranza che lo sfregamento da essa prodotto ne attenuasse la irritabilità attraverso un processo di « tempramento ». Alcuni autori suggeriscono anche di « colpire » ogni giorno col pene nella sabbia o dentro sacchi di riso. Sono pratiche che possono essere pericolose perché nell'uretra può entrare qualche granello di sabbia o un chicco di riso con conseguenti irritazioni, infezioni e ferite.

Si tratta di metodi in qualche misura efficaci (possono temprare il membro in quanto lo sottopongono a stimolazioni supplementari) ma primitivi, dolorosi e — come abbiamo detto — anche rischiosi.

E soprattutto non tengono conto della cosa più importante, del fatto che il pene nudo, se viene usato per svolgere le funzioni per le quali è stato creato e se è stato opportunamente addestrato e agisce con la forza dell'amore, è assolutamente perfetto.

Incremento dell'erezione

Questo metodo aiuta il membro ad erigersi meglio. Chiudete l'orificio dell'uretra col pollice e mettete l'indice sulla faccia inferiore della sua radice. Inspirate, trattenete l'aria e schiacciate il pene procedendo con un movimento ondulatorio dalla radice verso la punta. Pollice, indice e mignolo debbono schiacciarlo in modo da favorire l'afflusso del sangue alla punta del membro. Mantenete la compressione finché riuscite a trattenere l'aria. Ripetete la manovra 9 volte. Spingete il sangue in direzione della punta del pene impedendogli di tornare indietro. Mentre trattenete il respiro contate fino a nove. Questa tecnica irrobustisce il pene e favorisce lo stato di salute generale.

Massaggio delle zone riflessogene del pene

Come si massaggiano le zone riflessogene delle mani, dei piedi e degli orecchi, così è possibile massaggiare le zone riflessogene del pene. Gli organi interni si riflettono anche a livello del corpo e della punta del pene.

E' un massaggio molto salutare e al contempo molto gradevole che trasmette sensazioni piacevoli a tutto il corpo. Il massaggio qui di seguito illustrato comprende due tecniche; il massaggio delle aree riflessogene e il massaggio del glande.

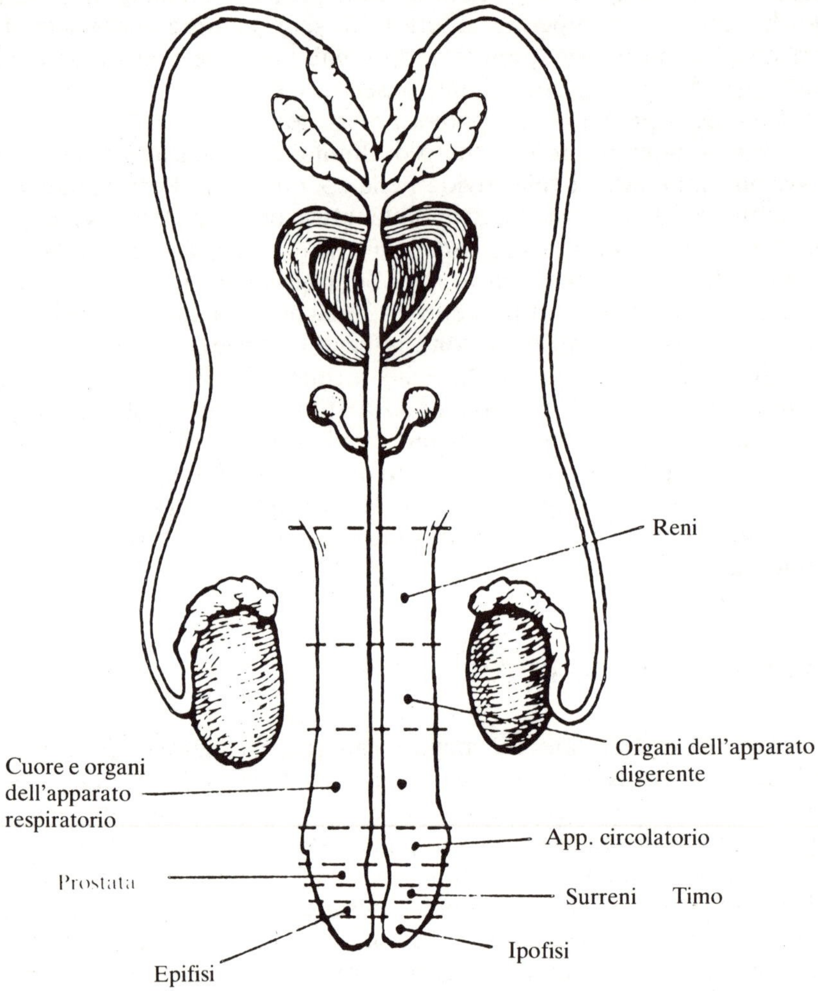

Fig. 36 - Zone riflessogene del pene

a) Il massaggio delle aree riflessogene va eseguito col pollice e con le quattro dita. Si comincia dalla radice e si prosegue lungo tutto il corpo del pene, poi dalla punta si ritorna verso la radice. Bisogna praticare movimenti circolari in corrispondenza della parete superiore e di quella inferiore dell'organo.

b) Nel massaggio del glande (o della « testa di tartaruga ») mentre l'indice e il medio tengono fermo il glande il pollice ne massaggia la punta schiacciandola delicatamente. Ripetete questo massaggio 100-300 volte con movimenti circolari praticati in senso orario e antiorario. Oltre a migliorare la capacità di erezione dell'organo, agisce anche sulla prostata ed esalta la vis coeundi. La pratica quotidiana previene il cancro della prostata.

N.B. Evitate assolutamente di eiaculare. Quando siete prossimi all'eiaculazione praticate la Grande Elevazione o rallentate il ritmo della manovra.

Il massaggio indiano di accensione della corda

Strofinate fra loro i palmi delle mani fino a farli diventare caldissimi, poi mentre con una mano tenete sollevato il pene, con l'altra, cioè col pollice e l'indice dell'altra, afferratelo saldamente per la radice.

Praticate 9-36 movimenti rotatori in corrispondenza della radice (in senso orario e antiorario). Questa manovra irrobustisce i reni.

Se praticate lo stesso esercizio in corrispondenza del corpo del membro stimolate l'apparato digerente.

Invece massaggiando il glande stimolate gli apparati circolatorio e respiratorio.

Quattro metodi atti ad arricchire il contenuto di spermatozoi del seme

1. Massaggio pressorio dei testicoli

Questo esercizio stimola la produzione di ormoni e di spermatozoi. Strofinate l'uno contro l'altro i palmi delle mani fino a riscaldarli molto bene, poi con una mano tenete sollevato il membro mentre con l'altra afferrate i testicoli. Aumentate progressivamente la pressione però praticando spremiture di breve durata. Prima di cambiare mano, ripetete la manovra almeno 100 volte; poi ripete l'operazione con l'altra.

2. Scrollamento dei testicoli

Come l'esercizio precedente, anche questo stimola la produzione di spermatozoi e di ormoni. Riscaldate bene le mani strofinandole fra loro; poi con una mano tenete sollevato il pene e con l'altra avvolta a coppa intorno allo scroto scrollate i testicoli, prima delicatamente poi sempre più energicamente, per 3-5 minuti; infine cambiate mano e ripetete la manovra.

3. Martellamento dei testicoli

Strofinatevi di nuovo le mani fino a farle diventare molto calde. Poi con una mano tenete alto il pene, mentre con l'altra accarezzate e martellate i testicoli, prima con delicatezza poi con sempre maggiore energia, per almeno 3-5 minuti. Ripetete l'operazione con l'altra mano. Martellate anche la radice del pene (nel perineo).

4. Massaggio col pollice o con l'eminenza tenar

Strofinatevi le mani fino a farle diventare molto calde. Con una tenete sollevato il pene, mentre col pollice dell'altra massaggiate i testicoli, mediante movimenti rotatori in senso orario e antiorario, per 3-5 minuti (almeno 100-300 volte). Poi cambiate mano e ripetete l'operazione per altri 3-5 minuti. Potete anche sostenere i testicoli con le quattro dita e il pollice e massaggiarli con l'eminenza tenar.

Tutti questi esercizi aumentano la *vis coeundi* e la produzione di ormoni, stimolano la prostata e aumentano la forza (il ching) nel pene e nei centri energetici inferiori. Dopo questi esercizi dovete provvedere a praticare il kung fu seminale onde trasferire l'energia sessuale dai centri inferiori a quelli superiori. Se invece la eliminate attraverso l'eiaculazione annullate i benefici ottenuti.

Massaggio della prostata

A parte il massaggio del glande (« della testa di tartaruga »), che stimola la prostata indirettamente, esiste una tecnica che consente di massaggiarla direttamente. Dopo aver calzato un guanto introducete un dito, il dito indice, nel retto usando come lubrificante la saliva (o la vasellina o l'olio da massaggio). Premete il dito contro la prostata e massaggiatela delicatamente. Per stimolare la ghiandola in modo ottimale potete anche far scorrere il dito in su e in giù a livello dello sfintere anale, variando il ritmo. Potete anche imprimere allo sfintere anale un movimento vibratorio, così insieme alla prostata stimolate anche i nervi di questa regione. Potete anche premere il dito contro il punto hui-yin (nel perineo) o soffregare questo punto ripetutamente.

Infine potete stimolare la prostata esercitando una pressione contro i vari punti della regione perianale. Se quando fate la doccia insaponate quest'area, oltre alla prostata stimolate tutte le ghiandole endocrine, ipofisi ed epifisi comprese. E' anche il metodo migliore per mantenere attiva ed equilibrata la circolazione del sangue.

Compressione della pompa anale

Inspirate attraverso il naso e trattenete l'aria mentre con lo sfintere anale la pompate e la tirate su. Stringete l'ano come se voleste trattenere le feci. Questa manovra stimola la prostata. E' un metodo molto semplice ed efficace che può essere applicato in qualunque momento e in qualsiasi luogo. Per rendere ottimale il pompaggio è bene contrarre lo sfintere più spesso possibile. Espirate lentamente e rilassatevi. E' anche un modo molto semplice per sciogliere le tensioni, aumentare la forza sessuale ed energizzare il corpo.

Dopo qualche tempo avvertirete una sensazione di calore, e questo calore si diffonderà e salirà lungo il dorso fino al capo per poi scendere fino all'ombelico attraverso il plesso solare. Ma le ripetute contrazioni della muscolatura anale stimolano anche la prostata e le ghiandole di Cowper, agevolano la circolazione del sangue, irrobustiscono il pene e aiutano a controllare l'eiaculazione. Dopo aver praticato questo esercizio per qualche tempo, potete mettere alla prova la forza del retto cercando di aspirare con l'ano l'acqua tiepida contenuta in una vasca.

Si dice che l'ultimo atto prima della morte sia lo svuotamento dell'intestino e che uno sfintere anale debole è indizio di poca salute. Se applicate questa tecnica sistematicamente il vostro sfintere non perderà mai tono. Uno dei segreti per vivere a lungo consiste nel mantenere la prostata sana ed efficiente.

Perciò se volete vivere sani e felici comprimete e massaggiate la prostata.

Il kung fu linguale

Il mezzo strategico di gran lunga più importante per l'atto sessuale è la lingua. Imparate a manovrare con abilità questa arma erotica per eccellenza! Possiede capacità di stimolazione addirittura prodigiose e può vincere da sola brillanti battaglie erotiche. Per imparare ad usarla come si conviene praticate il kung fu linguale.

Ai fini del gioco erotico la lingua possiede più qualità di qualsiasi altro organo: è calda e umida e la sua ruvidezza vince ogni resistenza. A prescindere da queste qualità e proprietà perfette ai fini dell'eccitazione erotica, essa può modificare le proprie dimensioni e la propria forma. Guizza rapidamente e può compiere un'enorme varietà di movimenti.

Prova la grande sensibilità della lingua il fenomeno della cosiddetta « illusione cartesiana ». Cartesio osservò che la lingua percepisce un' irregolarità delle dimensioni di una capocchia di spillo come se fosse grande come la capocchia di uno zolfanello. La capacità di quest'organo di captare e trasmettere eccitamenti è davvero straordinaria. Ma, cosa ancora più importante: la lingua è il principale strumento con cui potete trasmettere il *chi* alla vostra partner prima dell'atto sessuale vero e proprio. Questa trasmissione avviene perché la lingua è l'interruttore principale della corrente del *chi* nel Piccolo Circolo Energetico. Tutte le volte che baciate o leccate la vostra partner con particolare intensità, assorbite da lei energia vitale e le comunicate la vostra. Una lingua robusta è una specie di bacchetta magica che fa scaturire il piacere da tutto ciò che tocca e che accende la scintilla che unisce i poli delle forze vitali opposte.

Il kung fu linguale comprende le seguenti tecniche: lingua viperina, lingua a gancio, frusta linguale e trapano linguale.

a. La lingua viperina

Fate passare un filo attraverso una mela e fermate un capo dello stesso mediante un pezzetto di stuzzicadente lungo 2 centimetri circa. Poi appendete la mela davanti a voi all'altezza della bocca. Colpite la mela con la lingua facendola guizzare come fanno le vipere. Lanciate la lingua, che dev'essere molto dura e molto appuntita, in linea retta.

Sparate diritto aumentando progressivamente la velocità dei « lanci ». Questo movimento, simile a quello che compiono le vipere, può essere utilizzato per stimolare le mammelle, i genitali e le orecchie. L'orecchio è sensibilissimo perché è ricco di zone riflessogene, che corrispondono ai punti dell'agopuntura. Il contatto della lingua li stimola perché agevola il passaggio del *chi*.

b. La lingua a gancio

Anche per fare questo esercizio dovete usare la mela appesa. Sporgete la lingua il più possibile e abbassatela al massimo, poi alzatene la punta e cercate di agganciare la mela di lato sollevando la lingua. Questo movimento eccita i genitali con particolare intensità. Se toccate con la lingua a gancio il punto G della vostra partner è probabile che essa secerna subito il suo « elisir lunare », l'eiaculato femminile al quale i taoisti attribuiscono marcate proprietà yin.

c. La frusta linguale

Sporgete la lingua più che potete in direzione della mela appesa e flettetela più a sinistra che potete. Poi dirigetela rapidamente a destra frustando la mela col bordo. Ripetete l'operazione frustandola con l'altro bordo della lingua, nel senso opposto. Procedete sempre più rapidamente e con sempre maggior vigore. Insegnate questa tecnica anche alla vostra partner, che poi potrà applicarla per eccitare il « gambo di giada », cioè il membro.

Con un po' di esercizio dovreste riuscire a « dribblare » la mela, cioè ad afferrarla e a mantenerla in equilibrio tramite movimenti rapidissimi con la punta, col bordo e con la superficie della lingua. Esercitatevi con la mela per un mese. Il mese successivo esercitatevi con un pompelmo; il terzo mese usate un barattolo zavorrato con materiale (chiodi, palline di ferro ecc.) sempre più pesante.

Prima e dopo l'esercizio lavate il pompelmo. Conservatelo in frigorifero avvolto in materiale plastico, così potrete esercitarvi per settimane con lo stesso frutto e al contempo eviterete possibili infezioni. E' molto importante inoltre che abbiate la bocca pulita e un alito gradevole. Già Casanova parla dell'effetto repellente di un alito sgradevole. Il kung fu linguale stimola la produzione di saliva pulita, che dovete inghiottire e inviare all'ombelico. Secondo i taoisti la saliva è un poderoso elisir che consente di intensificare e centrare il proprio *chi*. Se avete la lingua sporca di frequente, mangiate meno carne e più verdura e pulitevi la lingua con l'apposito strumento ogni giorno.

Infine esercitatevi con una riga di plastica che dovrete flettere alternativamente verso l'alto e verso il basso con la superficie della lingua. Questo esercizio integra quello della rapida protrusione della lingua. Invece della plastica potete usare anche altri materiali flessibili (sottili lamine di legno o di metalli; bambù). Comunque usate sempre assicelle levigate, perché le lesioni linguali, dato che quest'organo si trova in un ambiente in cui ha luogo una intensa attività batterica, si rimarginano lentamente. Se per una ragione qualsiasi vi feriste la lingua, sciacquatevi la bocca tre volte al giorno con acqua bollita e sale.

Quando avrete praticato per molto tempo questa segreta ginnastica taoista sarete pronti ad applicare queste tecniche nella vostra partner. Cercate i suoi punti più sensibili e fate ampio uso delle capacita acquisite. Vi aiuteranno a scoprire le sue zone erogene lo sguardo della donna o la sua mano.

Quando avrete individuato queste zone potrete sbizzarrirvi a svolgere l'intero programma delle tecniche linguali. Fate attenzione alle reazioni della vostra partner: può darsi che preferisca una tecnica all'altra o che un punto del suo corpo sia più sensibile di altri.

d. Il trapano (succhiello) linguale

La tecnica del trapano o succhiello linguale serve a far erigere i capezzoli. In questa pratica esoterica la punta della lingua affonda il capezzolo nella mammella ed esegue piccoli movimenti circolari. L'operazione dà origine a una eccitante spirale energetica.

Quando volete praticare il kung fu linguale nella vagina, prima di applicarlo inumiditevi il pollice e l'indice della mano destra ed entrate in vagina col pollice mentre con l'indice tappate l'orificio anale della vostra partner per impedire all'energia di fuoriuscire. Se la vostra partner desidera baciarvi i genitali insegnatele a procedere in modo analogo. Prima di passare alla tecnica specifica deve tappare il vostro orificio anale col dito medio inumidito e stimolare lo scroto con le altre dita.

A questo punto desidero sottolineare che è estremamente importante compiere l'atto sessuale con partner che rispettano l'igiene. Genitali e ano sono caldi e umidi, perciò offrono ai batteri condizioni ottimali per proliferare. Quindi teneteli sempre puliti e prima dall'atto sessuale lavateli accuratamente. Fra l'altro gli odori sgradevoli riducono o annullano il piacere del sesso.

Fig. 37 - Kung fu linguale

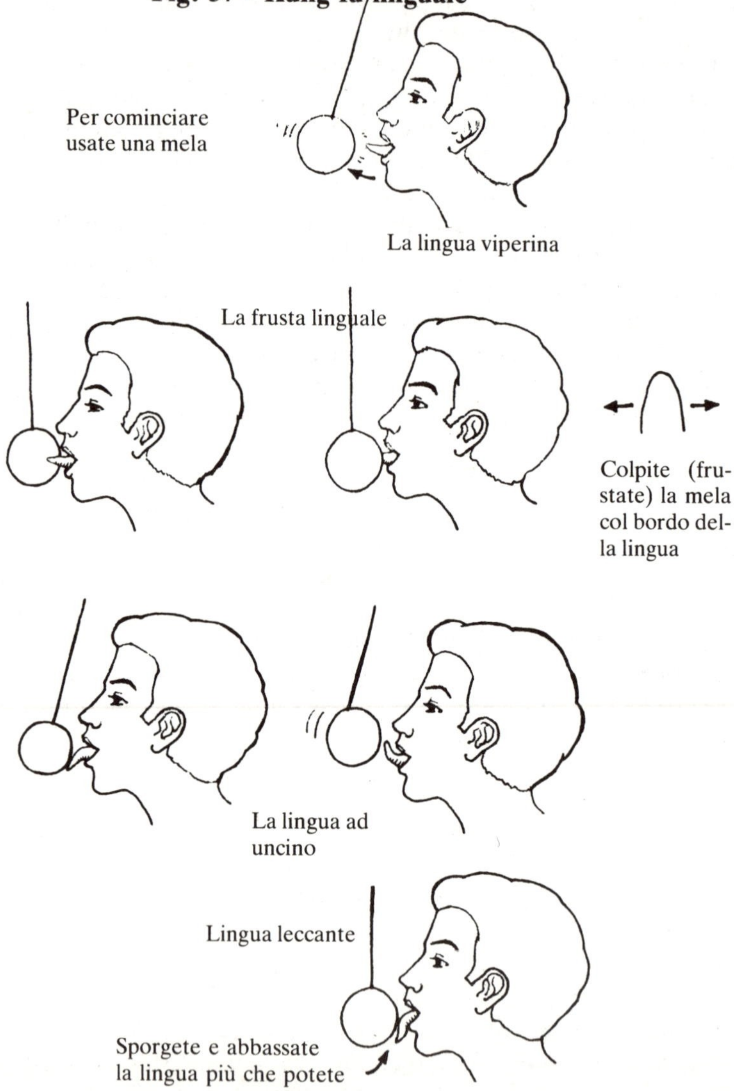

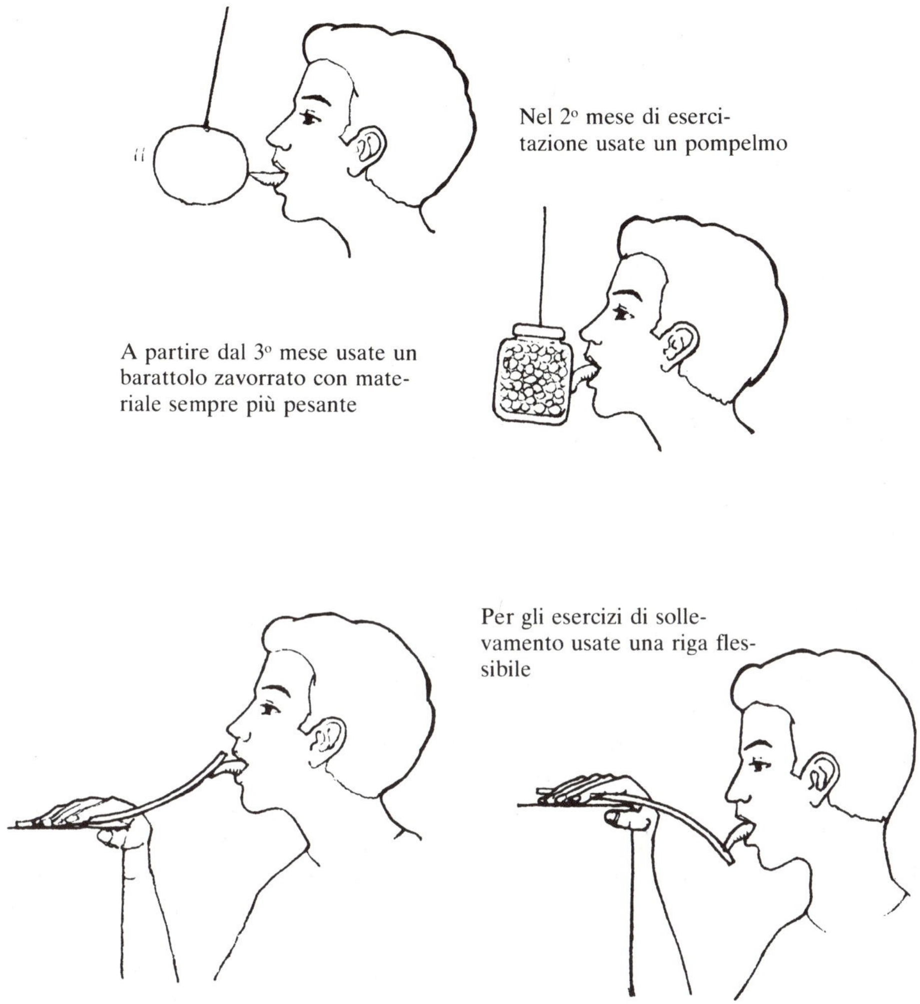

Fig. 37

Gli esercizi del kung fu linguale migliorano notevolmente la capacità della lingua di trasferire il *chi* dal proprio PCE alle zone erogene del/della partner

Come la lingua, anche il dito indice è uno stimolatore di prim'ordine. Potete introdurlo nell'orificio vaginale, cercare il clitoride e massaggiarlo. Badate di avere le unghie pulite, specie quella del dito indice; tagliate le unghie molto corte e limatele bene, altrimenti potreste ledere i sensibili tessuti epiteliali. In queste pratiche la prima regola è la delicatezza: il dolore può irritare la vostra partner e defraudarla di ogni piacere.

La morbida pelle dell'indice consente di stimolare anche il clitoride, il punto G, situato sotto il pube, a 2,5 centimetri dal clitoride.

Bagni caldi e freddi per migliorare la salute sessuale

Queste tecniche antichissime, di sicuro effetto, aiutano il corpo a sviluppare la capacità di difendersi dalle malattie.

a) Semicupi freddi

Questo esercizio è estremamente efficace: alcalinizza il sangue, lo fa affluire agli organi sessuali; nell'uomo stimola la prostata e la spermatogenesi e nella donna la secrezione ormonale, di conseguenza aumenta la potenza sessuale. La tecnica è molto semplice: rannicchiatevi o sedetevi in una vasca in modo che genitali e ano siano immersi nell'acqua fredda e lasciateli immersi per almeno 10-20 minuti. Cominciate con un'acqua semifredda per passare a temperature sempre più basse.

b) Bagni alternati caldi e freddi; docce e semicupi

Anche questa pratica è antichissima. Prevede la immersione alternata nell'acqua calda e nell'acqua fredda e stimola la circolazione. In realtà ha il potere di temprare l'intero organismo, per cui aumenta il tono generale, migliora la capacità di resistenza alle malattie e la potenza sessuale. E' necessario sostare nell'acqua (calda e rispettivamente fredda) per almeno 3 minuti. Per ottenere l'effetto desiderato bisogna cambiare temperatura almeno sei volte; meglio sarebbe, naturalmente, dodici volte. Se non avete sufficiente tempo per praticare questo esercizio, iniziate la doccia mattutina con l'acqua calda e terminatela con l'acqua fredda.

Invece di immergervi nella vasca rapidamente potete scivolare in essa un po' alla volta: immergete prima le dita dei piedi e i piedi, poi le gambe, il tronco, il torace, le spalle e infine la testa. Così il corpo ha modo di abituarsi alla nuova temperatura. Possono tentare i bagni alternati anche le persone che soffrono di ipertensione arteriosa, di disturbi cardiaci o di malattie renali, purché procedano per gradi.

c) Il bagno d'aria

Il bagno d'aria è molto salutare perché elimina gli odori cattivi, migliora la capacità di resistenza alle malattie e attiva la circolazione sanguigna; inoltre mantiene i genitali più freddi del resto del corpo, condizione che favorisce la potenza sessuale. Camminare nudi di notte lungo una spiaggia o in un prato montano fa molto bene perché il corpo esposto all'aria pulita incamera una notevole quantità di ioni negativi, notoriamente importantissimi. La temperatura dev'essere caldo-tiepida, cioè quella del periodo compreso fra la primavera inoltrata e l'inizio dell'autunno. Potete fare un bagno d'aria anche in casa stando nudi davanti a una finestra aperta. Però non dovete ricorrere a questa pratica per favorire l'insorgenza di fantasie erotiche, altrimenti perdete una cospicua parte di energia. E' meglio pensare al beneficio che ricavate dall'esposizione all'aria.

Assunzione di energia armonizzante per gli omosessuali

Secondo la dottrina cinese il cielo è yang (maschio) e la terra è yin (femmina). Se i due amanti appartengono allo stesso sesso avremo due poli yang, se si tratta di maschi, o due poli yin, se si tratta di femmine. Questi rapporti sono squilibrati e questo squilibrio favorisce l'instabilità e la violenza e ostacola il raggiungimento delle fasi più avanzate dell'armonizzazione sessuale.

Coloro che amano persone del loro stesso sesso, se vogliono raggiungere l'equilibrio, debbono attingere l'energia polare di segno opposto da un'altra fonte. Se non provvedono in questo senso incamereranno quantità eccessive di una sola forza polare.

Fortunatamente esistono fonti di energia yin (femminile) cui l'uomo può attingere con notevole beneficio, come pure metodi grazie ai quali le lesbiche possono assorbire energia yang. Perché l'uomo e la donna non sono le uniche fonti di energie yin e yang, ma solo uno dei serbatoi di questa energia universale.

La chiave di questa pratica è espressa nella frase introduttiva di questo capitolo: il cielo è maschio, la terra è femmina. Perciò l'uomo che ha bisogno di energia yin ma preferisce non attingerla da una donna, può assorbirla dalla terra; viceversa la donna si fornirà di energia yang assorbendola dal cielo.

L'uomo che vuol assorbire energia yin dalla terra deve assolutamente evitare di pensare al sesso, allungarsi prono con una gamba estesa e l'altra flessa in corrispondenza del ginocchio e con gli organi sessuali vicini alla terra ma non in diretto contatto con essa. Mentre inspira ed espira attraverso il naso deve rilassarsi e concentrarsi: deve far penetrare l'energia della terra nel pene con la forza del pensiero. L'energia va incamerata mediante la respirazione con l'ausilio della mente.

Mentre inspira deve tirare su la forza come se si trattasse di un liquido da aspirare mediante una cannuccia: la forza è il liquido e la cannuccia è il pene. Dal pene deve inviarla al chang-chiang e all'hui-yin e poi alla nuca. Deve immagazzinare l'energia yin nella testa. Quando i serbatoi cranici saranno saturi, essa straripèrà e ritornerà all'hui-yin lungo la superficie anteriore del corpo. Da qui essa va inviata all'ombelico (al centro ombelicale), e poi al centro solare e a quello cardiaco.

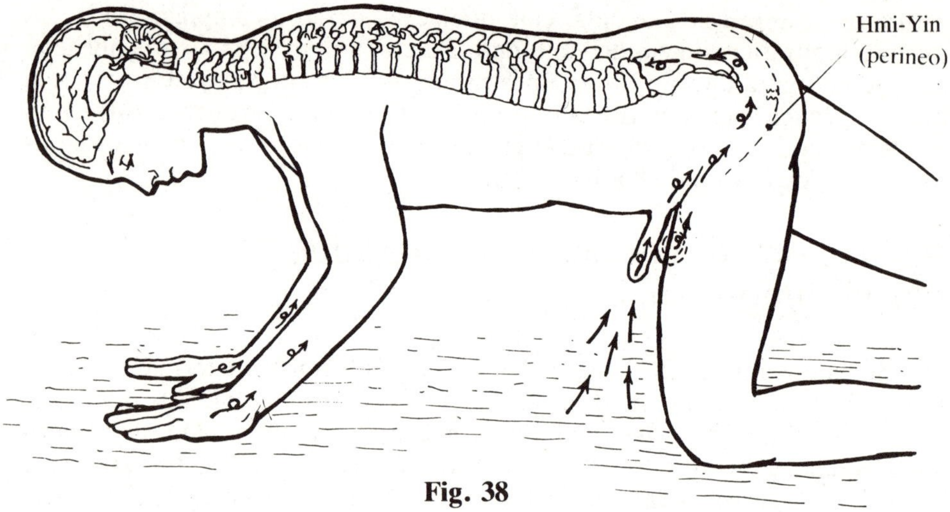

Fig. 38

L'energia yin della terra può entrare nel corpo attraverso i palmi delle mani e attraverso il pene. Con la forza del pensiero potete inviarla dal pene all'hui-yin e da esso alla nuca lungo la colonna vertebrale. Però dovete evitare di pensare al sesso, altrimenti l'energia abbandonerà il cervello.

Assorbimento dell'energia sessuale dal sole

In tutto il mondo civilizzato la coltura del corpo nudo e il bagno di sole incontrano sempre maggiori consensi. In effetti il nostro corpo può assorbire energia anche dalla natura. E alcune parti del corpo, soprattutto quelle basse, sono più ricettive di altre. In particolare: il pene e i testicoli sono in grado di assorbire più energia del perineo e dell'hui-yin.

Nel corso dei secoli l'uomo e la donna sono stati indotti sempre più a nascondere gli organi deputati alla riproduzione. Le mutande servono soprattutto a isolare questi organi dal mondo esterno. Ma così facendo essi nascondono proprio le parti del corpo in grado di assorbire dalla natura la maggiore quantità di energia, e quindi di temprare l'organismo e di esaltare la potenza sessuale. E più le nascondono più queste parti si indeboliscono, con conseguente danno per la salute in generale.

Il metodo che consente di assorbire energia solare col pene era ritenuto segretissimo e veniva rivelato solo raramente.

Tecnica: Le ore più propizie sono quelle comprese fra le 7 e le 11 o anche le ore fra le 15 e le 18. Quando il sole non è troppo forte il glande può assorbire l'energia più facilmente.

Tenete il corpo del pene con una mano e strofinate il glande finché si erige. Poi stendetevi al sole e immaginate che la forza entri nel pene attraverso il glande e venga assorbita dall'organo. Se praticate questo esercizio con sufficiente concentrazione il pene si saturerà di energia. Quando il membro si affloscia, ripetete l'operazione. Replicate l'esercizio 3-4 volte.

Poi sollevate i testicoli esponendoli al sole mentre con la mano destra massaggiate l'hui-yin e immaginate che attraverso esso entri la forza e circoli in tutta l'area genitale, e in particolare nei testicoli. Massaggiate i testicoli per alcuni minuti con entrambe le mani; poi massaggiate il corpo del pene e la prostata. Infine con una mano tenete sollevati i testicoli e con l'altra massaggiate delicatamente il pene e i testicoli. Questo esercizio, che all'inizio deve durare 5-10 minuti, poi va praticato sempre più a lungo fino a raggiungere la durata di un'ora. Per arrivare a un'ora possono occorrere mesi di pratica.

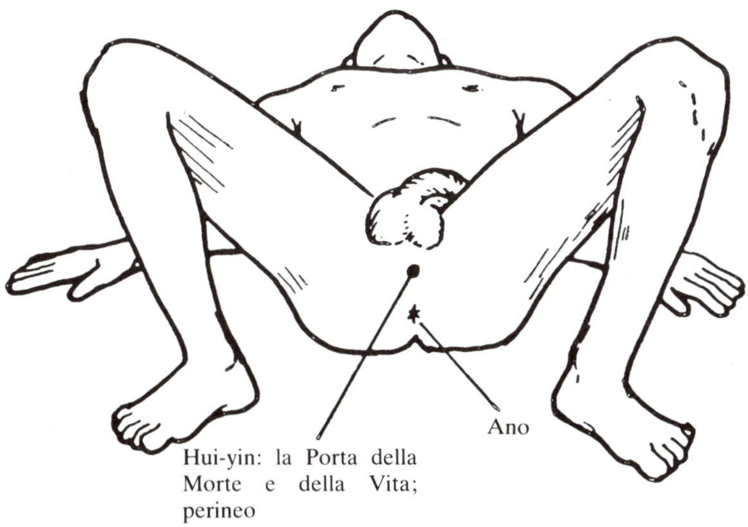

Massaggiate i testicoli ed esponete al sole l'hui-yin per parecchi minuti.

Fig. 39

La parte bassa del nostro corpo viene esposta al sole solo di rado. Una insolazione massiccia come quella qui descritta tempra notevolmente quest'area e impedisce l'insorgenza di malattie cutanee locali. La parte sensibile del pene si irrobustisce in misura notevole per cui una eventuale ipersensibilità si attenua con conseguente miglioramento della capacità di ritenzione del seme.

Nel massaggiare il glande cominciate con movimenti delicati e abbiate cura di non riscaldarlo eccessivamente. Lo stesso dicasi per il massaggio dell'hui-yin. Fate attenzione a non ferirli perché le lesioni dei genitali guariscono con estrema difficoltà.

Per non incorrere in situazioni spiacevoli, quando eseguite questa pratica appartatevi, in modo che nessuno possa vedervi. Infatti alcune persone considerano scandalose queste meditazioni e questi esercizi igienici. Le pratiche qui illustrate rappresentano un grosso ausilio nella cura dell'erezione precipitosa, dell'eiaculazione precoce, dell'impotenza e delle polluzioni notturne.

Altre posizioni raccomandabili sono quella a testa in giù (sulla testa o sulle spalle), la posizione supina con le mani sotto le cosce, che consentono di esporre al sole ano, hui-yin, scroto e pene. Queste parti del corpo non vengono mai esposte al sole, sebbene proprio esse siano le più sensibili e le più ricettive e quelle capaci di assorbire energia con maggiore facilità.

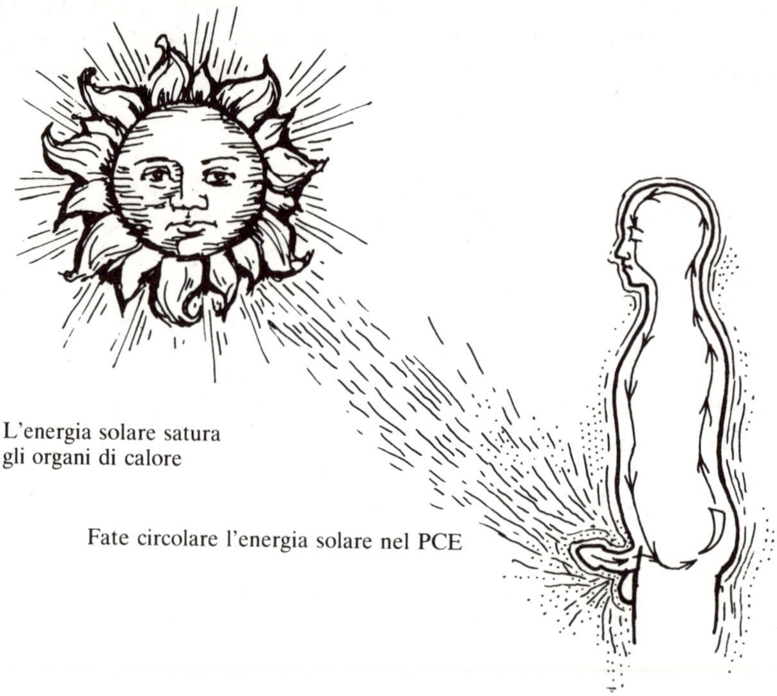

Fig. 40

Né gli organi sessuali maschili né quelli femminili vengono mai esposti all'energia solare. Eppure sono i più capaci di emettere e di assorbire energie. Ma poiché non lo sa, l'uomo li copre e quindi li isola dalla forza dell'universo. La posizione migliore è quella a testa in giù ma con le gambe rivolte in basso (non in alto). Con la forza del pensiero assorbite la forza del sole attraverso il pene e l'ano e inviatela alla prostata e allo scroto. Tenete caldo lo scroto, però all'inizio evitate di esporlo al sole troppo a lungo: cominciate con 1-2 minuti. Non assorbite troppo calore perché il surriscaldamento dei testicoli può danneggiare gli spermatozoi fino a comprometterne la sopravvivenza.

Recupero della potenza sessuale grazie all'agopuntura o all'applicazione di moxe

Agopuntura e moxe nel trattamento dell'impotenza

In Cina la terapia revulsivante (tramite moxe), intesa ad accrescere l'energia (*chi*) e a stimolare ghiandole, organi, nervi e circolazione sanguigna, ha una tradizione ultrapentamillenaria. Prevede il trattamento dei punti dell'agopuntura per mezzo del calore. Le moxe (coni combustibili) si possono acquistare nei negozi che vendono strumenti per l'agopuntura; ma si può usare anche un sigaro o una sigaretta. Il cono combustibile (per lo più di polvere di artemisia) è più adatto, benché affumichi l'appartamento non meno del tabacco. Ma potete provare anche col filamento che si usa abitualmente per riscaldare l'acqua di un bicchiere (o di un acquario domestico) assicurato a un lungo tubo di vetro.

Il segreto per scongiurare l'impotenza consiste nel conservare un buono stato di salute e nell'evitare ogni eccessiva stimolazione sessuale. Da tener presente inoltre che negli impotenti l'attività sessuale non fa che peggiorare la situazione. Se siete afflitti da impotenza, per recuperare la salute e la potenza dovete astenervi da ogni attività sessuale, dormire a sufficienza e alimentarvi in modo sano quanto meno finché non avrete riacquistato la salute e l'efficienza sessuale. Se modificate il vostro tenore di vita al punto da recuperare e rinnovare la vostra energia vitale, il vostro *chi*, la terapia revulsivante sortirà i suoi effetti più rapidamente perché un tenore di vita sano favorisce l'azione del *chi* sull'economia ormonale e sul funzionamento degli organi deputati alla riproduzione.

La maggior parte dei punti importanti potete trattarla di persona, però per individuare i punti dovete consultare un testo sull'agopuntura o sulla terapia revulsivante. NON TRATTATE CON LE MOXE QUALUNQUE PUNTO: può essere molto pericoloso. Se non siete esperti in materia trattate soltanto i punti qui di seguito indicati.

La cosa migliore è usare le moxe insieme all'aglio, alla cipolla o allo zenzero. Il più adatto è l'aglio. Avvolgete una fettina o un piccolo spicchio d'aglio in un panno sottile e mettetelo sul punto che volete trattare, poi riscaldatelo con la moxa accesa, o con un sigaro o con apparecchio riscaldante. Però state attenti a non riscaldarla troppo: potreste danneggiare la superficie cutanea perché l'aglio è uno stimolante molto potente. Se lo lasciate troppo a lungo sul punto trattato può ustionare la pelle. Perciò siate prudenti! Se siete allergici all'aglio, invece dell'aglio potete usare la cipolla, o semplicemente il calore, che spesso è efficacissimo anche da solo.

Trattate il punto scelto per 3-4 minuti, però lasciate *in situ* la moxa per pochi secondi muovendola di continuo e premendola fino a provare dolore. Non superate il limite di 3-4 minuti e fate in modo che la stanza in cui vi trovate sia riscaldata, perché in una stanza fredda perdereste una cospicua quantità di *chi*, soprattutto se siete nudi. Se usate un sigaro o una sigaretta dopo il trattamento la stanza sarà piena di fumo, perciò dovrete arieggiarla a dovere.

La moxa viene avvolta in carta di cellulosa e accesa. Dev'essere tenuta a 1 centimetro di distanza dal punto dell'agopuntura

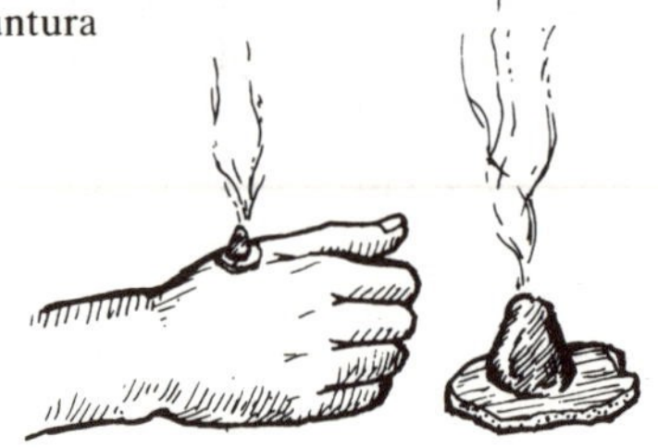

Un piccolo cono combustibile (moxa) viene acceso su una fettina di zenzero. Poi zenzero e moxa accesa vengono posti sul punto dell'agopuntura

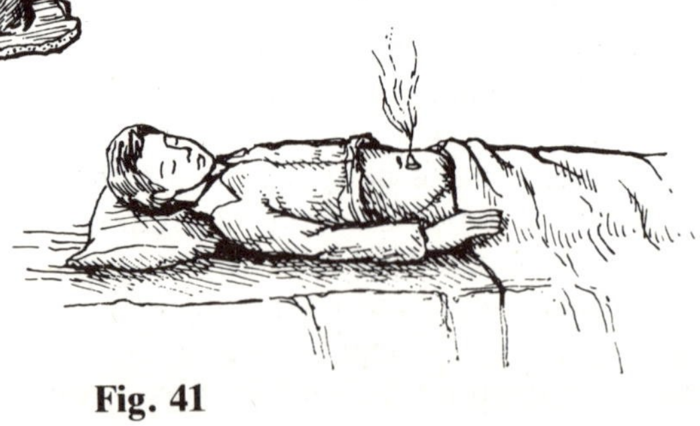

Fig. 41

La terapia revulsivante va praticata una volta al giorno per 10 giorni. Poi bisogna fare una pausa di 3 giorni e infine ripetere un ciclo di 10 giorni. Dopo il trattamento revulsivante dovete astenervi sia dal bere alcolici (vino o altri alcolici) sia dal fare il bagno (o la doccia). Inoltre dovete evitare ogni attività sessuale per tutta la durata del trattamento. Nei casi ostinati è necessario rinunciare all'attività sessuale per 1-3 mesi.

Se sarete ligi al punto da rispettare 3-4 giorni di riposo totale dopo il secondo ciclo di 10 giorni di trattamento, a meno che nel vostro caso non si tratti di un difetto anatomico (evenienza molto rara d'altronde) riacquisterete sicuramente forza e potenza.

1. Kan-shu (V 18) - principale punto del fegato

Incominciate dal dorso, dal meridiano della vescica urinaria (V), conosciuto anche come tai-yang. Il primo punto è il kan-shu (V 18), che si trova a 1,5 tsun di distanza dall'estremità dell'apofisi spinosa della nona vertebra toracica (T9). (Poiché 1 tsun corrisponde alla larghezza di un pollice, 1,5 tsun corrispondono alla larghezza dell'indice e del medio messi insieme). Il kan-shu è considerato il punto più importante del fegato. Il fegato immagazzina l'energia del corpo. In caso di stress o di sfrenata attività sessuale l'organismo è costretto ad attingere alle proprie riserve di energia sottraendola al fegato. Perciò questo trattamento giova anche nelle epatiti.

2. Pi-shu (V 20) - principale punto della milza

Il secondo punto è il pi-shu (V 20), che si trova a 1,5 tsun di distanza dall'estremità dell'apofisi spinosa dell'undicesima vertebra toracica (T 11). E' il punto più importante della milza. Il trattamento di questo punto fa cessare anche i dolori alla schiena e i disturbi digestivi.

3. Shen-shu (V 23) - principale punto dei reni e Tzu-liao (V 32)

Il terzo punto è lo shen-shu (V 23). Si trova a 1,5 tsun di distanza dall'estremità dell'apofisi spinosa della seconda vertebre lombare (L 2). Viene utilizzato per curare i reni, le infezioni, i dolori al sacro e i disturbi sessuali. Shen-shu significa « Palazzo del Seme ».

I vari punti naturalmente vanno trattati su entrambi i lati della colonna vertebrale.

Infine trattate il punto tzu-liao (V 32), che corrisponde al secondo foro sacrale, tra la spina iliaca posterosuperiore e la linea mediana. Per reperirlo mettete il pollice sul punto V 27 (l'ultimo punto fra le vertebre lombari e il sacro) e il mignolo sul coccige, poi allargate le dita uniformemente; l'indice toccherà lo tzu-liao.

Ma potete trovare questo punto anche con un altro sistema. Mettete il pollice sul punto nel quale il sacro si unisce alle vertebre lombari e allargate le dita. Il contorno della mano sarà circondato dagli otto fori del sacro. Il punto shang-liao, sul primo foro, è il V 31. Però il punto più importante è lo tzu-liao (V 32), sul secondo foro. Seguono il chung-liao (V 33), sul foro centrale e il hsia-liao (V 34) sull'ultimo foro.

Naturalmente esistono molti altri punti. Comunque già quelli menzionati non hanno bisogno di essere trattati ogni giorno con le moxe. Se avete una persona che possa aiutarvi, fatevi trattare i punti dorsali da essa. Potete farvi praticare questa terapia ogni 2-3 giorni alternandola col trattamento dei punti situati sulla superficie anteriore del corpo.

4. Chang-chiang (VG 1) e Chi-hai (VS 6)

Un altro punto importante, il chang-chiang (VG 1), si trova sul « Vaso Guida », fra la punta del coccige e l'ano. Va trattato nei dolori sacrali. Invece il chi-hai, detto anche « Oceano di Energia » si trova sotto l'ombelico, a 1,5 tsun di distanza da esso, sul « Vaso Servo » (VS 6). Col trattamento revulsivante di questo punto si possono curare i disturbi digestivi. Ma è utile trattare anche il kuan-yuan (VS 4), situato anch'esso sotto l'ombelico, a 3 tsun di distanza da esso.

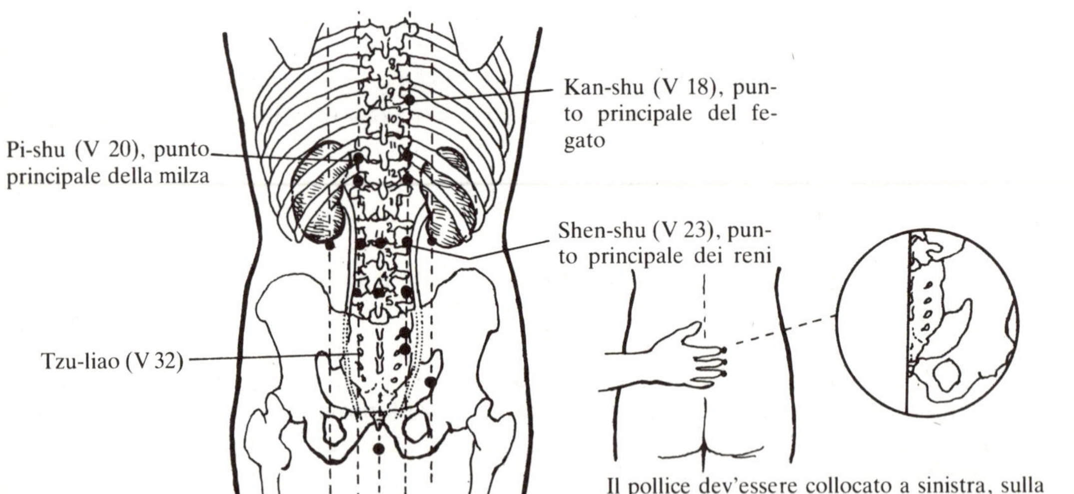

Fig. 42 - I punti più importanti per la terapia revulsivante dell'impotenza sessuale

I punti per la cura specifica dell'impotenza

1. Glande, radice del pene, hui-yin

I punti che seguono servono in particolare per curare l'impotenza. Il primo è il glande. Se non siete allergici all'aglio, la cosa migliore è prendere una fettina d'aglio, e perforarla con un un ago. Le prime volte, per non ustionare il glande, va collocata su un panno di seta e poi riscaldata con una sorgente di calore. Seguono due punti, sulla faccia inferiore della radice del pene, e il punto perineale, localizzato fra l'ano e lo scroto.

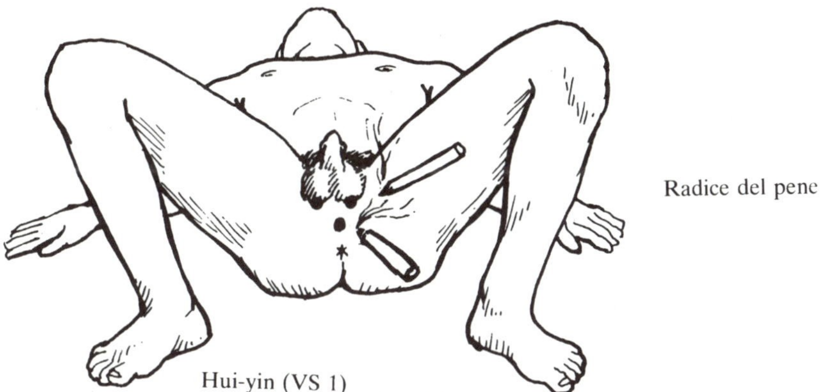

Fig. 43

2. Fu-lui (R 7)

In corrispondenza della caviglia, sopra il malleolo interno, abbiamo il punto fu-liu (R 7) a 2 tsun di distanza dal margine posteriore dello stesso.

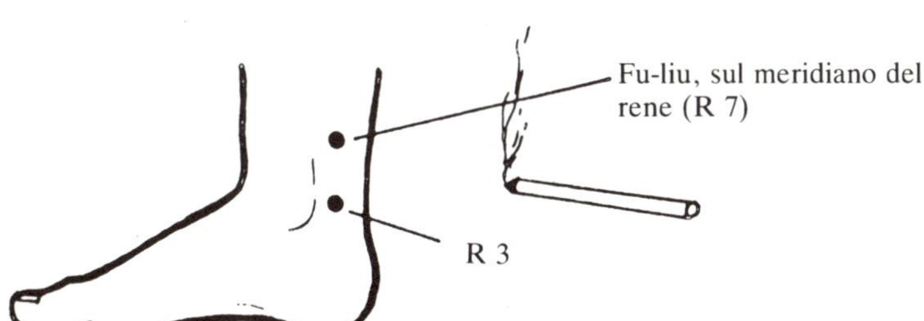

Fig. 44

3. Lao-Kung (solo massaggio!)

Questo punto non tollera il trattamento revulsivante, mentre reagisce bene al massaggio e al soffregamento. Per reperirlo flettete le dita in modo da toccare il palmo della mano lungo una linea diritta. Il punto si trova fra la punta del medio e quella dell'anulare. Massaggiate questo punto ogni giorno.

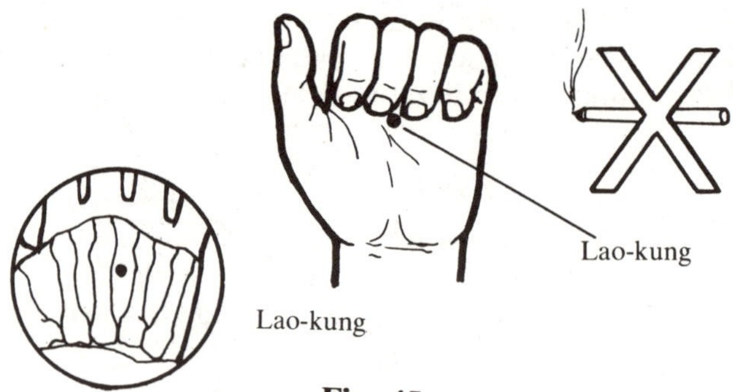

Fig. 45

4. Yung-chuan - sul meridiano del rene (solo massaggio!)

Un altro punto importante è lo yung-chuan che si trova al centro della pianta del piede ed è il primo punto del meridiano del rene (R 1). Durante la stazione eretta il peso del corpo grava su di esso, e precisamente sulla linea verticale che parte dal secondo dito. Questo punto non va mai trattato con terapie revulsivanti! Dovete invece massaggiarlo quotidianamente con un dito o strofinare fra loro le piante dei piedi. Questa manovra stimola l'energia renale, che ha un ruolo molto importante nella regolazione dell'attività sessuale.

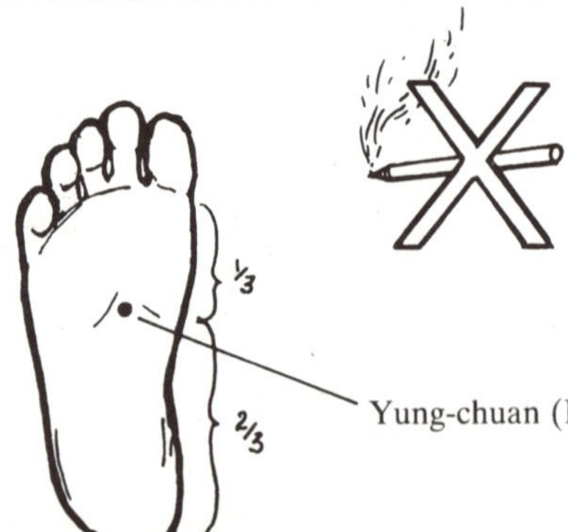

Fig. 46

Io adotto la terapia revulsivante già da molti anni e grazie ad essa ho potuto guarire molti pazienti e molti allievi afflitti da impotenza, quasi tutti in brevissimo tempo. Alcuni soggetti perdono cospicue quantità di energia (ching) anche attraverso le polluzioni notturne. I risultati sono particolarmente soddisfacenti se alla terapia revulsivante viene associata la pratica dello sbarramento della forza (descritta nel Capitolo 6). Gli allievi che applicano entrambi i trattamenti guariscono più rapidamente. E' utile praticare lo sbarramento della forza mattina e sera totalizzando 108 contrazioni.

Molti uomini ricorrono ad altri metodi per curare l'impotenza, cioè si sottopongono a stimolazione: mediante l'attività sessuale, ormoni e afrodisiaci. Ma nell'impotenza le pratiche e i farmaci stimolanti sono nettamente controindicati, cioè non fanno che peggiorare la situazione. Perciò a chi è affetto da questo disturbo posso solo consigliare di applicare i metodi taoisti di elevazione dell'energia sessuale. Essi fra l'altro consentono di vivere una vita sessuale soddisfacente e densa di significato.

L'attività sessuale forzata è insensata e pregiudica lo stato di salute generale. E' molto meglio compiere un atto sessuale ben fatto (pienamente soddisfacente) che tentarne 10 o 100 poco-nulla soddisfacenti. Se considerate ogni atto sessuale una funzione del tutto particolare o sacra, cioè se prima di compierlo fate il bagno, vi profumate, vi lavate i denti, il pene e l'ano, i capelli e le orecchie, cambiate la biancheria del letto, mettete fiori in un vaso, la vostra attività sessuale ne sarà nobilitata.

Come non potete usare come e quando vi pare una pistola, come non potete sparare addosso a chiunque vi capiti a tiro, così non potete usare il sesso come vi pare e piace. Il sesso è uno strumento potente che può diventare un'arma pericolosa se viene usato indiscriminatamente. Se praticate il tao yoga e il kung fu sessuale il vostro membro diventerà forte e vigoroso, però non è necessario che lo mettiate subito alla prova con la prima donna che incontrate. Usatelo con intelligenza! Come una pistola può essere usata sia per l'autodifesa che per ammazzare il prossimo, così il pene può arrecare gioia ma anche distruggere se viene usato a sproposito. Usate la vostra arma con estrema accortezza. Quando vi renderete conto che l'eiaculazione vi danneggia mentre la pratica esoterica — la trasformazione dell'energia sessuale in energia spirituale — riempie di significato la vostra vita, potrete curare da voi la vostra impotenza e potrete raggiungere il vero appagamento sessuale.

Vitalità sessuale grazie a un'alimentazione corretta

Gli alimenti sono sostanze vive. Ogni alimento cioè ha vibrazioni energetiche proprie che, quando esso viene assimilato, diventano parte delle vibrazioni dell'uomo. Pertanto scegliere una alimentazione significa scegliere vibrazioni — che debbono armonizzare non solo con le vibrazioni dell'universo ma anche con quelle del proprio partner.

Gli alimenti possono essere classificati in base a criteri diversi: in base alle dimensioni, alla forma, al colore, al sapore, al valore nutritivo, all'origine animale o vegetale ecc. Ogni individuo possiede un equilibrio diverso di energia e di salute, per cui l'alimentazione va scelta sempre in base a punti di vista individuali. Questa è la ragione per la quale il taoista si astiene dal fornire suggerimenti generici e dal prescrivere una dieta uguale per tutti: sia essa macrobiotica, vegetariana o di altro tipo. Tali diete possono essere adatte a determinati individui, ma non a tutti. Il campo della alimentazione è molto vasto. Qui mi limiterò ad indicare brevemente come la dieta può equilibrare le energie yin e yang all'interno del nostro corpo mediante la semplice elencazione e catalogazione di alcuni alimenti:

Sono spiccatamente yin: spezie, zucchero, alcool, frutta.

Sono yin: legumi, verdura, cereali, pesce.

Sono yang: pollame, carne, uova, sale.

Sono spiccatamente yang: aglio, zenzero, paprika.

Se l'uomo consuma prevalentemente alimenti yin dopo qualche tempo la sua attività sessuale diminuirà e la sua energia yang poco a poco scemerà fino a scomparire del tutto. Sono yin, per esempio, gli alimenti che crescono sotto terra: bulbi, tuberi e radici.

L'uomo che consuma prevalentemente alimenti yang svilupperà invece un appetito sessuale talvolta eccessivo, caratterizzato da egoismo e da scarsa sensibilità.

Invece nell'uomo che fa uso sia di alimenti spiccatamente yin che di alimenti spiccatamente yang l'appetito sessuale presenterà forti oscillazioni in più e in meno.

Sessualità e alimentazione

Il taoista Lui Ching ha detto: « In primavera l'uomo può permettersi di espellere il seme ogni 3 giorni, d'estate e in autunno 2 volte al mese, ma d'inverno deve risparmiare il seme, non deve eiaculare affatto. Perdere energia yang mediante l'eiaculazione d'inverno è cento volte più dannoso che perderla in primavera ».

Gli antichi maestri taoisti consideravano l'inverno la stagione nella quale l'energia viene tesaurizzata. Perciò, secondo essi, mentre d'inverno l'uomo deve risparmiare il seme e accumulare la propria energia « calda » mediante un'alimentazione riscaldante e corroborante, d'estate dovrebbe assumere un'alimentazione rinfrescante.

Proposte dietetiche (per uomini e donne) atte a mantenere in equilibrio le energie yin e yang

Donne:	*Uomini:*
Poco sale	Un po' più di sale
Prevalentemente legumi	Prevalentemente cereali
Tempi di cottura piuttosto brevi	Tempi di cottura più lunghi
Verdure a foglie larghe	Radici
Poco-niente pesce	Moderata assunzione di pesce
Poco-niente alimenti di origine animale	Moderata assunzione di alimenti di origine animale

L'eccesso di alimenti yang (carne, uova, latticini) rende la donna dura e insensibile.

L'eccesso di alimenti yin indebolisce l'uomo e compromette la sua capacità di erezione.

Alimenti per gli organi sessuali

Durante l'attività sessuale viene sprigionata una grande quantità di *chi* caldo, e qualsiasi elemento alimentare in grado di ricostituire questa energia è di grande aiuto.

Ciò significa che bisognerebbe evitare i cibi estremamente freddi perché fanno diminuire la quantità di *chi* del corpo.

D'altro canto ci sono alcuni cibi freddi che però stimolano i reni, e dato che questi sono incaricati di controllare l'apparato sessuale, tali cibi possono essere mangiati tranquillamente.

Cibi estremamente freddi, quindi da evitare, sono: latte di cocco, vini mentolati, tè di crisantemi e acqua gelata.

Le sostanze che apportano nutrimento all'intero organismo, sono invece consigliabili dopo l'attività sessuale; tra queste carne, in particolare muscolo, zenzero, datteri rossi, pinne di pescecane, nidi di rondine e cetrioli di mare.

Capitolo 17

Biologia della sessualità femminile

Niente confonde l'uomo più del corpo della donna coi suoi cicli mensili. Poiché il corpo della donna è diverso da quello dell'uomo, sono diversi da quelli dell'uomo anche la psicologia e lo sviluppo mentale della donna. Molti cultori di problemi spirituali non trattando l'argomento del corpo femminile, preferiscono rinunciarvi. Tuttavia per l'uomo che vuol andare più in là del piano del conflitto dei sentimenti e armonizzare perfettamente con l'essenza yin della donna è molto importate conoscerne bene il corpo e la biologia. Poiché le pratiche sessuali taoiste mettono l'uomo a strettissimo contatto col corpo della donna, fornirò qualche informazione sugli organi sessuali femminili e sul ciclo riproduttivo. Queste spiegazioni naturalmente sono molto più esaurienti nella illustrazione del kung fu ovarico (vedi testo corrispondente). Per capire bene la propria partner la cosa migliore è amarla e osservare il mutamento delle sue energie sottili col mutare delle fasi lunari e delle stagioni. Elevando (evolvendo) la propria energia l'uomo ha la possibilità di giovare alla sua donna aiutandola a stabilizzare i suoi cicli energetici. Quando le energie sottili di yin e yang si sposano correttamente, ormoni e organi vitali funzionano meglio e conferiscono più forza e più salute.

L'utero

L'utero, organo muscolare dalle dimensioni inferiori a quelle di un pugno femminile, è assicurato alla pelvi da robusti legamenti collegati alle ossa del bacino. Ha la forma di una pera capovolta. La sua parte inferiore, il collo o cervice, lungo 4 centimetri, è l'unica parte dell'utero visibile in vagina. Ha una forma rotonda, un colore rosato e possiede al centro un orificio che mediante il collo mette in comunicazione la vagina col corpo dell'utero. Le trombe di Falloppio (o tube) si trovano a destra e a sinistra dell'utero passando sopra le ovaie a guisa di ombrello. Le ovaie sono bianche e hanno le dimensioni e la forma di una mandorla sgusciata.

L'ovulazione

Intorno alla metà del ciclo (il momento preciso può variare notevolmente da donna a donna) da una delle ovaie si libera un ovulo. Alcune donne avvertono il fenomeno sotto forma di una breve contrazione, altre sotto forma di un leggero dolore che può persistere 1-2 giorni, ma nella maggior parte delle donne l'evento decorre asintomaticamente.

Sebbene l'ovulo abbia una durata di vita di 12-24 ore, la donna può essere fertile per 5 giorni. Come mai?

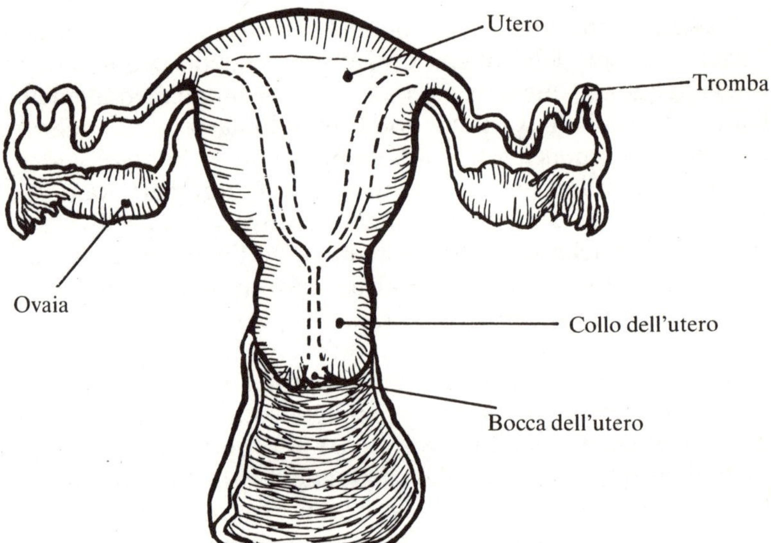

Fig. 47

Il muco fertilizzante

Prima dell'ovulazione (scoppio del follicolo) le ghiandole cervicali (del collo dell'utero) cominciano a secernere un muco tenace e trasparente che scende in vagina. Alcune volte è tanto abbondante che la donna ne avverte nettamente la presenza, altre volte essa accusa solo una lieve umettazione dell'orificio vaginale. La struttura molecolare di questo muco può essere paragonata a un sistema di gallerie e di scale. Essa ha il compito di guidare gli spermatozoi, di indicare loro la strada per raggiungere il canale cervicale.

Alcuni di essi entrano nel canale cervicale, dove vengono « nutriti » dal muco fertilizzante e vi sostano 3-5 giorni. Quindi se una coppia compie l'atto sessuale prima che la donna abbia avuto l'ovulazione, cioè nel momento del ciclo nel quale secerne il muco fertilizzante (ad esempio un sabato) può darsi benissimo che essa rimanga incinta dopo quattro giorni. Se ha l'ovulazione il martedì successivo, può venir fecondata il giorno dopo, il mercoledì.

Il muco non fertilizzante

Durante gli altri giorni del ciclo la donna osserva fasi di relativa umidità. Il muco che si produce durante i giorni non-fertili può essere più o meno abbondante; per lo più è bianco e appiccicoso. La sua struttura molecolare, simile a quella di un setaccio, impedisce alla maggior parte degli spermatozoi di entrare nel collo dell'utero. Molte donne per determinare i loro giorni fertili osservano il comportamento del proprio muco cervicale.

La mestruazione

Un paio di settimane dopo lo scoppio del follicolo (ovulazione) se la donna non è stata fecondata, la mucosa dell'utero, che aveva proliferato per poter accogliere l'embrione, si desquama e viene espulsa insieme a una variabile quantità di sangue; e inizia un nuovo ciclo.

E' detto ciclo mestruale il periodo compreso fra una emorragia e l'altra. La maggior parte delle donne ha la mestruazione una volta al mese, solo poche hanno il periodo esattamente ogni 28 giorni — ritmo considerato « normale o ideale ». Ma possono essere ritenuti normali anche periodi di 3-7 settimane o anche più lunghi. Esistono donne che hanno la mestruazione solo 2-3 volte all'anno, ma anche donne che non presentano alcuna mestruazione.

La regolarità dei cicli è ritenuta indizio di buona salute, di corretto funzionamento dell'organismo. L'emorragia dura 3-5 giorni e richiede l'uso di misure e accessori igienici. Per le donne sessualmente attive l'emorragia mensile è anche indizio di non avvenuta fecondazione. Secondo i taoisti la perdita di sangue significa al contempo perdita di energia pregiata. Quando la donna non desidera avere figli questa perdita può venir ridotta sensibilmente o addirittura impedita, per poi essere ripristinata quando desidera essere di nuovo fertile.

La mestruazione inizia spesso con l'espulsione di una piccola quantità di muco color rosa o con poche gocce di sangue; poi si instaura l'emorragia vera e propria, che può essere più o meno copiosa. Il secondo giorno di solito il sangue è di color rosso chiaro per diventare più scuro e più denso l'ultimo giorno. In alcune donne la mestruazione inizia e termina bruscamente come se si aprisse e si chiudesse un rubinetto. Alcune eliminano sangue particolarmente scuro contenente coaguli di varie dimensioni (da quelle di una capocchia di spillo a quelle di una monetina), altre insieme al sangue espellono una discreta quantità di muco. Appena emesso, il sangue mestruale è completamente inodoro.

In molte donne la mestruazione si accompagna a notevoli disturbi: tumefazione e dolore alle mammelle, arresto del flusso, acne, cefalea, dolori lombari, diarrea o stitichezza. Nei giorni del flusso può acutizzarsi un herpes cronico, indizio dello stress cui l'organismo e sottoposto. Talvolta l'utero, che è un organo muscolare, si contrae spasticamente dando luogo a vere e proprie « coliche » uterine. Alcune donne si sentono spossate, altre, fortunatamente non molte, soffrono oltre misura: oltre ad accusare dolori fortissimi, sono in preda a continui accessi di vomito. Le cause di questi fenomeni non sono state studiate a fondo; e gli allopati occidentali si limitano a prescrivere farmaci analgesici che eliminano i disturbi ma non le cause di questa sindrome.

Modificazioni dell'umore durante il periodo mestruale

Durante il periodo mestruale alcune donne accusano oscillazioni dell'umore, però gli studi finora condotti non hanno ancora evidenziato uno schema chiaro di tali modificazioni.

Le donne per lo più sanno in quale periodo del ciclo sono più sensibili sul piano sessuale; e in molte il periodo in cui avvertono maggiore appetito sessuale corrisponde ai giorni in cui sono mestruate.

Anatomia degli organi sessuali femminili

I genitali femminili iniziano dal monte di Venere. I « peli del pube » possono essere più o meno folti e più o meno estesi: si possono osservare da scarsi peli lisci a numerosi peli cespugliosi che si estendono alla superficie dell'addome e a quella delle cosce. Il monte di Venere è un cuscinetto di grasso che protegge il sottostante osso pubico. Le due branche dl quest'osso sono unite fra loro da un legamento dotato di una buona elasticità che durante il parto si estende notevolmente consentendo alle due branche dell'osso di divaricarsi. La vulva è costituita dalle grandi labbra e dalle piccole labbra.

Le piccole labbra

All'interno delle grandi labbra ci sono le piccole labbra, che possono avere consistenza e colorito diversi e sono rivestite da una mucosa simile a quella orale. Quando la donna non è sessualmente eccitata il loro colorito va dal rosa al nero o marrone scuro. In alcune donne sono molto lunghe e sporgono dalle grandi labbra. Durante l'eccitazione sessuale, essendo ricchissime di vasi sanguigni, le piccole labbra si inturgidiscono e si erigono raggiungendo dimensioni due-tre volte maggiori. Poco prima dell'orgasmo possono diventare scarlatte o violacee.
(Masters & Johnson).

Il clitoride

In alto le estremità delle piccole labbra si uniscono a formare il prepuzio, che protegge il clitoride. Nello stato di non eccitazione il clitoride è nascosto dal prepuzio e può essere visto solo arretrando quest'ultimo. Il clitoride è ricchissimo di terminazioni nervose e nella maggior parte delle donne è la parte più sensibile dell'apparato genitale. In alcune è tanto sensibile che se viene stimolato direttamente provoca dolore.

Al tatto risulta avere una consistenza che ricorda quella della gomma. A misura che aumenta l'eccitazione sessuale il clitoride aumenta di volume: si inturgidisce e si erige esattamente come il pene nell'uomo.

Il punto G

Al disotto del clitoride troviamo l'orificio dell'uretra. E sotto di esso l'orificio vaginale. Dall'orificio esterno alla vescica urinaria l'uretra femminile misura circa 4 centimetri. L'uretra è circondata da una fitta rete di vasi sanguigni che nessun testo di medicina menziona, volgarmente detta « spugna dell'uretra » (nel libro *A New View of A Woman's Body*). Durante l'eccitazione sessuale questi vasi si inturgidiscono e sono palpabili attraverso la parete vaginale. L'area corrispondente a questo plesso vascolare è conosciuta come « punto G », da Grafenberg, uno dei primi studiosi che si sono occupati di sessuologia. Si può individuare il punto G palpando la parete anteriore della vagina: si trova a 1 buon centimetro di distanza dal punto che può raggiungere il dito medio di una donna introdotto in vagina.

Se durante il coito l'uomo giace sopra la donna può avere difficoltà a raggiungere direttamente il punto G; lo può raggiungere indirettamente premendo il membro eretto contro il suo addome.

I « colpi » che si avvicinano maggiormente al punto G scatenando una tipica eccitazione subliminare sono quelli piatti (superficiali).

Però se la donna vuole che l'uomo stimoli il suo punto G direttamente è necessario che giaccia sopra di lui. Spesso trovano accesso più facilmente le dita. Se la donna si stimola da sé, per raggiungere il punto G deve accovacciarsi o arretrare le gambe. L'uomo riesce a raggiungerlo solo quando la donna giace sopra di lui.

Alcune donne godono quando il pene eretto stimola loro l'addome immediatamente sopra il pube, cioè il punto G dall'esterno.

Quando viene massaggiato il punto G la donna spesso avverte il bisogno di urinare, ma secondo i sessuologi questa sensazione può trasformarsi in eccitazione sessuale. Probabilmente per avere la risposta sessuale è necessario stimolare a lungo il punto G (Perry & Whipple).

In alcune donne la stimolazione del punto G scatena l'orgasmo.

Con o senza stimolazione del punto G alcune donne durante l'orgasmo eiaculano. Questo eiaculato, che può essere abbondante, assomiglia molto al liquido spermatico. Non è urina, sebbene molte donne che hanno vissuto questa esperienza sostengano di aver avuto la precisa e sconcertante sensazione di aver urinato durante l'orgasmo. Di conseguenza in seguito hanno cercato di reprimere questa reazione. Non si è ancora riusciti a capire da quale organo o tessuto provenga questo eiaculato.

La parete vaginale

In condizione di riposo le pareti interne della vagina si toccano chiudendo il lume dell'organo. Hanno un colorito roseo e sono caratterizzate dalla presenza di numerose pliche, per cui possiedono notevole estensibilità. Durante l'eccitazione sessuale secernono un liquido lubrificante.

Di fronte alla spugna uretrale, intorno all'ano, esiste un ammasso di vasi sanguigni, palpabile attraverso la vagina. Nella fase del plateau esso si inturgidisce contribuendo così a restringere l'orificio vaginale.

Il collo dell'utero

Al termine del canale vaginale si trova il collo dell'utero. La maggior parte dei sessuologi sostiene che la donna percepisce gli stimoli sessuali solo a livello del primo terzo della vagina; i restanti due terzi sarebbero insensibili. Alcune donne tuttavia affermano che i colpi profondi, quelli che raggiungono la parta alta della vagina e il collo dell'utero procurano loro una pronunciata voluttà. E molte donne durante l'orgasmo avvertono anche piacevoli contrazioni uterine.

Il perineo è l'area situata fra l'orificio anale e quello vaginale. Per alcune donne l'ano rappresenta una fonte di sensazioni particolarmente piacevoli, per altre esso è tabù. Le donne che gradiscono il rapporto anale, per evitare la dolorosa irritazione delle sensibili mucose anali fanno uso di cospicue quantità di liquido lubrificante o di gelatine spermicide.

Il muscolo dell'amore

È detto « muscolo dell'amore » il muscolo pubococcigeo (PC), caratterizzato da fibre disposte a 8, che avvolge l'uretra, la vagina e l'ano. Secondo molti sessuologi un muscolo PC ben sviluppato è la chiave di una sessualità sana ed efficiente, sia per le donne che per gli uomini. Quando è ipotonico possono insorgere disturbi sessuali, complicazioni durante il parto e incontinenza urinaria.

Ha registrato per primo l'importanza del tono del muscolo pubococcigeo il terapista Kegel, che insegna ginnastica alle gestanti.

Gli esercizi miranti a conferire un tono valido a questo muscolo portano il suo nome.

Uomini e donne possono verificare la validità del loro muscolo PC interrompendo il getto d'urina. Riescono a fermare la minzione solo le persone fornite di un muscolo PC molto robusto. Alcune donne hanno scoperto casualmente, guidate unicamente dall'istinto, che possono procurare un piacere molto intenso a se stesse e al loro partner contraendo questo muscolo.

Il ciclo della reazione sessuale

Masters e Johnson hanno suddiviso la risposta sessuale della donna in quattro fasi: eccitazione, plateau, orgasmo e risoluzione. Queste fasi corrispondono a modificazioni fisiologiche a livello degli organi genitali. Nella fase di eccitazione si verificano i seguenti fenomeni: turgore e secrezione di un liquido lubrificante. Nella fase del plateau il robusto legamento che sostiene l'utero si solleva consentendo alla parte alta del lume vaginale di espandersi notevolmente. Nell'orgasmo si riscontrano ischemia della cute del dorso e del petto, formicolio o contrazioni in corrispondenza delle mani e dei piedi. Nell'ultima fase l'eccitazione scompare. Fatto degno di nota, nella donna la fase di eccitazione è molto lunga. Però Shere Hite rende noto che quando si masturbano le donne arrivano all'orgasmo rapidamente. Non si è potuto ancora stabilire se ciò si verifichi perché le donne sanno prolungare il proprio piacere, perché i loro partner non sono sufficientemente abili o perché abitualmente sono troppo riservate per aiutarli a stimolarle a dovere (Rapporto Hite).

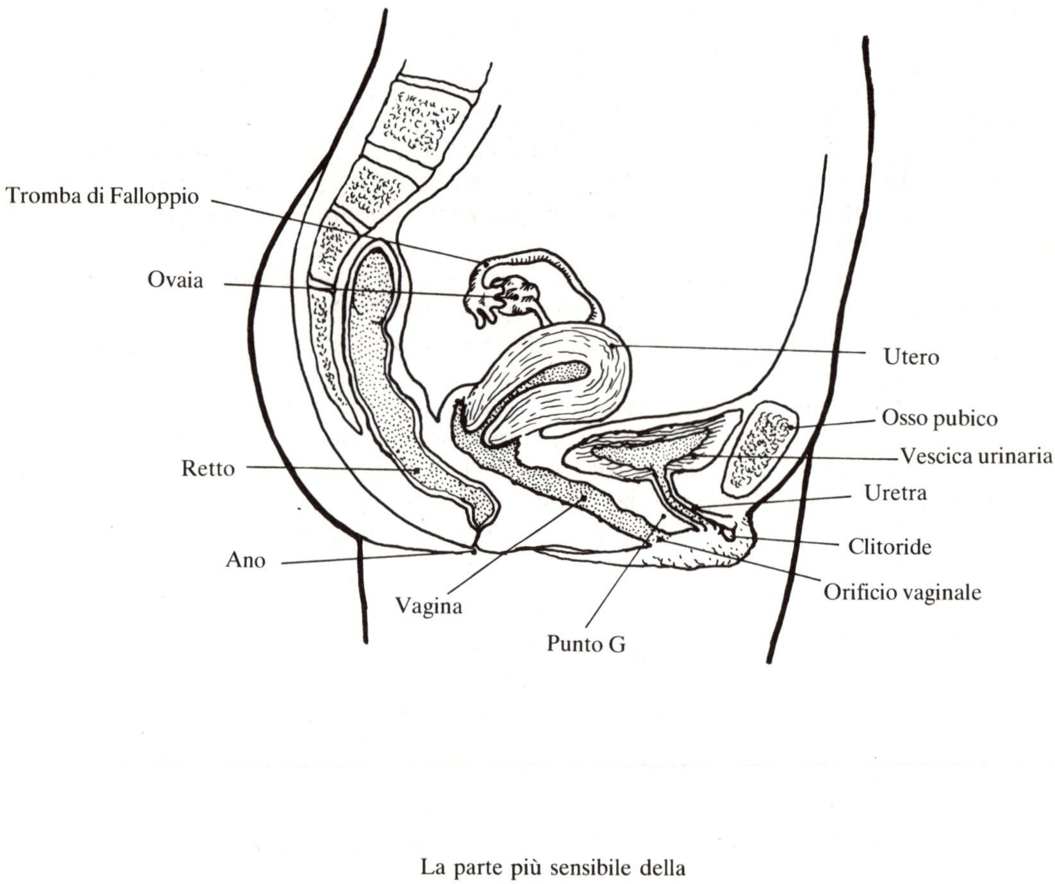

La parte più sensibile della vagina è situata a circa 3 centimetri all'interno.

Fig. 48

Capitolo 18

I sette stadi del tao yoga esoterico Riassunto

Il Piccolo Circolo Celeste (Piccolo Circolo Energetico)

I sette stadi dell'esoterica taoista iniziano con l'instaurazione (apertura) del Piccolo Circolo Energetico, un processo di rinascita tramite il « ritorno nell'utero ». Il Piccolo Circolo Energetico è costituito da due « vasi », il Vaso Servo e il Vaso Guida, che è necessario purificare e collegare fra loro perché l'energia possa circolare liberamente.

La vita dell'uomo inizia con la penetrazione di uno spermatozoo in un'ovocellula. Da questo primo atto del kung fu nasce l'essere umano, un essere estremamente complesso che ha la capacità di evolvere fino a diventare un genio. L'embrione si sviluppa intorno a quel punto del corpo che chiamiamo ombelico, assorbe le sostanze nutritizie ed elimina le sostanze di rifiuto attraverso l'ombelico. Perciò nel movimento della corrente energetica calda l'ombelico ha un'importanza fondamentale. Nel grembo materno il feto non assume ancora aria perché i suoi polmoni sono ancora collassati, ma assume l'energia e l'ossigeno attraverso il cordone ombelicale. L'energia entra nel suo corpo attraverso il punto che dopo la nascita e la resezione del cordone ombelicale diventa ombelico. Da esso l'energia si dirige in basso, verso il coccige, poi sale fino al vertice del capo lungo la colonna vertebrale e infine scende lungo la linea mediana della faccia per raggiungere di nuovo l'ombelico chiudendo così il circuito.

Sembra che il feto tenga la lingua aderente al palato per istinto. Grazie a questa posizione la lingua collega fra loro le due vie del piccolo Circolo Energetico, per cui la forza può scorrere liberamente. Nel neonato il vertice del capo è ancora aperto e pulsante, si solleva e si abbassa in seguito all'aumento e alla diminuzione della pressione della corrente di energia che attraversa questa regione.

La lingua è il punto in corrispondenza del quale termina il Vaso Servo, che inizia dall'hui-yin, il punto centrale fra l'ano e i testicoli. Da esso l'energia sale lungo la superficie anteriore del corpo e attraverso il kuan-yuan o (jinggong), il tan-tien (ombelico), il chung-kung (plesso solare), lo shuan-chung (centro cardiaco) e lo hsuan-chi (centro cervicale) raggiunge la punta della lingua.

Qui, dopo essersi unita all'energia del Vaso Guida, inverte la direzione e scende per raggiungere nuovamente l'hui-yin attraverso la lingua, l'ombelico ecc.; indi sale lungo il midollo spinale per raggiungere il vertice del capo, o pai-hui, attraverso il chang-chiang (coccige), il ming-men (o « porta della vita »), il chi-chung (fra le capsule surrenali) e lo yu-chen (« cuscino di smeraldo »). Raggiunto il pai-hui, scende per raggiungere il palato attraverso lo shen-ting, lo yin-tang (fra le sopracciglia) e il san-ken (punta del naso).

La lingua è un commutatore di energia

Il circuito si chiude quando la punta della lingua, cioè il punto terminale del Vaso Servo, tocca il palato, cioè il punto terminale del Vaso Guida. Perciò durante le pratiche taoiste la nostra lingua deve toccare il palato in continuazione. Il contatto fra la punta della lingua e il palato esercita un effetto calmante negli allievi che imparano ad usare la « corrente energetica calda ». I taoisti definiscono la saliva « acqua di vita » perché la considerano il principale lubrificante di tutte le funzioni del corpo. Secondo i taoisti il palato molle è in diretto rapporto con l'ipofisi.

Con l'avanzare dell'età nel corpo umano l'energia yin (femminile) e l'energia yang (maschile) si squilibrano. E più questo squilibrio aumenta, più gli organi ne soffrono, perché sono costretti ad assorbire una quantità eccessiva di yin o di yang. Invece la forza vitale del lattante è tutt'altra cosa. Il lattante aumenta di peso in ragione di quasi 25 grammi al giorno. Una prestazione veramente mirabile. Ma il suo organismo è in grado di assimilare un'enorme quantità di energia e di produrre velocemente migliaia e migliaia di cellule unicamente perché in esso le vie energetiche sono ancora perfettamente pervie e quindi la corrente energetica è gagliarda.

Il Vaso Guida governa gli organi yang, cioè i polmoni, la milza, il cuore, i reni, gli organi sessuali e il fegato. Invece il Vaso Servo controlla gli organi yin, cioè il colon, lo stomaco, il tenue, la vescica urinaria, il « triplice apporto di calore » e la cistifellea. I tessuti hanno una natura yang, mentre il sangue ha una natura yin.

Le sette formule dei sette « libri » del tao (1)

I. PRIMA FORMULA: *La fusione dei cinque elementi*

Questa formula unisce le varie energie in un tutto armonico. Questa meditazione esercita sul nostro sistema nervoso una spiccata azione filtrante e purificatrice.

La Terra è la madre di tutti gli elementi, la vita nasce dal suo grembo, perciò la cosmogonia cinese collega con essa gli altri quattro elementi. Metallo, legno, acqua e fuoco vengono ricondotti alla terra e leggermente riscaldati. Ogni elemento viene purificato dal calore, però il calore non lo fonde con gli altri.

La meditazione taoista considera questa formula segretissima. Nella filosofia cinese ogni elemento corrisponde a un dato organo. La terra corrisponde alla milza, il metallo ai polmoni, l'acqua ai reni, il legno al fegato e il fuoco al cuore. I cinque elementi si influenzano reciprocamente in senso costruttivo o distruttivo. Il ciclo costruttivo o creativo decorre come segue:

il legno bruciando genera il fuoco, la cenere entra nella terra, nella quale si producono e dalla quale vengono estratti i metalli, che si fondono, diventano liquidi (acqua), e l'acqua a sua volta alimenta le piante. Il ciclo distruttivo è rappresentato dai seguenti fenomeni: il legno viene abbattuto dal metallo, il fuoco viene spento dall'acqua, la terra viene penetrata (violentata) dal legno, il metallo viene fuso dal fuoco e il corso dell'acqua viene deviato e interrotto dalla terra.

Anche nel ciclo vitale sono riconoscibili corrispondenze con gli elementi: la nascita corrisponde al legno, la crescita al fuoco, la maturazione alla terra, il raccolto al metallo e l'immagazzinamento all'acqua. Le analogie climatiche sono: il vento corrisponde al legno, il caldo al fuoco, l'umidità alla terra, l'asciutto al metallo e il freddo all'acqua. I rispettivi sentimenti (compassione, tristezza, gioia, ira, paura) si fondono in un tutto armonico generando onestà, bontà, mitezza, rettitudine, rispetto e serenità. La formula della fusione dei cinque elementi mantiene in equilibrio le energie yin e yang, le tiene in equilibrio, e quindi promuove l'armonia e la bellezza del corpo. L'antica formula alchemica SOLVE ET COAGULA corrisponde al secondo stadio della meditazione.

In questo stadio l'uomo comprende la grande utilità dei Cinque Ele-

(1) I maestri taoisti chiamano « libri » le varie fasi degli esercizi esoterici, e ogni « libro » contiene una formula. Queste nozioni non sono mai state fissate per iscritto, sono state tramandate unicamente a voce.

menti. Riesce a percepirne la presenza nel proprio corpo grazie a questa meditazione. Essa gli consente di sperimentare la fusione dei cinque elementi. In questo stadio il corpo si purifica radicalmente. Espelle gas e feci nere e maleodoranti.

Questo processo di purificazione apre altre vie, cioè i cosiddetti « Vasi Particolari »; di conseguenza, raggiunto questo stato di purificazione totale, l'uomo dispone di otto vie. Le prime due sono il Vaso Guida e il Vaso Servo. Adesso deve sviluppare e aprire il chung-ma, o « Vaso Ascendente ».

Il chung-ma nasce in corrispondenza dell'hui-yin (nel perineo), si biforca e raggiunge il torace lungo due linee, che convergono in corrispondenza del punto centrale fra i due capezzoli; e poi si biforca ancora e raggiunge le spalle per poi convergere nuovamente in un'unica linea e terminare in corrispondenza del vertice del capo percorrendo la linea mediana della faccia, della fronte e del cranio.

Un altro ramo del chung-ma nasce in corrispondenza dello yung-chuan (« fondo della Terra »), si biforca, sale lungo la faccia interna delle gambe e delle cosce, poi diventa una linea sola che passa attraverso la linea centrale del corpo (cioè attraverso il colon, il tenue, i reni, il pancreas, il fegato, lo stomaco, il cuore, il mediastino — fra i polmoni — e la trachea) e raggiunge il cervello. Infine dal cervello raggiunge il vertice del capo passando attraverso l'ipofisi, l'epifisi e il mesencefalo.

Il secondo Vaso Particolare è il tai-ma , che nasce in corrispondenza dell'arcata costale e avvolge le anche. E' detto anche « Vaso Cintola » perché unisce i canali yin e yang a mo' di cintura. Quando è perfettamente pervio l'energia lo attraversa con un movimento a spirale. Nella visione dall'alto ha l'aspetto di un nastro che sale avvolgendo il corpo con un movimento a spirale (descrivendo una serpentina) che si sviluppa in senso antiorario, cioè da sinistra verso destra, e collega fra loro tutti i canali del corpo. Nella donna il « nastro » gira in senso orario.

Il terzo dei sei Vasi Particolari è lo yang-chiao-ma o « Vaso Positivo della Gamba », che inizia in corrispondenza dei malleoli esterni, sale lungo la faccia esterna delle gambe fino alle anche (centri energetici potenti), poi lungo il dorso raggiunge le spalle (anch'esse centri energetici potenti) per terminare in corrispondenza del midollo spinale dopo aver attraversato il collo, gli angoli della bocca, le cavità orbitarie, la fronte e il cranio.

Il quarto Vaso Particolare è lo yin-chao-ma o « Vaso Negativo della Gamba », che inizia dal centro della pianta del piede, raggiunge il malleolo interno e sale lungo la faccia interna delle gambe. Poi, dopo aver attraversato i genitali, raggiunge il torace, il collo e la faccia, gli angoli interni degli occhi. Naturalmente sulle due vie si può operare separatamente.

Il quinto Vaso Particolare è lo yang-wei-ma, che inizia dalla parte anteriore del malleolo esterno, corre lungo la faccia esterna della gamba, poi lungo la faccia laterale del tronco, la spalla, la faccia laterale del collo, la faccia, la fronte e il cranio per terminare in corrispondenza del midollo spinale (foro occipitale).

Il sesto Vaso Particolare è lo yin-wei-ma, che inizia in corrispondenza della faccia interna della tibia, corre in linea retta lungo la faccia anteriore della gamba, poi lungo l'addome e il torace fino a raggiungere i capezzoli. Da qui volge all'interno per raggiungere il collo, dove si unisce al Vaso Servo.

Quindi tutte le vie energetiche del corpo: il Vaso Servo, il Vaso Guida, i sei Vasi Particolari e i 24 Canali Regolari (12 per parte) che corrispondono agli organi, sono collegate fra loro in una fitta rete. Possono essere paragonate ad autostrade, superstrade, strade provinciali lungo le quali l'energia attraversa il corpo.

II. SECONDA FORMULA: *La Piccola Illuminazione di Kan e Li*

Il nome cinese di questa formula è siaow kan li. Essa ha lo scopo di far « evaporare » il seme (ching) trasformandolo in energia vitale (*chi*). Possiamo anche dire che essa dà inizio all'invio al cervello della energia sessuale. Grazie a questa formula ha luogo la liberazione dell'energia sessuale attraverso lo scambio di yin e yang.

Le due indicazioni che seguono aiutano a rendere pervie queste vie al passaggio dell'energia e a rendere il corpo capace di tollerare il poderoso flusso di energia (paragonabile al risveglio di kundalini) che lo attraverserà. Questa formula contempla lo sviluppo del chakra della radice (hui-yin) e del chakra del cuore, nonché la trasformazione dell'energia seminale in forza vitale a livello del centro ombelicale.

Questa trasformazione presuppone l'azione del freddo (dell'acqua del corpo) sul caldo (sul fuoco del corpo). Se questo processo non avviene, il fuoco divampa e brucia il corpo da dentro. L'acqua (il liquido spermatico) ha tendenza a scendere e a fuoriuscire dal corpo, e quando fuoriesce del tutto l'uomo cessa di vivere. Questa formula ha il potere di invertire la direzione naturale dell'acqua. Con l'aiuto di una tecnica molto sofisticata l'acqua viene inviata all'ombelico (crogiuolo), nel quale il seme viene riscaldato da sotto. Se l'acqua non viene imprigionata in questo modo, spegne il fuoco o viene consumata da esso. Grazie a questa formula i due elementi conservano la loro integrità e quindi il processo di spegnimento avviene lentamente. Questa formula è basata sul principio che è necessario o evitare di far salire il fuoco se prima non si è provveduto a raccogliere l'acqua nel centro ombelicale, di modo che il fuoco possa riscaldarla da sotto, oppure impedire all'acqua di raggiungere il fuoco. In questo modo il corpo è permeato costantemente da un vapore caldo-umido che ha il potere di energizzare straordinariamente l'organismo e che giova straordinariamente alla salute.

La seconda formula comprende i seguenti processi:

a) Mescolanza dell'acqua (yin) col fuoco (yang) o dei fattori maschile e femminile;

b) Trasformazione dell'energia seminale (vis generandi) in energia vitale (*chi*); immagazzinamento e purificazione dell'agente alchemico esterno nel PCE;

c) Apertura dei dodici meridiani principali;

d) Inizio della « Semi-immortalità » (unificazione e sublimazione di corpo e anima);

e) Circolazione della forza nel Circolo Solare (o Cosmico);

f) Inversione della direzione dell'energia seminale allo scopo di rafforzare corpo e cervello e di riportarli nelle condizioni prepuberali;

g) Graduale riduzione dell'assunzione di alimenti e autoconsegna al proprio Io interiore, al sole, alla luna e all'acqua, assunzione dell'energia cosmica (inizio della « Semi-immortalità »).

III. TERZA FORMULA:
La Grande Illuminazione di Kan e Li
La mescolanza del Grande Yin e del Grande Yang (1)

Questa formula consiste nella pratica taoista del dah kan li (ta kan li). Anche qui avviene l'inversione di yin e yang, tuttavia questa tecnica aumenta notevolmente l'energia che viene incamerata. In questo stadio la fusione, la trasformazione e l'armonizzazione dell'energia hanno luogo in corrispondenza del plesso solare (che corrisponde grosso modo al chakra manipura). L'intensificazione della forza è dovuta al fatto che mentre la seconda formula ricava energia yin e yang dal corpo stesso, la terza formula la assorbe direttamente dal Cielo e dalla Terra e aggiunge questa energia a quelle degli elementi e a quelle del corpo. E' possibile estrarre forza da qualunque fonte energetica: dalla luna, da una foresta, dalla terra, dalla luce ecc.

La terza formula comprende i seguenti processi:

a) Trasferimento del fornello e del crogiuolo;

b) Mescolanza del Grande Fuoco con la Grande Acqua (rapporto fra uomo e donna);

c) Grande trasformazione dell'energia seminale su un piano più alto;

d) Trasformazione degli agenti chimici esterno e interno; onde ripristinare la vis generandi e rafforzare il cervello;

e) Addestramento e sviluppo di corpo e anima;

f) Inizio della raffinazione dell'energia seminale (energia seminale, forza vitale, ching chi);

g) Assorbimento della forza della Madre Terra (YIN) e di quella del Padre Cielo (YANG); loro mescolanza con le forze mentale e spirituale;

h) Elevazione dell'anima;

i) Conservazione dell'energia sessuale e blocco della sua fuga;

j) Graduale rinuncia all'alimentazione e autoconsegna al proprio Io e all'Energia Universale.

IV. QUARTA FORMULA:
La Somma Illuminazione di Kan e Li (tai kan li)
Mescolanza del Sommo Yin e del Sommo Yang (2)

Questa formula consente di mescolare yin e yang in un centro superiore del corpo. Arresta il processo di invecchiamento, ripristina la funzione del timo e aumenta l'immunità naturale. Di conseguenza l'organismo riceve l'energia risanatrice da un centro più potente con grande beneficio per il corpo fisico e per il corpo eterico.

Questa formula comprende:

a) La trasformazione del crogiuolo e il trasferimento del fornello in un centro superiore;

b) L'assunzione di energia dal sole e dalla luna;

c) La massima mescolanza, trasformazione, evaporazione e purificazione dell'energia seminale, dell'energia spirituale, delle energie della Madre Terra e del Padre Cielo e delle forze del sole e della luna al fine di raccogliere l'agente alchemico interno del Piccolo Circolo Energetico;

d) La fusione della forza visiva (visus) con la forza vitale;

e) La fusione (sublimazione) di corpo, mente e anima, Respirazione Mistica.

V. QUINTA FORMULA:
Suggellamento dei cinque organi dei sensi

Questa formula, avanzatissima, dà luogo a una reale mutazione della Corrente Energetica Calda (o del *Chi*) in Energia Mentale o Psichica. Ma prima di compiere questo processo è necessario sigillare i cinque organi dei sensi perché ognuno di essi è una porta attraverso la quale l'energia può abbandonare il corpo. In altri termini: se queste « porte » non vengono sigillate mediante una chiusura esoterica noi perdiamo energia attraverso gli organi dei sensi. Questi possono liberare l'energia solo quando vengono specificamente indotti a farlo, per inoltrare informazioni. E' un processo paragonabile a quello svolto dall'ajna e dal chakra del laringe (vissuddha).

L'uso sconsiderato dei sensi dà luogo a una cospicua perdita o distruzione di energia. Ecco alcuni esempi di cattivo uso dei sensi e relative conseguenze: l'eccessivo uso della vista danneggia il seme; l'eccessivo uso dell'udito danneggia l'intelletto; l'eccessivo uso della favella danneggia le ghiandole salivari; il pianto eccessivo guasta il sangue; un'attività sessuale sfrenata danneggia il midollo spinale, ecc.

L'energia specifica di ciascun elemento può venir accumulata o dispersa dall'organo dei sensi ad esso corrispondente. L'occhio corrisponde all'elemento fuoco, la lingua all'acqua, l'orecchio sinistro al metallo, l'orecchio destro al legno, il naso alla terra.

La quinta formula comprende i seguenti processi:

a) Chiusura ermetica (suggellamento) dei cinque ladri: orecchi, occhi, naso, lingua e corpo;

b) Dominio del cuore e delle sette emozioni (piacere, ira, tristezza, gioia, amore, odio e desiderio);

c) Unificazione e trasformazione dell'agente alchemico interno in vera forza vitale;

d) Purificazione dello spirito;

e) Elevazione e addestramento della mente; alla forza del pensiero viene impedito di disperdersi dando la caccia alle sensazioni;

f) Rinuncia agli alimenti poveri di forza, assunzione degli alimenti ricchi di forza dell'energia universale.

VI. SESTA FORMULA: *Connubio di Cielo e Terra/Immortalità*

La sesta formula, che è la più avanzata, è difficile da descrivere. Comprende l'incarnazione nel corpo dell'adepto di un'essenza (entità) maschile e di un'essenza (entità) femminile (funzione che potrebbe corrispondere a quella del chakra del vertice del capo (il sahasrara). All'interno del corpo queste due entità si uniscono sessualmente. Le energie yin e yang si uniscono a livello del vertice del capo. Però per poter ricevere energia dal Cielo, l'adepto deve prima ripristinare l'attività dell'epifisi. Una volta saturata dall'energia, l'epifisi fungerà da bussola: indicherà all'adepto la retta via, il modo in cui raggiungere il suo scopo ultimo. Il taoista esoterico mira al dominio della mente, e il dominio della mente trova espressione nel tao yoga. *Senza il corpo non è possibile raggiungere il tao, però non è possibile riconoscere la verità col corpo.* Il taoista praticante deve trattare il proprio corpo con la stessa cura con cui tratterebbe un prezioso diamante, perché grazie ad esso può raggiungere la immortalità. Tuttavia se, una volta raggiunta la meta, non sacrifica il corpo, non conoscerà mai la verità.

La sesta formula comprende i seguenti processi:

a) Mescolanza (unificazione) di corpo, mente, anima e universo; Ciclo Energetico Cosmico (CEC);

b) Totale sviluppo del Positivo al fine di escludere totalmente il Negativo;

c) Ritorno dello spirito nel Nulla.

VII. SETTIMA FORMULA:
Riunificazione dell'Uomo col Cielo. L'Uomo veramente immortale

Il nostro corpo può essere paragonato a un battello il cui motore è l'anima. Esso contiene un grosso diamante preziosissimo che deve trasportare in una terra molto lontana. Se il battello è avariato (se il nostro corpo è ammalato) non arriverà lontano, anzi probabilmente colerà a picco, anche se il motore è intatto (se l'anima è integra). Quindi è assolutamente sconsigliabile praticare qualunque tipo di training spirituale prima di aver aperti tutti i canali del corpo e prima di averli preparati a ricevere l'enorme carica di energia che entrerà in essi. Il metodo taoista, che conta oltre cinque millenni di vita, è il risultato di migliaia di metodi. Le formule e le tecniche descritte in questo libro poggiano su conoscenze segrete e sull'esperienza ultradecennale fatta dall'autore come praticante e come docente.

I principali obiettivi del taoista sono:

1. *Grado Reale:* Superamento della Reincarnazione;
2. *Grado Superiore:* lo Spirito Immortale;
3. *Grado Massimo:* Spirito Immortale e Corpo Immortale;

(il corpo è una sorta di dimora provvisoria della mente e dell'anima).

Capitolo 19

Seminari di Tao Yoga

Attualmente negli Stati Uniti esistono nove centri per il tao yoga esoterico nei quali si tengono corsi e seminari sugli argomenti più disparati, che vanno dall'instaurazione del Piccolo Circolo Energetico, alla fusione dei cinque elementi, al tai chi chuan, al pa kua, allo hsing I.

Queste pratiche, conosciute anche come « meditazione sulla Corrente Calda », ridestano la forza vitale (*chi*) attraverso la sollecitazione dei principali punti dell'agopuntura, la fanno circolare, la guidano e la conservano. Nelle fasi più avanzate questo antichissimo sistema esoterico può risolvere situazioni di stress e stati di tensione, consente di « massaggiare gli organi interni » e di riparare tessuti distrutti.

Il tao yoga esoterico riveste particolare interesse anche per i terapisti che lavorano con polarità, shiatsu, kundalini yoga, massaggio svedese e con altri metodi che prevedono lo scambio e la circolazione dell'energia vitale (ki, prana, *chi*). Le prime due pratiche sono illustrate qui di seguito:

Creazione del Piccolo Circolo Energetico. E' la prima fase della Meditazione esoterico-taoista sulla Corrente Calda. Mediante tecniche di rilassamento e di concentrazione provvede a purificare i due più importanti meridiani dell'agopuntura: il Vaso Servo e il Vaso Guida. Maestro Chia aiuta i suoi allievi ad apprendere questa tecnica guidando l'energia nei loro canali energetici con le proprie mani (Corso n. 1).

La instaurazione del PCE è il presupposto più importante per coloro che desiderano passare alle fasi superiori del tao yoga, le quali comprendono varie forme di chi kung, il chi kung seminale e quello ovarico, e il tai chi chuan, forma lunga e forma breve.

La *fusione dei cinque elementi e la purificazione degli organi* è la seconda fase della meditazione esoterico-taoista sulla Corrente Calda. In questa fase l'allievo apprende come i cinque elementi (terra, metallo, fuoco, legno e acqua) possano influenzare gli organi ad essi corrispondenti (milza, polmoni, cuore, fegato, reni) in senso positivo (costruttivo) o in senso negativo (distruttivo). Questa formula unisce le eterogenee energie dei cinque elementi principali (e dei sentimenti ad essi corrispondenti: compassione, tristezza, gioia, collera e paura) in un tutto armonico. Queste energie armonizzate circolano nel Piccolo Circolo Energetico e attraversano i Sei Meridiani particolari purificando a fondo l'intero sistema psichico e fisico (Corso n. 9).

La seconda formula comprende tre parti:

PARTE I: I dodici gradi di fusione, armonizzazione e purifificazione degli organi;

PARTE II: L'apertura dei tre chung-ma (Vasi Ascendenti) e dei nove tai-ma (Vasi a Cintura);

PARTE III: L'apertura dei Canali Positivi e Negativi delle gambe e delle braccia.

I sei Suoni Risanatori

Questo tipo di autoterapia prevede semplici movimenti delle braccia ed esercizi vocali che raffreddano gli organi interni. I sei suoni risanatori eliminano rapidamente qualunque stress, favoriscono i processi digestivi, aiutano a vincere l'insonnia e ad allontanare il mal di testa e l'astenia. E' un metodo utile sia per quanti praticano la meditazione sia per gli atleti perché aiuta ad espellere l'eccesso di calore che si produce nel loro corpo (Corso n. 2).

Massaggio del *chi*
Pratica taoista di ringiovanimento

Con l'aiuto del *chi* (forza interna) e di una modica stimolazione esterna questo automassaggio, semplice ma oltremodo efficace, consente di convogliare e guidare l'energia negli organi dei sensi e in altre parti del corpo a scopo terapeutico.

La tecnica taoista di ringiovanimento si rifà al testo classico del taoismo dell'Imperatore Giallo sulla Medicina Interna (Corso n. 3).

Chi kung « camicia di ferro »
Il massimo grado del chi kung

Raccogliendo e facendo circolare il *chi* (la forza interna) negli organi vitali è possibile proteggere e conservare in salute il proprio corpo. L'energia viene immagazzinata nelle fasce, cioè nei tessuti che avvolgono e collegano fra loro i muscoli e gli organi interni. Se viene praticato a lungo il chi kung « camicia di ferro » irrobustisce tanto gli organi interni quanto i tendini, i muscoli, il midollo osseo e le ossa.

L'apprendimento del chi kung camicia di ferro è propedeutico all'insegnamento del kung fu da combattimento nei suoi vari stili. Ma oltre ad essere una pratica preparatoria, il kung fu camicia di ferro ha il precipuo scopo di mantenere l'organismo in perfetto stato di salute, di conferirgli un'elevata capacità di resistenza e di accrescere il suo potere di autodifesa dalle malattie e dai traumi (Corso n. 4).

Il chi kung camicia di ferro comprende tre fasi (descritte dettagliatamente più sotto).

Tai chi chi kung
La base del tai chi chuan

Se il *chi* non viene pilotato attraverso i meridiani, i muscoli e i tendini del corpo, i movimenti del tai chi chuan non ottengono lo scopo desiderato. Se viene eseguito a regola d'arte il tai chi chi kung stimola il *chi* (lo risveglia) o lo fa circolare nel corpo — per cui il suo apprendimento è propedeutico all'insegnamento del tai chi chuan. Costruendo il Piccolo Circolo Energetico noi impariamo a percepire il flusso di questa energia e quindi favoriamo l'autoguarigione per mezzo del nostro potenziale individuale. Questa circolazione viene rafforzata dalla pratica del tai chi chi kung. Migliora lo stato di salute anche il fatto che, oltre a sostenere la circolazione del *chi*, questa tecnica aiuta il corpo ad assumere atteggiamenti corretti e a muoversi in modo corretto, e calma lo spirito. La versione che viene insegnata in questo corso comprende un ciclo di 13 movimenti (Corso n. 6).

Il dah uh gong nei kung
Kung fu delle cinque dita

Il dah uh gong nei kung è costituito da esercizi, sia statici che dinamici, che hanno il potere di sviluppare e alimentare il *chi* che si raccoglie negli organi, nelle fasce, nei tendini e nei muscoli per poi affluire alle dita delle mani. Possono trarre notevole profitto da questa tecnica le persone che esercitano terapie fisiche quali la chiropratica, la polarità, lo shiatsu e il massaggio svedese. Se viene praticata sistematicamente migliora la capacità respiratoria, calma lo spirito e corregge l'atteggiamento del corpo. Si apprende con maggiore facilità del tai chi chuan e applicarla è più facile che praticare lo yoga. Il dah uh gong nei kung:

- migliora la capacità respiratoria;
- irrobustisce gli organi interni;
- stimola e stira la muscolatura;
- irrobustisce il segmento inferiore della colonna vertebrale e i muscoli della parete addominale;

- normalizza il peso corporeo;
- favorisce i processi di autoguarigione.

Il suo apprendimento è propedeutico all'insegnamento della pratica descritta nel corso n. 1 (Corso n. 5).

Kung fu sessuale (seminale e ovarico)

Questa antichissima forma di tao yoga sublima e trasforma l'energia sessuale facendola circolare nel Piccolo Circolo Energetico. La capacità di questa preziosa energia biochimica era ed è riconosciuta dai maestri di tutte le antiche tradizioni segrete e favorisce sia lo stato di salute del corpo che quello dello spirito. L'energia sessuale ritenuta nel corpo e inoltrata ai centri energetici superiori irrobustisce e ringiovanisce tutti gli organi vitali. L'autentico appagamento sessuale è ottenibile grazie alla tesaurizzazione di questa forza, che consente di raggiungere un tipo di orgasmo più elevato e più intenso. Questa tecnica migliora le condizioni fisiche e promuove l'evoluzione spirituale (Corso n. 7).

Tai chi chuan - Forma estesa (lunga) e forma abbreviata (breve)

Trae realmente profitto dai movimenti prolungati e calmi del tai chi chuan solo l'adepto che è già in grado di instaurare il Piccolo Circolo Energetico e di praticare il tai chi chi kung. Il tai chi chuan educa il corpo insegnandogli a servire la mente. Può essere applicato anche a scopo di autodifesa, ma sempre solo da coloro che sanno usare l'energia interna (il *chi*) e la sanno indurre a guidare ogni movimento del corpo.

L'insegnamento del tai chi chuan presuppone la capacità di applicare le seguenti tecniche e discipline:

1. Instaurazione del Piccolo Circolo Energetico;
2. Tai chi chi kung (13 movimenti);
3. Chi kung camicia di ferro, I grado;
4. Kung fu sessuale (seminale o ovarico), I grado. (Corsi nn. 11 e 12).

In questi seminari fanno parte del corpo insegnante anche medici (occidentali) e dietologi. Maestro Chia visita regolarmente i vari centri per tenervi conferenze e per preparare individualmente le persone che ne hanno necessità. Aiuta i suoi allievi — in particolare quelli afflitti da blocchi interni (indipendentemente dalle cause che li determinano) — a far circolare il *chi* « trasmettendo loro energia ». Questo ausilio non ha niente a che vedere con « l'illuminazione istantanea! ». Serve a rafforzare la corrente del *chi* affinché l'allievo possa avvertirla meglio e impari a rafforzarla da sé.

Kung fu seminale: il segreto taoista dell'energia vitale

La tecnica della ritenzione del seme durante l'atto sessuale è stata tenuta rigorosamente segreta per oltre cinquemila anni, quanti ne conta la storia della Cina. Inizialmente potevano praticarla solo l'imperatore e i suoi confidenti più intimi. In seguito il segreto venne tramandato da padre in figlio; le mogli, le figlie e gli altri membri femminili della famiglia rimanevano esclusi. Questo metodo consente all'uomo di conservare la propria linfa vitale, che se viene immagazzinata e fatta circolare nei centri vitali rappresenta una fonte di energia di valore inestimabile.

I sapienti di tutto il mondo hanno sempre saputo che la conservazione della preziosa energia sessuale (seminale o ovarica) può influenzare molto profondamente la vita dell'uomo. L'uomo che ritiene il proprio seme elargitore di vita constaterà che esso ha il potere di preservare dalla degenerazione tutto ciò che vive. Mentre l'uomo che disperde la propria linfa vitale è costretto a ricorrere in continuazione a nuovi stimoli esterni per sostituire l'energia perduta.

Si evita la perdita di questa energia biochimica evitando di eiaculare. Però non bisogna credere che bloccare l'eiaculazione significhi rinunciare all'orgasmo! Al contrario. Il metodo della ritenzione procura anzi un orgasmo molto più intenso!

Questa pratica potenzia tutti i processi vitali perché il *chi* non viene più eliminato attraverso i genitali. Il vero appagamento sessuale non consiste nella sensazione di piacevole sfinimento che si prova quando il *chi* abbandona il nostro corpo, ma esattamente nel fenomeno opposto: nell'avvertire nei genitali la presenza della corrente energetica. Inoltre l'effetto di smorzamento indotto dall'aspirazione della forza dai genitali e dal suo invio ai centri superiori (al cervello e agli organi interni) irrobustisce il corpo. Questo processo di vitalizzazione ha luogo perché nel momento della massima eccitazione i partner si scambiano le rispettive energie (yin e yang).

Gli antichi dicevano che la forza vitale di una sola goccia di sperma corrisponde a quella di cento gocce di sangue. Secondo gli Indiani « l'elisir di vita », l'amrita, è una sostanza ringiovanente che è contenuta nell'energia sessuale. L'accresciuta produzione di questo elisir, che gli occidentali definirebbero accresciuta secrezione di ormoni, consente al corpo di acquisire sempre maggior forza.

Nella nostra società consumistica la maggior parte delle persone spende più di quanto guadagna. Molte prendono danaro a prestito fino a indebitarsi spaventosamente. Per la vita interiore vale lo stesso discorso: molti uomini a causa delle loro cattive abitudini consumano più energia di quanta ne assumono.

Immaginiamo che un uomo respirando, mangiando e riposando assuma 100 unità di forza vitale, ma mangiando a dismisura, lavorando eccessivamente, sottoponendosi a strapazzi, per debolezza costituzionale e frequente perdita dello sperma, spenda 125 unità di forza vitale. E' chiaro che per sopravvivere sarà costretto a « prendere continuamente in prestito » forza vitale dal cervello e dagli altri organi. Come è chiaro che questo costante depauperamento finirà per favorire l'insorgenza di malattie, fisiche e mentali, e un invecchiamento precoce. Ebbene, i taoisti vogliono insegnarvi ad assorbire 125 unità di forza vitale, a superare il livello dell'orgasmo eiaculatorio e a spendere non più di 100 unità di forza vitale. Si correggono gli squilibri dell'economia energetica evitando la devastante pratica della eiaculazione e al contempo praticando col proprio partner un costruttivo ed equilibrante scambio di energie.

Il kung fu « camicia di ferro »

In Cina prima che venissero introdotte le armi da fuoco si praticava in ampia misura il kung fu. Anticamente coltivava questa arte marziale circa un decimo dei Cinesi. Prima di passare all'apprendimento del kung fu era obbligatorio sviluppare la forza interna e farla circolare rendendo pervie le vie di scorrimento. Bisognava liberare la Corrente di Energia Calda, aprire il Piccolo Circolo Energetico e purificare i 6 Meridiani Particolari e i 24 Meridiani Normali. Solo in un secondo momento l'allievo imparava a irrobustire i propri organi vitali e a proteggerli dai traumi esterni attraverso la pratica della « camicia di ferro ». Si insegnava la tecnica dei diversi stili di combattimento solo quando l'allievo aveva sviluppato completamente la forza interna perché solo a questa condizione questo genere di arte marziale risulta efficace.

Nei classici si legge che per sviluppare completamente la forza interna occorrevano molti anni. L'allievo, per esempio, doveva esercitarsi a tirare pugni (un diretto) 2000 volte al giorno per 3-5 anni o a colpire la superficie dell'acqua di una fontana più di 1000 volte al giorno per 10 anni, finché con la forza del suo pugno riusciva a vuotare la fontana d'un sol colpo.

Tuttavia la pratica della « camicia di ferro » più che a sviluppare l'arte del combattimento mirava a perfezionare il corpo migliorandone lo stato di salute e rendendo gli organi interni capaci di difendersi dalle malattie e dai traumi. Gli esercizi più importanti del kung fu camicia di ferro sono la « trasformazione dei tendini e la purificazione del midollo » e l'« autorinnovamento degli ormoni ».

I Grado:

- Tecnica respiratoria del kung fu camicia di ferro;
- Risveglio e circolazione dell'energia interna (*chi*) e radicamento mediante esercizi;
- Invio della forza interna agli organi interni al fine di irrobustirli;
- Invio del *chi* ai 12 canali tendinei;
- Allenamento e apertura delle fasce e loro saturazione col *chi*.

II Grado:

- Purificazione del midollo;
- Trasformazione dei tendini e purificazione del midollo;
- Allenamento e apertura delle fasce e loro saturazione col *chi*;
- Autostimolazione degli organi vitali;
- Irrobustimento dei tendini e fusione in un tutto di fasce, tendini, ossa e muscoli.

III Grado:

- Rigenerazione degli ormoni sessuali;
- Immagazzinamento degli ormoni sessuali nelle fasce e nei tendini;
- Invio della forza interna ai centri energetici superiori.

Dopo aver appreso tutte queste tecniche si passa all'impiego dell'energia prodotta dal kung fu camicia di ferro. Insegna ad usare l'energia la tecnica della « mano risanatrice ».

La mano risanatrice

a. Mano di Buddha;
b. Mano di pa kua;
c. Azione dell'« aura » sui campi magnetici deboli;
d. Correzione e armonizzazione della circolazione sanguigna, del sistema linfatico, del sistema nervoso e della corrente di *chi*;
e. Invio dell'energia a determinate aree onde eliminare dolore e stress.

Trasmissione della forza allo scopo di aprire i canali energetici

a. Accumulo della forza nei palmi e nelle dita delle mani;
b. Ripristino della forza;
c. Rimozione della malattia umida e dell'energia fredda.

Fig. 49
Pratiche Taoiste integrative

I lettori che lo desiderano, possono chiedere informazioni a proposito di qualsiasi centro a fondazione di Tao Yoga Esoterico in America, Canada o Europa al seguente indirizzo:

The Healing Tao Center
12 Bowery 3rd Floor
New York, NY 10013
U.S.A.

Tabella del sistema completo del tao yoga esoterico

1. Mescolanza dei cinque elementi Parte I Parte II Parte III	Chi kung « ca- « micia di ferro » Parte I: Fasce Parte II: Tendini Parte III: Purificazione del midollo	Tai chi Chi kung Parte I: Radicamento Autodifesa Parte II: Forza delle spalle Forza dei tendini	Hsing I Chi kung (Cinque Elementi) Hsing I chuan	Pa kua Chi kung Mano Semplice e Mano Doppia (Dieci Grandi Vapori Celesti)	Kung fu semina- le e kung fu ovarico	Kung fu delle cinque dita Mano risanatrice	Cinque Elementi Assunzione di Alimenti ricchi di Energia
2. Piccola Illuminazione Kan & Li				Gli Otto Trigrammi Circolari della Natura		Agopuntura Controllo dell'Aura e dell'Energia dei Meridiani	
3. Grande Illuminazione Kan & Li	Tai Chi	Chuan		Il Cielo Successivo			
4. Somma Illuminazione Kan & Li		Push Hands		Pa Kua (I 64 Esagrammi lineari in azione)			
5. Suggellamento dei Cinque Organi dei Sensi				(Lettura dell'I Ging nel proprio interno)			
6. Connubio di Cielo e Terra Immortalità							
7. Riunificazione dell'Uomo col Cielo Vera Immortalità							

Volumi pubblicati in questa Collana

Bob Anderson - STRETCHING - Esercizi per la pratica sportiva

Giorgio Astolfi - Shakti Târâ - YOGA: La danza della vita

Dwight C. Byers - LA RIFLESSOTERAPIA DEL PIEDE - Il metodo originale di Eunice D. Ingham

Bhagwan Dash - M.M. Junius - MANUALE DI AYURVEDA

D. Denniston & P. McWilliams - IL LIBRO DELLA MT

Meditazione trascendentale per la scoperta del « sé »

E. de Winter - KUATSU ANTALGICI - Trattamenti asiatici del dolore

KUATSU DI RIANIMAZIONE - Trattamenti asiatici delle sincopi

Carolyn Heidenry - GUIDA PRATICA ALLA MACROBIOTICA

B.K.S. Iyengar - TEORIA E PRATICA DEL PRANAYAMA

Elena Judica Cordiglia - I CHING - Il libro degli oracoli cinesi

Michio Kushi - GUARDARSI DENTRO - Diagnosi orientale e Macrobiotica

Michio Kushi - IL LIBRO DEL DO-IN - Lo sviluppo fisico, mentale e spirituale

Michio Kushi - IL NUOVO LIBRO DELLA MACROBIOTICA - Dieta, Alimentazione e Salute

Michio Kushi - MEDICINA MACROBIOTICA

Michio Kushi - LA DIETA PER LA PREVENZIONE DEL CANCRO

Michio Kushi - LA CUCINA MACROBIOTICA

Michio Kushi - LA NUOVA CUCINA MACROBIOTICA

Michio Kushi - IL LIBRO DEI RIMEDI MACROBIOTICI

Alberto Lodispoto - MEDICINA SOMATO-PSICHICA - Terapia « cleasing »

Alberto Lodispoto - STORIA DELL'OMEOPATIA IN ITALIA

Alberto Lodispoto - 100 DIETE PER 100 SPORT - La giusta alimentazione nell'attività sportiva

Romolo Mantovani - IL LIBRO DELLE CURE NATURALI

Jackson Morisawa - L'ARTE DEL TIRO CON L'ARCO - Il segreto del bersaglio

Shizuto Masunaga & Wataru Ohashi - ZEN SHIATSU

Shizuko Yamamoto - KIATSU-DO - Shiatsu a piedi nudi

Takashi Nakamura - TERAPIA ORIENTALE DELLA RESPIRAZIONE

Tokjuiiro Namikoshi - SHIATSU - Terapia di pressione digitale

Toru Namikoshi - IL LIBRO COMPLETO DELLO SHIATSU

Toru Namikoshi - TERAPIA SHIATSU - Teoria e pratica

Toru Namikoshi - SHIATSU + STRETCHING

Edward Reilly & Ruth Brod - IL MANUALE DELLA SALUTE DI EDGAR CAYCE - Terapie senza farmaci per la salute, la serenità e il benessere

R. Rizzi Silva - LA VIA DELLO YOGA

Jean Rofidal - DO-IN - Energia, serenità e salute

G. Saint Pierre & D. Boater - IL MASSAGGIO CHE TRASFORMA - Principi e pratica della « Tecnica Metamorfica »

Dodj Spagnolini - GINNASTICA MEDICA - Nozioni ed esercizi

William Tara - MACROBOTICA E PSICOLOGIA

K. Tatai - I BIORITMI - Guida alla salute e al successo

Rufus Rion Yogamurti & Mercedes Deotto Salimei - CI-KUNG - Le sei respirazioni secondo il Tao e l'Akasha

---

EDIZIONI MEDITERRANEE - ROMA - Via Flaminia, 158